Musikpiraterie im Internet

Europäische Hochschulschriften
Publications Universitaires Européennes
European University Studies

Reihe II
Rechtswissenschaft

Série II Series II
Droit
Law

Bd./Vol. 3604

PETER LANG
Frankfurt am Main · Berlin · Bern · Bruxelles · New York · Oxford · Wien

Carsten Menebröcker

Musikpiraterie im Internet

Eine rechtsvergleichende Untersuchung zum deutschen und spanischen Strafrecht

PETER LANG
Europäischer Verlag der Wissenschaften

Bibliografische Information Der Deutschen Bibliothek
Die Deutsche Bibliothek verzeichnet diese Publikation in der Deutschen Nationalbibliografie; detaillierte bibliografische Daten sind im Internet über <http://dnb.ddb.de> abrufbar.

Zugl.: Mainz, Univ., Diss., 2002

D 77
ISSN 0531-7312
ISBN 3-631-50238-9

www.peterlang.de

Vorwort

Die vorliegende Arbeit ist im SS 2002 vom Fachbereich Rechts- und Wirtschaftswissenschaften der Johannes Gutenberg-Universität in Mainz als Dissertation angenommen worden. Die Ausarbeitung war im Wesentlichen im Oktober des Jahres 2002 beendet, so dass die bis zu diesem Zeitpunkt veröffentlichte Literatur und Rechtsprechung verwertet werden konnte.

Bedanken möchte ich mich an dieser Stelle bei meinem Doktorvater, Herrn Prof. Dr. Walter Perron, der die Ausarbeitung stets verständnisvoll unterstützt und gefördert hat und an dessen Lehrstuhl ich während der Entstehung der Arbeit tätig sein durfte. Herrn Prof. Dr. Justus Krümpelmann danke ich für die schnelle Erstellung des Zweitgutachtens.

Ein herzlicher Dank gilt meinen Eltern und meinem Bruder für ihre Unterstützung, die es mir erlaubte die Arbeit zügig und zielstrebig zu vollenden. Nicht zuletzt gilt mein Dank meiner Freundin Sandra Hofmann für die verständnisvolle Unterstützung bei der Anfertigung der Arbeit und Frau Rechtsanwältin Saskia Hein beim Korrekturlesen des Manuskriptes.

New York, im Oktober 2002 *Carsten Menebröcker*

Inhaltsverzeichnis

Abkürzungsverzeichnis

Die in dieser Arbeit verwendeten deutschsprachigen Abkürzungen folgen weitgehend den Angaben von *Kirchner*, Abkürzungsverzeichnis der Rechtssprache, 4. Auflage, Berlin 1993. Abweichende, häufige urheberrechtsspezifische und sonstige Abkürzungen, insb. zum spanischen Recht:

AC	Actualidad civil
ADC	Anuario de derecho civil
ADI	Actas de derecho industrial
ADPCP	Anuario de derecho penal y ciencias penales
ALSSI	Anteproyecto de ley de servicios de la sociedad de la información y de comercio eletrónico
A.P.	Audiencia Provincial
AP	Actualidad penal
ARJ	Aranzadi Repertorio de Jurisprudencia (Base de datos)
ARP	Aranzadi Repertorio Penal (Base de datos)
B.O.E.	Boletín Oficial del Estado
bspw.	beispielsweise
BTDrucks	Bundestagsdrucksache
bzgl.	bezüglich
bzw.	beziehungsweise
ca.	circa
CC	Código Civil
CCJC	Cuadernos Civitas de Jurisprudencia Civil
CD	Compact Disc
CE	Constitución Española
CP	Código Penal
CPA	Código Penal Anterior
CPC	Cuadernos de política criminal
CRi	Computer und Recht, Internationaler Teil
ders.	derselbe
ECRL	Richtlinie über den elektronischen Geschäftsverkehr
EG	Europäische Gemeinschaft
EGG	Elektronischer Geschäftsverkehr-Gesetz
E.I.P.R.	European Intellectual Property Review
ECRL	Richtlinie über den elektronischen Geschäftsverkehr
E-Mail	Electronic Mail
endg.	endgültig

EU	Europäische Union
FTP	File Transfer Protocol
gem.	gemäß
Hs.	Halbsatz
HTML	Hypertext Markup Language
i.S.d.	im Sinne des
i.S.v.	im Sinne von
IP	Internet Protocol
IRC	Internet Relay Chat
IuKDG	Informations- und Kommunikationsdienstegesetz
K&R	Kommunikation und Recht
LOPJ	Ley Orgánica del Poder Judicial
MarkenG	Markengesetz
MDStV	Mediendienste-Staatsvertrag
MMR	Multimedia und Recht
NJW-CoR	NJW-Computerreport
núm.	Número
PJ	Revista del poder judicial
P2P	Peer to Peer
RAM	Random Access Memory
RBÜ	Revidierte Berner Übereinkunft
RCDI	Revista Critica de Derecho Inmobiliario
RD	Real Decreto
RDM	Revista de derecho mercantil
RdP	Revista de derecho patrimonial
RDPr	Revista de derecho privado
REDI	Revista electronica de derecho informatico
RGD	Revista general de derecho
RGLJ	Revista general de legislación y jursiprudencia
RTC	Repertorio de Jurisprudencia del Tribunal Constitucional
SAP	Sentencia de la Audiencia Provincial

Sec.	Section
s.o.	siehe oben
s.u.	siehe unten
sog.	sogenannt/e/es/er
span.	spanisch/e/es/er
STC	Sentencia del Tribunal Constitucional
STS	Sentencia del Tribunal Supremo
TC	Tribunal Constitucional
TCP/IP	Transmission Control Protocol/Internet Protocol
TDG	Teledienstegesetz
TKG	Telekommunikationsgesetz
TRIPS	Agreement on Trade Related Aspects in Intellectual Property Rights including Trade in Counterfeit Goods
TRLPI	Texto refundido de la ley de propiedad intelectual (span. Urheberrechtsgesetz)
TS	Tribunal Supremo
u.a.	unter anderem
UFITA	Archiv für Urheber-, Film-, Funk- und Theaterrecht
UrhRL	Vorschlag einer Richtlinie des Europäischen Parlaments und des Rates zur Harmonisierung bestimmter Aspekte des Urheberrechts und der verwandten Schutzrechte in der Informationsgesellschaft
USC	United States Code
v.	vom
WCT	WIPO Copyright Treaty
WIPO	World Intellectual Property Organization
WPPT	WIPO Performances and Phonograms Treaty
WTO	World Trade Organization
WUA	Welturheberrechtsabkommen
WWW	World wide web
z.B.	zum Beispiel
zit.	zitiert
ZUM	Zeitschrift für Urheber- und Medienrecht

Einleitung

Der vorliegende Rechtsvergleich stellt dar, wie Urheber von Musikwerken in Deutschland und in Spanien gegen die Verwertung ihrer Werke im *Internet* strafrechtlich geschützt werden. Bislang setzen sich die meisten Darstellungen zum Schutz des Urhebers vor der Online-Verwertung seines Werkes nicht mit der strafrechtlichen Komponente dieses Problems auseinander. Im Vordergrund steht vielmehr das zivile Urheberrecht. Dies dürfte darauf zurückzuführen sein, dass sich die strafrechtliche Rechtspraxis bislang kaum mit dieser Problematik zu befassen hatte. Die Gründe hierfür sind vielfältig. Zum einen handelt es sich bei dem *Internet* um ein sehr junges Phänomen. Ein weiterer Grund sind Ermittlungsprobleme der Strafverfolgungsbehörden und unklare Vorstellungen über die möglichen strafrechtlichen Schutzmechanismen. Anders als im Zivilrecht, in dem mit den Fragen des Schutzes von Werken im *Internet* fast ausschließlich spezialisierte Rechtsanwälte und Spezialkammern befasst sind, ist es bei Strafrechtsfällen derzeit noch so, dass in der Regel den auf das Urheberrecht spezialisierten Rechtsanwälten die erforderlichen strafrechtlichen Kenntnisse fehlen und den sachbearbeitenden Staatsanwälten und Richtern die Kenntnisse der Spezialgesetze[1].

Weit mehr Beachtung hat die strafbare Pornographie und die Verbreitung verbotener Schriften im *Internet* gefunden. Diese Behandlung des Urheberstrafrechtes steht jedoch im Widerspruch zu dem durch Musikpiraterie im *Internet* verursachten Schaden. Allein von April 2000 bis März 2001 wurden 316 Mio. Downloads vorgenommen. 81% der Internetnutzer gaben an, Musik umsonst aus dem *Internet* herunterladen zu können sei für sie wichtig oder sehr wichtig[2]. Angesichts der zu erwartenden Steigerung der Anzahl von *Internet*-Nutzern und der weiteren Kommerzialisierung des Netzes ist in den kommenden Jahren noch mit steigenden Zahlen im Bezug auf die *Internet*-Kriminalität zu rechnen. Die Straftäter machen sich hierbei die im *Internet* weitgehend herrschende Anonymität[3] und Divergenzen nationaler Rechtsordnungen zunutze, um der Strafverfolgung zu entgehen oder diese zumindest erheblich zu behindern[4].

Ziel dieser Arbeit ist daher zweierlei: Sie will zum einen den bestehenden strafrechtlichen Schutz für Werke in Deutschland und in Spanien herausarbeiten und versteht sich insoweit als Bestandsaufnahme. Die Arbeit beschränkt sich hierbei aus zwei Gründen auf die Werke der Musik: einerseits kann nur durch die Beschränkung auf eine Werkart ein überschaubarer Rahmen eingehalten werden,

---

1 *Gravenreuth* GRUR 1985, 111, 112.

2 Vgl. hierzu: www.ifpi.de (abgerufen am 07. Januar 2002)

3 *Dustmann*, Provider S. 28f.

4 Erster periodischer Sicherheitsbericht der Bundesregierung, Berlin 2001; abrufbar unter: www.bmj.bund.de (abgerufen am 03.09.2001).

und andererseits handelt es sich bei der Musikpiraterie im *Internet* um die derzeit bekannteste und wohl auch bedeutendste Form der unerlaubten Online-Verwertung von urheberrechtlich geschützten Werken. Im Rahmen der Untersuchung ist es nicht zu vermeiden, auf das Urheberrecht stellenweise auch genauer einzugehen. Teilweise lassen sich zu den hier angesprochenen Rechtsproblemen jedoch weder Rechtsprechung noch Literaturmeinungen finden – das gilt vor allem für das spanische Recht –, teilweise sind die Probleme aber auch so umstritten, dass eine klare Linie schwierig bzw. nicht auszumachen ist. An diesen Stellen werden entweder eigene Lösungsvorschläge gemacht, oder der Lösungsweg wird auf der Basis einer hier vertretenen Ansicht weitergeführt.

Zum anderen will diese Arbeit auf der Basis der so ermittelten Rechtslage feststellen, ob und wenn ja inwieweit sich die Rechtslage in Deutschland von der in Spanien unterscheidet, und ob angesichts des weltumfassenden Charakters des *Internets* ein einheitliches Grundkonzept zum Schutze des Urhebers im *Internet* durch das Strafrecht in beiden Ländern besteht und dieses den Anforderungen an das digitale Zeitalter genügt.

Vor dem Hintergrund, dass das spanische Strafrecht dem deutschen in vielfacher Hinsicht ähnlich ist, sind große Unterschiede jedoch kaum zu erwarten. Beide Strafrechte stammen aus der europäischen Kodifikationsbewegung des 19. Jhds. und standen unter starkem Einfluss durch den französischen Code Pénal von 1810. Im 20. Jhd. ist das spanische Strafrecht von der deutschen Dogmatik „derart angezogen worden, dass man im Bereich der Strafrechtswissenschaft geradezu von einer Rezeption sprechen kann“[5]. Trotzdem kann sich der Vergleich als nützlich erweisen, weil er aufzeigen kann, wie in zwei Rechtsordnungen dieselben Rechtsprobleme auf der Schnittstelle zwischen Zivilrecht und Strafrecht unter ähnlichen Rahmenbedingungen gelöst werden.

Für den Bereich des Urheberrechts steht in Spanien bisher nur ein recht karges Anschauungsmaterial aus der Rechtspraxis zur Verfügung. Den Ausgangspunkt bilden daher die gesetzlichen Begriffsbestimmungen des spanischen Urheberrechts. Der Versuch, eine verlässliche Linie des strafrechtlichen Schutzes von Urhebern zu zeichnen, erwies sich vor dem Hintergrund des geringen Umfangs an Rechtssprechung daher mitunter als schwierig.

Dissertationen zum Recht im *Internet* sind ein heikles Unterfangen. Die ungeheure Schnellebigkeit der Rechtsmaterie zwingt den Doktoranden zur Eile, will er nicht von der Rechtsgeschichte eingeholt und sogar überholt werden. So waren beispielweise die ECRL und die UrhRL noch nicht in Sicht, als der Verfasser mit der vorliegenden Arbeit begann. Wie dem auch sei – die Rechtsfragen,

---

5 *Perron*, Rechtfertigung und Entschuldigung, S. 18.

die sich im Zusammenhang mit der Verwertung von urheberrechtlich geschützten Werken im *Internet* stellen, werden auch nach Umsetzung der UrhRL ein Dauerbrenner sein. Wie diese Arbeit zeigen wird, hat es weder die ECRL geschafft, noch wird es die Umsetzung der UrhRL schaffen alle Streitigkeiten in diesem Zusammenhang zu klären.

1. Teil – Computernetze – Technische Grundlagen und deren Anwendungen

Die Rechtsfragen, die im Rahmen dieser Arbeit aufgeworfen werden, stehen in engem Zusammenhang mit den technischen Grundlagen von Computernetzwerken im Allgemeinen und dem *Internet* im Speziellen. Die technischen Grundlagen von Computernetzwerken (A) sollen daher in knapper Form vorgestellt werden, bevor das, was man heute unter *Internet* versteht, einer näheren Betrachtung unterzogen wird (B).

A. Technische Grundlagen[6]

Der Begriff „Netz" ist in Computernetzen nicht im wörtlichen, sondern im übertragenen Sinne zu verstehen. Das „Netz" entsteht dadurch, dass die verschiedenen Computersysteme aufgrund einheitlicher Netzwerkprotokolle über bestimmte Hardwarekomponenten miteinander kommunizieren können.

Zwischen Computern können letztlich nur elektronische Impulse übertragen werden. Die Übertragung solcher Impulse ist ein komplexer Vorgang, der mittels allgemein anerkannter Netzprotokolle abgewickelt wird, welche die verschiedenen Probleme, die bei der Datenkommunikation zwischen Computern auftreten, in verschiedene Schichten unterteilen. Die in jenen Schichten zu lösenden Aufgaben werden in sog. „Protokollen" definiert und in darauf aufbauenden Computerprogrammen umgesetzt[7]. Das Basismodell für eine solche Aufteilung der Datenkommunikation ist das 1983 von der ISO (International Standard Organisation) beschlossene „Open systems interconnection reference model" (ISO/OSI-Referenzmodell). Auf der Grundlage dieses Modells wurde das TCP/IP Modell entwickelt (Transfer control protocol/Internet protocol), welches in der Praxis heute fast ausschließlich Anwendung findet. Erst anhand dieser allgemein anerkannten Modelle wurde eine Kommunikation zwischen den verschiedensten Computern möglich, weil alle Rechner einheitlich das TCP/IP Kommunikationsprotokoll benutzen. Unabhängig von der Hardware der unterschiedlichen Netze kann jeder Rechner auf der Welt damit anhand seiner IP-Adresse eindeutig identifiziert werden.

---

6 Vgl. zur historischen Entwicklung des *Internet* die sehr anschaulichen Ausführungen in *A.C.L.U. v. Reno*, 929 F.Supp. 824, 830 – 838 (United States District Court for the Eastern District of Pennsylvania 1996); *Shea ex rel. American Reporter v. Reno*, 930 F.Supp. 916, 925 – 930 (S.D.N.Y. 1996); Hdb. MMR – *Ohliger* 1; *Krol*, Die Welt des Internet; *Sieber*, Verantwortlichkeit, Rn. 9ff., *ders.*: JZ 1996, 429ff.

7 Näher zu den einzelnen Schichten und deren Funktion vgl. *Sieber*, Verantwortlichkeit, Rn.24ff.

Kurz dargestellt funktioniert die Datenübertragung mittels TCP/IP wie folgt: Das TCP baut eine Verbindung zwischen den beiden Computern bzw. Computersystemen auf und unterteilt die empfangenen Daten zunächst in einzelne Segmente, denen dann ein Header (Kopf) angefügt wird, der die Quelle und das Ziel der zu übermittelnden Daten, eine Port Nummer sowie für jedes Datenpaket eine fortlaufende Nummer enthält. Anhand der fortlaufenden Nummern werden beim Empfänger die Datenpakete wieder zusammengefügt und damit rekonstruiert. Signalisiert der Empfänger, dass eines der Datenpakete seinen Bestimmungsort nicht erreicht hat, sorgt die Fehlerkontrolle des TCP dafür, dass das Paket mit der betreffenden Nummer erneut versandt wird.

Die Aufgabe des IP Protokolls ist das Versenden und das Routing der Datenpakete. Das IP ermöglicht dabei eine „paketvermittelte Kommunikation", bei der die aus der TCP-Schicht übernommenen und weiterverarbeiteten Datenpakete separat verschickt werden. Für die Übertragung von Daten wird also nicht ein Teil des Netzes dauerhaft reserviert, sondern einzelne Datenpakete einer bestimmten Nachricht werden zusammen mit Datenpaketen zahlreicher anderer Nachrichten auf den gleichen Verbindungskanälen zur gleichen Zeit befördert – wie bei der alt bewährten Post und im Gegensatz zum analogen Telefon.

Hierzu werden die TCP-aufbereiteten Pakete in IP-Pakete gepackt und mit einem IP-Header versehen, der Ziel und Quelle beinhaltet. Der Vorgang ist vergleichbar mit einem Briefumschlag, der eine Absender- und Empfängeradresse enthält und in dessen Inneren sich ein Bestandteil der Nachricht, nämlich das TCP-Datenpaket, befindet. Die IP-Adresse (Header) besteht aus einer Nummernfolge. Zur Erleichterung der Adressierung durch die Nutzer werden den IP Adressen Namen – sog. *Internet* Domains – zugeordnet (z.B. http://www.uni-mainz.de/). Domains setzen sich zusammen aus „top-level-domain" (..de) und „second-level-domain" (..uni-mainz..)[8].

Das IP-Protocol berechnet dann den Weg des Datenpakets zum nächstgelegenen Router[9], von welchem es weiterbefördert wird. Es springt also von Router zu Router bis es bei seinem Ziel angekommen ist. Hierbei können die verschiedenen Datenpakete beim Empfänger in verschiedener Reihenfolge und auch auf

---

8 Da jede „second-level-domain" nur einmal vergeben werden kann und diese einen hohen wirtschaftlichen Wert haben, häufen sich die namens- und kennzeichenrechtlichen Streitigkeiten aufgrund §§12 BGB, 14, 15 MarkenG, 1 UWG: Vgl.: *LG Mannheim*, K&R 1998, 558 „brockhaus.de"; *OLG Frankfurt a. Main*, MMR 2000, 36 „ambiente.de"; *LG Düsseldorf*, GRUR 1998, 159 „epson.de"; *LG Mannheim*, GRUR 1997, 377 „heidelberg.de"; aus der Lit.: *Bücking*, Namen und Kennzeichenrecht im Internet (Domainrecht); *Sick/Richter* K&R 2000, 339; *Ubber* WRP 1997, 497; einen Überblick über die Rspr. in den U.S.A. gibt: *Bettinger* GRUR Int. 1997, 402.

9 Vgl. dazu sogleich unten Seite 25.

verschiedenen Wegen ankommen. Aus diesem Grund können die in Computernetzen übermittelten Daten – außer bei Einwahlknoten oder zentralen Übergangsstellen – mit großer Wahrscheinlichkeit nicht in vollständiger Form an irgendeinem Übertragungsknoten abgefangen und damit kontrolliert werden.

In der „wirklichen Welt“ stehen hinter den an der Kommunikation in Computernetzen beteiligten Rechnern verschiedene Parteien mit unterschiedlichen Funktionen. Die Unterscheidung dieser Parteien ist notwendig für das Verständnis der Abläufe in Computernetzen und der rechtlichen Verantwortlichkeit dieser Personen.

Zu nennen sind zum einen die *User* bzw. *Nutzer*, welche die in Computernetzen angebotenen Dienste nachfragen. Die *Access-Provider* ermöglichen jenen Nutzern – mittelbar oder unmittelbar – den Zugang zu Computernetzen und bedienen sich dabei der *Network-Provider,* welche Leitungsverbindungen betreiben[10]. *Service-Provider*[11] vermitteln im Gegensatz hierzu keinen Zugang zu Computernetzen, sondern stellen fremde Inhalte auf einem eigenen Computer bzw. Computersystem („Server“) zur Verfügung.

Content-Provider schließlich stellen auf den Servern von Service-Providern oder auf eigenen Rechnern eigene bzw. sich zu Eigen gemachte Informationen zur Verfügung. Allerdings nehmen die in Computernetzen an der Kommunikation Beteiligten aufgrund der Interaktivität häufig nicht ausschließlich eine jener Grundfunktionen wahr, sondern mehrere. Es handelt sich somit lediglich um funktionale Begriffe, die als Hilfsmittel dienen, um die verschiedenen Tätigkeiten der Beteiligten im Computernetzwerk jeweils kategorisieren zu können. Eine Einordnung in eine der vorgenannten Kategorien kann daher nur im Einzelfall anhand der jeweils wahrgenommenen Funktion bei der einzelnen Datenübertragung vorgenommen werden. Dies gilt vor allem für Content- und Service-Provider. Eine Ausnahme mögen die Network-Provider darstellen, soweit sie über ihre Grundfunktionen hinaus keine anderen Funktionen im Einzelfall erfüllen.

Die durch Computernetze verbundenen Rechnersysteme werden je nach Funktion als „Server“ oder „Client“ bezeichnet: Der Server ist das Daten zur Verfügung stellende System, der Client das die Daten anfordernde System. Im Netz kann jedes System aufgrund der Interaktivität also gleichzeitig Server und Client sein, so wie auch ein Nutzer zum Content- oder Service-Provider werden kann. Als Router bezeichnet man die Verbindungsrechner, die für die Vermittlung des Weges der Daten im Computernetz verantwortlich sind. Die Grundfunktion ei-

10 Bspw. Deutsche Telekom AG oder in den USA – pacific bell, bell atlantic, AT&T.
11 Oftmals auch als „Host-Provider“ bezeichnet.

nes Routers besteht darin, die auf einer bestimmten Leitung ankommenden Daten auf einer anderen Leitung weiterzuleiten, um diese zum Adressaten zu führen. Hierbei kommt ihnen auch die Aufgabe zu, in Computernetzen, in denen möglicherweise keine direkte Verbindung zu dem Adressaten der ankommenden Daten besteht, die günstigste indirekte Verbindung zu bestimmen.

Zwischen Teilnetzen finden sich zur Verminderung des übermittelten Datenvolumens oftmals sog. Proxy-Cache-Server. Hierbei handelt es sich um spezielle Anwendungsprogramme, die Inhalte kurzfristig automatisch zwischenspeichern. Wird beispielsweise von einem Nutzer in Europa erstmals eine WWW-Seite in den USA aufgerufen, werden die Daten von dort über den Atlantik gesendet. Wenn die Daten dann beim Adressaten ankommen, werden diese auch im Proxy-Cache-Server gespeichert, damit die Daten beim nächsten Abruf nicht mehr aus den USA herübergesendet werden müssen, sondern dann aus dem Cache abgerufen werden können. Dieses Verfahren kann eine erhebliche Kostenersparnis zur Folge haben. Außerdem können Daten durch dieses Prozedere wesentlich schneller übermittelt werden, als wenn nur eine langsame Verbindung mit geringer Bandbreite zur Verfügung stünde. Sinn und Zweck der Proxy-Cache-Server ist damit vornehmlich eine Effektivierung von Datenzugriffen.

Jene Proxy-Cache-Server sind zu unterscheiden von den sog. *Proxy-Servern*. Diese werden zur Entwicklung von Kontrollmaßnahmen und sog. Firewalls[12] genutzt. Sie sollen nicht die Datenübermittlung optimieren, sondern den unerwünschten Zugriff auf bestimmte Daten verhindern.

B. Internet

Wenn nun die technischen Grundstrukturen von Computernetzen im Allgemeinen geklärt sind, so stellt sich die Frage, was eigentlich unter dem Begriff *Internet* zu verstehen ist. Wenn von *Internet* die Rede ist, so ist oftmals doch nur eine spezielle Anwendung desselben gemeint, nämlich das WWW (world wide web)[13]. Jedoch kann das *Internet* nicht auf das WWW reduziert werden. Das *Internet* umfaßt vielmehr alle Online-Anwendungen bei der Kommunikation zwischen Computern. Wie bereits oben dargestellt, haben sich die verschiedensten Netzwerke zu einem großen Netzwerk zusammengeschlossen, das wohl nunmehr die ganze Welt umspannt, das „Inter-Net". Der Begriff des *Internet* ist daher historisch zu erklären. Er meint das Netzwerk, das sich aufgrund der standardisierten Übertragungsprotokolle TCP/IP ergibt, wenn man alle regionalen

---

[12] Firewalls dienen der Abschottung von Teilnetzen.

[13] Teilweise auch als „w3" bezeichnet.

und überregionalen Netzwerke addiert[14]. Die wichtigsten Anwendungen des *Internets* werden in der Folge dargestellt, wobei der Schwerpunkt auf dem world wide web liegt.

I. Das „world wide web"

Das „world wide web" ist der neueste, zugleich aber auch der wichtigste, beliebteste und am einfachsten handhabbare Informationsdienst im *Internet.* Das WWW wurde 1989 unter der Leitung von Tim Berners Lee am Europäischen Kernforschungszentrum CERN in Genf entwickelt. Es basiert auf dem sogenannten Hypertext System. Dieses zeichnet sich dadurch aus, dass innerhalb einer aufgerufenen Datei bestimmte Stichworte hervorgehoben sind und damit die Möglichkeit besteht, durch bloßen Mausklick auf ein markiertes Stichwort, ein Bild oder eine Grafik, Verbindungen zu anderen Dokumenten zu erstellen, ohne dass sich der Nutzer darum kümmern muss, woher ihm diese neuen Informationen übermittelt werden. Diese Verbindungen werden „Hyperlinks" genannt. Aufgrund jener „Verlinkung" der WWW-Seiten sowie der Recherchemöglichkeit im Gesamtbestand aller weltweit gespeicherten WWW-Seiten mit Hilfe von Suchmaschinen[15] verbindet das WWW dabei alle Webseiten und andere *Internet*-Dienste zu einer riesigen global verteilten Datenbank, in welcher der Nutzer mit seiner – als „Browser" bezeichneten – Client Software jede beliebige WWW-Seite abrufen oder darstellen kann.

Die Beliebtheit des WWW beruht nicht zuletzt auf seinen multimedialen Fähigkeiten, die es zum online-pendant der Multimedia CD-ROM gemacht haben. So lassen sich im WWW Texte, Bilder, Musik, gesprochene Sprache, Videosequenzen und mittlerweile auch ganze Filme abrufen, da es alle Dienste in sich vereinen kann (FTP, IRC etc.).

Den direkten Zugriff auf eine bestimmte Datei oder einen bestimmten Computer im WWW ermöglicht die Kenntnis von dessen URL („Uniform Resource Locator"). Diese enthält die Angabe des verwendeten *Internet*-Dienstes, die Adresse des Rechners und die einzelne Datei, auf die zugegriffen werden soll.

Näherer Betrachtung bedürfen aufgrund der Verantwortlichkeit für Inhalte im WWW die sog. „Links"[16].

---

14 *Sieber*, Verantwortlichkeit, Rn. 13.

15 z. B.: http://www.yahoo.com/; http://www.altavista.com/; http://www.dogpile.com/.

16 Vgl. hierzu: *Laga*, JurPC Web-Dok. 25/1998, Abs. 1-50; *Stim*, Linking, Framing and Inlining http://www.nolo.com.encyclopedia/articles/pct/linking.htm (abgerufen am 20.Juli 2000).

Ein einfacher Link – Hyperlink – stellt sich für den Nutzer als hervorgehobene Textstelle oder Grafik dar. Diese ist mit einer bestimmten URL verknüpft. Klickt der Nutzer nun diesen Link an, so wird die Seite, auf die sich der Link bezog, aufgerufen und am Bildschirm angezeigt. Die aufgerufene Seite ersetzt dann die vorhergehende Seite vollständig. Der Nutzer kann meist erkennen, dass die aufgerufene Seite von einem anderen Anbieter stammt.

Die Verweisung kann auch auf eine bestimmte Stelle in einer anderen WWW-Seite oder an der fremden Homepage vorbei auf einen Inhalt auf einer darunter liegenden Seite erfolgen. Diese Form des Linking nennt man dann Deep-Linking[17].

Beim Inline-Linking[18] werden fremde Inhalte, wie z.B. Bilder oder Suchmasken, per Verweis in die eigene Seite eingebunden. Sie werden damit automatisch als Teil einer eigenen WWW-Seite dargestellt, ohne dass der Nutzer interaktiv tätig werden müsste. Der Nutzer erhält damit eine WWW-Seite mit Inhalten, die unter Umständen aus verschiedenen Quellen stammen, ohne dass ihm dies erkennbar wäre. Der Nutzer bekommt also nicht die eigentliche WWW-Seite mit dem verknüpften Fremdinhalt angezeigt, sondern verbleibt im Bereich des ursprünglich aufgerufenen Angebots: Der fremde Inhalt wird unter der *Internet*-Adresse der bisherigen WWW-Seite dargestellt. Soweit sich die Fremdheit des eingebundenen Angebots nicht aus dem Inhalt selbst oder einem Verweis ergibt, kann damit der tatsächliche Autor des Inhalts verschleiert werden.

Beim „Framing“, welche eine dem Linking ähnliche Technik des Einbindens von fremden Inhalten in das eigene Angebot bezeichnet, wird der Inhalt einer Seite auf dem Bildschirm angezeigt, während er von einer anderen Seite eingerahmt -„framed“- wird. Dem Abrufenden ist bei dieser Technik meist nicht erkennbar, dass der eingerahmte Inhalt kein originärer Inhalt der aufgerufenen „rahmenden“ Seite ist, zumal eine Änderung der URL im Anzeigenfeld des Browsers nicht erfolgt.

II. Gopher

Gopher wurde an der University of Minnesota entwickelt[19]. Gopher war vor der Entwicklung des WWW der beliebteste *Internet*-Dienst, weil er das Durchsuchen großer Informationsmengen auf der ganzen Welt ermöglicht und mithin bereits vor Entstehen des WWW das Surfen im *Internet* zuließ.

---

17 *Herberger* NJW 2000, 2082, 2083 Fn. 9; Vgl. zur amerikanischen Diskussion um solche „Deep-links“ und den Fall Ticketmaster v. Microsoft: http://www.whatis.com/deeplinking.htm (abgerufen am 20. Juli 2000).

18 Inline-Links werden auch als „IMG-Tags“ bezeichnet.

19 Zu den technischen Einzelheiten – *Wand* GRUR Int. 1996, 897.

III. FTP

FTP steht für „File Transfer Protocol". Wie der Name andeutet, handelt es sich dabei um einen *Internet*-Dienst, der es ermöglicht, Dateien zwischen zwei Computern übertragen zu können. Dazu wird eine Verbindung zwischen den beiden Rechnern hergestellt, zwischen denen die Dateien übertragen werden sollen. So sind über FTP Gesetzestexte, Fachliteratur, Software, Musik, Filme und vieles mehr erhältlich.

IV. „Email", „Internet Relay Chat"

Email ermöglicht es dem *Internet*-Nutzer, Mitteilungen an einen oder mehrere andere *Internet*-Nutzer zu versenden, sofern er die Email Adresse des oder der Adressaten kennt. Neben reinen Textnachrichten können auch Bild-, Ton- und Videodateien versandt werden.

„*Internet* Relay chat" ist ein Medium, bei dem in Echtzeit kommuniziert werden kann. Das IRC spielt bei Urheberrechtsverletzungen im *Internet* so gut wie keine Rolle, soll aber der Vollständigkeit halber hier kurz vorgestellt werden: Bei diesem Dienst können nicht nur zwei Personen miteinander kommunizieren – „Chatten" –, sondern beliebig viele zur gleichen Zeit. Auf eine Zwischenspeicherung der übertragenen Daten wird im Gegensatz zu allen anderen Diensten verzichtet. Die Kommunikation wird in der Regel indirekt zwischen zwei oder mehreren Anwendern geführt, also nicht unmittelbar in der Form von Punkt-zu-Punkt-Verbindungen zwischen den Nutzern, sondern über einen Server (IRC-Server), der als Relais den Austausch aller Beiträge zwischen den Nutzern abwickelt. Auf diesen Servern sind meist sogenannte „Channels" angelegt, anhand derer Bezeichnung sich der User direkt in einen Chat seines Interesses hineinbegeben kann – z.B. MP3 search. Innerhalb dieser Channel erfolgt die Kommunikation anonym. Jeder Nutzer gibt sich vor dem Eintritt in den Channel einen sog. Nickname.

V. „Newsgroups"

Newsgroups sind eine Art öffentlicher Pinnwände im Cyberspace. An diese Pinnwände kann der User Beiträge heften, die dann jeder lesen oder abrufen kann. Den Textbeiträgen können dabei Bild-, Ton- oder Videodaten „angehängt" werden.

Hier ist zu unterscheiden zwischen moderierten und unmoderierten Newsgroups. Die Moderierten werden von einem Moderator betreut, der auch die inhaltliche Linie vorgibt. Aufgrund entsprechender Einstellungen der Newsserver-Software werden hier alle Artikel zunächst an den Moderator gesandt, der dann manuell über deren Aufnahme entscheidet.

In den unmoderierten Newsgroups steht es jedem Teilnehmer hingegen frei, eigene Beiträge einschließlich angehängter Dateien unmittelbar zu publizieren. Bei diesen – den meisten – Newsgroups ist damit letztlich die *„Internet*-Gemeinde" bestimmend für den Inhalt. Aus diesen Gründen haben sich auch gewisse Selbstregulierungsmechanismen entwickelt: die sog. „Netiquette"[20]. Wer sich innerhalb einer Newsgroup an diese Verhaltensregeln nicht hält, wird von den anderen Mitgliedern „bestraft". Eine Form der Bestrafung kann dabei das Senden sog. „Briefbomben" sein, die im Email Account des Nutzers so viel Speicherplatz belegen, dass dieser keine neuen Nachrichten mehr empfangen kann.

Gelangen Beiträge erstmals auf einen Newsserver, so sind diese zumeist innerhalb kürzester Zeit auch auf einem anderen Newsserver abrufbar. Der Grund dafür ist, dass die im *Internet* vorhandenen Newsserver ihre Inhalte in der Regel abgleichen. Diese Synchronisation geschieht durch das Store-and-Forward-Prinzip. Dadurch werden Nachrichten weltweit verbreitet.

Von den Newsgroups zu unterscheiden sind die BBS – „Bulletin Board Systems". Diese unterscheiden sich von den Newsgroups jedoch lediglich durch die Zahl ihrer Nutzer. BBS mit weniger als 500 Abonnenten sind keine Seltenheit – Newsgroups hingegen haben potentiell Hunderttausende von Teilnehmern.

C. Wesen und Struktur der Nutzung von Musikwerken in digitalen Netzen

In Computernetzen und insbesondere im *Internet* floriert die Raubkopiererei. Urheberrechtlich geschützte Werke werden auf Websites oder in Newsgroups angeboten und dann ohne Qualitätsverlust heruntergeladen. Diese Handlungsweise beschränkt sich nicht auf eine spezifische Werkart, sondern umfasst das gesamte Spektrum der schutzfähigen Werke, seien es Computerprogramme, Werke der Literatur oder Musikwerke. Die rechtlichen Probleme in diesem Zusammenhang sind vielfältig und je nach Werkart zum Teil sehr unterschiedlich. Eine umfassende Erörterung der Rechtsprobleme im Zusammenhang mit der Verwertung von Werken im *Internet* bzgl. aller Werkarten würde den Rahmen dieser Arbeit sprengen. Die Darstellung beschränkt sich daher auf die Probleme, die im Zusammenhang mit der Verwertung von Musikwerken auftauchen. Bevor jedoch auf diese rechtlichen Probleme eingegangen wird, soll zunächst Wesen und Struktur der Nutzung von Musikwerken im *Internet* erklärt werden.

---

[20] Der Begriff stellt eine Wortzusammensetzung aus „Netz" und „Etiquette" dar.

I. Music online Distribution

Digitalisierte Tonaufnahmen lassen sich auf jedem Server und Ort der Welt als Audio-Datei platzieren. Jeder Konsument, der über die entsprechende, überall erhältliche Software und einen Providervertrag verfügt, kann solche Dateien im Wege des Downloads auf seinen PC und von dort auf eine bespielbare CD (CD-R) übertragen. Das Datei-Format, das dabei gewählt wird, ist zumeist das MP3 Format. MP3, die Kurzform für „Motion Pictures Experts Group I Audio Layer 3", wurde vom Erlanger Fraunhofer Institut für integrierte Schaltung entwickelt. Es handelt sich um einen Teil des MPEG Kompressionsverfahrens für digital zu übertragende Filme, das sich mit der Reduktion der Audiodateien befasst. Durch das Herausfiltern von „nutzlosen", da für das menschliche Ohr nicht wahrnehmbaren, Informationen kann eine Komprimierung der Sounddateien um den Faktor 12 ohne wahrnehmbaren Qualitätsverlust erreicht werden. Das entspricht etwa 1 MB Daten für eine Minute Musik in CD Qualität. Es existieren eine Reihe von Dateiformaten, die zur Verbreitung von Musik im *Internet* geeignet sind. MP3[21] ist jedoch die zurzeit gängigste Technologie[22], die ein Herunterladen von Musikdateien und ein anschließendes Brennen auf CD ermöglicht.

Die heruntergeladenen Dateien können nur über einen MP3-Player (einen sog. Decoder) abgespielt werden. Diese Player können in der Regel als Freeware aus dem WWW abgerufen werden wie z. B. der sog. WinAmp. Das gebräuchlichste Format ist dabei das „.wav" Format, welches das Brennen auf CD ermöglicht. Im Gegensatz zu anderen Systemen ist bei MP3-Dateien bislang kein Kopierschutz integriert, so dass Dateien ohne weiteren Qualitätsverlust beliebig oft auf CD gebrannt werden können. Parallel zum Herunterladen kann weitergesurft werden. Man kann sich also gleichzeitig eine andere Probe anhören oder sogar mehrere Songs zugleich abrufen.

Trotz MP3 Format dauert das Herunterladen eines dreiminütigen Stereosongs mit einem V 33.6-Modem bei theoretisch machbaren 32 Kbit/s immer noch mindestes 12 Minuten. Die Technik für eine größere Bandbreite wird aber in absehbarer Zeit auch für Heimanwender nutzbar sein. Die Deutsche Telekom bietet bereits eine Anmeldemöglichkeit für T-DSL, mit welchem die Übertra

---

21 Vgl. zur Technik auch: *Leupold/Demisch* ZUM 2000, 379; *Mönkemöller* GRUR 2000, 663 – der auch einen Blick hinter die Kulissen der MP3-Szene verschafft.

22 MP3 ist das zurzeit am häufigsten benutzte Suchwort in Internet-Suchmaschinen, vgl.: Zweiter Bericht über die Entwicklung der urheberrechtlichen Vergütung gem. §§ 54ff. UrhG (2.Vergütungsbericht) vom 5. Juli 2000. S. 22, http://www.bmj.bund.de/ (abgerufen am 20.Juli 2000); *Bortloff* GRUR Int. 2000, 665, zu ähnlichen Technologien wie: Liquid Audio, a2b Music und MS Audio vgl.: *Leupold/Demisch* ZUM 2000,379,380.

gungsraten um ein Vielfaches erhöht werden können, so dass die Raubkopiererei im *Internet* dann noch zunehmen wird.

II. Streaming

Der Anbieter von Tonaufnahmen kann diese dem Konsumenten im Wege des Streaming in Echtzeit (real time) oder zu einem vom Konsumenten frei gewählten Zeitpunkt auf einer Online-Datenbank im *Internet* zum Hören anbieten. Diese Technologie erlaubt grundsätzlich nur das einmalige Anhören von Musikdateien ohne weitere Kopiermöglichkeit[23], d.h. die nur temporäre Speicherung von Daten im RAM. Aufgrund der fehlenden weiteren Kopiermöglichkeit spielt das Real Audio bei der Frage der Urheberrechtsverletzungen eine weitaus geringere Rolle als die MP3-Technologie.

III. P2P (Peer to Peer)[24]

Das in letzter Zeit prominenteste Beispiel für Online-Piraterie nennt sich „Napster." Im Gegensatz zu dem Server/Client Verhältnis bei den klassischen *Internet*-Anwendungen wie dem WWW oder Email agieren die Computer beim P2P als ebenbürtige Partner, da sie direkt miteinander kommunizieren. Die bei P2P eingesetzte Software ermöglicht es, Dateien und andere Informationen auszutauschen, ohne dass eine zentrale Infrastruktur dazwischengeschaltet wird. Napster bietet eine solche Software an. Durch diese Software wird den Nutzern der direkte Austausch von MP3 Musikdateien ermöglicht. Napster betreibt daneben zusätzliche Server, die Informationen über die auszutauschenden Dateien speichern. Musikdateien selbst werden von Napster jedoch nicht gespeichert. Neben Napster gibt es jedoch noch weitere Anbieter von P2P Systemen. Während Napster noch eigene Server betreibt, fehlt diese Komponente völlig bei Anbietern wie Gnutella und Freenet[25]. Aus letztem Grund wird auch zwischen zentralen Systemen wie Napster und dezentralen Systemen wie Gnutella unterschieden[26]

---

23 *Sasse/Waldhausen* ZUM 2000, 837, 838.

24 Vgl. dazu: *Ahrens* ZUM 2000, 1029; *Braun* GRUR 2001, 1106; *Dustmann*, Provider, S. 202f.; *Frey* ZUM 2001, 466; *Kreutzer* GRUR 2001, 193, 307; *Lubitz* GRUR Int. 2001, 283.

25 Vgl. dazu auch: www.zeropaid.com (abgerufen am 07. Januar 2002).

26 *Kreutzer* GRUR 2001, 193, 194; *Spindler* JZ 2002, 60/61.

D. Online-Datenbanken

So unterschiedlich die Arten der Dienste im *Internet* doch sein mögen, so ist doch allen Diensten eines gemein: sie knüpfen an den Betrieb einer Datenbank an. Sollen urheberrechtlich geschützte Werke – gleichviel aus welcher Werkkategorie – in digitalisierter Form übermittelt werden, so setzt das zuerst voraus, dass diese Werke in einer Datenbank vorhanden sind[27]. Unter Datenbanken versteht man gem. § 87a Abs. 1 UrhG eine Sammlung von Werken, Daten oder anderen unabhängigen Elementen, die systematisch oder methodisch angeordnet und einzeln mit Hilfe elektronischer Mittel oder auf andere Weise zugänglich sind, und deren Beschaffung, Überprüfung oder Darstellung eine nach Art oder Umfang wesentliche Investition erfordert. Der Rechtsbegriff der Datenbank verlangt gem. § 87a UrhG also eine systematisch-methodische Anordnung der Elemente[28]. Soweit in der vorliegenden Untersuchung von Online-Datenbanken die Rede ist, wird der Begriff jedoch allgemeiner verstanden. Es sollen alle denkbaren Online-Auftritte erfasst sein, bei denen Inhalte in systematischer oder ungeordneter Form online abrufbar gemacht werden. Online bedeutet insoweit, dass der Nutzer direkt mit der Datenquelle verbunden ist und über eine Telekommunikationsleitung in der Datenbank recherchieren kann. Die vorliegende Untersuchung beschränkt sich allein auf die Verwertung urheberrechtlich geschützter Werke durch die Nutzung von Online-Datenbanken – im *Internet* also. Unabhängig davon, ob das Werk mittels Email, WWW, FTP, Newsgroups oder anderen Anwendungen verwertet wird, muss das Werk in einer Online-Datenbank bereitgehalten werden. Die Handlungen, an die diese Untersuchung anknüpft, sind hierdurch vorgegeben. Diese Handlungen sind wie folgt zu unterscheiden: zuerst stellt sich die Frage nach der Aufbereitung des Werkes, um es in einer Online-Datenbank bereithalten zu können, also die der Digitalisierung des Werkes[29]. Nachfolgend muss das digitalisierte Werk in die Datenbank eingestellt werden („Uploading")[30]. An das Uploading schließt sich eine Phase an, in der das Werk in der Datenbank abrufbar ist, gefolgt vom Abruf des Werkes aus der Datenbank („Downloading"). Diese verschiedenen Handlungen werden vor dem Hintergrund einer Strafbarkeit derselben einer urheberrechtlichen Bewertung zugeführt.

---

[27] So auch: *Dustmann*, Provider, S. 66.
[28] Schricker-*Vogel* § 87a Rn. 6.
[29] Vgl. S. 91ff.
[30] Vgl. S. 93ff.

A. Einführung

Sowohl in Spanien als auch in Deutschland finden sich Vorschriften zum strafrechtlichen Schutz des Urhebers und seines Werkes. Als Mitglieder des TRIPS-Abkommens waren beide Länder gem. Art. 61 TRIPS auch verpflichtet, strafrechtliche Sanktionen für bestimmte Verstöße gegen Rechte des geistigen Eigentums vorzusehen. Hiernach haben die Mitgliedsländer Strafen vorzusehen, die zumindest bei vorsätzlicher unerlaubter Herstellung urheberrechtlich geschützter Werke in gewerbsmäßigem Umfang Anwendung finden. Nach Art. 61 TRIPS können die Mitgliedsländer aber auch Strafen für Verletzungen von anderen Rechten des geistigen Eigentums vorsehen, insbesondere wenn diese Handlungen vorsätzlich oder gewerbsmäßig begangen werden. Art. 61 TRIPS ist mithin so zu verstehen, dass die Herstellung immer mit Strafe zu bedrohen ist – also die Vervielfältigung –, sofern sie vorsätzlich und in gewerbsmäßigem Umfang begangen wird. Hinsichtlich anderer Verwertungshandlungen – wie der öffentlichen Wiedergabe – existiert eine solche Verpflichtung der Mitgliedsstaaten derzeit nicht.

Diese nationalen Vorschriften müssen der Ausgangspunkt einer Untersuchung sein, die zum Ziel hat festzustellen, ob die Strafgesetze zum Schutze des Urhebers dem Informationszeitalter gewachsen sind. Aufgrund großer Übereinstimmungen beider Rechtsordnungen werden die unterschiedlichen Regelungsaspekte in der Folge in ihrer systematischen Abfolge vorgestellt:

Mit den im Nebenstrafrecht in den §§ 106ff. UrhG enthaltenen Strafnormen will der deutsche Gesetzgeber das Rechtsgut der Dispositionsbefugnis des Urhebers über die Nutzung seines Werkes schützen[31]. Das deutsche Urheberstrafrecht enthält hierzu drei Grundtatbestände: § 106 UrhG greift bei der Verletzung der Verwertungsbefugnisse des Urhebers ein. Bei ihm handelt es sich um den sogenannten Zentraltatbestand[32]. In § 107 UrhG werden Verletzungen der Urheberpersönlichkeitsrechte und in § 108 UrhG Verletzungen der Verwertungsbefugnisse der Inhaber verwandter Schutzrechte sanktioniert. Hinzu kommt § 108a UrhG, der im Falle des gewerbsmäßigen Handelns den Strafrahmen der vorgenannten Delikte erhöht. § 108a UrhG soll vor allem dazu dienen, auf die organisierte Kriminalität in den Bereichen der Videopiraterie und des Raubdruckes einzuwirken.

---

31 Hdb. WiSt.-*Bär* Kap. 18 Rn. 103; *Sternberg-Lieben* NJW 1985, 2121, 2124.

32 *Weber*, Strafrechtlicher Schutz, S. 173.

Gewerbsmäßig handelt, wer den Tatbestand des § 106 UrhG in der Absicht verwirklicht, um sich durch derartige wiederholte Begehung eine fortlaufende Einnahmequelle von einiger Dauer und einigem Umfang zu verschaffen[33]. Eine besondere Absicht in subjektiver Hinsicht ist nicht erforderlich[34]. Unerheblich ist, ob die Tat unmittelbar oder mittelbar als Einnahmequelle dient[35].

Strafverfolgungsvoraussetzung für die Delikte der §§ 106–108 UrhG ist ein Strafantrag gem. § 109 UrhG. Es handelt sich aber nicht um absolute Antragsdelikte, bei denen das Fehlen des Antrags zwingend die Strafverfolgung verhindert, sondern um relative Antragsdelikte, da durch Bejahung des besonderen öffentlichen Interesses durch die Staatsanwaltschaft das Fehlen eines Antrages überwunden werden kann[36].

Von Interesse ist hier in erster Linie § 106 UrhG, die unerlaubte Verwertung urheberrechtlich geschützter Werke. Allein bei der Zweitverwertung eines unerlaubt vervielfältigten Werkes kommt darüber hinaus eine Hehlerei gem. § 259 StGB in Betracht, die hier unberücksichtigt bleiben soll[37].

Die spanischen Vorschriften zum Schutz des Urhebers und seines Werkes finden sich in den Art. 270ff. CP und damit im Kernstrafrecht selbst. Jene Vorschriften führen die Sektion 1 („*De los delitos relativos a la propriedad intelectual*“) des XI. Kapitels („*De los delitos relativos a la propriedad intelectual e industrial, al mercado y a los consumidores*“) des XIII. Titels („*Delitos contra el patrimonio y contra el orden socioeconómico*“) des II. Buches des CP an. Der CP versteht damit die Vorschriften zum Schutz des Urhebers als Vermögensdelikte. Die vermögensrechtliche Rechtsnatur des Art. 270 S. 1 CP bzw. seines Vorgängers Art. 534 lit. *a)* CPA war in der spanischen Doktrin zwar schon immer stark um-

33 *BGHSt* 1, 383; *BGH*, GA 55. 212; *Tröndle/Fischer* 37 vor § 52.

34 Schricker-*Haß* § 108a Rn. 3.

35 *BGH*, MDR/H 83, 622.

36 Zum besonderen öffentlichen Interessen bei § 109 UrhG speziell bei der Softwarepiraterie vgl.: *Heghmanns* NStZ 1991, 112ff.; allgemein: RiStBV Nr. 86 Abs. 2, 261.

37 Zur Frage der Geeignetheit von § 106 UrhG als Vortat im Sinne von § 259 StGB vgl. *Friedrich* MDR 1985, 366 m.w.N.; *Ganter* NJW 1986, 1479, 1480; *Heinrich*, Strafbarkeit, S. 307; *Hildebrandt*, Strafvorschriften des Urheberrechts, S. 422; Lackner/*Kühl* § 259 Rn. 5; *Rochlitz*, Strafrechtlicher Schutz, S. 216; *Sternberg-Lieben*, Musikdiebstahl, S. 102, *Weber*, FS-Locher, S. 431, 434; *ders.*: Strafrechtlicher Schutz, S. 350; ablehnend: *Hefendehl* NStZ 2000, 348, 350; zur Frage des urheberrechtlich geschützten Werkes als Tatobjekt im Sinne des § 259 StGB vgl. *Hildebrandt*, Strafvorschriften des Urheberrechts, S. 426; S/S-*Stree* § 259 Rn. 9; *Tröndle/Fischer* § 259 Rn. 5; *Weber*, FS-Locher, S. 431, 436.

stritten[38]. Mit der Einführung der Tatbestandmerkmale „animo de lucro“ und „perjuicio de tercero“ wurde der Wille des Gesetzgebers aber offensichtlich, dass es sich bei den Art. 270ff. CP um Vermögensdelikte handeln sollte[39]

Anders als nach deutschem Recht wird im spanischen Strafrecht nicht systematisch zwischen der Verletzung von Urheberrechten und verwandten Schutzrechten unterschieden.

Gem. Art. 271 CP qualifizieren bestimmte Folgen der Verwirklichung des Grundtatbestandes von Art. 270 CP diesen als ganz besonders schwerwiegend, so dass an deren Verwirklichung besonders schwere Rechtsfolgen geknüpft werden. Die Vorschrift wird in Spanien stark kritisiert, weil sie zu unbestimmt sei. Es werde der Willkür Tür und Tor geöffnet, da der Gesetzgeber bei der schwierigen Aufgabe der Bestimmung der Tatbestandsmerkmale dem Richter keine Richtlinien an die Hand gebe[40].

Zur Bejahung des Qualifikationsmerkmals der besonderen wirtschaftlichen Auswirkungen der Verwirklichung des Grundtatbestandes gem. Art. 271 lit. *a)* CP ist nicht erforderlich, dass dem Vorteil auf Seiten des Täters auf Seiten des Opfers ein tatsächlich eingetretener Schaden gegenübersteht. Der Täter muß jedoch einen Gewinn tatsächlich realisiert haben, wobei sich aus dem Wortlaut von Art. 271 lit. *a)* CP ergibt, dass der Gewinn in wirtschaftlicher Hinsicht zu verstehen ist[41]. Es genügt aber nicht, wenn eine große Anzahl von Vervielfältigungsstücken hergestellt wurde, diese sich jedoch noch im Besitz des Täters befinden, ohne dass er irgendeinen wirtschaftlichen Gewinn realisiert hätte[42]. Umstritten ist aber, ob bei der Bewertung der wirtschaftlichen Folgen objektive oder subjektive Gesichtspunkte maßgeblich sind. Nach der Rspr. kommt es allein auf den objektiven Wert des erlangten Vorteils an, der als besonders groß angenommen wird, wenn er einen Betrag von ca. 180.000 € übersteigt[43]. Keine Rolle spielt nach der Rspr., welchen Umsatz der Täter im Durchschnitt macht, also ob nach seiner Sichtweise der erlangte Vorteil besonders groß ist[44].

---

38 Bercovitz-*García Rivas* Art. 270; *González Gómez*, El tipo básico, S. 68ff.; *Robledo Villar*, Delitos contra el patrimonio, S. 317; vgl. zum Streit bei Art 534 lit. *a)* CPA statt vieler: *Miguel/Conlledo* ADPCP 1990, 803.

39 Bercovitz-*García Rivas* Art. 270; *González Gómez*, El tipo básico, S. 68ff.; *Robledo Villar*, Delitos contra el patrimonio, S. 317.

40 Rodríguez Mourullo/Jorge Barreiro-*Jorge Barreiro* Art. 271 S. 777/778.

41 *Robledo Villar*, Delitos contra el patrimonio, S. 346.

42 Quintero Olivares/Morales Prats-*Quintero Olivares* Art. 271 S. 1227.

43 STS v. 23.05.1994 (ARJ 1994/3946) (30. Mio. Pts) – umgerechnet handelt es sich um genau 180.303, 63 €.

44 A.A.: Bercovitz-*García Rivas* Art. 271 S. 2390.

Art. 271 lit. *b)* CP verlangt im Gegensatz zu Art. 270 CP die tatsächliche Realisierung eines Schadens. Da dieser Schaden jedoch gem. Art. 271 lit. *b)* CP besonders groß sein muss, stellt sich die Frage, wann ein eingetretener Schaden als solcher qualifiziert werden kann. Aufgrund seiner Unbestimmtheit sieht sich Art. 271 lit. *b)* CP ähnlichen Bedenken augesetzt wie Art. 271 lit. *a)* CP[45].

Im Anwendungsbereich des Art. 271 lit. *b)* CP sind nach herrschender spanischer Ansicht im Gegensatz zu Art. 271 lit. *a)* CP nicht nur wirtschaftliche Schäden, sondern auch immaterielle Schäden zu berücksichtigen[46]. Hierbei bleibt jedoch der überwiegend vermögensrechtliche Charakter der Art. 270ff. CP unberücksichtigt. So erscheint es widersinnig, die Art. 270ff. CP ihrer Rechtsnatur nach als Vermögensdelikte zu verstehen, andererseits aber für das Qualifikationsmerkmal des Art. 271 lit. *b)* CP auch immaterielle Schäden zu berücksichtigen. Zwar setzt sich das Urheberrecht aus Vermögensrechten und Persönlichkeitsrechten zusammen. Dies ergibt sich aus der monistischen Theorie, die im spanischen TRLPI in Art. 2 kodifiziert ist. Jedoch sind Urheberpersönlichkeitsrechte grundsätzlich nicht nach den Art. 270ff. CP geschützt. Insoweit muss auf die zivilrechtlichen Regelungen der Art. 138ff. TRLPI zum Schadensersatz zurückgegriffen werden. Da es sich zumindest seit der Einführung der Tatbestandmerkmale „animo de lucro“ und „perjuicio de tercero“ bei den Art. 270ff. CP um Vermögensdelikte handelt[47], ist im Ergebnis daher davon auszugehen, dass immaterielle Schäden im Rahmen von Art. 271 lit. *b)* CP keine Rolle spielen. Es stellt sich daher nur noch die Frage, wann im Einzelfall ein tatsächlich verursachter Schaden besonders schwerwiegend ist. Hier ist zu berücksichtigen, dass sich dasselbe Qualifikationsmerkmal unter anderem in den spanischen Vorschriften zum Diebstahl und Betrug findet, die ebenso wie die Art. 270ff. CP Vermögensdelikte darstellen, so dass die Rechtsprechung zu diesen Delikten zur Orientierung herangezogen werden kann[48]. Hiernach ist ein Schaden als besonders schwer zu qualifizieren, wenn er einen Betrag von 12.000 € übersteigt[49].

Für die Verfolgung der Delikte gemäß Art. 270ff. CP ist wie auch in Deutschland gem. Art 287.1 CP ein Strafantrag des Verletzten oder seiner gesetzlichen Vertreter erforderlich, es sei denn, dass die Begehung des Deliktes öffentliche Interessen berührt oder eine Mehrheit von Personen betrifft (Art 287.2 CP)[50].

---

45 Rodríguez Mourullo/Jorge Barreiro-*Jorge Barreiro* Art. 271 S. 778.

46 *Quintero Olivares/Benítez*, Protección penal, S. 184; *Robledo Villar*, Delitos contra el patrimonio, S. 348; *Vega Vega*, Derecho de autor, S. 220.

47 Bercovitz-*García Rivas* Art. 270; *González Gómez*, El tipo básico, S. 68ff.; *Robledo Villar*, Delitos contra el patrimonio, S. 317.

48 Rodríguez Mourullo/Jorge Barreiro-*Jorge Barreiro* Art. 271 S. 778.

49 *Robledo Villar*, Delitos contra el patrimonio, S. 347 (2 Mio. Pts = 12020, 24 €).

50 Vgl. dazu SAP de Castellón v. 06.04.1999 (ARP 1999/4563).

B. Rechtscharakter der strafrechtlichen Vorschriften zum Schutz des Urheberrechts

I. Deutsches Recht (§ 106 UrhG)

Bevor festgestellt werden kann, in welchen Fällen § 106 UrhG im *Internet* verwirklicht wird, ist der maßgebliche Prüfungsrahmen zu bestimmen. Es ist festzustellen, in welchem Verhältnis die Vorschrift zu den zivilrechtlichen Regelungen des Urheberrechtes steht, also ob immer bei einer Verletzung der zivilrechtlichen Verwertungsrechte auch der Tatbestand des § 106 UrhG verwirklicht ist. Es handelt sich um die Frage der Zivilrechtsakzessorietät von § 106 UrhG. Von dieser Frage zu trennen ist, ob es sich bei § 106 UrhG um eine Blankettvorschrift handelt oder eine Vorschrift mit normativen Tatbestandsmerkmalen. Andererseits besteht zwischen diesen beiden Fragen ein gewisser Zusammenhang, was erklärt, warum diese Differenzierung in der Literatur oftmals nicht im erforderlichen Maße durchgeführt wird: Handelt es sich um eine Blankettvorschrift, so wird der Inhalt der Strafvorschrift durch außerstrafrechtliche Normen bestimmt, so dass es sich um eine akzessorische Vorschrift handelt. Handelt es sich hingegen um eine Vorschrift mit normativen Tatbestandsmerkmalen, so können diese aus strafrechtlicher Sicht autonom ausgelegt werden, so dass nicht zwingenderweise von einer Akzessorietät ausgegangen werden müsste.

Insgesamt ist sehr umstritten, wie Blankettstrafvorschriften von Vorschriften mit normativen Tatbestandsmerkmalen abzugrenzen sind. Eine umfassende Auseinandersetzung mit allen Ansätzen würde den Rahmen dieser Arbeit sprengen[51]. Das Bundesverfassungsgericht versteht unter Blankettvorschriften unvollständige Tatbestände, die der Ausfüllung durch andere Normen bedürfen, während Tatbestände mit normativen Merkmalen das mit Strafe bedrohte Verhalten vollständig und ohne Bezugnahme auf andere Bestimmungen umschreiben[52]. Hintergrund für diese Definition ist der Bestimmtheitsgrundsatz aus Art. 103 Abs. 2 GG. Bei Blankettgesetzen muss nicht nur das Blankett selbst, sondern auch die Vorschrift, auf die verwiesen wird, den Erfordernissen von Art. 103 Abs. 2 GG genügen. Das ergibt sich bereits daraus, dass bei Blankettvorschriften das Blankett und die Ausfüllungsvorschrift zusammengelesen werden müssen, da sich nur so der Unrechtstatbestand ergibt[53]. Bei normativen Tatbestandsmerkmalen hingegen unterliegt allein der Tatbestand selbst der Überprüfung anhand von Art. 103 Abs. 2 GG. Tatbestände mit normativen Tatbe

---

51 Vgl. dazu: *Enderle*, Blankettstrafgesetze, S. 82ff. m.w.N.
52 *BVerfG*E 78, 205, 213.
53 *Welzel* MDR 1952, 584, 586.

standsmerkmalen sind demnach im Gegensatz zu Blankettvorschriften vollständig[54].

Binding[55] war der Ansicht, dass sich Blankettvorschriften durch ein formales und ein materielles Kriterium auszeichnen. Danach lag das formale Kriterium in einem Kompetenzsprung, so dass eine Verweisung auf Vorschriften zu erfolgen hatte, die nicht vom selben Normgeber stammten. Das materielle Kriterium lag in der Unvollständigkeit der Vorschrift. Dieses Verständnis von Blankettvorschriften ist jedoch für die heutige Zeit zu eng. So werden auch Vorschriften, die durch dieselbe Instanz ausgefüllt werden, als Blankette bezeichnet[56]. Des Weiteren finden sich kaum noch gänzlich unvollständige Vorschriften. Wenn aber alle übrigen Vorschriften als solche mit normativen Tatbestandsmerkmalen aufzufassen wären, so erübrigte sich die Abgrenzung zwischen Blankettvorschriften und solchen mit normativen Tatbestandsmerkmalen. Dies ist jedoch eine Konsequenz, die nicht gezogen wird[57]. Auf das Erfordernis des Kompetenzsprunges kann es daher nicht entscheidend ankommen. So hält *Lauer* es für genügend, wenn der unvollständige Tatbestand durch eine Mehrzahl von Regelungen im gleichen Gesetz, jedoch an anderer Stelle ausgefüllt wird[58]. Entscheidend muss daher vielmehr die Unvollständigkeit der Vorschrift sein. Der Bundesgerichtshof meint, dass Blankette offene Strafgesetze[59] seien. Sie zeichnen sich seiner Ansicht nach dadurch aus, dass die Ergänzung der Strafdrohung durch einen anderen Tatbestand selbständig wahrgenommen wird[60]. Enthält der Tatbestand hingegen eine in sich vollständige Strafnorm, die nur anhand der geltenden Gesetze auszulegen ist, handelt es sich um ein normatives Tatbestandsmerkmal[61]. Nicht erforderlich ist aber, dass die Inhaltsleere der Vorschrift auf den ersten Blick ins Auge fällt. Vielmehr kann der Verweis auch in der Form erfolgen, dass nicht unmittelbar, das heißt ohne detaillierte Rechtskenntnisse, erkennbar ist, ob sich die Verweisung auf anderweitiges Recht bezieht[62]. Auch muss nicht der gesamte Tatbestand einer Vorschrift unvollständig sein, um die Vorschrift als Blankettnorm zu qualifizieren. Bereits der Blankettcharakter eines einzelnen Tatbestandmerkmals lässt auf das Vorliegen eines Blanketts schließen, denn die Ausfüllungsbedürftigkeit bereits eines Tatbestandsmerkmals führt schon dazu,

---

54 *Welzel* JZ 1953, 119, 120, Anm. zu *BGH,* Urteil v. 28.10.1952.

55 *Binding*, Normen I, S. 161f.

56 *Enderle*, Blankettstrafgesetze, S. 81; *Warda*, Abgrenzung, S. 11.

57 *Enderle,* Blankettstrafgesetze, S. 82, *Warda*, Abgrenzung, S. 12.

58 *Lauer*, Irrtum über Blankettstrafgesetze, S.40/41.

59 *BGH*St 5, 90, 91; 9, 217, 218.

60 *BGH*St 6, 30, 40; 20, 177, 181; 28, 213, 215; *Lauer*, Irrtum über Blankettstrafgesetze, S. 40/41.

61 *BGH*St 34, 266, 272.

62 *BGH*St 3, 400, 402 zum Merkmal der „Pflichtwidrigkeit" aus § 356 StGB; *Lauer*, Irrtum über Blankettstrafgesetze, S. 46.

dass das Gesetz ohne die Hinzunahme der Bezugsnorm keine hinreichende Unrechtsbeschreibung enthält[63]. Es gehört jedoch zum Wesen eines Blankettmerkmals, dass es ausgefüllt werden muss und nicht nur kann[64]. Schließlich muss der ergänzenden Rechtsquelle die tatbestandliche Umschreibung des unter Strafe gestellten Verhaltens überlassen sein. Einigkeit besteht hier, dass Rechtssätze nur beschreibenden Inhalts keine Blankettergänzungen sein können. Rechtssätze, die nur der Ergänzung durch beschreibende Erläuterungen einzelner Begriffe bedürfen, sind daher keine Blankettgesetze[65]. So muss zur Bestimmung des Tatbestandsmerkmals der Fremdheit aus § 242 StGB auch auf das Zivilrecht zurückgegriffen werden, trotzdem handelt es sich nicht um eine Blankettvorschrift.

Diese Grundsätze sind auf die einzelnen Tatbestandsmerkmale des § 106 UrhG anzuwenden. Hinsichtlich der Tatbestandsmerkmale Werk, Bearbeitung und andere Umgestaltung handelt es sich um Beschreibungen des Tatobjektes. Die Tatbestandsmerkmale haben schon deshalb keinen Blankettcharakter, weil sie sich nicht auf die Tathandlung beziehen. Im Übrigen ist zum Verständnis der Merkmale nicht zwingend der Rückgriff auf außerstrafrechtliche Vorschriften notwendig. Es handelt sich folglich um normative Tatbestandsmerkmale, die nur der beschreibenden Erläuterung bedürfen.

Hinsichtlich der Tathandlungen des § 106 UrhG der Vervielfältigung, Verbreitung und der öffentlichen Wiedergabe ist es ebenso. Die Tathandlungen sind aus sich heraus verständlich und bedürfen eigentlich nur zur Ergänzung der Erläuterung durch außerstrafrechtliche Vorschriften. Es handelt sich mithin auch hierbei um normative Tatbestandsmerkmale[66].

Anders verhält es sich hingegen mit dem Tatbestandsmerkmal „in anderen als den gesetzlich zugelassenen Fällen." Dieses Tatbestandsmerkmal verweist auf die §§ 45ff. UrhG. Das strafrechtlich relevante Verhalten ist damit nicht näher bestimmt. Es ergibt sich erst aus der Subtraktion der gesetzlich erlaubten Verwertungshandlungen der §§ 45ff. UrhG. Ohne die Ausfüllung dieses Tatbestandsmerkmals enthält der Tatbestand mithin keine ausreichende Unrechtsumschreibung. Es handelt sich um ein Blankettmerkmal, welches die Vorschrift insgesamt zur Blankettvorschrift werden lässt[67].

---

63 *Lauer*, Irrtum über Blankettstrafgesetze, S. 52.

64 *Lauer*, Irrtum über Blankettstrafgesetze, S. 50.

65 *Lauer*, Irrtum über Blankettstrafgesetze, S. 53/54; Warda, Abgrenzung, S. 6/7.

66 *Enderle*, Blankettstrafgesetze, S. 247/248; *Lauer*, Irrtum über Blankettstrafgesetze, S. 53/54.

67 *Hildebrandt*, Strafvorschriften des Urheberrechts, S. 265/266 u. 132; *Lauer*, Irrtum über Blankettstrafgesetze, S. 59; a.A.: *Enderle*, Blankettstrafgesetze, S. 248.

Zusammenfassend ist daher zu sagen: Aufgrund des Tatbestandsmerkmals „in anderen als den gesetzlich zugelassenen Fällen" handelt es sich bei § 106 UrhG um eine Blankettvorschrift, auch wenn die anderen Tatbestandsmerkmale des § 106 UrhG normative Tatbestandsmerkmale darstellen.

Hieraus ergibt sich hinsichtlich der §§ 45ff. UrhG eine zwingende Zivilrechtsakzessorietät von § 106 UrhG. Hinsichtlich der sonstigen normativen Tatbestandsmerkmale fehlt eine solche zwingende Akzessorietät hingegen. Gleichwohl geht die herrschende Auffassung auch hier von einer strengen Zivilrechtsakzessorietät aus[68].

II. Spanisches Recht (Art. 270 S. 1 CP)

1. Blankettcharakter von Art. 270 S. 1 CP

Nach Art. 270 S. 1 CP wird mit Gefängnisstrafe von 6 Monaten bis 2 Jahren oder Geldstrafe von 6 bis 24 Monaten wird betraft wer mit Bereicherungsabsicht und Schädigung eines Dritten, ganz oder teilweise ein Werk der Literatur, Kunst oder Wissenschaft, ohne Einwilligung der Rechtsinhaber oder deren Zessionare vervielfältigt, plagiiert, verbreitet oder öffentlich wiedergibt.

Anders als im deutschen Recht findet sich im spanischen Recht die Strafvorschrift zum Schutz des Urhebers nicht im sog. Nebenstrafrecht, sondern im CP selbst. Die zivilrechtlichen Vorschriften über das Urheberrecht hingegen finden sich im TRLPI[69], dem spanischen „Urheberrechtsgesetz". Das Verhältnis zwischen den Strafrechtsnormen der Art. 270ff. CP und den zivilrechtlichen Vorschriften des TRLPI ist unklar. Während in Deutschland Einigkeit besteht, dass § 106 UrhG eine zivilrechtsakzessorische Vorschrift darstellt, herrscht in Spa-

68 Hdb. WiSt.-*Bär* Kap. 18 Rn. 103; Schricker-*Haß* § 106 Rn. 2; *Heinrich*, Strafbarkeit, S. 176; *Schack* Rn. 739; *Rehbinder* Rn. 476; Hdb. MMR-*Sieber* 19 Rn. 453; *Weber*, Strafrechtlicher Schutz, S. 173 u. 285; krit.: *Etter* CR 1989, 115, 116 (der einen eigenen strafrechtlichen Vervielfältigungsbegriff vertritt); einschränkend: *Hildebrandt*, Strafvorschriften des Urheberrechts, S. 34, der zwar der Ansicht ist, dass es sich bei § 106 UrhG um eine zivilrechtsakzessorische Vorschrift handelt (S. 31), jedoch vor dem Hintergrund der verfassungsrechtlichen Anforderungen an das Strafrecht und dem im Strafrecht geltenden Ultima-Ratio-Prinzip in manchen Punkten eine engere Auslegung der Tatbestandsmerkmale als im Zivilrecht befürwortet (insbesondere für den Werkbegriff aus §§ 2 ff. UrhG, bei dem er im Bereich der Werke der kleinene Münze eine verfassungskonforme einschränkende Auslegung für erforderlich hält, S. 52); noch weitergehend: *Schüler*, NStZ 1993, 496, der für die Verwirklichung von § 106 UrhG verlangt, dass der Urheber am Werk einen Vermerk anbringt, der das Kopieren untersagt.

69 Texto refundido de la ley de propiedad intelectual; BOE n.° 97, de 22 de abril de 1996.

nien darüber Streit. Die Klärung des Verhältnisses zwischen diesen Vorschriften ist für die Auslegung von Art. 270 CP entscheidend.

Zum Verständnis der Diskussion ist es erforderlich sich zunächst zu vergegenwärtigen, dass es für den strafrechtlichen Schutz des Urhebers und seiner Werke in Spanien bis 1987 charakteristisch war, dass es sich bei den einschlägigen Strafvorschriften um Blankettvorschriften handelte. Das verbotene Verhalten war in diesen Vorschriften nicht enthalten, es handelte sich vielmehr um Verweise auf die zivilrechtlichen Vorschriften zum Schutz des Urhebers, die den Inhalt der Strafnorm ausfüllten[70]. So bestimmte Art. 534.1 CPA 1963, dass sich derjenige, der absichtlich die Rechte des Urhebers verletzt, strafbar mache[71].

Das Gesetz 6/87 vom 11. November 1987 modifizierte die Regelungen der Art. 534 ff. CP und fügte die strafrechtlich relevanten Verhaltensweisen in die Tatbestände der Art. 534 ff. CP selbst ein. So waren nach dem Wortlaut von Art. 534 lit. *a)* S. 1 CP seit 1987 die unerlaubte Vervielfältigung, Verbreitung, öffentliche Wiedergabe und die Herstellung von Plagiaten unter Strafe gestellt[72]. Während die Vorschrift vor 1987 ausdrücklich vollständig auf die zivilrechtlichen Regelungen verwies – also auch im Hinblick auf die strafbaren Handlungen –, bestimmte zu dieser Zeit Art. 534 lit. *a)* S. 1 CP in seinem Tatbestand explizit die strafwürdigen Verhaltensweisen. Diesem Wortlaut entspricht der heutige Art. 270 S. 1 CP.

Nun wird auch in Spanien, zwischen Blankettvorschriften und solchen mit normativen Tatbestandsmerkmalen unterschieden[73]. Ob es sich bei Art. 270 S. 1 CP um eine Blankettvorschrift handelt oder um eine mit normativen Tatbestandsmerkmalen ist jedoch umstritten. Diese Grundsatzfrage ist auch hier für die Auslegung des Tatbestandes des Art. 270 S. 1 CP von entscheidender Bedeutung, da Blankettvorschriften zwingend zivilrechtsakzessorisch sind. Handelt es sich bei Art. 270 S. 1 CP hingegen um eine Vorschrift mit normativen Tatbestandsmerkmalen so ist fraglich, ob Zivilrechtsakzessorietät vorliegt.

---

70 *González Gómez*, El tipo básico, S. 118.

71 "El que infringiere intencionadamente los derechos de autor será castigado con las penas de arresto mayor y multa de 30.000 a 600.000 pestetas, independientemente de las sanciones determinadas en las leyes especiales.".

72 "Será castigado con la pena de multa de 100.00 a 2.000.000 de pesetas quien intencionadamente reprodujere, plagiare, distribuyere o comunicare publicamente, en todo o en parte, una obra literaria, artisitica o cientifica ....sin la autorización de los correspondientes derechos de propiedad intelectual o de sus cesionarios".

73 SAP de Barcelona v. 13.03.2000 (ARP 2000/291); *Quintero Olivares*, Manual de derecho penal, S. 57ff.

Ein Teil der spanischen Literatur sah in der Reform von 1987 die Aufgabe der Blanketttechnik, die ihrer Ansicht nach nicht dem in Art. 25.1 CE geregelten Bestimmtheitserfordernis genügte[74]. Andere hingegen meinen, dass die neuen Vorschriften noch immer Blankettvorschriften seien, dass jedoch, seit der Reform von 1987 die verfassungsrechtlichen Bestimmtheitserfordernisse an strafrechtliche Vorschriften aus Art. 25.1 CE gewahrt seien[75]. Die Rechtsprechung hat sich in dieser Frage bislang nicht entschieden[76]. Aufschluss bieten jedoch zwei Entscheidungen des spanischen Verfassungsgerichtes[77]. In diesen beiden Entscheidungen ging es um die Verfassungsmäßigkeit von Blankettnormen vor dem Hintergrund des Bestimmtheitsgrundsatzes aus Art. 25.1 CE. Das Spanische Verfassungsgericht (Tribunal Constitucional) entschied, dass Blankettvorschriften dann dem Bestimmtheitserfordernis genügen, wenn ausdrücklich auf die ausfüllende Norm verwiesen wird, der Verweis sich auf einen konkreten Normenkomplex innerhalb eines Gesetzes bezieht, der Verweis aufgrund der Notwendigkeit des Schutzes des gefährdeten Rechtsgutes erforderlich und gerechtfertigt ist und der Kern der Strafbarkeit sich bereits aus der Blankettvorschrift selbst ergibt und nicht erst aus dem Verweis. Vor diesem Hintergrund erscheint es nur schwer vertretbar, die Vorschrift des Art. 270 S. 1 CP als Blankettvorschrift einzuordnen, da ein ausdrücklicher Verweis auf die Vorschriften des TRLPI nicht erfolgt[78]. Es kann sich daher hier nur um eine Vorschrift mit normativen Tatbestandsmerkmalen handeln. Das ergibt im Übrigen auch ein Vergleich mit der Vorschrift des § 106 UrhG, die vom Wortlaut her weitgehend mit Art. 270 S. 1 CP übereinstimmt und nur deshalb als Blankettvorschrift zu qualifizieren ist, weil sie das Tatbestandsmerkmal „in anderen als den gesetzlich zugelassenen Fällen" beinhaltet. Ein solches Tatbestandsmerkmal findet sich in Art. 270 S. 1 CP aber gerade nicht.

Wenn es sich bei Art. 270 S. 1 CP aber nicht um eine Blankettvorschrift handelt, sondern um eine autonome strafrechtliche Vorschrift mit normativen Tatbestandsmerkmalen, so stellt sich die Frage in welchem Verhältnis die Vorschrift zum TRLPI steht. Theoretisch denkbar sind insoweit alle Alternativen: von einer strengen Akzessorietät der Strafvorschrift bis hin zu einer völligen Autonomie

---

74 *Busch*, Protección Penal en España y Alemania, S 52, *Quintero Olivares/Benítez*, Protección penal, S. 28; *Latorre*, Protección Penal, S. 103ff.; *Soto Nieto*, La Ley 1989-3, 962, 968.

75 Bercovitz-*García Rivas* S. 2370; Cobo del Rosal-*González Rus* S. 772; *Landecho Velasco/Molina Blásquez*, Derecho Penal español, Parte General, S. 242; ähnlich: Serrano Butragueño-*Madrigal Martínez-Pereda S.* 1323.

76 Ausdrücklich offengelassen von: SAP de Barcelona v 13.03.2000 (ARP 2000/291).

77 STC 127/1990 (RTC 1990/127); STC 62/1994 (RTC 1994/62).

78 Missverständlich: SAP de Barcelona v. 07.01.2000 (ARP 2000/400) – „...preceptos que dado su carácter de norma de remisión..."

des Art. 270 S. 1 CP. Man stelle sich jedoch vor, es handele sich um eine Vorschrift, die abgekoppelt von der restlichen Rechtsordnung und damit auch dem TRLPI existiere. In einem solchen Fall wäre es möglich, Art. 270 S. 1 CP anders auszulegen als die Vorschriften des TRLPI. Dies könnte bedeuten, dass nach dem CP andere Anforderungen an die Schutzfähigkeit von Werken gestellt werden als nach dem TRLPI, welches diese Materie eigentlich abschließend regeln sollte. Danach wäre es denkbar, dass ein Werk strafrechtlichen Schutz nach Art. 270.1 CP genießt, obwohl es vom Schutzbereich des TRLPI nicht erfasst wird bzw. dass ein Werk nach dem TRLPI geschützt wird, während es nach der strafrechtlichen Norm keinen Schutz genießt. Konsequenzen hätte eine solche Auslegung auch für die Anwendbarkeit spanischen Strafrechts bei internationalen Sachverhalten[79]. Bei einer völlig autonomen Auslegung der strafrechtlichen Vorschriften könnten die Art. 160 ff. TRLPI über den persönlichen Anwendungsbereich des TRLPI und die Regeln des internationalen Privatrechtes im Bereich des Urheberrechtes nicht berücksichtigt werden. Gerade bei einer international beeinflussten Materie wie dem Urheberrecht hätte das weitreichende Folgen. So wären beispielsweise Werke von Urhebern nach Art. 270 S. 1 CP geschützt, auf die gem. Art. 160 ff. TRLPI das spanische Urheberrecht keine Anwendung findet. Auch würde das Personalitätsprinzip aus Art. 23.2 LOPJ das im Urheberrecht geltende Territorialitätsprinzip aushebeln. Trotzdem wird teilweise die Ansicht vertreten, dass die Strafvorschrift so autonom gegenüber den TRLPI sei, dass sie sogar dann anwendbar sei, wenn das TRLPI aufgehoben würde. Diese Auslegung dürfe jedoch nicht dahingehend missverstanden werden, dass zwischen Urheberrecht und den Art. 270 ff. CP nun gar kein Zusammenhang mehr bestünde. Jedoch sei eine Vorschrift, die normative Tatbestandsmerkmale enthalte, die einer Interpretation durch außerstrafrechtliche Vorschriften bedürfen, streng zu unterscheiden von einer Blankettvorschrift, bei welcher die strafwürdigen Verhaltensweisen erst durch die zivilrechtlichen Vorschriften festgelegt würden[80]. Welches Verhältnis zwischen den beiden Regelungen aber besteht, beantwortet diese Ansicht nicht.

Andere sind der Auffassung, dass seit der Reform von 1987 eine Rückverweisung auf die zivilrechtlichen Vorschriften zum Schutze des Urheberrechtes nicht mehr erfolge, da die strafrechtlich relevanten Verhaltensweisen explizit bezeichnet seien Der Inhalt der strafrechtlich relevanten Verhaltensweisen ergebe sich jedoch aus den außerstrafrechtlichen Vorschriften des TRLPI. Die Strafvorschrift befinde sich in einem permanenten Kontakt mit den zivilrechtlichen Normen, die die strafwürdigen

---

79 Vgl. dazu unten S. 50f.

80 *Quintero Olivares/Benítez,* Protección penal, S. 28.

Verhaltensweisen definieren[81]. Andere formulie-ren dahingehend, dass ein Interpretationszusammenhang zwischen den zivilrechtlichen und strafrechtlichen Vorschriften bestehe, die Strafvorschriften jedoch, auch wenn sie auf außerstrafrechtlichen Vorschriften aufbauen, letztlich autonom auszulegen seien[82], oder dass es zur Auslegung des Begriffe aus Art. 270 S. 1 CP sinnvoll erscheine, auf das TRLPI zurückzugreifen[83].

Innerhalb des Streits besteht folglich Einigkeit, dass ein Zusammenhang zwischen außerstrafrechtlicher Gesetzgebung im Hinblick auf das Urheberrecht und den strafrechtlichen Vorschriften zum Schutz des Urheberrechts besteht, denn die Art. 270ff. CP bauen auf dem TRLPI auf und würde ohne das TRLPI leer laufen[84]. Die in Spanien herrschende Ansicht lässt sich danach zusammenfassend so beschreiben, dass die Vorschriften des TRLPI die strafrechtlich relevanten Verhaltensweisen des Art. 270 S. 1 CP definieren, ohne einen akzessorischen Zusammenhang zwischen TRLPI und Art. 270 S. 1 CP herzustellen. Die Vorschriften des CP bleiben autonome Strafvorschriften, so dass die Vorschriften des TRLPI nur Auslegungshilfen darstellen. Eine strenge Akzessorietät der Art. 270ff. CP muss hingegen abgelehnt werden. Gegen eine solche spricht, dass die strafrechtlichen Vorschriften zum Schutz des Urhebers und seiner Werke, anders als im deutschen Recht, nicht ins TRLPI eingefügt sind, sondern eigenständige Vorschriften im Rahmen des CP darstellen. Hätte der Gesetzgeber eine völlige Abhängigkeit der strafrechtlichen Vorschriften gewollt, so hätte er dies durch eine Einfügung oder einen ausdrücklichen Rückverweis in das TRLPI deutlich machen können. Andererseits wählte der Gesetzgeber für die Bezeichnung der Tatbestandsmerkmale aus Art. 270 S. 1 CP aus dem TRLPI geläufige Bezeichnungen. Die Einführung dieser Bezeichnungen deutet aber letztlich nur daraufhin, dass die Auslegung jener Tatbestandsmerkmale nicht völlig unabhängig von den zivilrechtlichen Regelungen zum Schutz des Urheberrechtes erfolgen kann. Im Übrigen wird das Strafrecht vom ultima ratio Charakter be-

---

81 *Boix Reig* in: Vives Antón/Boix Reig/Orts Berenguer/Carbonell Mateu, Derecho Penal, Parte Especial, S. 511; *Delgado Porras*, Protección civil y penal, S. 113, 124; *García Rivas* in: *Consejo general del poder judicial*, Cuadernos, S. 203ff., 207; *Muñoz Conde*, Derecho penal, Parte Especial, S. 427; Quintero Olivares/Morales Prats-*Quintero Olivares* S. 604; *Serrano Gómez*, Derecho Penal, Parte especial, S. 440; *Suárez Rodríguez* ADI Tomo XIV 1991 – 92, 119ff.,120; *Vega Vega* in: *Rogel Vide*, Nuevas tecnologías, S. 179ff., 201; Vives Antón/*Boix Reig* S. 1328; ähnlich: *Robledo Villar*, Delitos contra el patrimonio, S. 313, 315, 316.

82 *González Gómez*, El tipo básico, S. 119.

83 *Orts Berenguer*, Propiedad intelectual, nuevas tecnologías y derecho penal; in: Los derechos de propiedad intelectual en la nueva sociedad de la información, S. 149ff., 154.

84 *Ferré Olivé* ADPCP 1991, 65, 67.

herrscht, so dass strafrechtliche Sanktionen nur an besonders strafwürdige Verhaltensweisen geknüpft werden dürfen[85]. Nicht jede Urheberrechtsverletzung kann daher automatisch zu einer Strafbarkeit führen. Das ergibt sich auch daraus, dass im subjektiven Tatbestand von Art. 270 S. 1 CP „animo de lucro" gefordert wird[86]. Im Ergebnis sind daher die Art. 270 S. 1 CP wertungsmäßig abhängig vom TRLPI. Das bedeutet aber nicht, dass die Strafzwecke, die Subsidiarität strafrechtlichen Schutzes und sein fragmentarischer Charakter nicht teilweise zu vom TRLPI divergierenden Auslegungen führen können.

Es handelt es sich mithin bei den Art. 270ff. CP um autonome strafrechtliche Vorschriften, die in einem Interpretationszusammenhang mit dem TRLPI stehen, da sie auf diesem aufbauen. Es lässt sich sogar sagen, dass die durch das TRLPI definierten Verhaltensweisen und Schutzobjekte die Obergrenze der Strafbarkeit bilden. Eine weitergehende Auslegung der strafrechtlichen Vorschriften ist nicht möglich, andererseits können das ultima ratio Prinzip und der fragmentarische Charakter des Strafrechtes unter Umständen eine einschränkende Auslegung erforderlich machen, mit der Folge, dass bestimmte Verhaltensweisen nach dem TRLPI zur Leistung von Schadensersatz verpflichten, nicht jedoch eine Strafbarkeit nach Art. 270 S. 1 CP begründen können.

So formulierte auch das TS schon 1990, dass das Strafrecht solchen Verhaltensweisen vorbehalten ist, die als besonders schwerwiegend zu qualifizieren sind. Aus diesem Grund muss der Schutz des Urheberrechts durch das Zivilrecht und das Strafrecht nicht immer in allen Punkten übereinstimmen[87]. Nach Ansicht der Rspr. ist vor dem Hintergrund des Verhältnismäßigkeitsprinzips eine restriktive Auslegung notwendig. Strafwürdig sind demnach nur schwerwiegende Verhaltensweisen bei denen in „klarer und präziser Art und Weise", also eindeutig, ein Verstoß gegen die in Art. 270 S. 1 CP aufgeführten Verhaltensweisen festgestellt werden kann[88].

2. Drittschädigung („en perjuicio de tercero")

Schwierigkeiten bereitet das Tatbestandsmerkmal "...en perjuicio de tercero..." aus Art. 270 S. 1 CP, welches hier zunächst einmal mit der "Schädigung eines Dritten" übersetzt werden soll.

---

85 *Serrano Gómez*, Derecho Penal, Parte especial, S.439.

86 Dazu unten S. 185f.

87 STS 04.06.1992 (ARJ 1992/1302).

88 SAP de Valencia v. 29.03.2000 (ARP 2000/1384), ähnlich: SAP de Barcelona v. 26.10.1999 (ARP 1999/546); so auch: *Busch,* Protección Penal en España y Alemania, S. 176; *Soto Nieto*, La Ley 1989-3, 962, 967.

Das Tatbestandsmerkmal der Drittschädigung steht in engem Zusammenhang mit der Bereicherungsabsicht ("ánimo de lucro") aus Art. 270 S. 1 CP. Die Nennung beider Tatbestandsmerkmale im Wortlaut von Art. 270 S. 1 CP lässt zumindest folgende Schlußfolgerungen zu: es handelt sich um Begriffe, die in wirtschaftlicher Hinsicht auszulegen sind. Es handelt sich um zwei verschiedene Tatbestandsmerkmale, die zwar gleichzeitig erfüllt sein können aber nicht notwendigerweise sein müssen, wobei sich eine Strafbarkeit aus Art. 270 S. 1 CP aber nur dann ergibt, wenn beide Tatbestandsmerkmale kumulativ vorliegen. Das folgende Beispiel mag das verdeutlichen: Wenn ein Buch vom Verleger ohne Einwilligung des Urhebers vervielfältigt und verbreitet wird und sich dieses dann in einen Bestseller wandelt und der Urheber und Verleger sich den Gewinn teilen, so verwirklicht der Verleger zwar das Tatbestandsmerkmal der Bereicherungsabsicht, nicht jedoch das der Schädigung eines Dritten.

Zweifelhaft ist jedoch, wie das Tatbestandsmerkmal der Drittschädigung inhaltlich zu verstehen ist. Unklar sind hierbei vor allem zwei Gesichtspunkte: Handelte es sich um ein objektives oder um ein subjektives Tatbestandsmerkmal, und was ist unter der Person des Dritten zu verstehen, wo doch der Geschädigte der Rechteinhaber der verletzten Rechte ist und somit selbst Beteiligter und nicht Dritter?

Geht man davon aus, dass es sich um ein objektives Tatbestandsmerkmal handelt, so stellt sich die Frage, ob das Tatbestandsmerkmal als Erfolg der tatbestandsmäßigen Handlung anzusehen ist, so dass nur solche Handlungen strafbar sind, die tatsächlich zum Eintritt eines Schadens auf Seiten des "Dritten" geführt haben, oder ob es genügt, dass die tatbestandsmäßige Handlung objektiv dazu geeignet war, einen solchen Schaden hervorzurufen. Nach der zuerst genannten Ansicht[89] handelt es sich bei Art. 270 S. 1 CP um ein Erfolgsdelikt, wohingegen bei der zweiten Alternative ein Handlungsdelikt gegeben wäre.

Ist man hingegen der Auffassung, dass es sich um ein subjektives Tatbestandsmerkmal handelt[90], wofür der systematische Standort direkt nach der Bereicherungsabsicht spricht, so verlangt der subjektive Tatbestand von Art. 270 S. 1 CP neben Vorsatz hinsichtlich aller objektiven Tatbestandsmerkmale zusätzlich eine "doppelte" überschießende Innentendenz in Form der Bereicherungs- und der Drittschädigungsabsicht.

---

89 So bspw.: *Landecho Velasco/Molina Blásquez*, Derecho Penal Español, Parte General, S. 243.

90 So bspw.: Rodríguez Mourullo/Jorge Barreiro-*Jorge Barreiro* Art. 270 S. 773.

Gegen eine Einordnung des Tatbestandsmerkmals als Merkmal des subjektiven Tatbestands spricht jedoch folgendes: Der Vorsatz des Täters muß sich im Rahmen von Art. 270 S. 1 CP darauf beziehen, urheberrechtlich geschützte Werke unerlaubt, d.h. ohne Einwilligung des Berechtigten, zu vielfältigen, zu verbreiten oder öffentlich wiederzugeben. Insoweit genügt dolus eventualis. Hinzukommen muß als überschießende Innentendenz Bereicherungsabsicht. Würde man das Tatbestandsmerkmal der Drittschädigung nun als subjektives Tatbestands--merkmal verstehen, so hätte dies nur insoweit eigene Bedeutung gegenüber den allgemeinen Voraussetzungen der Strafbarkeit, dass der Vorsatz sich auch auf den Eintritt des Schadens beim „Dritten“ beziehen müsste. Andererseits würde bei einer solchen Auslegung vom objektiven Tatbestand des Art. 270 S. 1 CP der Eintritt eines solchen Erfolges gerade nicht vorausgesetzt. Verlangte man allerdings eine den objektiven Tatbestand überschießende Innentendenz im Sinne einer Drittschädigungsabsicht im engeren Sinne, so entstünden dadurch Strafbarkeitslücken. Den Tätern von Delikten gegen das geistige Eigentum geht es nämlich zumeist weniger darum, den wahren Rechtsinhaber zu schädigen, als vielmehr für sich selbst einen Vorteil zu erlangen. Wer Werke der Musik aus dem *Internet* herunterlädt, macht sich keine Gedanken darüber, ob die Urheber hierdurch geschädigt werden könnten. Er sieht nur seinen Vorteil, der darin besteht, entgeltlos an das Werk zu gelangen. Ebenso ist es bei denen, die Raubkopien in großem Umfang herstellen, um diese auf dem Schwarzmarkt zu verkaufen. Diese nehmen wohl billigend in Kauf, die wahren Rechtsinhaber des von ihnen vervielfältigten Werkes zu schädigen, jedoch geht es auch ihnen in erster Linie darum, sich selbst zu bereichern. Diese Fälle stellen jedoch das Gros der Urheberrechtsdelikte dar, bei denen eine Strafbarkeit gem. Art. 270 S. 1 CP dann mangels Drittschädigungsabsicht zumeist ausscheiden müsste.

Gegen eine Auslegung als Erfolgsmerkmal des Deliktes wird folgendes vorgebracht: Zwar spreche der Zusammenhang mit Art. 271 lit. *b)* CP, der einen Qualifikationstatbestand für Art. 270 CP darstelle, für eine solche Auslegung, da er vom verursachten Schaden spreche, so dass die Ansicht vertretbar erscheine, dass für die Verwirklichung von Art. 270 S. 1 CP ein Schaden zumindest entstanden sein müßte. Jedoch widerspreche eine solche Auslegung der Gesamtsystematik des CP[91], der nämlich die Höhe der Strafe bei anderen Vermögensdelikten grundsätzlich von dem Ausmaß des verursachten Schadens abhängig mache[92], was bei Art. 270 S. 1 CP nicht geschehe.

Vor diesem Hintergrund geht die herrschende Auffassung in Spanien dahin, das Tatbestandsmerkmal so zu verstehen, dass für die Verwirklichung des Tatbe-

91 I. Erg. ebenso: *Queralt Jiménez*, Derecho penal Español, Parte Especial, S. 429.

92 Vgl. nur Art. 248, 250 CP.

standes erforderlich ist, dass die tatbestandsmäßige Handlung objektiv zur Verursachung eines Schadens geeignet ist[93]. Das entspricht im Übrigen auch der oben gefundenen Auslegung von Art. 270 S. 1 CP vor dem Hintergrund des ultima ratio Prinzips des Strafrechtes: Nicht jede Verletzung von Urheberrechten kann automatisch zu einer Strafbarkeit gem. Art. 270 CP führen. Die strafrechtlichen Sanktionen dürfen sich vielmehr nur gegen solche Handlungen richten, die besonders schwerwiegend sind. Besonders schwerwiegend sind sie aber nur dann, wenn sie in objektiver Hinsicht geeignet, sind einen Schaden zu verursachen. Zweifelhaft erscheint diese Auslegung jedoch vor dem Hintergrund des Grundsatzes „nullum crimen sine lege" aus Art. 25.1 CE. Obwohl der Wortlaut von Art. 270 S. 1 CP nämlich vom tatsächlichen Schaden bzw. Nachteil spricht, wird der Eintritt eines solchen nach dieser Auslegung nicht verlangt. Die Strafbarkeit nach Art. 270 S. 1 CP wird damit erheblich erweitert. Ob diese Auslegung die Grenze zulässiger Auslegung im Strafrecht sprengt, ist damit fraglich.

Problematisch ist nun aber, was das Gesetz unter „Drittem" versteht. Ist eine andere Person als der Rechtsinhaber gemeint oder ist das Merkmal allgemein dahingehend zu verstehen, dass die tatbestandsmäßige Handlung objektiv geeignet sein muss, einen Schaden für einen „anderen" zu verursachen. Die letztgenannte Auffassung würde dazu führen, dass der Gesetzgeber sich im Tatbestand des Art. 270 S. 1 CP wiederholt, da er einerseits von den Rechteinhabern spricht deren Einwilligung erforderlich ist, andererseits von den „Anderen", unter die auch jene Rechteinhaber zu subsumieren wären. Da davon auszugehen ist, dass der Gesetzgeber in einem Tatbestand nicht zwei verschiedene Begriffe für dieselben Objekte benutzt, muss zunächst davon ausgegangen werden, dass mit „tercero" nicht die Rechteinhaber gemeint sind. Wenn aber nicht die Rechteinhaber gemeint sind, wer soll dann gemeint sein? Wer soll in den Schutzbereich des Tatbestandes des Art. 270 S. 1 CP aufgenommen werden, ohne Rechte am Werk inne zu haben? Denkbar wenigstens ist die Situation, in der ein anderer als der Rechtsinhaber durch die Verletzung eines Urheberrechtes mitgeschädigt wird: Der Käufer eines Plagiats. Bei den klassischen Verwertungsrechten der Vervielfältigung, Verbreitung und der öffentlichen Wiedergabe – das Tatbestandsmerkmal der Plagiatserstellung stellt ohnehin einen Sonderfall dar – ist eine solche Konstellation aber nicht denkbar. Es erscheint ausgeschlossen, dass durch die Verletzung von Verwertungsrechten andere Personen geschädigt werden als die wahren Rechteinhaber. Vor diesem Hintergrund macht daher einzig und allein eine Auslegung Sinn, nach der ganz allgemein unter „tercero" ein „anderer" im oben genannten Sinne zu verstehen ist[94].

---

93 Cobo del Rosal-*González Rus* S. 779, ähnlich: *Robledo Villar*, Delitos contra el patrimonio, S. 334/335.

94 So i. Erg. auch: Rodríguez Mourullo/Jorge Barreiro-*Jorge Barreiro* Art. 270 S. 773, der das Gesamttatbestandsmerkmal jedoch als subjektives Tatbestandsmerkmal verstanden wissen möchte.

Das Merkmal des „tercero“ wird in der spanischen Doktrin aufgrund dieser Schwierigkeiten auch als kryptisches, nutzloses Tatbestandsmerkmal bezeichnet[95]. Es wird daher die Ansicht vertreten, dass der einzige Sinn des gesamten Tatbestandsmerkmales „...en perjuicio de tercero...“darin bestehe, Verhaltensweisen nicht zu bestrafen, bei denen dem Rechtsinhaber letztlich doch noch zumindest ein Teil des erwirtschafteten Gewinns zufließt[96].

III. Zusammenfassung

Sowohl in der deutschen Rechtsordnung als auch in der spanischen Rechtsordnung existieren strafrechtliche Vorschriften zum Schutz des Urhebers und seines Werkes. Während es sich in Deutschland um eine Regelung des Nebenstrafrechtes handelt, findet sich die entsprechende spanische Vorschrift im Kernstrafrecht. Die deutsche Vorschrift stellt einen vom zivilen Urheberrecht streng abhängigen Annex dar, während die spanische Vorschrift weitgehend autonom interpretiert wird und nur insoweit mit dem zivilen Urheberrecht zusammenhängt, als dass dieses die „Obergrenze der Strafbarkeit“ markiert. Anders als im deutschen Strafrecht handelt es sich bei dem Zentraltatbestand des Urheberstrafrechtes in Spanien nicht um eine Blankettvorschrift. In beiden Ländern handelt es sich um Vermögensdelikte, jedoch verlangt Art. 270. 1 CP im Gegensatz zu § 106 UrhG in subjektiver Hinsicht zusätzlich das Vorliegen einer Bereicherungsabsicht. Schwierigkeiten bereitet in Spanien das Tatbestandsmerkmal der Drittschädigung. Die herrschende Auffassung in Spanien sieht darin lediglich das Erfordernis, dass die tatbestandsmäßige Handlung objektiv zur Verursachung des Schadens geeignet sein muß.

C. Internationales Urheberstrafrecht im Internet

Angesichts des beschriebenen Charakters des *Internets* als weltumfassendes, dezentrales, nicht hierarchisches Informationssystem stellt sich die Frage, wann nationales Strafrecht überhaupt angewendet werden kann, wenn es um die Beurteilung von sich im *Internet* abspielenden Vorgängen geht.

Gerade Urheberrechtsverletzungen weisen wegen der überstaatlichen, grenzenlosen Verwertbarkeit von geschützten Werken und vergleichbaren kulturellen Leistungen häufig internationale Dimensionen auf. Das gilt insbesondere für Werke und vergleichbare Leistungen, deren Genuss jedenfalls nicht in erster Linie vom sprachlichen Verständnis abhängig ist, wie bei Werken der Musik. Die

---

95 *Queralt Jiménez*, Derecho penal Español, Parte Especial, S. 420.

96 *Queralt Jiménez*, Derecho penal Español, Parte Especial, S. 420.

Frage der Anwendbarkeit nationalen Strafrechts im *Internet* stellt sich daher hier insbesondere. Wenn jemand eine Musikdatei von seinem PC in Deutschland oder Spanien auf einen Server herauflädt stellt sich mithin die Frage, welches nationale Recht zur Anwendung kommt. Das gilt insbesondere dann, wenn der Server, auf dem das urheberrechtlich geschützte Werk bereitgehalten wird, sich weder in Deutschland noch in Spanien befindet.

I. Einleitung

Nach dem in § 3 StGB geregelten *Territorialitätsprinzip* gilt das deutsche Strafrecht grundsätzlich nur für solche Taten, die im Inland begangen wurden. Die in den §§ 4-7 StGB geregelten Prinzipien wie das *Schutzprinzip* oder das *Weltrechtsprinzip* aus § 6 StGB spielen hier keine Rolle. Sollte deutsches Strafrecht nach den §§ 3-7 StGB nicht anwendbar sein, so führt dies zu einem Prozesshindernis, das die Einstellung des Verfahrens gebietet[97].

In Spanien ist das *Territorialitätsprinzip* für das materielle Strafrecht in Art. 8.1 Código Civil kodifiziert. Es findet sich aber darüber hinaus noch an anderer Stelle im spanischen Recht. So ist nach Art. 23.1 des Ley Orgánica 6/1985, de 1 de julio, del Poder Judicial[98] die spanische rechtsprechende Gewalt für Delikte zuständig, die auf spanischem Territorium begangen wurden[99]. Das *Schutzprinzip* (principio real o de protección) ist in Spanien in Art. 23.3 LOPJ, das *Weltrechtsprinzip* (principio de derecho universal o principio universal) in Art. 23.4 LOPJ geregelt, diese Prinzipien spielen bei Urheberstraftaten jedoch auch in Spanien keine Rolle.

Bei Art. 23.1 LOPJ handelt es sich jedoch nicht um eine Regelung zur materiellen Anwendbarkeit spanischen Strafrechts, sondern um eine Zuständigkeitsregelung für spanische Gerichte[100]. Die Anwendbarkeit der spanischen Strafgesetze ergibt sich erst aus der Überlegung, dass Spanische Gerichte grundsätzlich nur spanisches Strafrecht anwenden und nicht Normen aus einem anderen Rechtssystem[101]. Wenn spanische Gerichte daher nach dem LOPJ zuständig sind, findet auch spanisches Strafrecht Anwendung. Ein sachlicher Unterschied gegenüber der deutschen Rechtslage ergibt sich aus der spanischen Systematik jedoch nicht.

---

97 *BGHSt* 34, 1; *BGH*,NStZ 1985, 361; *Tröndle/Fischer* 1 vor § 3.
98 In der Folge: LOPJ.
99 Vgl. auch Art. 4 LOPJ.
100 *Cobo del Rosal/Vives Antón*, Derecho Penal, parte general S. 192.
101 *Miaja de la Muela*, Derecho internacional privado, S. 636.

Von erheblicher Bedeutung ist im Rahmen des *Internets* daher in beiden Rechtsordnungen die Bestimmung des Tatortes. Maßgeblich für die Tatortbestimmung ist in Deutschland gem. § 9 StGB das *Ubiquitätsprinzip*[102]. Nach diesem Prinzip ist das Recht des Landes anwendbar, in dessen Hoheitsgebiet sich Handlungsort oder Erfolgsort einer Tat befinden[103]. Anknüpfungspunkt ist hiernach der Ort, an dem der Täter tatsächlich gehandelt hat (§ 9 Abs. 1 1. Alt. StGB), im Falle der Unterlassungstat der Ort, an dem der Täter hätte handeln müssen (§ 9 Abs. 1 2. Alt. StGB), der Ort an dem der zum Tatbestand gehörende Erfolg eingetreten ist (§ 9 Abs. 1 3. Alt. StGB) und schließlich der Ort, an dem der Erfolg nach den Vorstellungen des Täters eintreten sollte (§ 9 Abs. 1 4. Alt. StGB).

Anders als im deutschen Recht findet sich im spanischen Recht keine Regelung zur Bestimmung des Tatortes. Ansatzpunkte zur Bestimmung des Tatortes sind nach der spanischen Literatur der Ort der Handlung[104], der Ort an dem der tatbestandsmäßige Erfolg eingetreten ist oder beide (*Ubiquitätsprinzip*)[105]. Herrschend ist das *Ubiquitätsprinzip*[106]. Hiernach sind die spanischen Gerichte in Strafsachen nach Art. 23.1 LOPJ grundsätzlich zuständig, wenn der Täter auf spanischem Territorium gehandelt, unterlassen hat oder der tatbestandliche Erfolg auf spanischem Territorium eingetreten ist[107].

Bei Erfolgsdelikten ist die Anwendbarkeit nationalen Strafrechtes relativ unproblematisch. Eine solche ist dann gegeben, wenn der Erfolg der Tat im Inland eintritt, unabhängig davon, ob die Tathandlung im In- oder Ausland begangen wurde[108]. Dieses Ergebnis lässt sich grundsätzlich auf das *Internet* problemlos

---

102 S/S-*Eser* § 9 Rn. 3; *Spindler* ZUM 1996, 533, 566; *Tröndle/Fischer* § 9 Rn.1.

103 Für das Zivilrecht vgl.: *Ehmann/Thon* AfP 1996, 22 (zur Verletzung des allgemeinen Persönlichkeitsrechtes im *Internet*).

104 *Diaz Roca*, Derecho penal general, S. 71, S. 90ff., der sich auf Art. 7 CP beruft.

105 *Cobo del Rosal/Vives Antón*, Derecho Penal, parte general, S. 193; Cobo del Rosal-*Morillas Cueva* S.124; *Mir Puig*, Derecho Penal, Parte General, Lección 9 Rn. 20f.; *Polaino Navarrete*, Derecho penal, Parte general, Tomo II, Teoría jurídica del delito, Volumen I. S. 173ff.; *Rodriguez Devesa/Serrano Gomez*, Derecho Penal Español, Parte General S. 399f.

106 STC 17.12.86 (RTC 1986/163); *Cobo del Rosal/Vives Antón*, Derecho Penal, parte general, S. 194; Cobo del Rosal-*Morillas Cueva*, Curso de derecho penal español, Parte general, S. 123ff., *Landecho Velasco/Molina Blásquez*, Derecho Penal Español, Parte General, S. 209; *Mir Puig*, Derecho Penal, Parte General, Lección 9 Rn. 22; *Rodriguez Devesa/Serrano Gomez*, Derecho Penal Español, Parte General, S. 401.

107 *Cobo del Rosal/Vives Antón*, Derecho Penal, parte general, S. 194 (mit kritischen Anmerkungen und für die Einführung des Prinzips der stellvertretenden Strafrechtspflege in die spanische Rechtsordnung)

108 S/S-*Eser* § 9 Rn. 3; *Tröndle/Fischer* § 9 Rn. 2.

übertragen. Schwierigkeiten bereiten hier nur die Verbreitungs- und Äußerungsdelikte, soweit sie nicht abstrakte Gefährdungsdelikte darstellen – in Deutschland also vor allem die §§ 185 ff. StGB, bei denen aus politischen, rechtsstaatlichen oder völkerrechtlichen Gründen[109] Einschränkungen des Ubiquitätsprinzips erörtert werden[110]. Eine entsprechende Diskussion findet in Spanien bis heute nicht statt.

Im Urheberstrafrecht kommen die allgemeinen Regeln des internationalen Strafrechts jedoch nur modifiziert zur Anwendung. Da das Urheberstrafrecht in Deutschland streng urheberrechtsakzessorisch[111] ausgestaltet ist, beeinflussen die Regeln des zivilen Urheberrechts das Urheberstrafrecht und gehen den §§ 3-7 StGB vor[112]. Eine unerlaubte Vervielfältigung gem. §§ 15 Abs. 1 Nr. 1, 16 Abs. 1 UrhG und damit eine Tathandlung nach § 106 UrhG kommt nämlich nur in Betracht, wenn deutsches Urheberrecht Anwendung findet. Da das deutsche Urheberstrafrecht auch Urheberrecht ist, kann es nicht zur Anwendung kommen, wenn das allgemeine Urheberrecht nicht anwendbar ist. Stehen dem Werkschöpfer keine Ansprüche aus § 97 UrhG zu, so entfällt auch die Anwendung der zivilrechtsakzessorischen urheberrechtlichen Strafvorschrift des § 106 UrhG, weil das Urheberstrafrecht den Schutz des Urheberzivilrechts ergänzen, nicht aber darüber hinausreichenden Schutz gewährleisten soll.[113]

Nichts anderes gilt für die spanische Rechtslage. Unabhängig von der Frage, ob es sich bei den Art. 270ff. CP um Erfolgsdelikte oder Gefährdungsdelikte handelt[114], müssen auch die Regelungen des spanischen internationalen Strafrechtes im Urheberstrafrecht vor dem Hintergrund des TRLPI angewendet werden. Dies wurde, soweit ersichtlich, in der spanischen Literatur noch gar nicht erörtert. Im Grunde genommen ist die Problematik jedoch bereits durch die Beantwortung der Frage nach dem Verhältnis zwischen Art. 270 CP und dem TRLPI gelöst worden[115]. Wie bereits dort festgestellt, lassen sich die Vorschriften der Art. 270 CP nicht völlig unabhängig vom TRLPI auslegen. Die Ansicht, dass es

---

109 „Lotus-Entscheidung" des Ständigen Internationalen Gerichtshofes von 1927; dazu: *Kunig/Uerpmann* JURA 1994, 186, 193.

110 Vgl. dazu: *Boese*, Verantwortlichkeit für Links, S. 106f.; *Hilgendorf* NJW 1997, 1873, 1876; *ders.:* ZStW 113 (2001) 651, 668; *Kienle*, Internationales Strafrecht im Internet, S. 159 ff.; *Sieber* NJW 1999, 2065, 2066 f.

111 Hdb. WiSt-*Bär*, Kap. 18 Rn. 103ff., *Heinrich*, Strafbarkeit, S. 176; *Rehbinder* Rn. 476; *Schack* Rn. 739; Schricker-*Haß* § 106 Rn. 2; Hdb. MMR-*Sieber* 19 Rn. 453; *Weber*, FS-Stree/Wessels, S. 613.

112 *Hildebrandt*, Strafvorschriften des Urheberrechts, S. 315f.; *Rehbinder* Rn. 476; *Weber*, FS-Stree/Wessels, S. 616.

113 *Hildebrandt*, Strafvorschriften des Urheberrechts, S. 316; *Sternberg-Lieben* NJW 1985, 2121, 2124.

114 Vgl. hierzu ausführlich *Latorre*, Protección Penal, S. 107ff.

115 Vgl. dazu oben S. 41f.

sich um eine Blankettvorschrift handelt, kommt zu folgender Lösung: das spanische Strafrecht ist nur dann anwendbar, wenn das TRLPI Anwendung findet. Das wiederum hängt aber von den Regeln des internationalen spanischen Privatrechtes ab. Nach der Gegenansicht sind verschiedene Lösungswege denkbar: Es könnte sich bei Art. 270 CP um eine derart autonome Strafvorschrift handeln, dass die Anwendbarkeit der Vorschrift unabhängig von der sachlichen Anwendbarkeit des TRLPI ist. Hiergegen spricht jedoch, dass Art. 270 CP auf dem TRLPI aufbaut. Es würde daher keinen Sinn machen, die beiden Systeme zum Schutz des geistigen Eigentums völlig auseinanderlaufen zu lassen. Denkbar wären dann Fälle, in denen jemand sich in Spanien wegen der Verletzung von Urheberrechten strafbar macht, während er aber keine schadensersatzpflichtige Urheberrechtsverletzung nach spanischem Recht beginge, so dass beispielsweise eine Vervielfältigung nach Art. 270 CP vorläge, nicht jedoch eine nach Art. 17,18 TRLPI, obwohl die Auslegung von Art. 270 CP sich am TRLPI orientiert. Auch in Spanien modifizieren daher die Regeln des internationalen Privatrechts die Normen zur Anwendbarkeit spanischen Strafrechtes[116].

II. Territorialitätsprinzip im Urheberrecht

Sowohl in Deutschland als auch in Spanien wird das internationale Urheberrecht nach h.M. vom Territorialitätsprinzip beherrscht[117]. In Deutschland ist dieses Prinzip nicht kodifiziert, während es sich in Spanien nicht zuletzt aus Art. 10.4 CC ergibt. Es handelt sich um einen der zentralen Begriffe des internationalen Urheberrechts. Dieser besagt, dass der Urheber eines Werkes nicht etwa ein einziges weltumfassendes Urheberrecht erwirbt, sondern vielmehr für jeden Staat, der eine eigene urheberrechtliche Regelung kennt, ein von den übrigen Staaten zu unterscheidendes nationales Urheberrecht. Der Urheber wird praktisch Inhaber eines ganzen „Bündels" territorial beschränkter, inhaltlich unterschiedlicher nationaler Urheberrechte[118].

---

116 So wohl auch: SAP de Orense v. 29.05.2000 (ARP 2000/2517).

117 *Für das deutsche Recht*: *BGHZ* 64, 183, 191 „August Vierzehn"; *BGHZ* 126, 252, 255 „Folgerecht bei Auslandsbezug"; *v. Gamm* Einf. Rn. 29, 142; *Rehbinder* Rn. 475, 478; Schricker-*Katzenberger* 120ff. vor §§ 120ff.; *Thum* in: *Bartsch/Lutterbeck*, Neue Medien, S. 117, 123; zur Verfassungsmäßigkeit vgl.: *BVerfG*E 81, 208, 222 „Bob Dylan"; a.A.: *Schack* Rn. 798ff.; *für das spanische Recht*: Bercovitz-*González Campos/Guzmán Zapater* Art. 155 a 158, S. 2240-2243; *Carrasco González*, La propiedad intelectual en el Derecho internacional privado español, S. 77ff.; *Garrote Fernández-Díez*, Derecho de autor en internet, S. 107; Tapia/Román-*Román* Vorbem. zu Art. 155 S. 581; *Michinel Álvarez*, Propiedad intelectual internacional, in: VV.AA., Propiedad intelectual en la nueva sociedad de la información, S. 163ff., 166ff.; *Miguel Asensio*, Derecho privado de internet, Rn. 155, 238.

118 Sog. „Kegelsche Bündeltheorie", Soergel-*Kegel*, Art. 12 Anh. Rn. 16.

Dies bedeutet, dass die Gesetzgebungskompetenz eines Staates über das Urheberrecht auf sein Staatsgebiet beschränkt ist, und dass ein durch diese Gesetzgebung gewährtes Urheberrecht seine Wirkungen nur innerhalb der Grenzen dieses Staates entfaltet. Ein nach dem deutschen UrhG begründetes inländisches Urheberrecht besitzt daher nur für das Inland Wirkung und kann demzufolge auch nur durch eine inländische Handlung verletzt werden[119]. Das urheberrechtliche Territorialitätsprinzip gilt auch für das Urheberstrafrecht[120]. Daher ist auch die Anwendbarkeit des Personalitätsprinzips aus § 7 Abs. 1, 2 StGB bzw. Art. 23.2 LOPJ, wenn im Inland kein Tatort gegeben ist, im Urheberstrafrecht ausgeschlossen[121], da ein nach dem nationalen Urheberrechtsgesetz begründetes Urheberrecht nur durch eine inländische Handlung verletzt werden kann.

III. Maßgeblichkeit des Rechtes des Schutzlandes

Aus dem Territorialitätsprinzip folgt das Schutzlandprinzip[122] (lex loci protectionis) als Anknüpfungspunkt bei internationalen Urheberrechtsstreitigkeiten. Dieses Prinzip besagt, dass Ansprüche aus Urheberrechtsverletzungen nach dem Recht desjenigen Landes zu beurteilen sind, für dessen Gebiet Schutz in Anspruch genommen wird[123]. Kodifiziert ist die internationalprivatrechtliche Verweisung auf das Recht des Schutzlandes in den Bestimmungen der Konventionen[124] über die Inländerbehandlung, Art. 3 Abs. 1 TRIPS, Art. 5 Abs. 1,

---

119 *BGHZ* 126, 252, 256; *OLG München*, GRUR 1990, 677; Schricker-*Katzenberger* 123 vor §§ 120ff. m.w.N.

120 *Hildebrandt*, Strafvorschriften des Urheberrechts, S. 318 (m. krit. Anmerkungen); *Hubmann/Götting* S. 96; *Sternberg-Lieben*, Musikdiebstahl, S. 110, *ders.* NJW 1985, 2121, 2124; *Weber*, FS-Stree/Wessels, S. 622.

121 *Sternberg–Lieben* NJW 1985, 2121, 2124; *Weber,* FS-Stree/Wessels, S. 622.

122 Zur im deutschen Recht umstrittenen Frage, ob das Territorialitätsprinzip selbst einen kollisionsrechtlichen Gehalt aufweist und ob aus der räumlichen Wirkungsbeschränkung der subjektiven Urheberrechte das Schutzlandprinzip als Anknüpfungsregel unmittelbar folgt, vgl.: *Knörzer*, Das Urheberrecht im deutschen internationalen Privatrecht, S. 91ff. m.w.N.

123 Siehe zuletzt *BGHZ* 136, 380 „Spielbankaffaire“; *BGHZ* 18, 394, 397 „ALF“; *BGHZ* 126, 252, 255; Bercovitz-*González Campos/Guzmán Zapater* Art. 155 a 158, S. 2240-2243; *Carrasco González*, La propiedad intelectual en el Derecho internacional privado español, S. 77ff.; *Garrote Fernández-Díez*, Derecho de autor en internet, S. 107; Hdb. MMR-*Hoeren* 7.10 Rn. 8; *Michinel Álvarez*, Propiedad intelectual internacional, in: VV.AA., Propiedad intelectual en la nueva sociedad de la información, S. 163ff., 166ff. ; *Miguel Asensio*, Derecho privado de internet, Rn. 155, 238; Schricker-*Katzenberger* 120 vor §§ 120ff.; Tapia/Román-*Román* Vorbem. zu Art. 155 S. 581; *Thum* in: *Bartsch/Lutterbeck*, Neues Recht, S. 122.

124 Vgl. dazu unten S. 65f.

2 S. 2 RBÜ, Art. II Abs. 1, 2 WUA. Das gilt insbesondere für Art. 5 Abs. 2 S. 2 RBÜ[125], in dem es heißt:

> *„Infolgedessen richten sich der Umfang des Schutzes und die dem Urheber zur Wahrung seiner Rechte zustehenden Rechtsbehelfe ausschließlich nach den Rechtsvorschriften des Landes, in dem der Schutz beansprucht wird, soweit diese Übereinkunft nichts anderes bestimmt.“*[126]

Von entscheidender Bedeutung ist in diesem Zusammenhang, dass das Schutzlandprinzip nicht mit der Tatortregel der §§ 3, 9 StGB gleichgesetzt werden darf. Gem. §§ 3, 9 StGB findet deutsches Strafrecht Anwendung, wenn der Handlungs- oder der Erfolgsort im Inland liegen. Fallen diese beiden Orte auseinander oder tritt der Erfolg an mehreren Orten gleichzeitig ein, so finden die Rechtsordnungen beider Staaten Anwendung. Es wären demnach grundsätzlich die Strafverfolgungsbehörden beider Staaten zuständig. Dem internationalen Urheberrecht ist hingegen eine solche Aufteilung des Tatorts in einen Handlungs- und einen Erfolgsort fremd[127]. Vielmehr normieren die Verletzungstatbestände des Urheberrechtes Handlungsunrecht, indem sie an die Vornahme bestimmter Verletzungshandlungen anknüpfen, ohne dass der Ort, an dem der schädigende Erfolg eingetreten ist, eine Rolle spielt. Echte Distanzdelikte, bei denen alternativ an einen Handlungs- oder Erfolgsort angeknüpft werden könnte, gibt es daher nicht. Bei § 106 UrhG handelt es sich mithin um ein Handlungsdelikt. Einen vom Handlungsort unterscheidbaren Erfolgsort gibt es demnach nicht. Die Anwendbarkeit von § 9 Abs. 1 Alt. 3 StGB scheidet bei schlichten Tätigkeits oder Handlungsdelikten aus.[128]

Gleiches gilt für die sachliche Anwendbarkeit des spanischen TRLPI. Sie richtet sich danach, ob Schutz für Spanien begehrt wird. Es ist ebenso wie in Deutschland zu klären, ob ein bestimmter Sachverhalt sich im Inland oder im Ausland abgespielt hat. Dies wiederum richtet sich nach dem materiellen Recht. Hierbei ist zu berücksichtigen, dass es nach dem Ubiquitätsprinzip, welches nach der herrschenden Ansicht für die Bestimmung des Tatortes Anwendung findet[129], theoretisch denkbar ist, dass Handlungs- und Erfolgsort auseinanderfallen, so dass bei Distanzdelikten wie auch nach deutschem Recht die Rechtsordnungen zweier Länder Anwendung finden könnten. Ein solches Auseinanderfallen von

---

125 *BGHZ* 70, 268, 271 „Buster- Keaton- Filme“; *BGHZ* 118, 395, 397 „ALF“.

126 BGBl. 1973 II. S. 1071; 1985 II S. 81; Engl. Fassung: „Consequently, apart from the provisions in this Convention, the extent of protection, as well as the redress afforded to the author to protect his rights, shall be governed exclusively by the laws of the country where protection is claimed“.

127 Hdb. MMR-*Hoeren* 7.10 Rn. 10; *Sandrock* in: *E. v. Caemmerer*, Reform des deutschen IPR, S. 380, 426ff.; *Thum* in: *Bartsch/Lutterbeck*, Neues Recht, S. 126.

128 *Hilgendorf* ZStW 113 (2001) 651, 662.

129 Vgl. oben S. 52f.

Handlungs- und Erfolgsort ist jedoch auch dem spanischen internationalen Urheberrecht fremd. Die Urheberrechtsdelikte bestimmen Handlungsunrecht, so dass es nur einen Handlungsort geben kann. Maßgeblich ist daher der Ort, an dem die verletzende Handlung stattgefunden hat[130]. Es handelt sich bei Art. 270 S. 1 CP wie auch bei § 106 UrhG um ein Handlungsdelikt[131]. Es ist daher anhand der in Betracht kommenden Verletzungshandlung zu ermitteln, wo die Verletzung verwirklicht wurde.

Entscheidende Frage im internationalen Urheberrecht beider Länder ist daher immer die nach dem Ort der Verletzungshandlung, welche damit eine Frage des materiellen Rechts ist. Denn bevor gesagt werden kann, wo etwas geschehen ist, muss geklärt werden, was geschehen ist. Im Ergebnis muss also das materielle Recht über das anzuwendende Kollisionsrecht entscheiden, wobei doch das anzuwendende Recht gerade erst mit Hilfe des Kollisionsrechtes bestimmt werden soll[132]. Es ist insoweit zwischen den verschiedenen im *Internet* in Betracht kommenden Verwertungshandlungen zu unterscheiden.

1. Vervielfältigung

Bei der Handlung des Vervielfältigens eines Werkes auf einem Datenträger gem. §§ 15 Abs. 1 Nr. 1, 16 Abs. 1 UrhG kommt es für die Anwendbarkeit nationalen Urheberrechts maßgeblich darauf an, ob das körperliche Vervielfältigungsstück als das unmittelbare Ergebnis des Vervielfältigungsvorganges räumlich innerhalb Deutschlands entsteht, ob sich also der Server, auf den die Datei heraufgeladen bzw. heruntergeladen wird, auf deutschem Territorium befindet[133].

---

130 *Michinel Álvarez*, Propiedad intelectual internacional, in: VV.AA., Propiedad intelectual en la nueva sociedad de la información, S. 170/171; *Miguel Asensio*, Derecho privado de internet, Rn. 241.

131 Bercovitz-*García Rivas* Art. 270 S. 2374/2375; Cobo del Rosal-*González Rus* S. 779; *Quintero Olivares/Benítez,* Protección penal, S. 30; *Robledo Villar*, Delitos contra el patrimonio, S. 334; *Latorre*, Protección Penal, S. 109, 112; *Serrano Gómez*, Derecho Penal, Parte especial, S.442.

132 *Sandrock* in: *E. v. Caemmerer*, Reform des deutschen IPR, S. 424; krit.: Hdb. MMR-*Hoeren* 7.10 Rn 11, 30ff., *Thum* in: *Bartsch/Lutterbeck*, Neues Recht, S. 134, 136ff.

133 Hdb. MMR-*Hoeren* 7.10 Rn. 15; Schricker-*Katzenberger* 145, 136 vor §§ 120ff; *Thum* in: *Bartsch/Lutterbeck*, Neues Recht, S. 132; teilweise anders: *Dieselhorst* ZUM 1998,293, 299, 300 – der auf das Browsen nicht nur das Recht des Landes des Abrufs, sondern auch das Recht des Bereitstellungslandes anwenden will.- Zur Vervielfältigung durch Up- and Downloading vgl. unten S 89ff.

Auch in Spanien ist im Rahmen der Vervielfältigung entscheidend, ob die Festlegung gem. Art. 18 TRLPI als Produkt des Vervielfältigungsvorganges räumlich innerhalb von Spanien stattfindet. Es kommt also bei *Internet*-Sachverhalten darauf an, ob der Computer oder Server, auf dem die Festlegung entsteht, sich innerhalb von Spanien befindet. Nur in einem solchen Fall ist spanisches Urheberrecht für eine Vervielfältigung anwendbar[134].

2. Öffentliches Zugänglichmachen[135]

Ist die Bestimmung des anzuwendenden Rechts bei der Vervielfältigung noch vergleichsweise einfach, so ergeben sich Probleme bei der Frage, welches Recht auf den Akt des öffentlichen Zugänglichmachens von Werken in digitalen Netzen Anwendung findet. Wie sich aus den obigen Ausführungen ergibt, ist die Beantwortung dieser Frage davon abhängig, wie der Akt des Zugänglichmachens urheberrechtlich zu beurteilen ist[136].

In beiden Rechtsordnungen wird das Recht der öffentlichen Online-Zugänglichmachung vor dem Hintergrund des Art. 8 WCT im Ergebnis als Recht der öffentlichen Wiedergabe begriffen. In Deutschland handelt es sich um ein unbenanntes Recht gem. § 15 Abs. 2 UrhG – das sei insoweit vorweggenommen –, und in Spanien um eines gem. Art. 20.2 lit. *i),j)* TRLPI. Fraglich ist jedoch, wann das exklusive Recht der öffentlichen Wiedergabe, das dem Urheber von einem Land zugeordnet wird, betroffen ist, und wann nicht. Im Kern geht es daher um die Frage, ob das nationale Exklusivrecht ausschließlich dann betroffen ist, wenn der Server, von dem aus das Werk zugänglich gemacht wird, seinen Standort im Hoheitsgebiet des jeweiligen Landes hat, oder ob es genügt, wenn das Werk von jenem Land aus zugänglich ist, sei der Serverstandort auch im Ausland. Eine ähnliche Problematik ergibt sich im StGB bei den sogenannten Schriftenverbreitungs-Delikten. Auch bei diesen Delikten ist das Zugänglichmachen von Schriften i. S. v. § 11 Abs. 3 StGB mit Strafe bedroht ist. Es handelt sich hierbei um die folgenden Delikte: §§ 130 Abs. 2 Nr. 1 b, Abs. 4, 130a Abs. 1, Abs. 2 Nr. 1, 131 Abs. 1 Nr. 2, 184 Abs. 1 Nr. 1, 2, 9, Abs. 3 Nr. 2 StGB. Im Bereich des § 184 Abs. 3 Nr. 2 StGB wird die Problematik dadurch entschärft, dass für dieses Delikt gem. § 6 Nr. 6 StGB deutsches Strafrecht unabhängig vom Recht des Tatortes gilt, auch wenn das Delikt im Ausland begangen wurde. Bei diesen Delikten handelt es sich um abstrakte Gefährdungsdelikte. Bei der Verwirklichung von solchen Delikten im *Internet* werden in Deutsch-

134 *Miguel Asensio*, Derecho privado de internet, Rn. 241.

135 Vgl. hierzu auch ausführlich: *Muth*, Die Bestimmung des anwendbaren Rechts bei Urheberrechtsverletzungen im Internet, S.79ff.

136 Vgl. unten S. 127f.

land verschiedene Lösungsansätze diskutiert. Für Urheberrechtsdelikte können jedoch nur die Ansichten fruchtbar gemacht werden, die davon ausgehen, dass es sich bei abstrakten Gefährdungsdelikten um reine Tätigkeitsdelikte handelt, denn Urheberrechtsdelikte sind solche Handlungsdelikte. Anders als bei abstrakten Gefährdungsdelikten, bei denen diskutiert wird, ob sie einen Erfolgsort i. S. v. § 9 Abs. 1 StGB haben, existiert ein solcher Erfolgsort bei Urheberrechtsverletzungen nicht[137]. Eine vergleichbare Diskussion in Spanien hat sich bis jetzt hingegen noch nicht in Gang gesetzt.

Teilweise wird die Ansicht vertreten, dass die Gefährlichkeit bei abstrakten Gefährdungsdelikten in der gesetzlich umschriebenen Handlung liege, so dass die abstrakten Gefährdungsdelikte als reine Tätigkeitsdelikte zu betrachten seien[138]. Abstrakte Gefährdungsdelikte haben dieser Ansicht nach daher keinen zum Tatbestand gehörenden Erfolg gem. § 9 StGB. Maßgeblich für die Anwendung deutschen Strafrechtes ist dieser Ansicht nach allein der Handlungsort gem. § 9 Abs. 1. 1. Alt. StGB[139]. Dieser Ort ist nach traditionellem Verständnis der Ort, an dem der Täter bei Tatbegehung körperlich anwesend ist[140]. Für die Tathandlung des Zugänglichmachens bspw. gem. § 184 Abs. 1 Nr. 2 StGB folgt daraus, dass eine Anwendbarkeit deutschen Strafrechts nur dann in Betracht kommt, wenn der Täter seinen Aufenthaltsort bei Verwirklichung der Tathandlung in Deutschland hat. Überträgt man diese Auffassung auf den Akt des öffentlichen Zugänglichmachens von urheberrechtlich geschützten Musikwerken im *Internet*, so wäre nationales Strafrecht immer dann anwendbar, wenn der Täter das Uploaden einer Musikdatei auf einen *Internet*-Server von einem PC in Deutschland oder Spanien vornehmen würde.

---

137 Zum Erfolgsbegriff i.S.v. § 9 Abs. 1 bei abstrakten Gefährdungsdelikten, vgl.: *Martin* ZRP 1992, 19; *ders.*: Strafbarkeit grenzüberschreitender Umweltbeeinträchtigungen, S. 119f., ähnlich: *BGH*St 42, 235, 242; ebenso zu § 78a S. 1 StGB: *BGH,* NStZ 1990, 36; *Finke*, Strafrechtliche Verantwortung, S.41 ff.; *Hilgendorf* NJW 1997, 1873, 1874 f.; *ders.:* ZStW 113 (2001) 651, 661f.; *Kienle*, Internationales Strafrecht im Internet; *Satzger* NStZ 1998, 112 f.; *Sieber* NJW 1999, 2065; speziell zur Anwendbarkeit deutschen Strafrechts im *Internet* bei abstrakten Gefährdungsdelikten: *BGH*St 46, 212 (für das *„abstrakt-konkrete"* Gefährdungsdelikt § 130 Abs. 1 u. 3 StGB)=NJW 2001, 624, 627=CR 2001, 260, 261 m. zust. Anm.: *Vassilaki*=MMR 2001, 228, 230 m. zust. Anm.: *Clauß*; ablehnend: *Heghmanns* JA 2001, *Hilgendorf* ZStW 113 (2001) 651, 671f.; 276f.; *Koch* JuS 2002, 123f.; *Lagodny* JZ 2001, 1198; *Miloš* NJW 2002, 1535f..

138 *Jescheck/Weigend* § 18 IV 2 a); *Ostendorf* JuS 1982, 429; *Tiedemann/Kindhäuser* NStZ 1988, 346.

139 *Boese*, Verantwortlichkeit für Links, S. 105; *Klengel/Heckler* CR 2001, 243, 248, 249; *Hilgendorf* NJW 1997, 1873, 1877; *ders.:* ZStW 113 (2001) 651, 663; *Leupold/Bachmann/Pelz* MMR 2000, 648, 653, 654; *S/S-Eser* § 9 Rn. 6 m.w.N.; ähnlich: *Bremer*, Strafbare Internet-Inhalte, S. 114/115.

140 A.A.: *Cornils* JZ 1999, 394, 396; *Sieber* NJW 1999, 2065, 2067, 2070.

Cornils ist demgegenüber der Auffassung, dass der Handlungsbegriff im Sinne von § 9 StGB erweiternd auszulegen sei. Auch sie meint, dass zur Ermittlung des anwendbaren Rechts auf den Handlungsort abzustellen sei, jedoch befürwortet sie eine erweiternde Auslegung des Handlungsortes: Handlungsort sei neben dem Aufenthaltsort des Täters auch der Standort des Servers, auf dem der Täter seine Daten für den Nutzer zum Abruf bereitstellt[141]. Dieser Ansatz erinnert an die „Theorie der langen Hand" aus dem 19. Jahrhundert[142]. *Cornils* vergleicht die Tathandlungen bei Straftaten im *Internet* mit mehraktigen Delikten für die anerkannt ist, dass eine Tathandlung als Einheit betrachtet und dennoch an verschiedenen Orten begangen werden kann. Handlungsorte der öffentlichen Zugänglichmachung bei der Verletzung des Verwertungsrechts der öffentlichen Wiedergabe im *Internet* im Bezug auf Musikwerke wären dieser Auffassung nach der Ort, an dem der Täter seinen Rechner bedient und der Ort, an dem sich der Server befindet, auf den er die Musikdatei zum Abruf durch Nutzer ablegt.

Sieber möchte dagegen den Begriff des zum Tatbestand gehörenden Erfolges erweiternd auslegen. Dieser erfasse seiner Ansicht nach neben dem Erfolg im Sinne der allgemeinen strafrechtlichen Tatbestandslehre auch den sog. Tathandlungserfolg, d. h. jede vom Täter verursachte, ihm zurechenbare und im einschlägigen Tatbestand genannte Folge seiner Handlung. Er will damit Fälle erfassen, in denen der Täter zwar im Ausland handelt, die vom Tatbestand beschriebene Handlung sich aber im Inland realisiert[143]. Im Hinblick auf Verbreitungs- und Äußerungsdelikte soll der Tathandlungserfolg im *Internet* dann gegeben sein, wenn die Daten durch Push-Technologie an Computersysteme in Deutschland übermittelt werden. Kein derartiger Tathandlungserfolg liege hingegen vor, wenn die Daten auf einem ausländischen Server gespeichert werden und durch Dritte Personen im Wege der Pull-Technologie von Deutschland aus abgerufen werden. Für die Tathandlung des Zugänglichmachens bedeutet dies, dass der Handlungsort an dem Ort ist, wo die tatbestandsmäßige Handlung verwirklicht wird, also hier das Zugänglichmachen. Handlungsort wäre daher in einem solchen Fall der Standort des Servers[144].

---

141 *Cornils* JZ 1999, 394, 396f.; S/S-*Eser* § 9 Rn. 4; zum Handlungsbegriff ähnlich: *Altenhain* AfP 1998, 457.

142 Vgl. dazu: *Häberlin* GA 25 (1877) 432.

143 *Sieber* NJW 1999, 2066ff.

144 *Sieber* NJW 1999, 2065, 2071; Hdb. MMR-*Sieber* 19 Rn. 410 – missverständlich hierzu *Hilgendorf* ZStW 113 (2001) 651, 667.

Zur Frage der Bestimmung des Ortes der öffentlichen Zugänglichmachung im *Internet* herrscht im urheberrechtlichen Schrifttum die Auffassung vor, dass diese an jedem Ort erfolge, von dem Werke abgerufen werden können[145]. Zwar finde der Akt des Zugänglichmachens selbst ausschließlich am Serverstandort statt, so dass der kollisionsrechtliche Anknüpfungspunkt dessen Standort sein könnte – entsprechend des Sendelandprinzips bei § 20 UrhG[146] bzw. Art. 20.3 TRLPI[147]. Folge hiervon wäre jedoch, dass ein Anbieter von Inhalten nur das Recht des Standortes des Servers beachten müsste. Hieraus ergäbe sich die Gefahr, dass die Inhalteanbieter sich bei der Wahl des Serverstandortes von der Überlegung leiten lassen könnten, wo der urheberrechtliche Schutz gering ist. Berücksichtigt werden müsse daher, dass die eigentlich bezweckte Verwertungshandlung ihren Schwerpunkt nicht in der Sendung von Daten von einem bestimmten räumlichen Ort aus habe sondern auf dem „einer Öffentlichkeit Zugänglichmachen", wodurch jene Werke dem Abruf durch dieselbe ausgesetzt werden[148]. Ausschlaggebend sei daher, wo sich diese zumindest potentielle Öffentlichkeit befindet, nicht jedoch der Ort, von dem aus die Zugänglichmachung erfolgt[149]. Diese Öffentlichkeit befindet sich in der vernetzten Online-Welt überall dort auf der Erde, wo Zugang zum *Internet* erlangt werden kann. Der Markt, auf dem der Urheber durch die öffentliche Wiedergabe seines Werkes geschädigt wird, ist damit nicht in erster Linie der des Sendelandes, sondern der, auf dem das Werk abrufbar ist. Die Verletzungshandlung findet dieser Ansicht nach an jedem Ort statt, von dem das Werk abrufbar ist. Dieses Ergebnis sei sachgerecht, da die Anbieter von urheberrechtlich geschützten Werken in Online-Datenbanken nichts anderes bezweckten, als diese Werke einer unbegrenzten Öffentlichkeit unabhängig von Staatsgrenzen zugänglich zu machen. Eine entsprechende Anwendung des Sendelandprinzips scheide aus, da die öffentliche

---

145 Hdb. MMR-*Hoeren* 7.10 Rn. 19, 20; *Michinel Álvarez*, Propiedad intelectual internacional, in: VV.AA., Propiedad intelectual en la nueva sociedad de la información, S. 178; *Miguel Asensio*, Derecho privado de internet, Rn. 243; *Reinbothe* GRUR Int. 2001, 733, 736; *Thum* in: *Bartsch/Lutterbeck*, Neues Recht, S. 133/134; so auch: *Schønning*, Internet and the Applicable Copyright Law: A Scandinavian Perspective, E.I.P.R. 1999, 45, 51; weiter: Schricker-*Katzenberger* 145 vor §§ 120ff., der entsprechend der „Bogsch-Theorie" zusätzlich das Recht des Landes in dem sich der Server befindet anwenden möchte; zustimmend: *Gerlach* ZUM 2000, 856, 857.

146 *Dreier*, ZUM 2002, 28, 32/33 (Herkunftslandprinzip); zweifelnd: *Spindler*, GRUR 2002, 105, 109; vgl. allgemein zum Sendelandprinzip: *BGHZ* 136, 380 „Spielbankaffaire"; Schricker-*v. Ungern-Sternberg* 52ff. vor §§ 20ff.

147 *Miguel Asensio*, Derecho privado de internet, Rn. 242.

148 *Reinbothe* GRUR Int. 2001, 733, 736.

149 Hdb. MMR-*Hoeren* 7.10 Rn. 19, 20; *Thum* in: *Bartsch/Lutterbeck*, Neues Recht, S. 133/134; weiter: Schricker-*Katzenberger* 145 vor §§ 120ff., der entsprechend der „Bogsch-Theorie" zusätzlich das Recht des Landes in dem sich der Server befindet anwenden möchte; so auch: *Gerlach* ZUM 2000, 856, 857.

Zugänglichmachung im *Internet* und die Satellitensendung wesensverschieden seien. Während die Wiedergabe von Werken im *Internet* eine Punkt-zu-Punkt Wiedergabe sei, handele es sich bei der Wahrnehmbarmachung mittels Satellitenübertragung um eine „Point-to-Multipoint“ Übertragung. Anders als bei der Sendung würden die Informationen im *Internet* vom Nutzer aktiv abgerufen. Er beschränke sich nicht auf die bloße rezeptive Wahrnehmung[150]. Dem Einwand, dass damit die Rechtsordnungen all derer Länder anwendbar wären, in denen die Inhalte abrufbar sind, so dass ein Nebeneinander von verschiedenen Rechtsordnungen die Folge wäre, wird entgegnet, dass das die unvermeidbare Folge des benutzten Mediums sei, durch welches Nutzer unabhängig von ihren Aufenthaltsorten erreicht werden sollen[151].

Vorzugswürdig erscheint mir die Auffassung von *Cornils*, da nur durch ihre Auffassung die besondere technische Funktionsweise der Verbindung zwischen zwei entfernt voneinander stehenden Rechnern in zutreffender Weise gewürdigt werden kann. Diese Funktionsweise bewirkt nämlich, dass durch Betätigen des einen Rechners direkt auf den Speicher des anderen Rechners zugegriffen werden kann, mag er sich auch räumlich noch so weit entfernt vom Aufenthaltsort des Täters befinden. Tatsächlich werden sich Täter sogar dieser räumlichen Distanz bedienen, um die nationalen Straftatbestände zu umgehen.

Die herrschende Auffassung aus dem urheberrechtlichen Schrifttum Deutschlands und Spaniens kann meines Erachtens nicht überzeugen. Die Argumente, die zu ihrer Begründung angeführt werden, sind nicht allein urheberrechtsspezifisch, sondern besitzen Gültigkeit auch für Straftatbestände wie § 184 StGB. Auch bei diesem Delikt kann argumentiert werden, dass Täter von Deutschland aus Pornographie auf Server im Ausland heraufladen könnten und sich dabei solche Server aussuchen, die sich in Ländern befinden, in denen die jeweils zugänglich gemachte Pornographie nicht mit Strafe bedoht ist. Letztlich geht es der im Urheberrecht herrschenden Auffassung darum, ein Ergebnis zu begründen, das ihr aus der Sicht der Urheber besonders wünschenswert erscheint, und verliert meiner Ansicht nach dabei den Wortlaut der Tathandlung aus dem Blickfeld. Diese ist die öffentliche Wiedergabe in Form der öffentlichen Zugänglichmachung. Nach der Fassung von Art. 8 WCT, Art. 3 Abs. 1 UrhRL oder auch Art. 20.2 lit. *j)* TRLPI kommt es dabei auf die bloße Möglichkeit des Zugangs der Öffentlichkeit an. Aus der Fassung des Tatbestandes ergibt sich mithin, dass der strafrechtliche Vorwurf gem. § 106 UrhG und Art. 270 S. 1 CP allein an die Handlung des Zugänglichmachens anknüpft. Das Erfordernis der Öf-

---

150 *Miguel Asensio*, Derecho privado de internet, Rn. 243.

151 Zu weiteren Ansätzen im Hinblick auf die Bestimmung der anwendbaren Rechtsordnung vgl.: *Garrote Fernández-Díez*, Derecho de autor en internet, S. 118ff., 125ff.; mit einem eigenen Ansatz : S. 135ff.

fentlichkeit hat für die Handlung als solche daneben keine eigenständige Bedeutung. Es dient lediglich dazu, urheberrechtlich relevante Zugänglichmachungen von den nicht relevanten zu unterscheiden. Es beschreibt die Art und Weise der Zugänglichmachung, ändert aber nichts daran, dass die sanktionierte Handlung grundsätzlich die Zugänglichmachung selbst ist. Strafrechtlich relevant ist das Zugänglichmachen zwar erst, wenn eine Öffentlichkeit im Sinne von § 15 Abs. 3 UrhG Zugang zum Werk hat, dies kann jedoch nicht darüber hinwegtäuschen, dass für das Zugänglichmachen nicht ausschlaggebend ist, wo die Kenntnisnahme bzw. der Werkgenuss durch die Öffentlichkeit geschieht, sondern nur, wo der Täter diese Möglichkeit eröffnet. Ein tatsächlicher Abruf des Werkes ist gerade nicht erforderlich. So ist beispielsweise nach Auffassung des *BGH* auch § 184 Abs. 3 Nr. 2 StGB in der Tatalternative der „Zugänglichmachung" erfüllt, wenn die bloße Zugriffsmöglichkeit besteht[152]. Nicht erforderlich ist, dass ein tatsächlicher Zugriff des Nutzers erfolgt[153]. Der selbstverantwortliche Datenabruf des inländischen Nutzers kann dem Täter bei der Zugänglichmachung des Werkes nicht in der Form zugerechnet werden, dass jeder Ort, an dem das Werk potentiell abgerufen werden kann, als Ort der öffentlichen Wiedergabe qualifiziert wird. Wenn damit die sanktionierte Handlung das Zugänglichmachen selbst ist, so kann zur Bestimmung des Handlungsortes auch auf die obige Auslegung von *Cornils* zurückgegriffen werden. Im Ergebnis erfolgt daher ein „Zugänglichmachen" durch eine Handlung, mit der der Täter Dritten den Zugriff auf seine Daten ermöglicht. Er macht urheberrechtlich geschützte Werke der Musik öffentlich zugänglich, indem er sie auf einem WWW-Server speichert. Die Tathandlung findet daher nicht nur am Aufenthaltsort des Täters statt, sondern zugleich auch am Standort des jeweiligen Servers, auf dem er seine Daten zum Abruf bereitsstellt.

An dieser Rechtslage wird sich auch durch die Umsetzung der Richtlinie über den elektronischen Geschäftsverkehr nichts ändern. Aus Art. 3 ECRL folgt das Herkunftslandprinzip, nach welchem die Anbieter von Diensten der Informationsgesellschaft dem Recht ihres Niederlassungsortes unterworfen werden sollen. Das Urheberrecht ist jedoch gem. Art. 3 Abs. 3 ECRL i. V. m. der zugehörigen Anlage von dem Anwendungsbereich des Art. 3 ECRL ausgenommen.

3. Zusammenfassung

Die Anwendbarkeit nationalen Strafrechtes im Bereich des Urheberrechtes richtet sich nach dem Tatortprinzip, welches in Deutschland in § 3 StGB und in Spanien in Art. 8.1 CC und Art. 23.1 LOPJ kodifiziert ist. Maßgeblich für die

---

[152] *BGH*, NStZ 2001, 596, 598.

[153] BGH, NStZ 2001, 596, 598; ebenso: *BGH*, NStZ 2001, 305, 307 m. Anm. *Hörnle*.

Bestimmung des Tatortes ist nach beiden Rechtsordnungen grundsätzlich das Ubiquitätsprinzip, welches in Deutschland in § 9 StGB eine positive Regelung erfahren hat. Im Bereich des Urheberstrafrechtes werden die Regeln des internationalen Strafrechtes von beiden Rechtsordnungen durch deren übereinstimmende Regelungen zum internationalen Urheberrecht modifiziert. Nationales Urheberstrafrecht kann in sachlicher Hinsicht demnach nur dann zur Anwendung kommen, wenn das nationale Urheberrecht auf einen Sachverhalt Anwendung findet. Nach dem aus dem Territorialitätsprinzip folgenden Schutzlandprinzip ist das der Fall, wenn die Verletzungshandlung im Inland erfolgt. Die Frage der Verletzungshandlung ist eine des einfachen Rechtes. Im Bereich der Vervielfältigung ist daher das Recht des Ortes maßgebend, an dem das Vervielfältigungsstück entstanden ist. Bei der öffentlichen Wiedergabe in Form der öffentlichen Zugänglichmachung ist das Recht des Ortes anwendbar, an dem der Täter körperlich handelt, und das Recht des Standortes des Servers, von dem aus das Werk einer Öffentlichkeit zugänglich gemacht wird. Für den Bereich des *Internets* bedeutet dies, dass im Hinblick auf die unerlaubte Vervielfältigung von Musikwerken nationales Recht dann Anwendung findet, wenn das Werk in einer Datenbank gespeichert wurde, die sich auf einem Computer innerhalb der Staatsgrenzen von Spanien oder Deutschland befindet. Im Bereich der öffentlichen Zugänglichmachung ist nationales Urheberrecht dann anwendbar, wenn der Täter ein urheberrechtlich geschütztes Werk der Musik von Deutschland oder Spanien aus auf einen WWW-Server ins Ausland, oder von einem beliebigen Ort aus auf einen Server innerhalb Deutschlands oder Spaniens lädt.

IV. Persönlicher Anwendungsbereich

Selbst wenn aber nach dem oben Gesagten auf die Verwertung von Musikwerken im *Internet* nationales Urheberstrafrecht Anwendung findet, weil sich der Tatort im Inland befindet, so können sich weitere Modifikationen des internationalen Strafrechts durch den persönlichen Anwendungsbereich des Urheberrechtsgesetzes ergeben[154]. In Spanien wurde diese Frage bislang nicht erörtert, jedoch gilt angesichts des beschriebenen Verhältnisses von Art. 270 S. 1 CP und dem TRLPI in Spanien diesbezüglich nichts anderes als in Deutschland: Nur wenn nationales Urheberrecht auf ein bestimmtes Werk und dessen Urheber Anwendung findet, kann nationales Urheberstrafrecht Anwendung finden.

---

[154] *Weber*, FS-Stree/Wessels, S. 619; vgl.: §§ 120ff. UrhG.

1. Schutz von eigenen Staatsangehörigen und ihnen gleichgestellten Personen

Ist festgestellt, dass das nationale Urheberrecht auf die Verwertung von Musikwerken im *Internet* Anwendung findet, so ist nach dem dann geltenden Urheberrecht dessen persönlicher Anwendungsbereich zu bestimmen. Die hier einschlägigen Vorschriften sind in Deutschland die §§ 120ff. UrhG und die Art. 160ff. TRLPI in Spanien. Die Regelungen entsprechen sich weitgehend. Nach diesen Vorschriften gewähren Deutschland und Spanien grundsätzlich nur den jeweils eigenen Staatsangehörigen urheberrechtlichen Schutz, § 120 Abs. 1 UrhG bzw. Art. 160.1 TRLPI.

Das deutsche Recht gewährt darüber hinaus bestimmten den Deutschen gleichgestellten Personen Schutz nach dem UrhG. Dies sind Deutsche im Sinne von Art. 116 Abs. 1 GG, ohne deutsche Staatsangehörigkeit (§ 120 Abs. 2 Nr. 1 UrhG), Angehörige von Staaten der EU und des Europäischen Wirtschaftsraumes (§ 120 Abs. 2 Nr. 2 UrhG)[155], Staatenlose (§ 122 Abs. 1 UrhG) und ausländische Flüchtlinge (§ 123 Abs. 1 UrhG), wenn sie ihren gewöhnlichen Aufenthalt im Inland haben. Diesem Personenkreis steht der Schutz nach deutschem Urheberrecht ohne weiteres – abgesehen von den Voraussetzungen der §§ 2ff. UrhG – zu.

Eine ähnliche Regelung zu Gunsten von EU-Bürgern enthält das spanische Gesetz in Art. 160.1 TRLPI, nach der auch EU-Bürger für ihre Werke nach dem TRLPI Schutz genießen.

2. Schutz von Ausländern

Bei Ausländern ist die Anwendung deutschen oder spanischen Urheberrechts von weiteren Voraussetzungen abhängig. Die für die Verwertung von Musikwerken im *Internet* in diesem Zusammenhang relevanten, ziemlich unübersichtlichen Regelungen sollen hier kurz vorgestellt werden, wobei der Schwerpunkt der Darstellung, auf dem Schutz durch die internationalen Übereinkommen liegt.

Werke von ausländischen Urhebern genießen Schutz nach deutschem UrhG gem. § 121 Abs. 1 UrhG, wenn diese Werke oder deren Übersetzungen innerhalb von dreißig Tagen nach dem Erscheinen außerhalb von Deutschland auch

---

155 Vgl. hierzu. *EuGH* Slg. 1993, 5171 „Phil Collins/Imtrat".

in Deutschland erschienen sind[156]. Für den Begriff des Erscheinens gilt die Legaldefinition des § 6 Abs. 2 UrhG.

Im spanischen Urheberrecht existiert eine entsprechende Regelung in Art. 160.1 lit. *b)* TRLPI. Für den Begriff des Erscheinens gilt in Spanien die Legaldefinition des Art. 4 TRLPI. Art. 160.1 lit. *b)* TRLPI ist im Gegensatz zu § 121 Abs. 1 UrhG aber auf Ausländer beschränkt, die ihren gewöhnlichen Wohnsitz außerhalb von Spanien haben. Eine echte Einschränkung des Schutzes von Ausländern ergibt sich hieraus aber nicht, da Ausländer, die ihren gewöhnlichen Wohnsitz in Spanien haben, gem. Art. 160.1 lit. *a)* TRLPI unabhängig von Art. 160.1 lit. *b)* TRLPI Schutz für ihre Werke nach dem TRLPI genießen.

Sollte nach den eben vorgestellten Regelungen nicht schon ein Schutz des ausländischen Urhebers nach nationalem Recht gegeben sein, so kommt ein urheberrechtlicher Schutz nach nationalem Recht nur noch über den Umweg der internationalen Verträge in Betracht. Das ergibt sich für das deutsche Recht aus § 121 Abs. 4 UrhG und für das spanische Recht aus Art. 160.3 TRLPI. Das ist dann der Fall, wenn sich der Schutz ausländischer Staatsangehöriger aufgrund des konventionsrechtlichen Grundsatzes der Inländerbehandlung[157] nach nationalem Recht bestimmt. Richtet sich der Schutz des Urhebers allerdings nach den sog. Mindestrechten, die sich direkt aus den internationalen Verträgen ergeben, so findet das nationale Urheberrecht keine Anwendung. In der Folge soll daher ein kurzer Überblick über das System des internationalen Urheberschutzes und den Regelungsinhalt der Staatsverträge gegeben werden, soweit er für die vorliegende Untersuchung von Bedeutung ist:

Das System des internationalen Urheberrechtsschutzes besteht im Wesentlichen aus drei großen Verträgen. Zu nennen ist zunächst die Revidierte Berner Übereinkunft (RBÜ) vom 9. September 1886[158], welche in Zukunft ergänzt werden wird durch den WCT-Vertrag. Der zweite Vertrag ist das am 06. September 1952 beschlossene Welturheberrechtsabkommen (WUA)[159].

---

156 Von der Ermächtigung des § 121 Abs. 3 UrhG wurde bisher nicht Gebrauch gemacht, vgl.: Schricker-*Katzenberger* § 121 Rn. 10.

157 Vgl. dazu Seite 67.

158 Die ursprüngliche Fassung der RBÜ wurde in zahlreichen Revisionen an neue technische Herausforderungen angepasst. Zuletzt wurde sie in Paris 1971 revidiert, BGBl. 1973 II S. 1069, welche Fassung für die Bundesrepublik Deutschland verbindlich ist. Einen Überblick über die Revisionen gibt Schricker-*Katzenberger* 41 vor §§ 120 ff. Auch für Spanien ist die RBÜ in ihrer Pariser Fassung gültig, BOE n.°81, de 4 de abril de 1974, y n.°260, de 30 de octubre.

159 Revidiert in Paris 1971, Deutschland: BGBl. 1973 II S. 1111, Spanien: BOE n.°13, de 15 de enero de 1975.

Als Bestandteil des Übereinkommens zur Errichtung der Welthandelsorganisation wurde als 3. Vertrag am 15. April 1994 das TRIPS-Abkommen[160] verabschiedet.

a) RBÜ

Gegenstand des Schutzes der RBÜ sind gem. Art. 2 RBÜ Werke der Literatur und der Kunst. Der Schutz der RBÜ gilt aber gem. Art. 3 RBÜ nur für verbandseigene Werke. Das sind veröffentlichte (Art. 3 Abs. 3 RBÜ) und unveröffentlichte Werke von Urhebern, die Angehörige eines Verbandslandes sind oder in einem solchen Land ihren gewöhnlichen Aufenthalt haben, Art. 3 Abs. 1 lit. *a)*, Abs. 2 RBÜ, sowie die Werke von keinem Verbandsland angehörenden Urhebern, die zum ersten Mal in einem Verbandsland oder gleichzeitig in einem Verbandsland und in einem verbandsfremden Land veröffentlicht worden sind, Art. 3 Abs. 1 lit. *b)* RBÜ.[161] Der Veröffentlichungsbegriff in der RBÜ ist in Art. 3 Abs. 3 RBÜ definiert, wonach veröffentlichte Werke solche sind, die mit Zustimmung ihrer Urheber erschienen sind, so dass die Öffentlichkeit Werkstücke in einer Weise zur Verfügung hat, die deren normalen Bedarf befriedigt[162].

Einer der wichtigsten Grundsätze der RBÜ ist der der Inländerbehandlung, Art. 5 Abs. 1 RBÜ. Dieser Grundsatz besagt, dass die Urheber für alle verbandseigenen Werke in allen Verbandsländern – mit Ausnahme des Ursprungslandes des Werkes – diejenigen Rechte in Anspruch nehmen können, die die gegenwärtigen oder zukünftigen Gesetze dieser Länder den inländischen Urhebern gewähren. Der Schutz richtet sich dann ausschließlich nach dem Recht des jeweiligen Landes, für das Schutz begehrt wird, Art. 5 Abs. 1 S. 2, Abs. 3 S. 2 RBÜ. Darüber hinaus stehen den konventionsgeschützten Urhebern die sog. Mindestrechte der Art. 6-14 RBÜ zu, wenn der Schutzstandard im Schutzland für Inländer geringer ist als nach der RBÜ.

Da die nationalen Strafverfolgungsbehörden nur dazu berufen sind, nationales Recht anzuwenden, können sie auch nur für Verletzungen der Vorschriften des nationalen Urheberrechts zuständig sein. Sollte ein Werk nach einem Staatsvertrag Schutz genießen, nicht jedoch nach nationalem Urheberrecht, so könnten nationale Strafverfolgungsbehörden nicht tätig werden. Zivilrechtlich müssten dann die ordentlichen Gerichte die rechtliche Würdigung allein nach dem

---

160 Trade Related Aspects of Intellectual Property Rights, TRIPS; Deutschland: BGBl. 1994 II S. 1565/1730 – englisch/deutsch; Spanien: BOE n.°20, de 24 de enero de 1995.

161 Zur Veröffentlichung vgl.: Schricker-*Katzenberger* 46 vor. §§ 120ff. UrhG.

162 Zum Problem der Bestimmung des Veröffentlichungsortes und damit des Ursprungslandes im Sinne der RBÜ im Internet, vgl. *Thum* GRUR Int. 2001, 9.

Staatsvertrag treffen. Solche Fälle werden aber aufgrund des hohen urheberrechtlichen Schutzstandards in Deutschland und in Spanien äußerst selten sein.

Zu beachten ist noch das Prinzip des Schutzfristenvergleichs, Art. 7 Abs. 8 RBÜ: Die Schutzdauer überschreitet nicht die im Ursprungsland des Werkes gewährte Dauer, es sei denn, dass die Rechtsvorschriften des Schutzlandes etwas anderes bestimmen.

Am 20.12.1996 wurde auf einer von der Weltorganisation für geistiges Eigentum (WIPO) in Genf abgehaltenen diplomatischen Konferenz u.a. ein neuer Vertrag über das Urheberrecht geschlossen: der WIPO-Urheberrechts-Vertrag (WIPO-Copyright-Treaty)[163].

Der WCT ist nach seinem Art. 1 Abs. 1 WCT ein Sonderabkommen im Sinne des Art. 20 S. 1 RBÜ, der den Verbandsländern den Abschluss solcher Abkommen vorbehält, wenn diese den Urhebern mehr Rechte als die RBÜ gewähren und den Bestimmungen der RBÜ nicht zuwiderlaufen. Demgemäss bestimmen Art. 1 Abs. 2 u. Abs. 4 WCT, dass die Verpflichtungen der Vertragsparteien aus der RBÜ nicht beeinträchtigt werden und diese verpflichtet sind, den Art. 1-21 RBÜ und dem Anhang der RBÜ nachzukommen. Durch Verweisung auf Art. 2-6 RBÜ in Art. 3 WCT wird erreicht, dass die grundlegenden Regeln der RBÜ über die Gegenstände des Schutzes (Art. 2 RBÜ), den Anwendungsbereich (Art. 3 u. 4 RBÜ) sowie über die grundlegenden Schutzprinzipien der Inländerbehandlung, des Schutzes durch Mindestrechte und der Formlosigkeit des Schutzes, für den WCT entsprechend gelten. Von besonderer Bedeutung ist Art. 8 WCT[164].

b) WUA

Dieses internationale Urheberrechtsabkommen basiert auf den gleichen Grundsätzen wie die RBÜ, erreicht jedoch deren Schutzniveau nicht. Nach dem Beitritt der USA zur RBÜ 1988 hat das WUA erheblich an Bedeutung verloren, da es gegenüber der RBÜ gem. Art. XVII WUA subsidiär ist.

Gegenstand des Schutzes des WUA sind Werke der Literatur, Wissenschaft und Kunst, Art. I WUA. Damit ist der Schutzumfang derselbe wie bei der RBÜ, da bei dieser die Werke der Wissenschaft im Werkartenkatalog des Art. 2 Abs. 1 RBÜ ebenfalls genannt sind. Wie auch nach der RBÜ sind nur die

---

163 WCT; Vgl. dazu: Hdb. MMR-*v. Lewinski* 7.9 Rn. 20f; *dies.*: GRUR Int. 1997, 667; *dies./Gaster* ZUM 1997, 607.

164 Siehe dazu unten Seite 136f.

Werke eines Angehörigen eines Vertragsstaates, sowie die zuerst in einem Vertragssaat veröffentlichten Werke anderer Urheber geschützt, Art. II WUA.

Auch im WUA findet sich der Grundsatz der Inländerbehandlung, Art. II Abs. 1, 2 WUA. Daneben treten einige grundlegenden Rechte des Urhebers. Das WUA sieht genau wie die RBÜ einen Vergleich der Schutzfristen vor, Art. IV Abs. 4 WUA.

c) TRIPS

Dieses Abkommen inkorporiert die wesentlichen Grundlagen des RBÜ in Art. 9 Abs. 1 S. 1 TRIPS[165] (Art. 1-21 RBÜ), erstreckt jedoch den Schutzumfang der RBÜ auf alle Vertragsstaaten des internationalen Handelsabkommens GATT. Inhaltlich sieht das TRIPS auf dem Gebiet des Urheberrechts und der verwandten Schutzrechte das Prinzip der Inländerbehandlung, Art. 3 TRIPS[166], sowie das Prinzip der Meistbegünstigung, Art. 4 TRIPS, vor[167]. Gem. Art. 1 Abs. 1, 9 Abs. 1 S. 1 TRIPS werden den Mitgliedern bestimmte Mindestrechte auf Grundlage der RBÜ gewährt – mit Ausnahme des Urheberpersönlichkeitsrechtes aus Art. 6bis RBÜ gem. Art. 9 Abs. 1 S. 2 TRIPS. Zu den Mindestrechten der RBÜ kommen die zusätzlichen Rechte des TRIPS („Bern-Plus").

3. Zusammenfassung

Nach nationalem Urheberrecht genießen in Deutschland und in Spanien grundsätzlich nur die eigenen Staatsangehörigen Schutz. Die Anwendung nationalen Urheberrechtes für Ausländer kann sich aber vor allem aus dem Grundsatz der Inländerbehandlung in Verbindung mit den internationalen Verträgen ergeben. In diesem Falle sind die Strafverfolgungsbehörden Deutschlands oder Spaniens aber nur zuständig, wenn sich die rechtliche Beurteilung aus nationalem Recht ergibt. Im Falle des Eingreifens der sogenannten Mindestrechte sind die nationalen Strafverfolgungsbehörden nicht dazu berufen, die internationalen Verträge strafrechtlich durchzusetzen.

---

165 Eine Ausnahme bildet das in Art. 6bis RBÜ geregelte Urheberpersönlichkeitsrecht gem. Art. 9 Abs. 1 S. 2 TRIPS mit Rücksicht auf die in den USA geltende Rechtslage.

166 Hier würde er sich aber auch bereits aus Art. 9 Abs. 1 S. 1 TRIPS i.V.m. Art. 5 Abs. 1 RBÜ ergeben.

167 Anspruch auf die gleichen Vergünstigungen wie die am meisten begünstigten Mitglieder anderer Staaten.

V. Beihilfe zu einer Auslandstat

Ist die vorsätzlich rechtswidrige Haupttat im Ausland begangen, so wäre der Teilnehmer dieser Tat gem. § 9 Abs. 2 StGB nach deutschem Strafrecht zu bestrafen, wenn er seinen Teilnahmebeitrag im Inland geleistet hat. Anders als also der inländische Täter, der nach deutschem Strafrecht hinsichtlich der Vervielfältigung nicht bestraft werden kann, wenn er ein Werk auf einen Server im Ausland lädt, wäre der inländische Teilnehmer an dieser Auslandstat gem. § 9 Abs. 2 StGB nach deutschem Strafrecht zu bestrafen. Das gilt gem. § 9 Abs. 2 S. 2 StGB selbst dann, wenn die Tat am Tatort nicht mit Strafe bedroht ist[168].

Hier geht es hingegen eigentlich nicht um den Fall des § 9 Abs. 2 S. 2 StGB und die Problematik der Inlandsteilnahme an einer ausländischen straflosen Haupttat. Es handelt sich vielmehr meist um den „klassischen" Fall des § 9 Abs. 2 S. 1 StGB, in dem der Teilnehmer im Inland gehandelt hat und die Tat im Ausland mit Strafe bedroht ist. Eines Rückgriffes auf § 9 Abs. 2 S. 2 StGB bedürfte es hier daher eigentlich nicht. Lediglich kann man aus § 9 Abs. 2 S. 2 StGB den Schluß ziehen, dass wenn der Teilnehmer im Inland gehandelt hat und die Haupttat im Ausland begangen wurde und dort auch strafbar war, für den Teilnehmer erst recht deutsches Strafrecht Anwendung findet.

Andererseits berücksichtigt eine solche Auslegung im Urheberstrafrecht die Besonderheiten dieser Materie zu wenig. Erörtert hat diese Problematik bisher allein *Sternberg-Lieben*[169].

Das urheberrechtliche Territorialitätsprinzip beschränkt die Regelungen des internationalen Strafrechts. Im Gegensatz zum strafrechtlichen sieht das urheberrechtliche Territorialitätsprinzip keine Ausnahmen vor. Es bestimmt vielmehr, dass ein inländisches Urheberrecht nur durch eine inländische Handlung verletzt werden kann. Wer von Deutschland oder Spanien aus an einer strafrechtlich relevanten Urheberrechtsverletzung im Ausland teilnimmt, kann daher nicht nach deutschem bzw. spanischem Strafrecht bestraft werden. Auch § 9 Abs. 2 StGB wird folglich durch das urheberrechtliche Territorialitätsprinzip eingeschränkt[170]. Würde § 9 Abs. 2 StGB unmodifiziert auf das Urheberstrafrecht angewendet, würde im Ergebnis der inländische strafrechtliche Schutz über den zivilrechtlichen Schutz hinausgehen, da Ansprüche gegen den Teilnehmer nach § 97 UrhG nicht bestehen. Vor dem Hintergrund, dass der strafrechtliche Schutz

---

168 Zur Kritik an § 9 Abs. 2 S. 2 StGB vgl.: *Cornils* in: *Eser*, Einzelverantwortung, S. 319; *Gribbohm*, JR 1998, 177; *Jung* JZ 1979, 325; NK-*Lemke* § 9 Rn. 16f.

169 *Sternberg-Lieben* NJW 1985, 2121, 2123 Fn. 44, 2124 Fn. 56.

170 *Sternberg-Lieben* NJW 1985, 2121, 2123 Fn. 44, 2124 Fn. 56.

des Urhebers aber lediglich den zivilrechtlichen ergänzen, nicht aber über diesen hinausgehen soll, ist eine solche Anwendung von § 9 Abs. 2 StGB abzulehnen[171]. Der inländische Teilnehmer an einer Auslandstat ist daher nicht nach deutschem Urheberstrafrecht zu bestrafen.

Gleiches gilt für das spanische Recht. Der Teilnehmer, der im Inland gehandelt hat, wäre aufgrund des Handlungsortes grundsätzlich nach spanischem Recht zu bestrafen. Dies würde im Urheberstrafrecht allerdings zu den genannten Widersprüchlichkeiten führen. Auch in Spanien wird dieses Rechtslage durch das im Urheberrecht geltende Territorialitätsprinzip eingeschränkt – auch wenn dies in Spanien bislang nicht erörtert wird: Der inländische Teilnehmer an einer im Ausland begangenen Urheberrechtsstraftat kann daher nicht nach spanischem Strafrecht bestraft werden.

VI. Ergebnis

Für Urheberrechtsverletzungen im *Internet* ist deutsches oder spanisches Strafrecht nur anwendbar, wenn der Tatort in Form des Handlungsortes im Inland liegt. Die Frage der Lokalisierung des Handlungsortes ist eine des einfachen Rechts und daher nach der jeweils betroffenen Verwertungshandlung zu beurteilen. Des Weiteren muss es sich bei dem verletzten Urheber für die Anwendung nationalen Urheberstrafrechtes grundsätzlich um einen Inländer oder EU-Bürger handeln.

Darüber hinaus ist deutsches oder spanisches Urheberstrafrecht auf Ausländer originär nur anwendbar, wenn die Voraussetzungen des § 121 Abs. 1 UrhG bzw. Art. 160.1 TRLPI erfüllt sind.

Unter den Voraussetzungen des § 121 Abs. 4 UrhG sind deutsche Strafverfolgungsbehörden und unter den Voraussetzungen des Art. 160.3 TRLPI spanische Strafverfolgungsbehörden auch zuständig, wenn aufgrund des Grundsatzes der Inländerbehandlung gem. Art. 5 RBÜ, Art. 3 TRIPS oder Art. II Abs. 1, 2 WUA nationales Urheberrecht auf die Werke der Ausländer Anwendung findet.

D. Tatbestände des Urheberstrafrechts bei der Online-Verwertung von Werken der Musik

Die Praxis der Raubkopierei im *Internet* funktioniert zumeist so, dass Werke der Musik, die sich auf CD's in der Dateiform „*.cda“ befinden, mit Hilfe eines

[171] So auch: *Sternberg-Lieben* NJW 1985, 2121, S. 2124 Fn. 56.

Konvertierungsprogramm in das „*.mp3“ Format komprimiert werden. Diese Dateien können dann relativ problemlos auf einer Web-Site zum Download angeboten werden. Die Art und Weise des Downloads kann dabei in ganz verschiedenen Formen geschehen: Die einfachste Alternative ist, dass die Dateien auf einer privaten, aber öffentlich zugänglichen Web-Site zum Download angeboten werden. Möglich ist aber auch das Angebot in einem P2P-Verfahren[172]. Bei dieser Variante bedarf es keines „zwischengeschalteten“ Servers mehr. Die Musikwerke werden direkt zwischen den Nutzern getauscht, so dass der PC des das Musikwerk Anbietenden den *Internet*-Server ersetzt[173].

Hiernach sind verschiedene Handlungen bei der Online-Verwertung von Musikwerken zu unterscheiden. Die Online-Verwertung eines Werkes setzt zunächst meist dessen Digitalisierung voraus, damit es auf einen Server heraufgeladen werden kann, auf dem es zugänglich bleibt und von dem es wieder abgerufen werden kann. Die einzelnen Handlungen sind getrennt voneinander auf deren urheberstrafrechtliche Relevanz zu untersuchen. Nach einer kurzen Darstellung der Schutzobjekte der Vorschriften zum Schutze des Urhebers wird zunächst untersucht werden, ob und wie der Tatbestand der Vervielfältigung im *Internet* realisiert werden kann. Hieran schließt sich die Untersuchung der Tatbestandsalternativen der Verbreitung und der öffentlichen Wiedergabe an.

I. Schutzobjekte der Delikte zum Schutz des Urheberrechts[174]

1. Allgemeines

Erste Voraussetzung für die Anwendbarkeit des § 106 UrhG in objektiver Hinsicht ist das Vorliegen eines urheberrechtlich geschützten Werkes im Sinne des § 2 UrhG[175], einer Bearbeitung gem. § 3 UrhG oder einer Umgestaltung. All diese müssen urheberrechtlich noch geschützt sein, da Werke, bei denen die Schutzfrist abgelaufen ist, nicht mehr Schutz „nach Maßgabe dieses Gesetzes“ gem. § 1 UrhG beanspruchen können. Schließlich ist in § 106 UrhG von dem Berechtigten die Rede. Berechtigung im Hinblick auf ein Werk unter Ausschluss anderer kann aber nur vorliegen, wenn das Werk nicht bereits aufgrund des Ablaufs der Schutzfrist gemeinfrei ist. Erst wenn feststeht, dass es sich um ein noch

---

172 Vgl. dazu oben S. 32f.

173 So auch: *Braun* GRUR 2001, 1106; *Dustmann*, Provider, S. 209.

174 Umfassend zum Begriff des Werkes nach deutschem und spanischem Recht die Untersuchung von *Bettinger*, Werkbegriff, S. 19ff.

175 *Scholz*, Datenbanken, S. 29.

geschütztes Werk handelt, kann in einem zweiten Schritt geprüft werden, welches Verhalten zu einer Verletzung des Urheberrechtes führt und inwieweit diese Verletzung auch strafrechtliche Konsequenzen hat.

Gem. Art. 270 S. 1 CP schützt die Vorschrift Werke der Literatur, Wissenschaft und Kunst, ihre Umgestaltungen sowie Interpretationen und Darbietungen von ausübenden Künstlern. Nach dem oben Gesagten ist die Auslegung der Begriffe Werk der Literatur, Wissenschaft und Kunst sowie Interpretationen und Darbietungen von ausübenden Künstlern anhand des TRLPI vorzunehmen[176].

2. Werkbegriff

Sowohl in Deutschland als auch in Spanien genießen *Werke* urheberrechtlichen Schutz. Fraglich ist jedoch, ob der Werkbegriff in Deutschland und Spanien inhaltlich übereinstimmen.

Das UrhG erklärt in § 1 UrhG Werke der Literatur, Wissenschaft und Kunst als geschützt und legt damit den sachlichen Geltungsbereich des UrhG fest[177]. § 2 UrhG zählt in Abs. 1 die wichtigsten Arten von Werken der Literatur, Wissenschaft und Kunst als Beispiele auf, unter anderem Werke der Musik in § 2 Abs. 1 Nr. 2 UrhG. Die Aufzählung in § 2 Abs. 1 UrhG ist aber ebenso wenig abschließend wie die Aufzählung der Regelbeispiele in § 243 Abs. 1 S. 2 StGB, was sich bereits aus der Wortwahl des Gesetzes – „insbesondere" – ergibt. Auch andere Werkarten fallen gem. § 1UrhG unter den sachlichen Anwendungsbereich des UrhG, wenn sie nur der Literatur, Wissenschaft oder Kunst zuzuordnen sind[178]. Durch diese Gesetzgebungstechnik steht der Schutz des UrhG auch Werkarten offen, die der Gesetzgeber bei Erlass des UrhG noch nicht kannte oder kennen konnte, solange es sich um Literatur, Wissenschaft oder Kunst handelt. Aufgrund der Zivilrechtsakzessorietät des § 106 UrhG sind solche Werke dann auch vom strafrechtlichen Schutz umfasst.

In Spanien ist der Werkbegriff unter Rückgriff auf die Bestimmungen des TRLPI zu bestimmen[179]. Voraussetzungen für die Schutzfähigkeit eines Werkes nach spanischem Recht ist danach, wie auch in Deutschland, das Vorliegen von Literatur, Wissenschaft oder Kunst. Zur Bestimmung dieser Begriffe existiert im spanischen TRLPI mit Art. 10.1 TRLPI ein Werkartenkatalog, welcher genauso wenig abschließend ist wie die Aufzählung im deutschen UrhG in § 2

---

176 Vgl. dazu oben S. 41f.
177 Schricker-*Loewenheim* § 2 Rn. 1.
178 *BGH,* GRUR 1985, 529 „Happening" m. Anm. v. *Jacobs.*
179 Vgl. dazu oben S. 41f.

Abs. 1 UrhG[180]. Unter diesen Werkarten finden sich in Art. 10.1 b) TRLPI die musikalischen Kompositionen mit oder ohne Text. Die Aufzählung in Art. 10.1 TRLPI orientiert sich wie auch § 2 Abs. 1 UrhG an Art. 2 Abs. 1 RBÜ und stimmt daher weitestgehend mit der deutschen Regelung überein.

Urheberrechtlichen Schutz genießt ein Werk nach deutschem Recht jedoch nur, wenn es sich um eine persönlich geistige Schöpfung gem. § 2 Abs. 2 UrhG handelt. Auf den künstlerischen Wert kommt es nicht an[181]. In Spanien verlangt Art. 10.1 TRLPI das Vorliegen einer „originalen" Schöpfung.

Das Vorliegen einer persönlich geistigen Schöpfung gem. § 2 Abs. 2 UrhG setzt voraus, dass das Werk auf einer menschlich gestalterischen Tätigkeit beruht[182]. Auch in Spanien geht man davon aus, dass als Schöpfer nur ein Mensch in Betracht kommt. Das ergibt sich zum einen aus dem Tatbestandsmerkmal der originalen Schöpfung. Diese setzt von ihrer Natur her ein Nachdenken und eine entscheidende Tätigkeit voraus, so dass als Schöpfer nur eine natürliche Person in Betracht kommt. Zum anderen ergibt es sich aber auch aus Art. 5.1 TRLPI[183]. Die Werkschöpfung muss sodann nach beiden Rechtsordnungen eine Form angenommen haben, in der sie bereits der Wahrnehmung durch die menschlichen Sinne zugänglich geworden ist[184] bzw. der Schöpfer muss sich seines Werkes in irgendeiner Form oder Art und Weise entäußert haben[185]. Das spanische Gesetz schließt dabei ausdrücklich auch solche Ausdrucksmittel ein, die in der Zukunft erfunden werden. Einzige Voraussetzung ist die Wahrnehmbarkeit der Werke[186].

---

180 SAP de Madrid v. 20.04.1998, ADI 1998, 628ff. mit. krit. Anm. *Bouza*, ADI 1998, 633ff.; Bercovitz-*Bercovitz Rodríguez-Cano* Art. 10, S. 157; *Busch*, Protección Penal en España y Alemania, S. 101; *Carmona Salgado*, Ley de propiedad intelectual, S. 277; *Delgado Porras*, Protección civil y penal, S. 24; *Quintero Olivares/Benítez*, Protección penal, S. 39/40; Quintero Olivares/*Quintero Olivares* Art. 270 S. 1, S. 1220; Tapia/Román-*Tapia* Art. 10, S. 57.

181 Vgl.: *BGH*, GRUR 1988, 812 „Ein bisschen Frieden"; *BGH*, UFITA 51 (1968), 295=NJW 1968, 594 „Haselnuss".

182 Fromm/Nordemann-*Vinck* § 2 Rn. 12.

183 Bercovitz-*Bercovitz Rodríguez-Cano* Art. 10, S. 159; *Bettinger*, Werkbegriff, S. 21; *Carmona Salgado*, Ley de propiedad intelectual, S. 275; *Saíz García*, Derecho de autor, S. 75; Tapia/Román-*Tapia* Art. 10, S. 55.

184 *BGHZ* 94, 279 „Inkasso-Programm"; *OLG München*, ZUM 1989, 588/590.

185 Bercovitz-*Bercovitz Rodríguez-Cano* Art. 10, S. 167; *Bettinger*, Werkbegriff, S. 40; *Carmona Salgado*, Ley de propiedad intelectual, S. 275; *Quintero Olivares/Benítez*, Protección penal, S. 41; Tapia/Román-*Tapia* Art. 10, S. 57; *Valbuena Gutiérrez*, Obras o creaciones intelectuales, S. 155 m.w.N.

186 Bercovitz-*Bercovitz Rodríguez-Cano* Art. 10, S. 167; *Saíz García*, Derecho de autor, S. 157.

Keinen Schutz genießen nach deutschem[187] und spanischem[188] Recht Ideen, die sich noch im Geiste ihres Schöpfers befinden. Streng zu unterscheiden ist die erste Entäußerung jedoch von der Veröffentlichung und dem Erscheinen, wenn diese Zeitpunkte auch häufig zusammenfallen werden[189].

§ 2 Abs. 2 UrhG verlangt weiter eine „geistige" Schöpfung. Das Werk muss demnach einen geistigen Gehalt aufweisen. Jener geistige Gehalt tritt bei den einzelnen Werken in unterschiedlicher Form zutage. Bei Werken der Musik liegt der geistige Gehalt in der durch Hören erfassbaren Tonfolge[190], in dem in Tönen ausgedrückten musikalischen Erlebnis, der Stimmung und dem Gefühlswert[191]. Der spanische Gesetzgeber verlangt einen solchen geistigen Gehalt nicht ausdrücklich[192], jedoch kann schon aus dem Begriff des geistigen Eigentums gefolgert werden, dass auch das spanische Urheberrecht insgesamt einen geistigen Gehalt des Werkes voraussetzt. Als eigenständiges Schutzkriterium findet der Begriff im spanischen Schrifttum allerdings keine Erwähnung, sondern wird bei der Prüfung des Originalitätserfordernisses mitbehandelt. Sachliche Unterschiede zum deutschen Recht ergeben sich daher hieraus nicht.

Zentrale Kriterien des Werkbegriffs sind daher in Deutschland das der *Individualität* und in Spanien das der *Originalität*. Fraglich ist, ob trotz unterschiedlicher Begriffe in Deutschland und Spanien letztlich derselbe urheberrechtliche Schutzstandard gilt.

Im deutschen UrhG ergibt sich aus der Voraussetzung der persönlichen Schöpfung in § 2 Abs. 2 UrhG, dass das Werk sich als etwas Persönliches darstellen und damit vom individuellen Geist des Urhebers geprägt sein muss. Es muss vom Urheber herrühren und sich damit als Ergebnis seines individuellen geistigen Schaffens darstellen[193]. Die Individualität kann im Werke in sehr unterschiedlichem Maße zutage treten. Sie kann so stark ausgeprägt sein, dass das Werk gewissermaßen den Stempel der Persönlichkeit des Urhebers trägt und

187 Schricker-*Loewenheim* § 2 Rn. 50f. m.w.N.

188 T.S. (ARJ 1992/1329); *Bettinger*, Werkbegriff, S. 41; *Valbuena Gutiérrez*, Obras o creaciones intelectuales, S. 156.

189 Vgl. dazu: *Valbuena Gutiérrez*, Obras o creaciones intelectuales, S. 160ff.

190 *Erdmann* CR 1986, 249/252.

191 *OLG Düsseldorf*, GRUR 1978, 640, 641 – Zu dem Lied von Kraftwerk: fahr'n auf der Autobahn: Herausstellen der Monotonie des Fahrens als geistiger Gehalt einer Melodie; *Rehbinder* Rn. 131.

192 Ausn.: Art. 11 TRLPI „*creación intelectual*".

193 *BGHZ* 9, 262/268 „Lied der Wildbahn I".

es sich aufgrund seiner Stilmerkmale ohne weiteres seinem Schöpfer zuordnen lässt. Das ist aber für den Urheberrechtsschutz nicht notwendig[194]. Das Werk muss sich von der Masse des Alltäglichen, Banalen, des rein handwerklich oder routinemäßig Geleisteten – mag es auch noch so fachmännisch erbracht sein – unterscheiden[195]. Entscheidend ist der Gesamteindruck. Nicht erforderlich ist die objektive Neuheit der Gestaltung. Es genügt die subjektive Neuheit einer Gestaltung, so dass es sich für den Urheber bei seinem Schaffen um etwas Neues handeln muß[196]. Möglich, wenn auch selten, ist daher die Doppelschöpfung.

Der Begriff der Originalität wird im TRLPI selbst nicht definiert. Er wird in Spanien aber vor allem in zwei Richtungen interpretiert[197]. Teilweise wird Originalität als besonderes Merkmal des Werkes selbst verstanden, durch das dieses sich von anderen, bereits geschaffenen Werken unterscheidet. Ein Werk muss demnach objektiv neu sein, um Originalität zu besitzen[198], wobei aber nicht absolute Neuheit erforderlich sein soll, sondern vielmehr, dass es sich bei dem Werk um das Ergebnis eines schöpferischen Vorganges handelt, das nicht mit vorbestehenden oder gemeinfreien Werken identisch ist[199]. Entscheidend ist dieser Ansicht nach also nicht die persönliche Prägung des Werkes durch seinen Urheber, sondern die Unterscheidung von bereits bestehenden Werken. Eine objektive absolute Neuheit verlangt aber auch diese Ansicht nicht. Sie kann schon von der Systematik des TRLPI her nicht verlangt werden, welches auch Umgestaltungen und Sammelwerke in Art. 11, 12 TRLPI schützt, wenn sie Originalität besitzen[200].

Die spanische Gegenansicht lehnt das Erfordernis der objektiven Neuheit jedoch mit dem Hinweis ab, dass sie Wertungen aus dem Recht der gewerblichen Schutzrechte in das Urheberrecht übernehme, die dort Fremdkörper darstellen[201], und betont die persönlichkeitsrechtliche Prägung des Werkes durch seinen Urheber. Anders als im Recht der gewerblichen Schutzrechte beruhe der Schutz des Urheberrechtes nämlich auf dem unzertrennlichen geistigen Band, das zwischen Urheber als natürlicher Person einerseits und seinem Werk andererseits besteht. Erforderlich sei daher vielmehr eine Auslegung des Begriffes

---

194 BTDrucks 13/781 S. 10.

195 *BGH*, GRUR 1986, 739, 741 „Anwaltsschriftsatz"; *BGH*, GRUR 1993, 34/36 „Bedienungsanweisung"; *OLG Düsseldorf*, GRUR 1997, 49/50 „Beuys Fotografien".

196 Schricker-*Loewenheim* § 2 Rn. 41 m.w.N.

197 Ausführlich hierzu: *Bettinger*, Werkbegriff, S. 23ff.

198 Bercovitz-*Bercovitz Rodríguez-Cano* Art. 10, S. 160; *Plaza Penadés*, Derecho de autor, S. 294ff; *Tapia*, RGD núm. 648 (Sept. 1998), S. 11190, 11194; *ders. in:* Tapia/Román Art. 10, S. 55; *Valbuena Gutiérrez*, Obras o creaciones intelectuales, S. 287ff.; *Vega Vega*, Derecho de autor, S. 98.

199 *Plaza Penadés*, Derecho de autor, S. 294ff.

200 Vgl. unten S. 78f.

201 *Quintero Olivares/Benítez*, Protección penal, S. 42ff.

der Originalität, die diese geistige Verbindung des Urhebers mit seinem Werk und damit die persönlichkeitsrechtlichen Aspekte berücksichtigt[202]. Dementsprechend geht die traditionelle und herrschende spanische Lehre von dem Erfordernis der subjektiven Originalität eines Werkes aus, nach der das Werk die Persönlichkeit eines Urhebers wiederspiegeln und sich somit vom bereits vorbestehenden Formenschatz durch individuelle Eigentümlichkeit oder persönliche Prägung abheben muss[203]. Diese Auffassung entspricht der in Deutschland geltenden Rechtslage.

Die spanische höchstrichterliche Rechtsprechung hat sich bislang in einem einzigen Urteil mit dieser Problematik auseinandergesetzt[204]. In dieser Entscheidung ließ das Tribunal Supremo offen, ob Originalität im objektiven Sinne oder subjektiven Sinne erforderlich sei. Es beurteilte den zur Entscheidung anstehenden Sachverhalt – bei dem es um Modeschmuck ging – vielmehr nach beiden Ansichten und verneinte nach beiden die Schutzfähigkeit. Einer Entscheidung zwischen den Theorien bedurfte es daher seiner Ansicht nach nicht. In der Rechtspraxis bleibt diese Frage mithin weiter ungeklärt. Praktische Auswirkungen auf die Beurteilung der Schutzfähigkeit von Werken wird dieser Streit letztlich jedoch nicht haben. Trotz unterschiedlicher theoretischer Ausgangspunkte darf nämlich nicht übersehen werden, dass zwischen objektiver Neuheit und schöpferischer Eigentümlichkeit insofern eine Relation besteht, dass die bloße „Wiederholung“ von vorbestehenden Werken keine vom Urheber „geprägte“ Schöpfung hervorbringt. Praktische Auswirkungen hat der Streit daher wohl nur im äußerst seltenen Bereich der Doppelschöpfung[205].

Es ist daher davon auszugehen, dass die Begriffe Originalität und Individualität aus Spanien und Deutschland weitestgehend kongruent sind. Aus der unterschiedlichen Terminologie kann sich daher allenfalls im Bereich der Doppelschöpfung ein sachlicher Unterschied ergeben.

An unterster Grenze der Schutzfähigkeit liegt in beiden Ländern die sog. „kleine Münze“. Hierunter versteht man diejenigen Gestaltungen, die bei einem Minimum an Gestaltungshöhe gerade noch urheberrechtsschutzfähig sind, also

---

202 *Baylos Corroza,* Derecho industrial, S. 571.

203 *Baylos Corroza*, Derecho industrial, S. 86ff., und S. 533f.; *Bondía Román*, Propiedad intelectual, S. 195f., 198; *Quintero Olivares/Benítez*, Protección penal, S. 42ff; *Rogel Vide*, Autores, coautores y propiedad intelectual, S. 56; *Saíz García*, Derecho de autor, S. 119ff.

204 STS v. 26.10.1992 CCJC, Nr. 30 S. 963, eine Zusammenfassung des Urteils in englischer Sprache ist abgedruckt in E.I.P.R. 1995, 207 m. Anm. *Gimeno Olcina.*

205 So auch *Bettinger*, Werkbegriff, S. 29.

einfache, aber soeben noch geschützte geistige Schöpfungen[206]. Das Hauptanwendungsgebiet der kleinen Münze liegt auf dem Gebiet der Unterhaltungsmusik, wo neben einfachen Melodien vor allem Bearbeitungen, Potpourris und Arrangements als schutzfähig angesehen worden sind[207] sowie bei Computerprogrammen gem. § 69a Abs. 3 UrhG. Ausdrucksmittel für die Individualität bzw. die Originalität bei Werken der Musik sind Melodie, Harmonien und Rhythmus. Aus jedem einzelnen dieser drei Grundmerkmale von Musikwerken oder dem Zusammenspiel derselben kann sich die Originalität des Werkes ergeben[208].

Die hier untersuchte Raubkopiererei im *Internet* findet vor allem, wenn nicht ausschließlich, im Bereich der Unterhaltungsmusik statt. Bei den in P2P-Communities getauschten Musikwerken handelt es sich vor allem um Pop-Musik, die zur Unterhaltungsmusik zu zählen ist. Da bei dieser ein Hauptanwendungsgebiet der kleinen Münze liegt, ist grundsätzlich davon auszugehen, dass die im *Internet* angebotene Unterhaltungsmusik urheberrechtlichen Schutz sowohl nach deutschem als auch nach spanischem Recht als Musikwerke genießen.

3. Strafrechtlicher Schutz von Umgestaltungen

Neben den Werken gem. § 2 UrhG genießen nach § 106 UrhG auch Bearbeitungen und Umgestaltungen[209] Schutz. Ebenso genießen nach dem Wortlaut des spanischem Rechts gem. Art. 270 S. 1 CP neben den Originalschöpfungen auch Umgestaltungen (Transformaciónes) strafrechtlichen Schutz. Im Bereich der Musikwerke ist dies vor allem für sog. „Remakes" von Bedeutung, bei denen alte Werke in abgänderter Form neu aufgenommen werden. Auch hier stellt sich die Frage, ob die Begriffe der Umgestaltung in Deutschland und Spanien denselben Inhalt haben.

---

206 *BGH,*GRUR 1995, 581 „Silberdistel", für das spanische Recht: *Bercovitz Álvarez*, Obra plástica, S. 107; Bercovitz-*Bercovitz Rodríguez-Cano* Art. 10, S. 226; *Bettinger*, Werkbegriff, S. 53; *Cámara Lapuente,* El nuevo derecho sui generis sobre las bases de datos, AC 1999 núm 3, S. 1ff., 77; *Carbajo González*, AC 1989, 3045, 3051; *Saíz García*, Derecho de autor, S. 106f., 118; *Vega Vega*, Derecho de autor, S. 98.

207 *BGH,*GRUR 1981, 267 „Dirlada"; *BGH,*GRUR 1988, 810 „Fantasy"; *BGH,*GRUR 1988, 812 „Ein bisschen Frieden"; rechtspolitisch einschränkend: *Köhn* ZUM 1994, 278 ff.

208 *Bettinger*, Werkbegriff, S. 87; *Sánchez Aristi*, Obras musicales, S. 256.

209 Vgl. zu den Begriffen „Bearbeitung und andere Umgestaltungen" im Urheberstrafrecht auch ausführlich *Hildebrandt*, Strafvorschriften des Urheberrechts, S. 53ff., der den Oberbegriff „Abänderungen" vorschlägt.

In Deutschland ist der Umgestaltungsbegriff stark umstritten. Überwiegend werden darunter alle abhängigen Nachschöpfungen eines Werkes verstanden[210]. Damit umfasst der Begriff der Umgestaltung auch die „Bearbeitungen" eines Werkes im Sinne von § 3 UrhG. Das ergibt sich aus § 23 S. 1 UrhG, der von „Bearbeitungen und anderen Umgestaltungen" eines Werkes spricht[211]. Nicht gefolgt werden kann der Ansicht, dass Umgestaltungen nur bei nicht persönlich geistigen Schöpfungen vorliegen[212]. Zur Begründung jener Ansicht wird vor allem angeführt, dass sonst eine Gesetzeslücke insoweit bestünde, als eine Regelung für Werkänderungen, die den Grad der persönlich geistigen Schöpfung nicht erreichen, nicht getroffen sei[213]. Die These von der Gesetzeslücke berücksichtigt aber nicht, dass der Begriff „andere Umgestaltungen" sowohl schöpferische als auch nichtschöpferische Leistungen erfasst. Von einer Gesetzeslücke kann daher keine Rede sein. Zwar fordert § 23 S. 1 UrhG für die „anderen Umgestaltungen" keine schöpferischen Leistungen, jedoch wäre ein solches Erfordernis in § 23 UrhG auch fehl am Platz. Diese Vorschrift regelt nämlich im systematischen Zusammenhang mit den §§ 15ff. UrhG die Ausschließlichkeitsrechte des Urhebers. Sie macht die Veröffentlichung der Umgestaltung eines Werkes von der Zustimmung des Urhebers des Originals abhängig, da die Umgestaltung oder Bearbeitung das Originalwerk beinhaltet und dieses daher mitverwertet. Ob die Umgestaltung ihrerseits eine persönlich geistige Schöpfung darstellt, ist insoweit unerheblich. Diese Frage erlangt erst dann Bedeutung, wenn der Umgestalter selbst für seine Umgestaltung Urheberrechtsschutz geltend machen will[214]. Deshalb kann auch nicht der Ansicht gefolgt werden, dass ein nicht schöpferischer Eingriff nicht in das Regelungsgefüge der §§ 3, 23 UrhG passe und der Begriff der Umgestaltungen daher nur schöpferische Eingriffe erfasse.[215]

Die Aufnahme des Begriffes der „Umgestaltung" in § 106 UrhG unterstreicht die hier vertretene Ansicht, dass auch Umgestaltungen persönlich geistige Schöpfungen darstellen können und in diesem Fall analog § 3 UrhG geschützt sind. Eine solche Analogie wäre aber im Strafrecht ein Verstoß gegen den *nullum crimen* Grundsatz aus Art. 103 Abs. 2 GG, so dass die „Umgestaltung" als Schutzobjekt in den Tatbestand des § 106 UrhG aufgenommen werden musste.

---

210 Schricker-*Loewenheim* § 23 Rn. 3; so auch: *Nippe*, Urheber und Datenbank, S. 96.

211 A.A.: *LG Köln*, GRUR 1973, 88 „Kinder in Not", die unter einer Umgestaltung nur diejenigen Veränderungen eines Originalwerks verstehen, die, in Abgrenzung zu einer Bearbeitung, keine persönliche geistige Schöpfung darstellen und somit gewissermaßen eine Stufe unter der Bearbeitung stehen; Fromm/Nordemann-*Vinck* § 23 Rn. 1.

212 So aber *LG Köln*, GRUR 1983, 77 „Kinder in Not"; Fromm/Nordemann-*Vinck* § 23 Rn.1; *Hörnig* UFITA 99 (1985), 13, 57ff.

213 Vgl. Fn. 212.

214 So auch Schricker-*Loewenheim* § 23 Rn. 4.

215 So aber: Möhring/Nicolini-*Ahlberg* § 23 Rn. 12; *v. Gamm* § 23 Rn. 8.

Dass Umgestaltungen nur dann strafrechtlichen Schutz genießen, wenn sie persönlich geistige Schöpfungen darstellen, ergibt sich wiederum aus der „Angriffsobjektstrias“: Werk, Bearbeitung, Umgestaltung[216].

Der Begriff der Umgestaltung geht damit nach deutschem Recht über den Begriff der Bearbeitung hinaus. Die Bearbeitung hat den Zweck, dem Ausgangswerk zu dienen und es einem veränderten Zweck anzupassen[217]. Dementsprechend wird in § 3 UrhG ausdrücklich die Übersetzung eines Werkes oder die Verfilmung genannt. Vom Begriff der Umgestaltung werden hingegen auch Handlungen erfasst, die gerade nicht dazu bestimmt sind, dem Werk zu dienen. Das ist vor allem bei Plagiaten[218] der Fall[219]. Die Bearbeitung will die Identität des Originalwerkes unberührt lassen, es sollen nur dessen Verwertungsmöglichkeiten verbessert werden; bei der anderen Umgestaltung hingegen will der Verfasser das Ergebnis der Arbeit als eigenes Werk ausgeben[220]. Urheberrechtlichen Schutz genießen Umgestaltungen jedoch nur, wenn sie Werkeigenschaft besitzen, also persönlich geistige Schöpfungen darstellen. Letzteres ergibt sich für Bearbeitungen aus § 3 UrhG und für andere Umgestaltungen aus einer analogen Anwendung von § 3 UrhG. Da eine solche Analogie im Strafrecht gegen den nullum crimen Grundsatz verstieße, wurde die Umgestaltung in den Tatbestand des § 106 UrhG aufgenommen.

In Spanien findet sich eine Regelung zur Auslegung des Begriffes der Umgestaltungen in Art. 11 TRLPI. Nach dieser Regelung sind Schutzobjekte des Urheberrechtes Übersetzungen und Überarbeitungen, aktualisierte Ausgaben und Kommentare, Kompendien, Zusammenfassungen und Auszüge, musikalische Bearbeitungen sowie als eine Art Generalklausel „jegliche Umgestaltung eines literarischen, künstlerischen und wissenschaftlichen Werkes“[221]. Was unter einer Umgestaltung aber genau zu verstehen ist und unter welchen Voraussetzungen eine solche urheberrechtlichen Schutz genießt, regelt Art. 11 TRLPI selbst nicht. Eine Definition des Begriffes der Umgestaltung findet sich hingegen in

---

216 Schricker-*Haß* § 106 Rn. 2; *Weber*, Strafrechtlicher Schutz, S. 77.

217 *OLG Düsseldorf*, GRUR 1990, 263, 266; *Nippe*, Urheber und Datenbank, S. 97; Schricker-*Loewenheim* § 23 Rn.4; *Weber*, Strafrechtlicher Schutz, S. 77.

218 Zum Begriff des Plagiats vgl.: Fromm/Nordemann-*Vinck* § 24 Anh. Rn. 1; *v. Gravenreuth*, Das Plagiat aus strafrechtlicher Sicht, S. 1ff.; Schricker-*Loewenheim* § 23 Rn. 22f.

219 Schricker-*Loewenheim* § 23 Rn. 4; *Weber*, Strafrechtlicher Schutz, S. 77; a.A.: Fromm/Nordemann-*Vinck* § 23 Rn. 1, der auch Plagiate dann, wenn die Veränderung eine persönlich geistige Schöpfung des Plagiators darstellen, als Bearbeitung und nicht als Umgestaltung ansieht.

220 Amtl. Begr. BTDrucks IV/270, S. 51 zu § 23.

221 "Cualesquiera transformaciónes de una obra literaria, artística o científica".

Art. 21.1 TRLPI[222]. Hiernach versteht man unter Umgestaltung die Übersetzung und Bearbeitung eines Werkes sowie jegliche sonstige Änderung der Form, aus der ein andersartiges Werk abgeleitet wird. Der Begriff der Umgestaltung ist damit wie auch im deutschen Recht der Oberbegriff über alle Veränderungen eines Werkes.

Die Frage, unter welchen Voraussetzungen Umgestaltungen nach spanischem Recht urheberrechtlichen Schutz genießen, beantwortet Art. 21.1 TRLPI ebenso wenig wie in Deutschland § 23 UrhG. Bei dieser Vorschrift handelt es sich vielmehr um die Legaldefinition für das Verwertungsrecht der „Transformación" aus Art. 17.1 TRLPI. Genau wie auch im deutschen Urheberrecht ist nämlich nach spanischem Recht streng zwischen den Regeln über die Verwertungsrechte und denen über die Schutzfähigkeit eines Werkes zu unterscheiden. Bei der Frage, ob eine Umgestaltung urheberrechtlichen Schutz genießt, und der Frage, ob eine Umgestaltung in das Exklusivrecht des Urhebers der Umgestaltung eingreift, spielen unterschiedliche Gesichtspunkte eine Rolle. Geht es bei der Schutzfähigkeit um die Frage, ob ein Werk eine eigene geistige Leistung mit Eigentümlichkeit darstellt, so geht es bei der Umgestaltung um die Teilhabe des Urhebers an der Verwertung seines Werkes und dem damit eng verwobenen Urheberpersönlichkeitsrecht an der Integrität seines Werkes[223]. Das eine regelt Art. 11 TRLPI, das andere Art. 21 TRLPI.

Im Wortlaut des Art. 11 TRLPI findet sich kein Anhaltspunkt dafür, dass auch Umgestaltungen, um urheberrechtlich geschützt zu sein, ein Minimum an Originalität aufweisen müssen[224]. Jedoch bestimmt Art. 21.2 TRLPI, dass demjenigen, der die Umgestaltung vorgenommen hat, die Rechte am geistigen Eigentum an dem aus der Umgestaltung hervorgegangenen *Werk*[225], unbeschadet der Rechte des Urhebers am Originalwerk, zustehen. Aus dem systematischen Zusammenhang von Art. 21.2 TRLPI und Art. 11 TRLPI ergibt sich mithin, dass das Ergebnis einer Umgestaltung, wenn es selbst ein Werk darstellt, urheberrechtlichen Schutz genießt[226]. Es muss daher ein essentielles Element einer geistigen Schöpfung hinzukommen[227]. Dieses Ergebnis ergibt sich auch aus dem Zusammenhang von Art. 11 TRLPI und Art 9.1 TRLPI. Bei den in Art. 11 TRLPI

222 Im Gegensatz zum deutschen Recht (§ 23 UrhG) handelt es sich bei dem Recht der Umgestaltung in Art. 21 TRLPI um ein ausschließliches Verwertungsrecht des Urhebers (Art. 17 i. V. m. Art. 21.1 TRLPI).

223 Monistische Theorie, vgl. dazu: Schricker-*Dietz* Rn. 6 vor §§ 12ff. m.w.N.; Art. 2 TRLPI.

224 Im Gegensatz zu § 3 UrhG.

225 Hervorhebung nur hier.

226 *Marco Molina*, Propiedad intelectual, S. 342.

227 Bercovitz-*Bercovitz Rodríguez-Cano* Art. 11, S.198,199; *Marco Molina*, Propiedad intelectual, S. 341; Tapia/Román-*Román* Art. 21, S. 121.

genannten Werken handelt es sich um abgeleitete, abhängige Werke. Nach dem spanischen TRLPI handelt es sich hierbei auch um zusammengesetzte Werke, Art. 9.1 TRLPI. Hierunter versteht man gem. Art. 9.1 TRLPI neue Werke, die ein vorbestehendes Werk beinhalten, ohne dass der Schöpfer des Ursprungswerkes hierbei mitgewirkt hätte. Die Zustimmungsrechte des Urhebers des Ursprungswerkes bleiben von Art. 9.1 TRLPI unberührt. Solche Werke stehen im Gegensatz zu unabhängigen Werken gem. Art. 9.2 TRLPI, welche autonom kreiert wurden, selbst wenn sie zusammen mit dem Ursprungswerk veröffentlicht wurden. Nach seinem Wortlaut geht Art. 9.1 TRLPI jedoch davon aus, dass Bearbeiter und Urheber des Ursprungswerkes personenverschieden sind[228]. Sollte der Urheber des Originalwerkes daher einmal jenes selbst verändern, so käme eine entsprechende Anwendung in Betracht[229]. Wenn aber abgeleitete Werke gem. Art. 11 TRLPI zusammengesetzte Werke nach Art. 9.1 TRLPI sind, so gelten für sie die gleichen Anforderungen wie für andere Werke, da Art. 9.1 TRLPI durch seine Wortwahl auf Art. 10.1 TRLPI verweist. Auch abgeleitete Werke müssen daher Eigentümlichkeit aufweisen.

Nun wird jedoch in Spanien teilweise die Ansicht vertreten, dass Originalität einer Umgestaltung immer gegeben sei, da die Umgestaltung gem. Art. 21.1 TRLPI ja die Veränderung eines Werkes voraussetze und damit dieses Werk immer auch in der Umgestaltung vorhanden sei, so dass im Ergebnis in der Umgestaltung immer auch die Originalität des Originalwerkes auftauche und damit jede Umgestaltung Originalität besitze[230]. Diese Ansicht übersieht jedoch, dass in Art. 21.1 TRLPI und Art. 21.2 TRLPI streng zwischen dem Ursprungswerk und dem aus der Umgestaltung hervorgegangenen Werk unterschieden wird. Es würde die Dogmatik des Urheberrechtes aus den Angeln heben, wenn man dem Bearbeiter eines Werkes nur deshalb urheberrechtlichen Schutz zusprechen würde, weil er ein Werk verändert hat, ohne eine eigene geistige Leistung erbracht zu haben.

Im Ergebnis genießen daher sowohl in Spanien als auch in Deutschland solche Werkveränderungen strafrechtlichen Schutz, die ihrerseits persönlich geistige Schöpfungen darstellen bzw. originale sind. Nach dem oben Gesagten sind die insoweit zentralen Begriffe Individualität und Originalität weitgehend deckungsgleich, so dass für Umgestaltungen in beiden Ländern derselbe Schutz-

---

228 Bercovitz-*Bercovitz Rodríguez-Cano* Art. 11, S. 198; Tapia/Román-*Tapia* Art. 10, S. 59.

229 Bercovitz-*Bercovitz Rodríguez-Cano* Art. 11, S. 197, 198.

230 *Bercovitz Rodríguez-Cano* CCJC 1994, 407, 412, der einem abgeleiteten Werk, welches in Spanien als Transformation gilt, immer Originalität zusprechen will, da dieses eine Transformation eines Originalwerkes sei ("*Toda obra derivada es obra porque tiene originalidad, y es derivada porque deriva (transforma) una obra anterior (originaria)*)".

standard gilt. Im Bereich der Unterhaltungsmusik wird daher die bloße Neuaufnahme nicht genügen. Diese stellt sich vielmehr als Vervielfältigung des Ursprungswerkes dar. Erforderlich ist daher in beiden Ländern, dass gerade die Umgestaltung des benutzten Musikwerkes selbst die Individualität des Umgestalters widerspiegelt.

Nun sind aber auch Fälle denkbar, in denen sich das neugeschaffene Werk so weit vom Ursprungswerk entfernt, dass schlechterdings nicht mehr von einem abgeleiteten Werk gesprochen werden kann. Abzugrenzen ist die Umgestaltung in Deutschland daher von der freien Benutzung eines Werkes gem. § 24 UrhG[231]. Bei der freien Benutzung gem. § 24 Abs. 1 UrhG dient dem Werkschaffenden das Ausgangswerk lediglich als Anregung zur Schaffung eines neuen selbständigen Werkes[232]. Das ist dann der Fall, wenn die dem geschützten älteren Werk entnommenen individuellen Züge gegenüber der Eigenart des neugeschaffenen Werks verblassen[233]. Eine dem § 24 UrhG entsprechende Vorschrift existiert im spanischen TRLPI nicht. Lediglich für den Spezialfall der Parodie findet sich in Art. 39 TRLPI eine Vorschrift. In der spanischen Literatur[234] und der Rechtsprechung[235] ist jedoch anerkannt, dass die reine Inspiration aus einem fremden Werk keine abhängige Nachschöpfung darstellt.

Zu beachten ist nach deutschem Recht jedoch bei Musikwerken die Vorschrift des § 24 Abs. 2 UrhG[236], die einen besonderen Melodienschutz für Musikwerke festlegt. Geschützt sind hiernach die in einem Werk enthaltenen Melodien gegen ihre erkennbare Entnahme und Verwendung in einem neuen Werk. Liegen diese Voraussetzungen vor, so ist eine freie Benutzung ausgeschlossen. Die Zulässigkeit der Übernahme richtet sich dann nach § 23 UrhG. Bedeutung hat die Regelung des § 24 UrhG vor allem im Bereich des Sound Sampling[237]. In Spanien werden solche Fälle wohl nicht mehr als Inspiration aufgefasst werden. Bedeutung für die Schutzfähigeit des Werkes, in das eine andere Melodie erkennbar

---

231 Schricker-*Loewenheim* § 23 Rn. 3.

232 *BGHZ* 122, 53, 55 „Alcolix"; *BGH,*GRUR 1994, 191, 193 „Asterix-Persiflagen"; *OLG München,* GRUR 1990, 674, 675 „Forsthaus Falkenau"; *OLG München,* ZUM 1992, 649, 650; Schricker-*Loewenheim* § 23 Rn. 3, 6, 11; § 24 Rn. 8.

233 *BGHZ* 122, 53, 55 „Alcolix"; *BGHZ* 141, 267 „Lara's Tochter"; *BGH,*GRUR 1971, 588, 589 „Disney-Parodie"; *BGH,*GRUR 1981, 352, 353 „Staatsexamensarbeit"; *BGH,*GRUR 1994, 191, 193 „Asterix-Persiflagen"; KG GRUR 1997, 128 „Verhüllter Reichstag I"; *Schack* Rn. 243; Schricker-*Loewenheim* § 24 Rn. 10.

234 *Marco Molina*, Propiedad intelectual, S. 260f.

235 T.S. vom 29.12.1993 (ARJ 1993/10161).

236 Die Berechtigung der Regelung ist umstritten, dafür: *Rehbinder* Rn. 233; Schricker-*Loewenheim* § 24 Rn. 27; dagegen: Fromm/Nordemann-*Vinck* § 24 Rn.12; *Schmieder* UFITA 93 (1985) 63, 69.

237 Vgl. dazu: *Hoeren* GRUR 1989, 11; *Köhn* ZUM 1994, 278; *Schwenzer* ZUM 1996, 584.

eingefügt wurde, hat dies jedoch nicht. Sind diese Werke selbst persönlich geistige Schöpfungen bzw. originale Kreationen, so nehmen diese am urheberrechtlichen Schutz teil. Bedeutung kommt der erkennbaren Übernahme von Melodien nur hinsichtlich der Frage zu, ob das Urheberrecht am Originalwerk verletzt wurde.

4. Sammelwerke, Datenbankwerke und amtliche Werke

Nach Umsetzung der Datenbankrichtlinie[238] in innerstaatliches Recht werden Sammelwerke und Datenbankwerke in Deutschland nach § 4 UrhG[239] und in Spanien gem. Art. 12 TRLPI geschützt. Keinen Schutz genießen in beiden Ländern gem. § 5 UrhG bzw. § 13 TRLPI amtliche Werke.

5. Zusammenfassung

Die allgemeinen urheberrechtlichen Schutzvoraussetzungen in Spanien und Deutschland stimmen sowohl im Hinblick auf die gesetzliche Fassung als auch in der Auslegung durch die Lehre und die Gerichte weitgehend überein. In beiden Ländern besteht Einigkeit, dass die Begriffe Literatur, Wissenschaft und Kunst weit auszulegen sind und allenfalls eine ungefähre Abgrenzung des urheberrechtlichen Schutzbereichs erlauben. Entscheidendes Merkmal der Abgrenzung des Schutzfähigen vom nicht Schutzfähigen stellt in Spanien der Begriff der Originalschöpfung und in Deutschland der der persönlich-geistigen Schöpfung dar. Trotz terminologischer Unterschiede sind die Begriffe inhaltlich weitgehend deckungsgleich. Auch hinsichtlich des Schutzes von Bearbeitungen, sonstigen Umgestaltungen und Sammelwerken sowie Datenbankwerken stimmen die Rechtslagen in beiden Ländern weitgehend überein. Während in Deutschland Bearbeitungen nach § 3 UrhG, andere Umgestaltungen hingegen nur über den Umweg der analogen Anwendung von § 3 UrhG geschützt sind, existiert in Spanien mit Art. 11 TRLPI eine ausdrückliche Regelung für alle Formen der Umgestaltungen. Übereinstimmend gehen jedoch beide Länder davon aus, dass ein urheberrechtlicher Schutz für jene Werke nur in Betracht kommt, wenn sie eine persönlich geistige Schöpfung bzw. eine Originalschöpfung darstellen. Im Hinblick auf das Strafrecht ist daher mit Rücksicht auf die Rechtslage in Deutschland die „andere Umgestaltung“ in § 106 UrhG als Schutzgegenstand des Urheberstrafrechts ausdrücklich genannt, während dies in Spanien aufgrund des umfassenden Begriffs der Umgestaltung aus

---

[238] Richtlinie 96/9/EG.

[239] Datenbanken, die keine persönlich geistigen Schöpfungen darstellen werden als verwandte Schutzrechte gem. §§ 87a ff. UrhG geschützt.

Art. 11 TRLPI nicht erforderlich war. Abschließend kann daher gesagt, werden, dass die urheberstrafrechtliche Rechtslage in Deutschland und Spanien hinsichtlich des Schutzobjektes bei Werken[240] weitgehend übereinstimmen[241].

II. Tathandlungen

Einer der Schwerpunkte dieser Arbeit liegt auf der Darstellung der Tathandlungen, die bei der Online-Verwertung von Musikwerken nach deutschem und spanischem Recht verwirklicht werden. Vor allem hieran wird sich die Beurteilung der Frage zu orientieren haben, ob die nationalen Vorschriften zum strafrechtlichen Schutz des Urhebers und seines Werkes in Deutschland und in Spanien den Anforderungen, die das Informationszeitalter an sie stellt, gewachsen sind.

Die in § 106 Abs. 1 UrhG und in Art. 270 S. 1 CP abschließend[242] aufgezählten strafrechtlich relevanten Verwertungshandlungen sind die Vervielfältigung, das Verbreiten oder die öffentliche Wiedergabe des Werkes. In Spanien tritt die Tathandlung des Herstellens eines Plagiats hinzu, welche jedoch im Rahmen der hier vorliegenden Untersuchung keine Rolle spielt. Bei diesen Tathandlungen wird in Deutschland an die zivilrechtlichen Begriffe aus §§ 15 Abs. 1, 2 UrhG angeknüpft[243] und in Spanien an die Verwertungshandlungen aus den Art. 17ff. TRLPI[244].

Strafbar ist in Spanien darüber hinaus der Import, der Export und die Lagerung von „solchen" Werken gem. Art. 270 S. 2 CP und die Herstellung von Mitteln, um Schutzmechanismen zu überwinden, Art. 270 S. 3 CP.

---

240 Verwandte Schutzrechte bleiben hier ausdrücklich außer Betracht.

241 Für das Zivilrecht so auch: *Bettinger*, Werkbegriff, S. 184/185.

242 Quintero Olivares/*Quintero Olivares* Art. 270 S. 1, S. 1220.

243 *v. Gamm* § 106 Rn. 2; Möhring/Nicolini-*Spautz* § 106 Rn. 7; *Weber*, Strafrechtlicher Schutz, S. 187, 194.

244 Vgl. dazu oben S. 41f.; *Boix Reig* in: Vives Antón/Boix Reig/Orts Berenguer/Carbonell Mateu, Derecho Penal, Parte Especial, S. 511; *Carmona Salgado*, Ley de propiedad intelectual, S. 331; Cobo del Rosal-*González Rus* S. 777; *Delgado Porras*, Protección civil y penal, S. 124; *García Rivas* in: *Consejo general del poder judicial*, Cuadernos, S. 231; *Quintero Olivares/Benítez*, Protección penal, S. 56; *González Gómez*, El tipo básico, S. 167; *Muñoz Conde*, Derecho Penal, Parte Especial, S. 430; *Queralt Jiménez*, Derecho penal Español, Parte Especial, S. 415; Quintero Olivares/Morales Prats-*Quintero Olivares* Art. 270 S. 608; *Robledo Villar*, Delitos contra el patrimonio, S. 324; Rodríguez Mourullo/Jorge Barreiro-*Jorge Barreiro* Art. 270 S. 771; Serrano Butragueño-*Madrigal Martínez-Pereda* S. 1337; *Serrano Gómez*, Derecho Penal, Parte especial, S. 443; *Suárez Rodríguez* ADI Tomo XIV 1991 – 92, 119ff.,127; *Vega Vega* in: *Rogel Vide*, Nuevas tecnologías, S. 203; Vives-*Boix Reig/Jareño Leal* S. 1328.

Für das Verständnis der hier zu erörternden Fragen bei der Verwertung von Musikwerken in Computernetzen wird zunächst immer das zu erörternde Exklusivrecht allgemein dargestellt, bevor es auf die hier zu untersuchende Konstellation angewendet wird.

1. Vervielfältigung

a) Allgemeines zum Vervielfältigungsbegriff nach deutschem und spanischem Recht

Das Recht der Vervielfältigung gem. §§ 15 Abs. 1 Nr. 1, 16 UrhG bzw. Art. 18 TRLPI knüpft an die körperliche Verwertung des Werkes an.

In Deutschland unterscheidet das Gesetz zwischen der körperlichen Verwertung eines Werkes gem. § 15 Abs. 1 UrhG und dem Recht, das Werk in unkörperlicher Form wiederzugeben (Recht der öffentlichen Wiedergabe) gem. § 15 Abs. 2 UrhG. Das Urheberrecht ordnet dem Urheber den Wert des Werkes dadurch zu, dass es ihm ausschließliche Befugnisse zur Verwertung desselben einräumt, ergänzt durch Vergütungsansprüche gegen bestimmte Werknutzer. Der wichtigste Grundgedanke bei der Auslegung der Verwertungsrechte ist dementsprechend der Grundsatz der angemessenen Beteiligung des Urhebers an dem wirtschaftlichen Nutzen, der aus seinem Werk gezogen wird[245]. Seine Wurzel hat dieser Grundsatz in der verfassungsrechtlichen Garantie des geistigen Eigentums durch Art. 14 Abs. 1 GG[246].

Im spanischen TRLPI wird nicht explizit zwischen körperlicher und unkörperlicher Verwertung unterschieden[247], sondern dem Urheber im Grundsatz in Art. 17 TRLPI exklusiv das Recht zur Verwertung seines Werkes in jeder Form zugewiesen. Insbesondere soll dieses Recht das Recht der Vervielfältigung (Art. 18 TRLPI), das Verbreitungsrecht (Art. 19 TRLPI), das Recht zur öffentlichen Wiedergabe (Art. 20 TRLPI) und das Umgestaltungsrecht (Art. 21 TRLPI) umfassen. Darüber hinaus bestimmt Art. 2 TRLPI, dass dem Urheber das alleinige Recht der Verwertung seines Werkes zugewiesen sein soll. Aus dieser um-

---

245 *BGHZ* 116, 305 „Altenwohnheim II"; *BGHZ* 133, 281 „Klimbim".

246 *BVerfGE* 79, 29 „Vollzugsanstalten"; *BVerfGE* 81, 12 „Vermietungsvorbehalt"; *BGHZ* 121, 215 „Readerprinter".

247 So ist das körperliche Verwertungsrecht des § 18 UrhG in Spanien als unkörperliches Recht der öffentlichen Wiedergabe gem. Art. 20.2 lit. *h)* TRLPI ausgestaltet, *Marco Molina*, Propiedad intelectual, S. 211.

fassenden Zuweisung der Verwertungsrechte ergibt sich, dass der Urheber grundsätzlich an jeder Form der Verwertung seines Werkes partizipieren soll[248]. Wie auch im deutschen Recht ist das Recht am geistigen Eigentum gem. Art. 33 CE verfassungsrechtlich garantiert.

Das deutsche Recht beschreibt das Vervielfältigungsrecht gem. § 16 Abs. 1 UrhG, als das Recht, Vervielfältigungsstücke des Werkes herzustellen, gleichviel in welchem Verfahren und in welcher Zahl." Unter Vervielfältigung eines urheberrechtlich geschützten Werkes versteht man daher jede erneute körperliche Festlegung des Werkes, die geeignet ist, das Werk den menschlichen Sinnen auf irgendeine Weise mittelbar[249] oder unmittelbar[250] wahrnehmbar zu machen. Eine völlige Identität zwischen dem Original und der Kopie ist jedoch nicht erforderlich[251]. In Spanien umfasst das Vervielfältigungsrecht gem. Art. 18 TRLPI die Festlegung eines Werkes auf einem Medium, das seine Kommunikation und den Erhalt von Vervielfältigungsstücken des ganzen oder Teilen des Werkes ermöglicht. Der Schwerpunkt des Begriffes Vervielfältigung aus Art. 18 TRLPI liegt mithin auf der Idee der Festlegung eines Werkes auf einem körperlichen Träger[252]. Die Vervielfältigung aus Art. 18 TRLPI setzt hingegen nicht den tatsächlichen Erhalt von Kopien voraus[253]. Voraussetzung ist nur, dass der Erhalt von Vervielfältigungsstücken und die nachfolgende Kommunikation mittels dieser Festlegung möglich sind. Das bedeutet, dass die nachfolgenden tatsächlichen Multiplikationshandlungen bei der Beurteilung des Vorliegens einer Vervielfältigung gem. Art. 18 TRLPI keine Rolle spielen. Um eine Vervielfältigung im Sinne von Art. 18 TRLPI zu verwirklichen genügt es daher, das Werk auf einem anderen als dem Originalträger festzulegen, es auf einen anderen als den, der zur ersten Entäußerung oder Kreierung gedient hat, zu verschieben[254].

---

248 *Bercovitz Rodríguez-Cano*, Introducción a la regulación de los derechos de autor, in: Cuadernos de derecho judicial: Propiedad intelectual, Aspectos civiles y penales, Consejo general del poder judicial, S. 13, 20; Tapia/Román-*Román* Art. 17, S. 94.

249 Vgl. § 16 Abs. 2 UrhG.

250 Amtl. Begr. BTDrucks IV 270, S. 47 zu § 16; *RGZ* 107, 277; „Gottfried Keller"; *BGHZ* 17, 266, 269 „Grundig-Reporter"; *BGHZ* 112, 264, 278 „Betriebssystem II"; *BGH,*GRUR 1982, 102, 103 „Masterbänder"; *BGH,*GRUR 1983, 28, 29 „Presseberichterstattung und Kunstwerkwiedergabe II"; Fromm/Nordemann-*Nordemann/Vinck* § 16 Rn. 1; *v. Gamm* § 16 Rn. 5; Hdb. WiSt.-*Bär* Kap. 18 Rn. 111; Möhring/Nicolini-*Kroitzsch* § 16 Rn. 3; Schricker-*Haß* § 106 Rn. 3; Schricker-*Loewenheim* § 16 Rn. 2; *Weber*, Strafrechtlicher Schutz, S. 195.

251 v. *Gamm* § 16 Rn. 7, 10f.

252 *Marco Molina*, Propiedad intelectual, S. 227.

253 *Bondía Román*, Propiedad intelectual, S. 220; *Marco Molina*, Propiedad intelectual, S. 227; *Serrano Gómez, E.*, Propiedad intelectual y nuevas tecnologías, S. 27; Tapia/Román-*Román* Art. 18, S. 96, 97.

254 *Marco Molina*, Propiedad intelectual, S. 227, 228.

Eine Vervielfältigung gem. Art. 18 TRLPI setzt demnach wie auch in Deutschland die Entstehung einer körperlichen Festlegung voraus[255]. Der Begriff der Festlegung des Werkes[256] impliziert eine gewisse Dauerhaftigkeit[257]. Vor dem Hintergrund des Wortlauts von Art. 18 TRLPI muss daher verlangt werden, dass das Werk wiederholt wahrnehmbar gemacht wird, so dass eine nur einmalige Wahrnehmbarmachung nicht genügt. Andernfalls würden auch die Grenzen zur öffentlichen Wiedergabe aus Art. 20 TRLPI verwischt. Keine Rolle spielt das Verfahren, durch das die Festlegung erfolgt, der Zweck der Vervielfältigung[258], der Ort der Vervielfältigung oder die Person, die die Vervielfältigung vornimmt[259]. Insgesamt ist der Begriff der Vervielfältigung des Art. 18 TRLPI damit ein funktionaler: Vervielfältigung liegt immer dann vor, wenn die Festlegung eine nachträgliche Benutzung des Werkes oder die Wahrnehmung desselben durch die menschlichen Sinne ermöglicht[260]. Im Ergebnis ist daher festzustellen, dass die Vervielfältigungsbegriffe sich in Deutschland und Spanien decken.

Die Vervielfältigung muss sich nicht auf das Werk als Ganzes beziehen. Es genügt, wenn Teile des Werkes vervielfältigt werden, die ihrerseits eine persönlich geistige Schöpfung darstellen[261].

Eine Vervielfältigung liegt bereits in einer einzigen Kopie des Werkes, wie § 16 Abs. 1 UrhG mit der Formulierung „...gleichviel in welcher Zahl..." klarstellt. In einem solchen Falle sind jedoch die §§ 45ff. UrhG zu beachten[262]. Selbst eine einzelne Kopie des Werkes ist folglich tatbestandsmäßig im Sinne von § 106 Abs. 1 UrhG, wenn nicht die §§ 45ff. UrhG eingreifen[263]. Ebenso liegt in Spanien bereits mit einer einzigen Festlegung des Werkes auf einem

---

255 Bercovitz Rodríguez Cano/*Riviero Hernández* Art. 18, S. 315; *Ferré Olivé* ADPCP 1991, 65, 79; *Garrote Fernández-Díez*, Derecho de autor en internet, S. 343; *González Gómez*, El tipo básico, S. 170; Quintero Olivares/*Quintero Olivares* Art. 270, 1220; Tapia/Román-*Román* Art. 18, S. 97.

256 "...fijación de la obra...".

257 *Dietz*, Das Urheberrecht in Spanien und Portugal, S. 97.

258 Anderes kann nur im Zusammenhang mit Art. 31 TRLPI gelten, vgl. dazu unten S. 174ff.

259 *Bercovitz Álvarez*, Obra plástica, S. 21; *Serrano Gómez, E.*, Propiedad intelectual y nuevas tecnologías, S. 30.

260 *Garrote Fernández-Díez*, Derecho de autor en internet, S. 343.

261 *BGHZ* 9, 262, 267 „Lied der Wildbahn I"; *BGHZ* 15, 249, 255 „Cosima Wagner"; *BGHZ* 22, 209, 219 „Europapost"; *BGHZ* 28, 234, 237 „Verkehrskinderlied"; Möhring/Nicolini-*Kroitzsch* § 16 Rn. 11; Schricker-*Loewenheim* § 16 Rn. 8; Schricker-*Haß* § 106 Rn. 3; *Ulmer* S. 134.

262 Hierzu näher unten Seite 150f.

263 Zur Frage ob durch ein Eingreifen der §§ 45 ff. bereits die Tatbestandsmäßigkeit des § 106 UrhG entfällt oder nur ein Hinweis auf das allgemeine Deliktsmerkmal der Rechtswidrigkeit gegeben wird: s. Seite 150f.

körperlichen Träger eine Vervielfältigung vor, jedoch bestimmt Art. 17 TRLPI, dass die exklusiven Verwertungsrechte aus Art. 17 TRLPI dem Urheber nur dann zustehen, wenn das Gesetz nichts anderes bestimmt. Die Vorschrift nimmt damit insbesondere Bezug auf das zweite Kapitel des dritten Titels des ersten Buches des TRLPI über die Grenzen des Urheberrechtes[264]. Für die Vervielfältigung ist daher Art. 31 TRLPI[265] von besonderer Bedeutung.

b) Vervielfältigung bei Online-Nutzung

aa) Technische Abläufe

Der Weg eines urheberrechtlich geschützten Musikwerkes vom Schöpfer über das *Internet* zum Nutzer lässt sich in verschiedene Abschnitte unterteilen. Das urheberrechtlich geschützte Werk muss zuerst in eine Form gebracht werden, in der es für die Eingabe in ein Computernetz geeignet ist. Es muss digitalisiert werden (Phase 1). An diese Digitalisierung schließt sich zumeist die Komprimierung in das „*.mp3“ Format an, sodann folgt die Eingabe des Werkes in eine Online-Datenbank an (Phase 2), in der es für den Nutzer zugänglich ist. Der letzte Abschnitt ist der des Abrufens der digitalisierten Fassung des Werkes aus der Datenbank (Phase 3). Diese Einteilung ist jedoch denkbar grob, da innerhalb der einzelnen Abschnitte weitere Arbeitsvorgänge Bedeutung gewinnen können.

So bedürfen insbesondere Phase 2 und Phase 3 im Hinblick auf die urheberrechtliche Relevanz einer genaueren Betrachtung: Wird ein Werk in eine Online-Datenbank geladen (Uploading) so muss es, um dort dauerhaft vorhanden sein zu können, auf der Festplatte des Rechners, auf dem jene Datenbank betrieben wird, gespeichert werden. Ebenso ist es in Phase 3: Damit der Nutzer das abgerufene Werk dauerhaft nutzen kann, muss er es auf der Festplatte seines Rechners speichern. Neben diesen dauerhaften Speicherungen auf einem Speichermedium, wie der Festplatte eines Rechners, werden digitalisierte Werke bei Benutzung eines Rechners aber auch in dessen RAM (Random Access Memory) gespeichert.

Der RAM, oder Arbeitsspeicher, ist ein Teil der Hardwarekomponenten eines Computers, der die Computerprogramme aufnimmt, welche den Computer steuern. Eine Benutzung des Computers als Arbeitsgerät ist nur dann möglich, wenn die gerade benötigten Teile des Programms im Arbeitsspeicher abgelegt werden können, weil diese die erforderlichen Steuerungsbefehle enthalten. Hierin erschöpft sich aber die Funktion des RAM nicht. Er nimmt auch die Daten und

---

264 Vgl. dazu unten S. 152f.
265 Vgl. dazu unten S. 174f.

Dokumente auf, die bearbeitet werden sollen. Wenn etwas in den Computer eingegeben wird, dann wird es zunächst im RAM gespeichert[266]. Von dort aus kann das Dokument dann auf einem anderen Speichermedium festgelegt werden. Will man sich ein Werk am Bildschirm anschauen oder es anhören, so muss es notwendigerweise vorher in den Arbeitsspeicher geladen werden[267]. Werden bestimmte Programme nicht mehr oder zum Teil nicht mehr benötigt, so werden diese auf anderen Speichermedien gelagert, um im RAM Speicherplatz frei zu machen. Sollte das Programm aber während eines Arbeitsvorganges wieder erforderlich werden, so kann es jederzeit wieder in den RAM geladen werden. So erfolgt eine ständige Kommunikation zwischen RAM und Festplatte.

Nun unterscheidet sich der RAM aber entscheidend von anderen Speichermedien. Während auf anderen Datenträgern die Daten dauerhaft abgelegt werden und dort verbleiben bis sie wieder gelöscht werden, ist die Festlegung im RAM von einer dauerhaften Stromversorgung abhängig. Wird die Stromversorgung unterbrochen – durch Abschalten des Rechners beispielsweise – so sind die im RAM gespeicherten Daten unwiderruflich verloren.

Nach dem oben Gesagten setzt das Herunterladen eines Musikwerkes zunächst voraus, dass das Werk an irgendeiner Stelle im *Internet* vorgehalten wird. Dies geschieht in Datenbanken. Diese sind auf einem Computer angelegt. Sie sind dort letztlich nichts anderes als auf der Festplatte eines Computers gespeicherte Daten. Innerhalb dieser Datenbanken findet sich in Unterverzeichnissen das digitalisierte urheberrechtlich geschützte Werk. Wird es auf- und damit abgerufen, so ist für die Übermittlung zunächst technisch erforderlich, dass die Daten des Werkes von dem Unterverzeichnis auf der Festplatte des Computers in den Arbeitsspeicher geladen werden. Von dort aus werden die Daten bei der Online-Übermittlung zu dem Computer des Empfängers übermittelt. Auf dem Wege der Übermittlung finden bei der Online-Übermittlung Zwischenspeicherungen der einzelnen Datenpakete in Routern statt. Oftmals wird, bevor die übermittelten Daten beim Empfänger ankommen, eine Zwischenspeicherung im Proxy-Cache-Server geschehen. Sind die Daten schließlich beim Abrufenden angekommen, so ist die Speicherung des Werkes im Arbeitsspeicher des Computers wiederum technische Voraussetzung für die Wahrnehmbarmachung des Werkes und dessen weitere Festlegung auf einem dauerhaften Speichermedium wie der Festplatte. Genau genommen sind daher folgende Kategorien von Handlungen zu unterscheiden: Die Digitalisierung des Musikwerkes, die dauerhafte Festlegung auf der Festplatte eines Computers – sei es beim Up- oder Downloaden,

266 *Löns*, Computer Hardware, Betriebssysteme, in: *Buder/Rehfeld/Seeger/Strauch* (Hrsg.) Grundlagen der praktischen Information und Dokumentation, S. 621, 628/629.

267 Vgl. o. Fn. 266.

die nur vorübergehenden Kopien im RAM und denen, die bei der Datenübermittlung zwischen den Computern des Abrufenden und dem, auf dem das Werk vorgehalten wird aufgrund der Übermittlung entstehen.

bb) Digitalisierung eines Werkes

Unter Digitalisierung versteht man nichts anderes als die Darstellung eines analogen Objektes in Form eines binären, aus Nullen und Einsen bestehenden, Codes[268]. Eine solche findet bei der Verwertung von Musikwerken im *Internet* beispielsweise statt, wenn der Nutzer ein Musikwerk, das sich in analoger Form auf einer Schallplatte befindet, digitalisiert. Er würde es beispielsweise in das „*.cda“ Format konvertieren. Keine Digitalisierung stellt die Komprimierung einer Datei in das „.*mp.3“ Format dar. Bei einer solchen Komprimierung wird lediglich ein komprimiertes genaues Abbild der Ursprungsdatei, die schon in digitalem Format vorlag, geschaffen. Es erfolgt daher keine „Übersetzung“ eines analogen Objektes in einen aus Nullen und Einsen bestehenden Code.

Einigkeit besteht dahingehend, dass die Digitalisierung eines analogen, urheberrechtlich geschützten Werkes eine Vervielfältigung i. S. v. § 16 Abs. 1 UrhG[269] bzw. Art. 18 TRLPI[270] darstellt, wenn die Digitalisierung zu einer dauerhaften Festlegung führt. Eine solche Festlegung wird zumeist durch die Speicherung der digitalen Fassung auf einem Datenträger erfolgen. Selbst jedoch, wenn eine dauerhafte digitalisierte Festlegung nicht beabsichtigt ist, setzt der technische Vorgang der Digitalisierung doch zumindest eine vorübergehende Festlegung des Werkes im Arbeitsspeicher des Computers voraus[271].

Im Ergebnis geht die Diskussion aber am Kern des Problems vorbei. Eine Digitalisierung ist nämlich ohne Festlegung der digitalisierten Fassung nicht denkbar. Zu beantworten ist daher hier, ob die Digitalisierung als solche bereits eine Vervielfältigung darstellt, oder ob es sich nicht eher um eine Umgestaltung des Originalwerkes handelt. Denkbar wäre eine solche etwa im Hinblick auf

268 Vgl. hierzu.: *Dreier* in: *Becker/Dreier*, Digitale Technologie, S. 123, 124.

269 *Dreier* in: *Schricker*, Informationsgesellschaft, S. 110; *Kreutzer* GRUR 2001, 193, 197; *v. Lewinski* in: *Bartsch/Lutterbeck*, Neue Medien, S. 205, 207, 208; *Loewenheim* GRUR 1996, 830; *Lehmann* in: *Lehmann*, Cyberlaw, S. 57, 58; *Michel* ZUM 2000, 425, 427; *Schwarz* in: *Becker/Dreier*, Digitale Technologie, S. 105, 110; *Spindler* JZ 2002, 60, 63.

270 *Esteve Pardo* La Ley 1998-3; *Garrote Fernández-Díez*, Derecho de autor en internet, S. 344; *Massaguer/ Salelles* RGD núm. 636 (Sept. 1997), S. 10927, 10943; *Sánchez Aristi*, Obras musicales, S. 114.

271 *Welp* CR 1992, 291, 293; Zur Vervielfältigung bei der vorübergehenden Speicherung im RAM s. u. S. 95f.

§ 3 UrhG, der davon ausgeht, dass Übersetzungen grundsätzlich persönlich geistige Schöpfungen sind. Nun ist die Digitalisierung eines urheberrechtlich geschützten Werkes auf den ersten Blick nichts anderes als die Übersetzung desselben von der analogen in die digitale Form[272]. Von daher wäre es also nur ein kleiner Schritt zur Annahme einer Bearbeitung. Bei einer solchen Betrachtung würde jedoch übersehen, dass Anliegen und Aufgabe einer Übersetzung es ist, den gedanklichen und gefühlsmäßigen Inhalt eines Werkes in eine andere Sprache zu transponieren. Die Übersetzung trägt daher immer auch eine wertende Komponente in sich, durch die sie sich zumeist als persönlich geistige Schöpfung qualifiziert[273]. Eine solche wertende Komponente fehlt aber bei der Digitalisierung. Es könnte sich demnach allein um eine nicht persönlich geistige Schöpfung in Form der Umgestaltung handeln. Vor dem Hintergrund aber, dass die Digitalisierung nur ein Abbild des Originals[274] ist, handelt es sich um eine Vervielfältigung. Das im Gegensatz zur Vervielfältigung charakteristische Merkmal einer Umgestaltung, nämlich die Veränderung des Originalwerkes, fehlt hier gerade. Die Digitalisierung ist vielmehr vergleichbar mit fotografischen Nachbildungen, die Vervielfältigungen sind[275]. Ebenso ist es bei der Komprimierung eines digitalisierten Musikwerkes in das „*.mp3“ Format. Auch diese ist vergleichbar mit der fotografischen Nachbildung. Daran ändert auch nichts, dass bei der Komprimierung bestimmte, für das menschliche Ohr nutzlose, Informationen herausgefiltert werden. Hier findet zwar eine Veränderung des Originalwerkes statt, diese ist jedoch als unwesentliche Veränderung zu qualifizieren, da die herausgefilterten Informationen für das menschliche Ohr nicht hörbar sind. Auch hier liegt daher eine Vervielfältigung vor[276].

In Spanien wird dieses Problem derzeit nicht erörtert. Die Umgestaltung gem. Art. 21.1 TRLPI verlangt jedoch das Vorliegen von Originalität. Diese wiederum setzt gem. Art. 5.1, 10.1 TRLPI eine menschliche Schöpfungshandlung voraus. Bereits das ist aber bei der Digitalisierung zweifelhaft, da diese durch einen technischen Vorgang realisiert wird. Zwar wird dieser durch menschliches Verhalten in Gang gesetzt, jedoch tritt kein gestalterisches Element des „Digitalisierenden“ hinzu, durch welches die digitalisierte Fassung sich durch ihre eigene Originalität von dem Originalwerk abheben würde. Es handelt sich vielmehr um eine genaue Nachbildung, bei der allerhöchstens von einer unerheblichen Veränderung des Werkstoffes gesprochen werden könnte[277].

---

272 Vgl. dazu auch *Nippe*, Urheber und Datenbank, S. 97.

273 *OLG Zweibrücken*, GRUR 1997, 363 „Jüdische Friedhöfe“.

274 Daher findet auch keine Veränderung der Werkart statt. Ein Musikwerk wird durch Digitalisierung nicht zu einem Computerprogramm; vgl. *Nippe*, Urheber und Datenbank, S. 101; *Spindler* JZ 2002, 60, 61.

275 *Nippe*, Urheber und Datenbank, S. 98.

276 So auch: *Mönkemöller* GRUR 2000, 663, 667.

277 Im Ergebnis ebenso: *Garrote Fernández-Díez*, Derecho de autor en internet, S. 345.

Die Digitalisierung eines Musikwerkes und auch die Komprimierung eines digitalen Musikwerkes in das „*.mp3“ Format erfüllen mithin die Tathandlung der Vervielfältigung gem. § 106 Abs. 1 UrhG und Art. 270 CP. Fraglich ist aber in diesem Fall, ob eine Digitalisierung des Werkes von den Schranken des Urheberrechts der §§ 45 ff. UrhG – insb. § 53 UrhG – bzw. Art. 31.2 TRLPI gedeckt sein kann und damit mangels objektiver Tatbestandsmäßigkeit i. S. v. § 106 UrhG bzw. Art. 270 CP straflos ist[278].

cc) Speicherung auf einem Datenträger (Up- und Downloading)

Das Speichern eines Werkes auf einem Datenträger könnte das Vervielfältigungsrecht des Urhebers gem. §§ 15 Abs. 1 Nr. 1, 16 UrhG bzw. Art. 18 TRLPI verletzen und demnach gem. § 106 Abs. 1 UrhG bzw. Art. 270 CP strafbar sein. Wird ein Musikwerk auf Festplatte gespeichert, so ist es dauerhaft vervielfältigt und den menschlichen Sinnen wiederholt mittelbar wahrnehmbar. Das Speichern eines Musikwerkes auf einer Festplatte ist daher vom Vervielfältigungsbegriff des § 16 Abs. 1 UrhG[279] und Art. 18 TRLPI[280] umfasst.

Das Uploaden eines Werkes der Musik in eine Online-Datenbank stellt demnach eine Vervielfältigung gem. §§ 15 Abs. 1 Nr. 2, 16 Abs. 1 UrhG bzw. Art. 18 TRLPI dar und wird als Tathandlung von § 106 Abs. 1 UrhG und Art. 270 CP erfasst. Auch hier stellt sich jedoch die Frage, ob ein solches Verhalten von § 53 UrhG oder Art. 31.2 TRLPI gerechtfertigt sein kann[281].

---

278 Dazu unten Seite 150f.

279 *BGHZ* 140, 183, 185 „Elektronische Pressearchive“; *OLG Düsseldorf*, GRUR 1997, 75, 76 „Elektronisches Pressearchiv“; *OLG München*, CR 1998, 559, 560; *LG München*, I ZUM 2000, 418; *LG Berlin*, ZUM 2000, 73; *LG Hamburg*, CR 1996, 734; *Bechtold* ZUM 1997, 427,429; *Becker* ZUM 1995, 231, 244; *ders.* in: *Becker/Dreier*, Digitale Technologie, S. 45, 61, 62; *Braun* GRUR 2001, 1106; *Cichon* K&R 1999, 547, 548; *Dreier* GRUR 1997, 859; *ders.* in: *Schricker*, Informationsgesellschaft, S. 101, 111; *Ernst* GRUR 1997, 592, 595; *Flechsig/Fischer* ZUM 1996, 833, 835; Hdb.MMR-*Gahrau* 7.1 Rn. 66; Hdb. MMR-*Sieber* 19 Rn. 454; Hdb. WiSt.-*Bär* Kap. 18 Rn. 111; *Hildebrandt*, Strafvorschriften des Urheberrechts, S. 77; *Hoeren* CR 1996, 517; *Koch* GRUR 1997, 417, 423; *Leupold/Demisch* ZUM 2000, 379, 382; *v. Lewinski* in: *Lehmann*, Cyberlaw, S. 149, 159; *Nippe*, Urheber und Datenbank, S. 150; *Maaßen* ZUM 1992, 338/344; *Malpricht* NJW-CoR 2000, 233, 234; *Mönkemöller* GRUR 2000, 663, 667; *Nordemann/Goddar/Tönhardt/Czychowski* CR 1996, 645, 647; *Sasse/Waldhausen* ZUM 2000, 837, 839; *Schwarz* GRUR 1996, 836, 840; *Spindler* JZ 2002, 60, 61; *Strömer*, S. 175; *Ulmer*, Elektronische Datenbanken und Urheberrecht S. 52; *Waldenberger* ZUM 1997, 176f.; *Wandtke/Schäfer* GRUR Int. 2000, 187; *Zscherpe* MMR 1998, 404, 406.

280 *Esteve Pardo* La Ley 1998-3; *Garrote Fernández-Díez*, Derecho de autor en internet, S. 344; *Massaguer/ Salelles* RGD núm. 636 (Sept. 1997), S. 10927, 10947; *Sánchez Aristi*, Obras musicales, S. 114, 209.

281 Vgl. dazu unten Seite 150ff.

Auch das Downloading ist letztlich nichts anderes als die Speicherung des Werkes auf der Festplatte des PC des Abrufenden und damit als Vervielfältigung gem. §§ 15 Abs. 1 Nr. 1, 16 UrhG und Art. 18 TRLPI eine Tathandlung im Sinne von § 106 UrhG und Art. 270 CP. Die entstehende Werkkopie kann jederzeit wieder in den Arbeitsspeicher geladen und mittels eines Abspielprogrammes hörbar gemacht werden. Sie ist voll fungibel. Die Speicherung ist daher von der Zustimmung des Urhebers abhängig, um ihn angemessen an dieser Nutzung vergütungsmäßig teilhaben zu lassen.

Cichon[282] ist für das deutsche Recht der Ansicht, dass die Vervielfältigungshandlung beim Downloaden dem Anbieter der Daten zuzurechnen sei, da dieser den Vervielfältigungsvorgang beherrsche und er sich nur aus Praktikabilitätsgründen zur Ausführung der Vervielfältigung des Nutzers bediene. Es würden keine Vervielfältigungsstücke im Voraus produziert, um diese dann auf Verdacht abzusetzen, vielmehr würde das angeforderte Vervielfältigungsstück erst auf Verlangen des Nutzers hergestellt. Es handele sich von daher eigentlich um eine Verbreitung, die, wenn sie nicht an die Körperlichkeit gebunden wäre[283], dem Anbieter zuzurechnen wäre, da er die Herrschaftsmacht über das Ursprungsstück ausübe. Schließlich ergebe sich auch aus § 53 Abs. 1 S. 2 UrhG, dass dem Urheberrecht solche Fälle nicht unbekannt sind. Das Problem des § 53 UrhG[284] stelle sich in einer solchen Konstellation nicht.

Cichon verkennt jedoch, dass dem Herstellerbegriff ein Minimum an Aktivität inhärent ist[285]. Die Handlung des Anbieters der Dateien im *Internet* erschöpft sich zunächst mit dem Heraufladen der Dateien auf ein Speichermedium, von dem jene dann wiederum abrufbar sind. Diese Handlung ist als Vervielfältigung zu qualifizieren[286]. Die darauf folgende Handlung ist Folge des Heraufladens der Daten auf ein Speichermedium, die das Werk einer breiten Masse zugänglich macht – das Zugänglichmachen. Hierbei handelt es sich um ein Recht der unkörperlichen Verwertung[287]. *Cichon* verkennt, dass der Anbieter der Daten keine eigene Tathandlung als Hersteller eines Vervielfältigungsstückes beim Nutzer erbringt. Die Zurechnung einer fremden Tathandlung, nämlich der des abrufenden Nutzers, kann im Strafrecht nur gem. § 25 StGB erfolgen, wenn die Voraussetzungen der Mittäterschaft oder mittelbaren Täterschaft vorliegen. Die Vorschrift des § 53 Abs. 1 S. 2 UrhG vermag daran nichts zu ändern, da es sich um

---

282 *Cichon* K&R 1999, 547, 549, *dies.*: Internetverträge, S. 287 Fn. 19.

283 Vgl. dazu unten Seite 114f.

284 Vgl. dazu unten Seite 155f.

285 *BGH*,GRUR 1984, 54, 55 „Kopierläden"; *Waldenberger* ZUM 1997, 176, 177, 179, 180.

286 Vgl. oben Seite 94.

287 Vgl. dazu unten S. 127f.

eine eng auszulegende Ausnahmevorschrift handelt und sie daher keinen allgemeinen Rechtsgedanken beinhaltet[288]. Unrichtig ist, dass der Anbieter den Vervielfältigungsvorgang beherrsche. Richtig ist zwar, dass ein Downloaden der Musikwerke ohne das vorherige Heraufladen des Anbieters nicht möglich gewesen wäre, jedoch handelt der Nutzer noch immer frei verantwortlich. Er ist ja nicht verpflichtet, sich die angebotenen Dateien herunterzuladen, und wird erst recht nicht dazu gezwungen[289]. Zudem wäre eine solche Auslegung im Strafrecht ein Verstoß gegen das aus Art. 103 Abs. 2 GG folgenden Analogieverbot.

dd) Vorübergehende Speicherung auf einem Datenträger

Angesichts der vielen flüchtigen Kopien, die von Werken bei der elektronischen Datenverarbeitung entstehen[290], ist fraglich, ob und wann eine Vervielfältigung im Sinne von § 16 UrhG bzw. Art. 18 TRLPI vorliegt. Das Problem wurde in beiden Ländern hauptsächlich im Bereich von Computerprogrammen, die in den Arbeitsspeicher eines Computers kopiert wurden, diskutiert. Relevant wird es bei der Online-Verwertung von Musikwerken vor allem beim sog. Streaming, bei dem das Musikwerk grundsätzlich nur im RAM des PC gespeichert wird, um es kurzfristig hörbar zu machen. Daneben ist aber auch die Speicherung eines Musikwerkes im RAM eines Computers, der niemals abgeschaltet wird, denkbar. Bei dem letztgenannten Fall ist das Musikwerk ständig im RAM des PC vorhanden und aus diesem abrufbar, auch wenn keine endgültige Festlegung auf der Festplatte des PC stattfindet. Sollte der PC einmal augeschaltet werden, sind die Dateien des Musikwerkes unwiderruflich verloren. Hier stellt sich die Frage, ob eine solche Speicherung im RAM als Vervielfältigung zu qualifizieren ist.

1) Deutschland

In der „Betriebssystem"-Entscheidung hat der *BGH* für Computerprogramme die Ansicht vertreten, dass nicht jede technisch bedingte Vervielfältigung zur Bejahung des § 16 UrhG führen könne[291], da nicht wirklich jede technisch bedingte Vervielfältigung die Partizipationsinteressen des Urhebers beeinträchtige. Sinn und Zweck der §§ 15ff. UrhG sei es nämlich, den Urheber tunlichst an der

---

288 Schricker-*Melichar* 15 vor §§ 45ff.

289 So auch: *Dustmann*, Provider, S. 73; *Spindler* JZ 2002, 60, 62.

290 Vgl. dazu oben S. 89ff.

291 *BGH,*GRUR 1991, 449, 453 „Betriebssystem": „... zu beachten..., dass bei der Benutzung von Computerprogrammen rein technisch verschiedene tatsächliche Vervielfältigungsvorgänge anfallen können, die nicht uneingeschränkt vom Vervielfältigungsrecht nach § 16 UrhG erfasst werden".; zustimmend: *Katzenberger* GRUR 1990, 94, 95.

wirtschaftlichen Verwertung seines Werkes zu beteiligen[292]. Ausgangspunkt aller Überlegungen müsse daher sein, ob die Kopie im RAM eine bestimmungsgemäße Nutzung des Werkes erlaube, an der der Urheber wirtschaftlich zu beteiligen ist. In der gleichen Entscheidung hat der *BGH* betont, dass das Benutzen eines Computerprogramms für sich allein noch keine Vervielfältigung darstelle. Wenn aber die Benutzung für sich allein keine Vervielfältigung im Sinne von §§ 15 Abs. 1 Nr. 1, 16 Abs. 1 UrhG darstellt, so können die zum Benutzen des Programms erforderlichen Zwischenspeicherungen auch keine Vervielfältigung im Sinne von §§ 15 Abs. 1 Nr. 1, 16 Abs. 1 UrhG sein. Der *BGH* unterscheidet mithin zwischen der technischen Vervielfältigung einerseits und dem Eingriff in das Vervielfältigungsrecht des Urhebers aus §§ 15 Abs. 1 Nr. 1, 16 Abs. 1 UrhG andererseits. Einen Eingriff in das Letztere nahm er nur an, wenn die Vervielfältigung nicht technisch erforderlich war, und reduzierte damit § 16 UrhG teleologisch vor dem Hintergrund des Grundsatzes der tunlichst angemessenen Beteiligung des Urhebers an der Verwertung seines Werkes.

Diese Problematik gilt für Computerprogramme auch noch nach Umsetzung der Richtlinie 96/9/EG über den Rechtsschutz von Computerprogrammen[293]. In dieser Richtlinie heißt es in Art. 4 lit. *a)* S. 2: „ Soweit das *Laden*[294], Anzeigen, Ablaufen, Übertragen, oder Speichern des Computerprogramms eine Vervielfältigung erforderlich macht, bedürfen diese Handlungen der Zustimmung des Rechtsinhabers". Der Wortlaut von Art. 4 lit. *a)* S. 2 wurde in § 69c Nr. 1 S. 2 UrhG exakt übernommen. Ob mit dieser Regelung eine Entscheidung zugunsten der Bejahung einer Vervielfältigung im Sinne von §§ 15 Abs. 1 Nr. 1, 16 Abs. 1 UrhG getroffen wurde, ist jedoch äußerst fraglich[295], so dass sich der Streit um das Vorliegen einer Vervielfältigung bei dem Laden eines Computerprogramms in der Literatur noch fortsetzt. In der Praxis hat sich der Streit aber vor dem Hintergrund der in §§ 69c Nr. 1, 69d Nr.1 UrhG getroffenen Regelungen wohl erledigt[296].

Richtig an der Entscheidung des *BGH* ist, dass der Grundsatz der tunlichst angemessenen Beteiligung des Urhebers an der Verwertung seines Werkes nur für die analoge Verwertung von urheberrechtlich geschützten Werken uneingeschränkte Geltung beanspruchen kann, da bei einer solchen Verwertung die Kopie in der gleichen Art und Weise der Verwertung dient wie das Original. So dient beispielsweise die Kopie eines Buches oder einer Schallplatte genauso

---

292 Schricker-*v. Ungern-Sternberg* § 15 Rn. 6.

293 ABl. EG Nr. L 122, S. 42; umgesetzt in innerstaatliches Recht durch das zweite Gesetz zur Änderung des Urheberrechtsgesetzes v. 09. Juni 1993, BGBl. I. S. 910.

294 Hervorhebung nur hier.

295 Vgl. statt vieler nur: *Dreier* in: *Schricker*, Informationsgesellschaft, S. 105, 112; *Gaster* ZUM 1995, 740, 747.

296 *Nippe*, Urheber und Datenbank, S. 113; *Zahrnt* CR 1994, 455, 458.

dem Werkgenuss wie das Original selbst. Das genau ist der Kern der gesamten Problematik: Das geltende Urheberrecht ist für die analoge Werknutzung konzipiert. Die Gesetzesbegründung aus dem Jahre 1965 nennt als Vervielfältigungen beispielhaft Bücher, Noten oder Schallplatten[297]. Bei der analogen Verwertung von urheberrechtlich geschützten Werken fehlt jedoch eine Vorrichtung, die mit dem RAM des Computers vergleichbar wäre. Diese neue technische Herausforderung gilt es nun zu meistern. Vor diesem Hintergrund ist es – wie der *BGH* richtig feststellte – nur konsequent, nicht jede technisch bedingte Vervielfältigung als Eingriff in die Exklusivrechte des Urhebers anzusehen, sondern nur solche, an denen der Urheber wirtschaftlich teilhaben muss. Letztlich wird man daher bei der Auslegung des § 16 Abs. 1 UrhG anhand wertender Betrachtungsweise entscheiden müssen, ob eine nur vorübergehende Zwischenspeicherung das legitime Interesse des Rechtsinhabers berührt, die damit verbundene Nutzung zu kontrollieren und an den wirtschaftlichen Vorteilen dieser Nutzung seines Werkes zu partizipieren. Eine Vervielfältigung im rechtlichen Sinne wäre folglich immer dann anzunehmen, wenn der technische Vervielfältigungsvorgang zu einer gesteigerten Werknutzung führt[298].

Man wird daher immer wieder vor die Frage gestellt werden, ob im konkreten Fall durch die Speicherung im RAM eine gesteigerte Werknutzung ermöglicht wird. Im Hinblick auf Computerprogramme ist eine gesteigerte Werknutzung sicherlich anzunehmen, wenn das Computerprogramm im RAM vorhanden ist und dort verbleibt, ohne jemals auf einem separaten Speichermedium festgelegt zu werden. Ein solcher Fall kann zum Beispiel bei Großrechnern eintreten, bei denen die Stromzufuhr niemals unterbrochen wird. Im Übrigen ist umstritten, wann eine gesteigerte Werknutzung bei der Speicherung im RAM anzunehmen ist. Dies wird von der herrschenden Ansicht bei jeder auch noch so kurzen und vorübergehenden Speicherung bejaht[299].

---

297 Amtl. Begr. BTDrucks IV/270, S. 47ff.

298 So auch: *BGH,* GRUR 1991, 449, 453 „Betriebssystem"; *Becker* ZUM 1995, 231, 244; *ders.* in: *Becker/Dreier*, Digitale Technologie, S. 45, 61, 62; *Dreier* CR 1991, 577, 579f.; *ders.*: GRUR 1997, 859; *ders.* in: *Schricker*, Informationsgesellschaft, S. 101, 112; ähnlich: *Etter* CR 1989, 115, 117, der nur Schadensvertiefende Verhaltensweisen für strafwürdig hält.

299 *OLG Düsseldorf,* CR 1996, 728, 729; *LG Hamburg,* CR 2000, 776, 777 m. zust. Anm. *Mezger*; *AG Freising* CR 1990, 55; *Bechtold* ZUM 1997, 427, 430; *Becker* ZUM 1995, 231, 244; *ders.* in: *Becker/Dreier,*Digitale Technologie, S. 45, 61, 62; *Dreier* GRUR 1997, 859; *ders.* in: *Schricker*, Informationsgesellschaft, S. 101, 112; Hdb. MMR-*Gahrau* 7.1 Rn. 66; Hdb. MMR-*Sieber* 19 Rn. 454; Hdb. WiSt.-*Bär* Kap. 18 Rn. 111; *Koch* GRUR 1997, 417, 423; *Lehmann* CR 2000, 389; *Leupold* CR 1998; 234, 238; *v. Lewinski* in: *Bartsch/Lutterbeck*, Neue Medien, S 205, 209, 210; *Nordemann/Goddar/Tönhardt/Czychowski* CR 1996, 645, 649; Schricker-*Loewenheim* § 16 Rn. 9; *Scholz*, Datenbanken, S. 44; *Schulze* ZUM 2000, 432, 439; *Schwarz* GRUR 1996, 836, 840; *Spindler* JZ 2002, 60, 61; *Strömer*, S. 175; *Waldenberger* ZUM 1997, 176,

Fraglich ist nun aber, ob dieselben Grundsätze auch für andere Werkarten gelten. Wie bei Computerprogrammen ist auch bei anderen digitalisierten Werkarten – wie Musikwerken – bei der Benutzung jener Werke immer ein Zwischenstop im RAM erforderlich. Von daher erscheint es auf den ersten Blick tatsächlich sachgerecht, wie bei Computerprogrammen eine gesteigerte Werknutzung dann anzunehmen, wenn diese Werke in digitalisierter Form im RAM des Computers vorhanden sind und dadurch wiederholt den menschlichen Sinnen mittelbar wahrnehmbar gemacht werden können[300]. Teilweise wird es für die Bejahung einer Vervielfältigung im Sinne von § 16 UrhG jedoch als nicht ausreichend angesehen, dass das Werkexemplar am Bildschirm angezeigt werden kann, da insoweit noch keine körperliche Fixierung erfolge[301], sondern eine unkörperliche Wiedergabe eines in digitaler Form festgelegten Werkes. Bei Musikwerken entspricht der Wiedergabe am Bildschirm die akustische Wiedergabe mittels Raumlautsprecher bzw. Kopfhörer. Hier ist jedoch Vorsicht geboten, da jener Ansicht die Gefahr der Vermischung des exklusiven Rechtes der öffentlichen Wiedergabe aus § 15 Abs. 2 UrhG mit dem körperlichen Ausschließlichkeitsrecht des Urhebers aus §§ 15 Abs. 1 Nr. 1, 16 UrhG innewohnt. Wie oben dargestellt, setzt nämlich jede Wiedergabe eines urheberrechtlich geschützten Werkes durch einen Computer zuvor die Festlegung des Werkes im Arbeitsspeicher des Computers voraus. Sieht man diese als Vervielfältigung im Sinne von §§ 15 Abs. 1 Nr. 1, 16 Abs. 1 UrhG an, so muss man auch bei der Wahrnehmbarmachung am Bildschirm oder über Raumlautsprecher eine Vervielfältigung annehmen. Über ein Ausschließlichkeitsrecht des Urhebers an der öffentlichen Wiedergabe durch die Wahrnehmbarmachung am Bildschirm oder über Raumlautsprecher ist damit noch nichts gesagt[302]. Eine solche Argumentation ist daher von vornherein nicht geeignet, das Problem zu lösen.

Nippe ist der Ansicht, dass sich die Grundsätze über Computerprogramme nicht auf andere Werkarten übertragen lassen. Er schlägt einen anderen Lösungsweg vor[303]: Er differenziert zwischen der Speicherung im RAM als Vorstufe einer Festlegung auf einem externen Datenträger und der Speicherung im RAM ohne nachfolgende Festlegung auf einem externen Datenträger. Während er bei der

---

179; *Wandtke/Schäfer* GRUR Int. 2000, 187; *Zscherpe* MMR 1998, 404, 406; a.A.: *Hoeren* GRUR 1988, 340, 345; *ders.*: CR 1988, 908, 912; *Hoeren/Schumacher* CR 2000, 137, 143; *Spindler* ZUM 1996, 542 f.; Ausführlich zum Streit bei Computerprogrammen: *Heinrich*, Strafbarkeit, S. 196 ff.; *Nippe*, Urheber und Datenbank, S. 109f.; in den U.S.A. ähnlich zur „temporary fixation": *MAI Sys. Corp. v. Peak Computer*, 991 F.2d 511 (9th Cir. 1993).

300 *Koch* GRUR 1997, 417, 423; Schricker-*Loewenheim* § 16 Rn. 9; *Waldenberger* ZUM 1997, 176, 179.

301 *BGH*, GRUR 1991, 449, 453; *Kotthoff* GRUR 1997, 597, 599; *v. Lewinski* in *Bartsch/Lutterbeck*, Neue Medien, S. 205, 210.

302 Vgl. dazu: *Nippe*, Urheber und Datenbank, S. 128f.

303 *Nippe*, Urheber und Datenbank, S. 117f.

ersten Fallgestaltung diese als Einheit betrachtet und immer nur auf die Festlegung auf dem externen Datenträger abstellt[304], welche eine Vervielfältigung im Sinne von §§ 15 Abs. 1 Nr. 1, 16 Abs. 1 UrhG darstellt, unterscheidet er bei der letzteren weiter zwischen Computerprogrammen und anderen Werkarten. Bei Computerprogrammen nimmt er in jener Situation einen Eingriff in das Vervielfältigungsrecht des Urhebers an[305], während er dies bei anderen Werkarten ablehnt[306]. Im Bezug auf Computerprogramme begründet er seine Ansicht mit dem Argument, dass Computerprogramme nur die Funktion eines technischen Hilfsmittels hätten und ihre Wirkung mit der Eingabe in den RAM entfalten, da sie sich dann auf ihrem Arbeitsplatz befänden. Obwohl es sich um ein Geisteswerk handele, spreche es nicht den Geist des Nutzers an. Es sei nicht auf Rezeption ausgerichtet, sondern diene nur der Datenverarbeitung. Vor diesem Hintergrund und dem Umstand, dass manche Großrechner niemals von der Stromzufuhr abgeschnitten würden, könne nicht bestritten werden, dass die Programmkopie im Arbeitsspeicher ein Eigenleben, losgelöst von der Programmkopie auf dem Datenträger, entfalte. Hierin liege durch den Multiplikationseffekt eine gesteigerte Werknutzung, so dass die Annahme einer Vervielfältigung gerechtfertigt erscheine[307]. Bei den übrigen in § 2 Abs. 1 UrhG genannten Werkarten sei dies anders. Bei diesen könne keine Rede davon sein, dass die Dokumente im RAM des Rechners ihren Arbeitsplatz gefunden hätten. Sie seien auch keine technischen Hilfsmittel, sondern sprechen unmittelbar den Geist des Nutzers an. Ihr Gebrauch liege daher in der Rezeption des Werkes. *Nippe* geht weiter davon aus, dass sich Texte, Bilder oder Musikwerke nicht auf dem RAM eines ständig in Betrieb gehaltenen Computers befinden werden.

Während der Ansicht *Nippes* im Bezug auf die Unterscheidung zwischen der Fallkonstellation der einer Speicherung im RAM nachfolgenden Festlegung auf einem Datenträger und dem Unterbleiben einer solchen Festlegung uneingeschränkt zuzustimmen ist, muss die Unterscheidung zwischen Computerprogrammen und anderen Werkarten bei der zweiten Fallkonstellation abgelehnt werden. Richtig ist die Speicherung im RAM und die nachfolgende Festlegung auf einem Datenträger als Einheit zu betrachten. Der Grund hierfür ist der, dass in dieser Situation die Zwischenspeicherung im RAM nur ein technisches Durchgangsstadium ist, das zu keiner gesteigerten Werknutzung führt. Des weiteren macht es keinen Sinn, die Zwischenspeicherung getrennt von der Speicherung auf einem externen Datenträger – wie der Festplatte – zu betrachten, da sonst ein einheitlicher Lebensvorgang künstlich auseinander gerissen würde. Hinsichtlich der Unterscheidung zwischen Computerprogrammen und anderen

---

[304] *Nippe*, Urheber und Datenbank, S. 119.
[305] *Nippe*, Urheber und Datenbank, S. 124.
[306] *Nippe*, Urheber und Datenbank, S. 125/126.
[307] *Nippe*, Urheber und Datenbank, S. 124.

Werkarten geht *Nippe* aber bereits von falschen Vorzeichen aus. Er geht davon aus, dass es nicht denkbar sei, dass andere Werke als Computerprogramme im RAM dauerhaft vorgehalten würden. Mag dies auch praktisch noch nicht der Fall sein, so ist es dennoch theoretisch denkbar und würde in einem solchen Fall zu einer gesteigerten Werknutzung führen. *Nippe* vergleicht die Speicherung im RAM mit dem Herausnehmen eines Buches aus einem Regal, um dann darin lesen zu können. Richtig ist, dass in dieser Situation keiner auf die Idee käme, die Entnahme des Buches als gesteigerte Werknutzung zu betrachten. Indes unterscheidet sich die Situation der Herausnahme eines Buches von der der Speicherung im RAM. Sollte nämlich eine solche Speicherung in einem RAM, dessen Stromzufuhr niemals unterbrochen wird, ohne spätere Festlegung auf einem externen Datenträger erfolgen, so ist das kaum noch mit der Herausnahme des Buches vergleichbar. Der RAM nimmt vielmehr die Rolle des Regals ein. Es kann nicht von einer nur vorübergehenden Speicherung gesprochen werden. Auch geht *Nippe* davon aus, dass das Werk, anders als bei Computerprogrammen, nach dem Genuss grundsätzlich aus dem Speicher gelöscht werde. Auch diesem Gedanken kann nicht zugestimmt werden. Zwar wird das oftmals der Fall sein, jedoch ist es nicht zwingend. Genauso denkbar ist, dass die Werke nach ihrem Genuss in den RAM – das Regal – zurückgelegt werden. Der RAM übernimmt dann die Rolle eines dauerhaften Speichermediums, durch das eine gesteigerte Werknutzung möglich wird.

Im Ergebnis wäre daher die nur technisch bedingte Zwischenspeicherung im RAM mit der Festlegung auf einem externen Datenträger, wie der Festplatte, als Einheit zu betrachten. In allen anderen Fällen bedarf es einer Einzelfallentscheidung, ob durch die Speicherung im RAM eine gesteigerte Werknutzung ermöglicht wird, an der der Urheber teilhaben können muss. Zu bejahen wäre eine Vervielfältigung daher, wenn das Werk sich im RAM befindet und aus diesem wiederholt abgerufen werden kann, also ein Multiplikationseffekt eintritt[308]. Eine unterschiedliche Beurteilung von Computerprogrammen und anderen Werkarten ist nicht gerechtfertigt[309]. Dieses Ergebnis entspricht auch der Grundkonzeption des Urheberrechts und passt das Vervielfältigungsrecht an die Erfordernisse des digitalen Zeitalters an. Nach der Grundkonzeption des UrhG sollte die bloße Rezeption des Werkes urheberrechtlich frei sein, es sei denn sie erfolgt gegenüber der Öffentlichkeit, § 15 Abs. 2, Abs. 3 UrhG. Nichts anderes erfolgt aber, wenn das Werk im RAM eines Computers vorübergehend gespeichert wird. Es ist die technische Voraussetzung für eine Rezeption des Werkes, für die

---

308 So auch *Dieselhorst* CR 2001, 707; ähnlich: *Hildebrandt*, Strafvorschriften des Urheberrechts, S. 82/83, der eine Verviuelfältigung bejaht, wenn eine „außergewöhnliche Nutzung" des Werkes vorliegt, wohingegen bei „reiner Benutuzng" eine Vervielfältigung im Sinne von § 106 UrhG abzulehnen sei.

309 So auch: Schricker-*Loewenheim* § 16 Rn. 9; a.A.: Hdb. WiSt.-*Bär* Kap. 18 Rn. 111; *Nippe*, Urheber und Datenbank, S.124.

es in der analogen Welt keine Entsprechung gibt. Es handelt sich daher bei der erforderlichen einheitlichen Betrachtungsweise um eine Rezeption des Werkes. Eine solche kann aber nur dann von der Zustimmung des Urhebers abhängig sein, wenn sie gegenüber der Öffentlichkeit geschieht. Das kann beispielsweise der Fall sein, wenn ein Musikwerk über die Lautsprecher eines Computers an ein großes Publikum übermittelt wird, ist aber regelmäßig bei der privaten Nutzung eines Computers zu Hause ausgeschlossen. Anders wird dies, wenn die Speicherung im RAM einen Multiplikationseffekt zur Folge hat, so dass es immer wieder aus diesem abgerufen werden kann: Dann liegt hierdurch eine gesteigerte Werknutzung vor, die vom Vervielfältigungsrecht des Urhebers gem. §§ 15 Abs. 1 Nr. 1, 16 Abs. 1 UrhG erfasst wird.

Beim einfachen Abrufen der Werke durch den Nutzer – also ohne Festlegung auf der Festplatte – findet eine Abspeicherung einer Werkkopie grundsätzlich nur im Arbeitsspeicher (RAM) statt. Dies ist der Fall beim Browsen und – speziell bei Musikdateien im WWW – beim Streamen. Nach dem oben Gesagtem[310] ist auch eine solche Speicherung als Vervielfältigung im Sinne von § 16 UrhG anzusehen, wenn sie die Partizipationsinteressen des Urhebers beeinträchtigt. Beim Streamen selbst kann die abgerufene Datei nur einmal zu Gehör gebracht werden. Ein Multiplikationseffekt tritt durch die Speicherung der Datei im RAM mithin nicht ein. Eine Vervielfältigung liegt beim Streamen daher nicht vor. Es handelt sich um eine Form der unkörperlichen Wiedergabe. Etwas anderes gilt aber wenn die Stream-Dateien nach dem Abruf derart manipuliert – „gehackt“ – werden, dass sie dauerhaft abrufbar werden[311].

Aufgrund dieser Probleme wurde versucht, im Rahmen der WIPO Konferenz im Frühjahr 1996 in Art. 7 WCT eine Formulierung einzufügen, die das Vervielfältigungsrecht aus Art. 9 Abs. 1 RBÜ näher definieren sollte und die international anhaltende Diskussion darüber, ob eine Speicherung im RAM unter das Vervielfältigungsrecht des Urhebers falle, endgültig beenden sollte[312]. Der Vorschlag hatte folgenden Wortlaut:

> „ *(1) The exclusive right accorded to the authors of literary and artistic works in Article 9 (1) of the Berne Convention of authorizing the reproduction of their works shall include direct and indirect reproduction of their works, whether permanent or temporary, in any manner or form.*
> *(2) Subject for the provisions of Article 9 (2) of the Berne Convention, it shall be a matter for legislation in Contracting Parties to limit the right of reproduction in cases where a temporary reproduction has the sole purpose of making the work perceptible*

---

310 Insbesondere zum Streamen vgl.: *Cichon* K&R 1999, 547, 549; *Leupold/Demisch* ZUM 2000, 379, 386

311 *Sasse/Waldhausen* ZUM 2000, 837, 842.

312 WIPO, Basic Proposal Art. 7; vgl. hierzu: Hdb.MMR-*v. Lewinski* 7.9 Rn. 20f; *dies.*: GRUR Int. 1997, 667; *dies./Gaster* ZUM 1997, 607.

or where the reproduction is of a transient or incidental nature, provided that such reproduction takes place in the course of use of the work that is authorized by the author or permitted by law““[313].

Der Artikel wurde trotz aller Bemühungen – vor allem durch die U.S.A. – ersatzlos aus dem Vertrag gestrichen.

2) Spanien

Das Problem wird in Spanien am Tatbestandsmerkmal der „Festlegung“ festgemacht, da dieses wie bereits erwähnt eine Dauerhaftigkeit impliziert. Insbesondere ist insoweit problematisch, ob die Speicherung eines Werkes im RAM als Vervielfältigung im Sinne von Art. 18 TRLPI zu qualifizieren ist. Ähnlich wie auch in Deutschland ist hier zunächst zwischen Computerprogrammen und anderen Werkarten zu unterscheiden.

Vor der Umsetzung der Richtlinie 91/250/EWG war für das spanische Recht unzweifelhaft, dass das reine Laden eines Computerprogramms in den Arbeitsspeicher eines Computers, um dieses benutzbar zu machen, keine Vervielfältigung im Sinne von Art. 18 TRLPI darstellt, Art. 99.3 LPI[314]. Diese Regelung wurde, durch das Gesetz zur Umsetzung jener Richtlinie aufgehoben, durch das in Art. 99 lit. *a)* TRLPI eine dem § 69 c Nr. 1 UrhG entsprechende Regelung in das TRLPI eingefügt wurde. Beide Regelungen gehen zurück auf Art. 4 lit. *a)* der Richtlinie 91/250/EWG. Art. 99 lit. *a)* TRLPI bestimmt nun genau wie seine entsprechende deutsche Regelung, dass dauerhafte oder vorübergehende Vervielfältigungen eines Computerprogramms ganz oder teilweise mit jedem Mittel und in jeder Form der Zustimmung des Rechteinhabers bedürfen. Voraussetzung für die Erforderlichkeit der Zustimmung des Rechteinhabers bleibt demnach genau wie nach deutschem Recht das Vorliegen einer Vervielfältigung. Wann eine solche vorliegt, beantwortet Art. 99 lit. *a)* TRLPI jedoch nicht[315]. Insoweit muss über Art. 95 TRLPI[316] auf die allgemeinen Regelungen des Urheberrechtes zurückgegriffen werden – also Art. 18 TRLPI.

---

313 Vgl. hierzu: *Lewinski/Gaster* ZUM 1997, 607, 614 ff.

314 “No constituye reproducción, a los efectos previstos en el Art. 18 de esta Ley, la introducción del programa en memoria interna a los solos efectos de su utilización por el usuario, sin perjuicio de su necesaria comunicación al titular del derecho de explotación cuando así se hubiere pactado.”.

315 *Busch,* Protección Penal en España y Alemania, S. 175, 179,180.

316 In Deutschland § 69 a Abs. 4 UrhG.

Im Bezug auf Computerprogramme hat sich die Problematik in Spanien vor dem Hintergrund der Regelung des Art. 100.1 TRLPI, der § 69 d Nr. 1 UrhG entspricht, erledigt. Anders ist dies aber im Hinblick auf andere Werkarten, da eine dem Art. 100.1 TRLPI entsprechende Regelung dort fehlt. In diesen Fällen führt die in Spanien im Zivilrecht herrschende Ansicht[317], dass jedes Laden von urheberrechtlich geschützten Daten in den Speicher einer Datenbank eine Vervielfältigung im Sinne von Art. 18 TRLPI darstellt, dazu, dass bei jeder auch noch so kurzen Zwischenspeicherung im RAM von der Verwirklichung des Art. 18 TRLPI und damit des Art. 270 S. 1 CP auszugehen wäre. Vom Wortlaut des Art. 18 TRLPI können tatsächlich keine Zweifel daran aufkommen, dass die bloße vorübergehende Speicherung eines Musikwerkes im RAM des Computers als Vervielfältigung zu qualifizieren ist. Wie bereits erwähnt handelt es sich bei dem Vervielfältigungsbegriff des Art. 18 TRLPI um einen funktionalen Begriff. Vor diesem Hintergrund ist vom Vorliegen einer Vervielfältigung dann auszugehen, wenn die vorgenommene Handlung die Herstellung von Vervielfältigungsstücken des Werkes und seine Wiedergabe ermöglicht. Dies ist bei auch nur flüchtigen Vervielfältigungen im RAM eines Computers der Fall, so dass der Tatbestand des Art. 18 TRLPI verwirklicht wäre[318].

Da in Spanien das Urheberstrafrecht nicht streng zivilrechtsakzessorisch ausgestaltet ist, hat man zwar die Möglichkeit, zur Auslegung des Begriffes der Vervielfältigung in Art. 270 S. 1 CP auf Art. 18 TRLPI zurückzugreifen, jedoch ist das im Gegensatz zum deutschen Recht nicht zwingend[319]. Im spanischen Urheberstrafrecht bestimmt vielmehr die Auslegung der Tatbestandsmerkmale des Art. 270 S. 1 CP anhand des TRLPI nur die obere Grenze der Strafbarkeit. Der

---

317 Bercovitz Rodríguez Cano/*Riviero Hernández* Art. 18, S. 317; *Bondía Román*, Propiedad intelectual, S. 280/281; *Miguel Asensio*, Derecho privado de internet, Rn. 182; *Sánchez Aristi*, Obras musicales, S. 114; a.A.: *Gómez Segade* in: *Rogel Vide*, Nuevas tecnologías, S. 17, 38; *ders.* RGLJ 1999, 309, 319. Einen neuen Ansatz in Übereinstimmung mit Art. 5 Abs. 2 HarmonRL vertritt *Garrote Fernández-Díez*, Derecho de autor en internet, S. 349ff.: Seiner Ansicht nach liegt eine Vervielfältigung dann nicht vor, wenn die Speicherung im RAM notwendig ist um eine erlaubte Nutzungshandlung zu ermöglichen. Ein Rechtsgedanke, der sich seiner Ansicht nach aus Art. 34.1, 100.1 TRLPI ergibt. Ist die Nutzungshandlung nicht erlaubt, so liegt auch keine Vervielfältigung vor. Art. 5 Abs. 2 HarmonRL gibt ihm zwar Recht, jedoch ist diese Ansicht trotz allem zweifelhaft. Abgesehen davon, dass nicht genügend zwischen dem Tatbestand der Vervielfältigung und dem Einwilligungserfordernis differenziert wird, führt sie zu einer Vermengung der Verwertungsrechte, wenn die erlaubte Nutzungshandlung eine öffentliche Wiedergabe eines Werkes ist, welches hierfür zuvor auf einem Datenträger gespeichert werden muss. Dogmatisch richtiger wäre insoweit die Annahme einer konkludenten Einwilligung in die Erforderliche Vervielfältigung, wenn man vom Vorliegen einer solchen ausgeht.

318 *Garrote Fernández-Díez*, Derecho de autor en internet, S. 345.

319 Vgl. oben S. 41f.

Anwender der Norm kann über eine solche Auslegung nicht hinausgehen, jedoch kann er vor dem Hintergrund der Strafzwecke die Vorschriften des TRLPI einschränkend auslegen. So ist nach der Ansicht der spanischen strafrechtlichen Doktrin eine Vervielfältigung bei Computerprogrammen zu verneinen, wenn sie sich in der bloßen unberechtigten Nutzung des Programms erschöpft[320]. Zur Begründung dieser Ansicht wird angeführt, dass nur durch eine solche Interpretation des Begriffes der Vervielfältigung eine Überkriminalisierung verhindert werden kann. Strafwürdig sind daher dieser Ansicht nach nur solche Verhaltensweisen, die zu einer Schadensvergrößerung beim Inhaber der ausschließlichen Verwertungsrechte am Werke führen[321]. Fraglich ist demnach, wann eine solche Schadensvertiefung eintritt. Das soll dann der Fall sein, wenn durch die Kopie ein weiterer Personenkreis in die Lage versetzt wird, das Werk zu nutzen, als der Personenkreis, für dessen Nutzung der Urheber bereits eine Vergütung erhalten hat[322]. Keine Vervielfältigung im Sinne von Art. 270 S. 1 CP stellen somit das bloße Laden und Ausführen eines Computerprogramms dar[323]. Übertragen auf Musikwerke bedeutet das, dass der bloße rezeptive Genuss des Werkes, auch wenn hierzu eine Speicherung im RAM erforderlich ist, nicht vom Tatbestand des Art. 270 S. 1 CP erfasst wird.

Im Ergebnis ist dem zuzustimmen. Meines Erachtens ist die Begründung jedoch nicht durchschlagend. Im Bezug auf Computerprogramme kann nämlich nicht davon ausgegangen werden, dass das Laden eines Computerprogramms in den Arbeitsspeicher nicht zu einer Schadensvertiefung führt. Im Gegenteil: Durch die Kopie im Arbeitsspeicher wird ein weiterer Personenkreis in die Lage versetzt, das Werk zu nutzen. Nach der oben angegebenen Begründung käme es jetzt aber maßgeblich darauf an, ob der Urheber für diesen weiteren Personenkreis bereits eine Vergütung erhalten hat. Hat er diese erhalten, so stellt nach jener Begründung die Kopie im Arbeitsspeicher keinen Verstoß gegen Art. 18 TRLPI dar. Mit anderen Worten: Wird das Computerprogramm durch den Berechtigten genutzt, so stellt das Laden des Programms in den RAM keine urheberrechtlich relevante Vervielfältigung dar. Für die Beurteilung der Frage, ob eine Vervielfältigung vorliegt, wird mithin auf die Frage abgestellt, ob die Nutzung rechtmäßig oder rechtswidrig erfolgte. Der Zirkelschluss ist offensichtlich. Im Übrigen braucht es hierfür bei Computerprogrammen keiner einschränkenden Auslegung. Das Ergebnis ergibt sich vielmehr bereits aus Art. 100 TRLPI. Richtigerweise ist folgendermaßen vorzugehen: Zunächst ist die Frage zu beantworten, ob ein bestimmtes Verhalten den Tatbestand des

---

320 Bercovitz Rodríguez-Cano/*García Rivas* Art. 270, S. 2383; *Busch*, Protección Penal en España y Alemania, S. 172ff., 176; *García Rivas* in: *Consejo general del poder judicial*, Cuadernos, S. 234; *González Gómez*, El tipo básico, S. 205ff., 213, 214.

321 *Busch*, Protección Penal en España y Alemania, S. 177.

322 *Busch*, Protección Penal en España y Alemania, S. 177.

323 *Busch*, Protección Penal en España y Alemania, S. 178.

Art. 18 TRLPI verwirklicht, und erst danach kann die Frage nach der Rechtmäßigkeit oder Rechtswidrigkeit dieses Verhaltens beantwortet werden. Entsprechend formuliert beispielsweise auch Art. 100.1 TRLPI, dass das beschriebene Verhalten keiner Zustimmung durch den Urheber bedarf, nicht jedoch, dass es sich nicht um eine Vervielfältigung handelt. Es muss vielmehr, bevor man zum Anwendungsbereich des Art. 100.1 TRLPI gelangt, der Anwendungsbereich des Art. 99 TRLPI eröffnet sein, demnach eine Vervielfältigung vorliegen.

Richtig ist der Ansatz, dass für die Frage des Vorliegens einer Vervielfältigung gem. Art. 18 TRLPI zumindest im Strafrecht vor dem Hintergrund dessen „ultima-ratio“ Charakters durch die Kopie im RAM eine Schadensvertiefung eingetreten sein muss bzw. dass in klarer und eindeutiger Weise die Handlung geeignet sein muss, einen Schaden beim Berechtigten hervorzurufen. Schutzgut der spanischen Urheberrechtsdelikte ist das Vermögen des Urhebers[324]. Das gilt auf jeden Fall für die Verwertungsrechte und damit für das Vervielfältigungsrecht des Art. 18 TRLPI. Ein Verstoß gegen Art. 270 S. 1 CP und Art. 18 TRLPI kann daher nur dann vorliegen, wenn die vermögensrechtlichen Interessen des Urhebers auch tatsächlich in Mitleidenschaft gezogen werden können. Die eigentlich zu beantwortende, hinter allem stehende Frage, ist demnach die, ob durch das Laden von Computerprogrammen oder beispielsweise nach dem TRLPI geschützte Musikwerke in den RAM eines PC dem Urheber wirtschaftliche Vorteile entgehen könnten, die ihm zugestanden hätten. Diese Frage ist für den Fall des bloßen in-den-RAM-Ladens erst einmal zu verneinen. Anderes hat für Computerprogramme zu gelten, die unter den Werkarten eine Sonderstellung einnehmen.

Hier manifestieren sich wieder die Unzulänglichkeiten des geltenden Urheberrechts. Zwar ist das spanische TRLPI neuer als das deutsche UrhG, jedoch stand auch bei jenem noch die analoge Werknutzung im Vordergrund. Bei dieser war es aber nicht erforderlich, digitalisierte Werke zurück in eine analoge, für den Menschen verständliche Sprache zu übersetzen. Anderes gilt für das Informationszeitalter. Werke, die in den flüchtigen Speicher eines PC geladen werden können, befinden sich in einem für den Menschen nicht wahrnehmbaren digitalen Zustand. Der Computer muss solche Werke, bevor sie für den Menschen wahrnehmbar werden, in einen analogen Zustand übersetzen. Letztlich handelt es sich dabei nur um eine Vorstufe zum bloßen Werkgenuss. Dieser Werkgenuss ist nichts anderes als eine unkörperliche Wiedergabe, die gem. Art. 20 TRLPI urheberrechtsfrei ist, wenn sie nicht öffentlich erfolgt,. Wenn aber die bloße rezeptive Wahrnehmung eines Werkes nicht vom Ausschließlichkeitsrecht des Urhebers erfasst wird, dann müssen auch die Vorbereitungshandlungen zu jenem Werkgenuss urheberrechtsfrei sein. Bei solchen bloßen Vorbereitungshand-

---

[324] Diaz y Garcia Conlledo ADPCP 1990, 803.

lungen zur Wiedergabe werden die Interessen des Urhebers zumindest nicht in strafwürdiger Weise beeinträchtigt.

Etwas anderes muss jedoch dann gelten, wenn das Musikwerk sich in dem RAM eines Servers befindet, der nicht abgeschaltet wird, so dass das Werk insoweit auf Dauer „festgelegt" ist.

Im Ergebnis ist damit das bloße Speichern eines Werkes der Musik im RAM grundsätzlich als Vorbereitungshandlung zu werten, die nicht strafwürdig ist. Die Speicherung im RAM kann erfolgen als Durchgangsstadium zu einer dauerhaften Festlegung auf der Festplatte, dann stellt sie ein Durchgangsstadium zu der Vervielfältigung auf der Festplatte dar, oder zum Genuss des Werkes – wie beim Streaming -, dann stellt sie ein Durchgangsstadium zur grundsätzlich urheberrechtsfreien Wiedergabe des Werkes dar. In beiden Fällen kommt der Speicherung im RAM selbst keine wirtschaftliche Bedeutung zu und kann daher nicht wirklich das Vermögen des Urhebers gefährden oder beeinträchtigen. Anders verhält es sich dann, wenn das Werk dauerhaft im Speicher des RAM vorhanden ist.

ee) Routing, Proxy-Caching, Mirroring

Wie bereits im technischen Teil dieser Arbeit dargestellt[325], durchlaufen die Daten, bis sie von einem Absender zu einem Empfänger gelangen, viele technische Vorgänge. Fraglich ist, wie diese Vorgänge jeweils urheberrechtlich einzuordnen sind.

Beim Routing wird von einem Router das zu übermittelnde Werk in viele kleine Datenpakete aufgeteilt und über möglicherweise verschiedene Wege unmittelbar oder über weitere Router zum Empfänger weitergeleitet. An keinem Punkt der Übermittlung ist das Werk als Gesamtheit vorhanden. Es liegen jeweils nur Teile eines digitalisierten Aggregatzustandes vor. Diese kleinen Datenpakete sind für sich selbst nicht unmittelbar oder mittelbar wahrnehmbar und haben meist auch noch keine Werkeigenschaft, bis sie beim Empfänger oder beim Proxy-Server wieder zusammengesetzt werden. Der Begriff der Vervielfältigung setzt aber voraus, dass das Werk wahrnehmbar ist[326]. Das ist in solchen Fällen nicht möglich, so dass beim Routing eine Vervielfältigung im Sinne von § 16 UrhG ausscheidet[327]. Selbst wenn es jedoch möglich sein sollte, diese Da-

---

325 Vgl. oben S. 23f.

326 Vgl. oben Seite 86.

327 *Bechtold* ZUM 1997, 427, 436; *Leupold* CR 1998, 234, 239; *Nordemann/Goddar/Tönhardt/Czychowski* CR 1996, 645, 647; *Schwarz* GRUR 1996, 836, 840.

tenpakete wahrnehmbar zu machen, sind diese Vervielfältigungen nur technisch bedingte Zwischenspeicherungen, die erforderlich sind, um das Werk dem Empfänger zu übermitteln. Die Partizipationsinteressen des Urhebers werden durch die beim Routing entstehenden Vervielfältigungen nicht berührt, so dass eine Vervielfältigung, die vom Ausschließlichkeitsrecht des Urhebers gem. §§ 15 Abs. 1 Nr. 1, 16 UrhG erfasst werden müsste, nicht vorliegt[328]. In Spanien wurde das Problem der Vervielfältigung beim Routing bislang nicht erörtert. Auch dort ist aber die Wahrnehmbarkeit des Werkes eine Voraussetzung von Art. 18 TRLPI, so dass vor diesem Hintergrund in den meisten Fällen eine Vervielfältigung ausscheiden wird. In allen anderen Fällen der technisch bedingten Vervielfältigungen beim Routing wird es an einem eindeutigen Verstoß gegen Art. 270 S. 1 TRLPI fehlen[329]. Zu beachten ist für die Betreiber von Routern im Übrigen die Regelung von § 9 TDG bzw. Art. 14 ALSSI[330].

Beim Caching soll ein reibungsloserer Übertragungsablauf gewährleistet werden. Es werden aber dauerhafte Kopien auf Zwischenservern oder direkt beim Nutzer erstellt, die einem Download gleichkommen. Die zwischengespeicherten Kopien werden in der Regel nicht automatisch sofort wieder gelöscht bzw. überschrieben, sondern sind für begrenzte Zeit zugänglich. Ein Multiplikationseffekt tritt damit ein. Dementsprechend sind auch Cache Speicherungen Vervielfältigungen gem. § 16 UrhG[331] und Art. 18 TRLPI[332]. Hier sind dann für Diensteanbieter die Regelungen von §§ 9 Abs. 2, 10 TDG und Art. 14.2, 15 ALSSI zu berücksichtigen[333].

Beim Mirroring werden Dateien von einem Server auf einen weiteren Server „gespiegelt". Hierdurch wird die Zugriffsmöglichkeit erhöht und das Werk auch auf den weiteren Servern abgespeichert. Es handelt sich hierbei demnach um Vervielfältigungen im Sinne von § 16 Abs. 1 UrhG und Art. 18 TRLPI.

---

328 A.A.: *Bosak* CR 2001, 176, 178.

329 Vgl. zu diesem Erfordernis: SAP de Valencia v. 29.03.2000 (ARP 2000/1384), ähnlich: SAP de Barcelona v. 26.10.1999 (ARP 1999/546); so auch: *Busch,* Protección Penal en España y Alemania, S. 176; *Soto Nieto,* La Ley 1989-3, 962, 967.

330 Vgl. dazu unten S. 219f. (§ 9 TDG) und S. 229f (Art. 14 ALSSI).

331 *Bechtold* ZUM 1997, 427, 437; *Koch* GRUR 1997, 417, 424; *Strömer*, S. 176; *Zscherpe* MMR 1998, 404, 408.

332 *Massaguer/ Salelles* RGD núm. 636 (Sept. 1997), S. 10927, 10947; *Miguel Asensio*, Derecho privado de internet, Rn. 201; *Serrano Gómez, E.*, Propiedad intelectual y nuevas tecnologías, S. 104.

333 Vgl. dazu unten S. 219f. (§ 9, 10 TDG) und S. 229f (Art. 14, 15 ALSSI).

ff) Links

Links stellen ein zentrales Element der Gestaltung von World Wide Web-Seiten dar. Sie fungieren als eine Art Inhaltsverzeichnis im WWW, da jenem ein tatsächliches Inhaltsverzeichnis aufgrund seiner dezentralen Organisation fehlt. Klickt der Benutzer einen Link an, so wird er automatisch zu einer weiteren Seite gebracht. Es wird zwischen Hyperlinks, Deep-Links, Inline-Links und Frames unterschieden. Mit Hilfe solcher Links kann auf Musikwerke im *Internet* verwiesen werden, oder sie können direkt in eine Website eingebaut werden. So kann beispielsweise mittels eines einfachen Hyperlinks von einer privaten Web-Site auf das Angebot eines P2P-Anbieters verwiesen werden. Beim Herunterladen von Musikdateien ist aber zu bedenken, dass diese in einem gesonderten Verfahren, unabhängig vom bloßen Browsen, heruntergeladen werden müssen. Denkbar ist allenfalls, dass von einer Web-Site ein Link direkt auf den Ort im *Internet* verweist, an dem die Musikdatei zum Abruf bereitgehalten wird. Das Betätigen des Links setzt dann den Downloadvorgang direkt in Gang. Der Nutzer bemerkt nicht, dass er die Datei von einem ganz anderen Ort im Netz herunterlädt, als der Seite, auf der sich der Link befindet. Dies ist jedoch in der Praxis nur durch einen Deep-Link oder einen Inline-Link zu bewerkstelligen.

1) Hyperlinks

Ein einfacher Hyperlink ist nichts anderes als ein Hinweis auf einen anderen Ort im „Netz", verbunden mit der technischen Hilfe, diese Stelle sofort aufzurufen. Einigkeit besteht, dass eine Vervielfältigung des Werkes, welches auf einem anderen Rechner gespeichert ist, darin nicht zu sehen ist[334]. Eine Vervielfältigung wird durch die Installation des Hyperlinks ermöglicht, aber noch nicht vollzogen. Das geschieht frühestens, wenn der Hyperlink aktiviert wird. Damit findet die relevante Verwertungshandlung allein zwischen dem User statt und demjenigen, auf den der Link verweist.

Nach dem oben Gesagten müssen Musikdateien jedoch in einem gesonderten Verfahren heruntergeladen werden, so dass schon von daher eine Vervielfältigung des Musikwerkes durch Aktivieren eines einfachen Hyperlinks nicht in Betracht kommt. Derjenige, der einen einfachen Hyperlink betätigt, wird auto-

---

334 Deutschland: *Bechtold* ZUM 1997, 427, 433; *Dustmann*, Provider, S. 188; *Ernst* NJW-CoR 1997, 224; *A. Freitag* in: *Kröger/Gimmy*, Internetrecht S. 331, 355, 358 (welcher einfache Hyperlinks als „externe Links" bezeichnet); *Koch* GRUR 1997, 417, 430; *Leupold/Demisch* ZUM 2000, 379, 385; *Plaß* WRP 2000, 599, 601; *Podehl* MMR 2001, 17, 20; Schricker-*Loewenheim* § 16 Rn. 22; *Strömer*, S. 197; *Völker/Lühríg* K&R 2000, 20, 25; *Zscherpe* MMR 1998, 404, 409; Spanien: *Garrote Fernández-Díez*, Derecho de autor en internet, S. 357, 363; *Miguel Asensio*, Derecho privado de internet, Rn. 202.

matisch an die Stelle im Netz gebracht, von der er die gesuchte Datei herunterladen kann. Das Herunterladen selbst wird dadurch noch nicht in Gang gesetzt. Insbesondere verbleibt die Datei auf dem Server. Der Vervielfältigungsvorgang wird erst durch das Aktivieren des „Downlaod-Buttons“ auf der Seite, auf die verwiesen wurde, in die Wege geleitet.

2) Inline-Links

Beim Inline-Linking werden einzelne Dateien – vor allem Grafiken – direkt von der fremden Website auf die eigene übernommen. Denkbar ist das aber auch für Musikdateien. Die Datei verbleibt zwar auf dem ursprünglichen Server, wird aber ohne Änderung auf der neuen Seite wie eine eigene Datei angezeigt oder warnehmbar gemacht. Einer Aktivierung des Links durch den Nutzer bedarf es nicht.

Der bekannteste Fall des Inline-Linking ist der sog. „Dilbert“-Fall aus den U.S.A., bei dem ständig wechselnde Grafiken der Comicfigur auf eine private Web-Seite übertragen wurden[335].

Teilweise wird in Deutschland[336] und in Spanien[337] die Ansicht vertreten, dass beim Inline-Linking das Werk in einer Art und Weise bereitgehalten werde, die mit dem Abspeichern auf dem eigenen Server vergleichbar sei. Eine Vervielfältigung läge daher vor. Ein normaler Link sei bloß ein Verweis, wohingegen der Inline-Link den Inhalt auf eine Art und Weise in die andere WWW-Seite integriere, dass dieser mit der neuen Seite zu einer untrennbaren Einheit verschmelze. Da für den Nutzer damit nicht mehr erkennbar sei, ob der Inhalt selbst gespeichert wurde oder ob es sich nur um einen Link handelt, könne sich der Anbieter der WWW-Seite auch nicht darauf berufen, dass die Vervielfältigung erst im Rechner des Abrufenden stattfinde, wenn dieser die Seite mit dem Inline-Link abrufe.

Diese Ansicht übersieht aber, dass die dargestellten Inhalte auf dem fremden Server belassen werden, so dass eine Vervielfältigung, genau wie beim Hyperlink, erst beim Benutzer stattfindet, wenn dieser den Link abruft, wenn es auch keiner eigenen Handlung des Abrufenden bedarf. Der Link verliert nämlich seinen Charakter als bloßen Hinweis auf einen anderen Ort nicht dadurch, dass die fremden Inhalte unmittelbar wahrnehmbar gemacht werden, solange sie auf dem

335 Vgl.: http://www.cs.princeton.edu/~dwallach/dilbert (abgerufen am 07. Januar 2002).

336 *Ernst* K&R 1998, 536, 539; *ders.*: NJW-CoR 1997, 224; *A. Freitag* in: *Kröger/Gimmy*, Internetrecht, S. 331, 356, 358.

337 *Miguel Asensio*, Derecho privado de internet, Rn. 203.

fremden Rechner belassen werden. Es fehlt daher an der für die Vervielfältigung gem. § 16 UrhG und Art. 18 TRLPI erforderlichen körperlichen Festlegung beim Linkenden selbst. Der Link macht den Inhalt bloß wahrnehmbar, führt jedoch über den rezeptiven Genuss hinaus nicht zu einer Festlegung im Speicher des Linkenden. Es handelt sich daher vielmehr um eine unkörperliche Verwertung des Inhalts, die allenfalls unter das Recht der öffentlichen Wiedergabe des Urhebers gem. § 15 Abs. 2 UrhG[338] bzw. Art. 20 TRLPI[339] fallen kann.

Inline-Links sind bei MP3-Dateien technisch nicht denkbar, da MP3's in einem gesonderten, vom Browsen getrennten Verfahren heruntergeladen werden müssen und nicht als Teil einer Webseite dargestellt werden können. Im Bezug auf MP3's ist mit den Inline-Links der sog. Deep-Link zu vergleichen[340]. Denkbar sind hingegen Inline-Links beim Streamen, so dass ein Inline-Link auf ein Musikwerk auf einer fremden Webseite, welches mit dem Abruf einer anderen Webseite von jener fremden Webseite abgespielt wird, keine Vervielfältigungshandlung desjenigen darstellt, der den Inline-Link gesetzt hat.

3) Deep-Links

Bei diesem Link handelt es sich um einen direkten Verweis auf eine unter der aufgerufenen Seite liegende Webseite[341]. Denkbar ist, dass der Nutzer auf der angezeigten Webseite einen Download-Button anklickt, jedoch die Verbindung durch den als „Download-Button" bezeichneten Deep-Link direkt mit einer anderen Webseite erfolgt und der Download von jener Seite erfolgt, ohne dass der Nutzer hiervon Kenntnis erlangt. Auch hier wird in Deutschland teilweise die Ansicht vertreten, dass sie über ein bloßes Zitat hinausgingen und daher im Gegensatz zu einfachen Hyperlinks eine Vervielfältigung darstellen[342].

Auch von dieser Ansicht wird aber übersehen, dass das Werk auf dem Quellserver belassen wird und daher genau wie bei den Inline-Links eine körperliche Festlegung des Werkes durch den Setzer des Links nicht vorgenommen wird. Eine Vervielfältigung gem. §§ 15 Abs. 1 Nr. 1 ,16 Abs. 1 UrhG liegt mithin nicht vor[343]. Zwar fehlt es auch bezüglich dieses Problemes an Erörterungen in

---

338 Vgl. dazu unten Seite 127f.; so auch: *Plaß* WRP 2000, 599, 601; *Völker/Lührig* K&R 2000, 20, 25.

339 *Garrote Fernández-Díez*, Derecho de autor en internet, S. 369, der eine Anwendung des Rechtsgedankens aus Art. 20.2 lit. *b)* und Art. 20.2 lit. *h)* vorschlägt; vgl. dazu unten S. 147f.

340 Dazu sogleich unten (gleiche S.).

341 *Leupold/Demisch* ZUM 2000, 379, 386.

342 *Koch* NJW-CoR 1998, 45; *Zscherpe* MMR 1998, 404, 409.

343 *Sosnitza* CR 2001, 693, 698.

Spanien, jedoch wird man vor dem Hintergrund der gleichen Vervielfältigungsbegriffe, auch dort davon auszugehen haben, dass mangel körperlicher Festkegung des Musikwerkes eine Vervielfältigung gem. Art. 18 TRLPI nicht vorliegt.

4) Framing

Beim Framing wird eine *Internet*-Seite in verschiedene, unabhängig voneinander bedienbare Rahmen (Frames) unterteilt, die über verschiedene Layouts verfügen und denen jeweils unterschiedliche Dokumente zugeordnet werden. Jeder Frame ist unabhängig programmierbar.

Durch diese Technik ist es möglich, fremde WWW-Seiten in einem der eigenen Frames darzustellen. Für den Betrachter wird dies aber nicht sichtbar, da sich nur der Frame mit dem Inhalt ändert, während etwa Navigations- und Werbungs-Frames erhalten bleiben, vor allem aber die in der Browser Navigationsleiste angegebene Adresse. Zudem bietet sich für den Framenden die Möglichkeit, unerwünschte Elemente der fremden Web-Seite, wie etwa Werbung, zugunsten eigener Werbebanner auszusparen[344].

Auch hier findet keine körperliche Verwertung statt, solange das Werk auf dem ursprünglichen Server belassen wird, was der Regelfall ist. Eine Verletzung des § 16 UrhG oder Art. 18 TRLPI ist demnach nur in den wenigen Fällen anzunehmen, in denen die fremden Seiten auf den eigenen Rechner des Framenden kopiert werden[345].

gg) Elektronische Post

Elektronische Post bzw. Email ist wohl das zurzeit verbreitetste Kommunikationsmittel in Computernetzen. Sie ermöglicht es den Nutzern, problemlos über Tausende von Kilometern unabhängig von Zeitzonen zeitnah zu kommunizieren. Die Informationen, die hierbei ausgetauscht werden, reichen von normalen

---

[344] Einen Sonderfall des Framing beschreibt die Entscheidung des *LG Hamburg* CR 2000, 776. Bei diesem Fall handelte es sich um einen sog. „Pop-up-Screen". Bei dieser Form des Framing wird ein neues Fenster geöffnet, so dass sich das fremde Angebot unschwer vom Angebot des Framenden unterscheiden läßt. Meines Erachtens ist der Fall daher nicht anders zu beurteilen, als der eines einfachen Hyperlinks, bei dem das Angebot des Linksetzers durch die neue Seite ersetzt wird. Vgl. dazu auch: *Dieselhorst* CR 2001, 707.

[345] So auch: *Plaß* WRP 2000, 599, 601; *Völker/Lührig* K&R 2000, 20, 25; a.A.: *Bechtold* ZUM 1997, 427, 435; zu undifferenziert insoweit: *LG Hamburg*, CR 2000, 776, 777.

Mitteilungen bis hin zu urheberrechtlich geschützten Werken, die mittels sog. „Attachments“ an Emails angehängt werden können.

Die Kommunikationsmöglichkeiten beschränken sich dabei nicht auf die Kommunikation zwischen zwei Parteien. Vielmehr kann eine Mail an eine Gruppe von Empfängern geschickt oder bereits empfangene Emails an einen oder mehrere Empfänger weitergeleitet („forwarded“) werden.

Urheberrechtlich sind diese Vorgänge gleich zu beurteilen. Werden mit einer Email urheberrechtlich geschützte Werke versandt, so liegt hierin eine Vervielfältigung des Werkes gem. §§ 15 Abs. 1 Nr. 1, 16 UrhG bzw. Art. 18 TRLPI. Die Mitteilung des Absenders wird an den Mail-Server des Empfängers geschickt und dort auf einem dauerhaften Medium derart gespeichert, dass der Empfänger sie wiederholt abrufen kann. Die Speicherung wird üblicherweise nicht dadurch beendet, dass der Empfänger die Mail vom Mail-Server abruft, sondern erst, wenn er den Befehl „Löschen“ in der Befehlsleiste seines E-mail-Clients aktiviert. Bis dahin kann das Werk menschlichen Sinnen wiederholt wahrnehmbar gemacht werden. Unabhängig davon, dass die Kopie im Herrschaftsbereich des Empfängers entsteht, stellt damit der Versand einer Email eine Vervielfältigung eines mitgesendeten urheberrechtlich geschützten Werkes dar[346] und damit eine Tathandlung im Sinne von § 106 Abs. 1 UrhG bzw. Art. 270 CP. Anders als bei der Vervielfältigung durch das Downloaden setzt der Versender der Email die Kausalkette in Gang, die letztlich zur Vervielfältigung beim Empfänger führt. Es bedarf keiner Willensentscheidung des Empfängers mehr, um das Vervielfältigungsstück herzustellen[347].

hh) Zusammenfassung

Das Heraufladen von urheberrechtlich geschützten Werken der Musik in eine Online-Datenbank ist eine Vervielfältigung gem. §§ 15 Abs. 1 Nr. 1, 16 Abs. 1 UrhG. Beim Herunterladen von urheberrechtlich geschützten Musikwerken aus einer Online-Datenbank entstehen Vervielfältigungsstücke bei der Speicherung auf der Festplatte des Rechners. Darüber hinaus ist eine Vervielfältigung aber auch bei der Digitalisierung, sofern mit ihr die Festlegung der digitalisierten Fassung auf einem Speicherträger verbunden ist, zu bejahen. Bei der Speicherung im RAM hängt die Bejahung einer Vervielfältigung im Sinne von §§ 15 Abs. 1 Nr. 1, 16 Abs. 1 UrhG davon ab, ob sie zu einer gesteigerten

346 *Heermann* MMR 1999, 3; *Leupold/Demisch* ZUM 2000, 379, 385.

347 Bei der Vervielfältigung durch das Downloaden (vgl. oben S. 93) setzt der Abrufende die letzt Bedingung zur Vervielfältigung und setzt damit die Kausalkette in Gang, die zur Herstellung des Vervielfältigungsstückes führt.

Werknutzung führt. Das ist dann nicht der Fall, wenn sie nur Durchgangsstadium einer Festlegung auf der Festplatte oder einem anderen externen Speichermedium ist oder der bloßen nicht öffentlichen Rezeption des Werkes dient. Beim Datentransport von einem Server zum Abrufenden entstehen Vervielfältigungsstücke beim Caching. Beim Routing findet keine Vervielfältigung statt. Das Setzen eines wie auch immer gearteten Links ist nicht als Vervielfältigung zu qualifizieren.

In all den Fällen, in denen eine Vervielfältigung zu bejahen ist unterfällt diese nicht dem Ausschließlichkeitsrecht des Urhebers, sofern die §§ 45ff. UrhG eingreifen. Folge davon wäre die Tatbestandslosigkeit des Handelns.

Bei der Online-Nutzung von urheberrechtlich geschützten Werken finden nach spanischem Recht Vervielfältigungen gem. Art. 18 TRLPI sowohl beim Uploading als auch beim Downloaden statt. Jedoch ist beim Downloaden zu differenzieren: Wird ein Werk abgerufen und dauerhaft auf der Festplatte eines Computers festgelegt, so liegt eine Vervielfältigung gem. Art. 18 TRLPI vor. Hinsichtlich der Speicherungen im RAM liegt eine strafrechtlich relevante Verwertung dann nicht vor, wenn durch die Speicherung die bloße Nutzung ermöglicht werden soll. Anders ist dies bei der rein zivilrechtlichen Vervielfältigung gem. Art. 18 TRLPI. Beim Setzen eines Hyperlinks findet eine Vervielfältigung im Sinne von Art. 18 TRLPI in keinem Fall statt. Die relevante Nutzungshandlung vollzieht sich vielmehr zwischen Anbieter des Inhalts, auf den verwiesen wird, und demjenigen, der durch Anklicken des Hyperlinks den Inhalt abruft bzw. durch Aufrufen der Seite mit dem Hyperlink bei Inline-Links.

c) Ergebnis

Im Ergebnis finden strafrechtlich relevante Vervielfältigungsvorgänge bei der Online-Nutzung von urheberrechtlich geschützten Musikwerken sowohl nach spanischem als auch nach deutschem Recht statt. Aufgrund der Anlehnung der Urhebergesetze an die analoge Werkverwertung ist es in beiden Ländern bei manchen technischen Vorgängen nicht immer einfach, die Frage nach dem Vorliegen einer Vervielfältigung zu bejahen oder zu verneinen. Schließlich sind die Vervielfältigungsbegriffe aber in beiden Rechtsordnungen ausreichend weit gefasst, um auch die in digitalen Netzen erfolgenden Vervielfältigungsvorgänge zu erfassen. Unterschiede bestehen hier vor dem Hintergrund des grundsätzlichen Verständnisses um das Verhältnis zwischen zivilrechtlichen und strafrechtlichen Regelungen. Während im deutschen Recht der strafrechtliche Vervielfältigungsbegriff streng akzessorisch zum zivilrechtlichen ist, liegt nach in Spanien vorherrschender Ansicht eine strafrechtlich relevante Tathandlung erst dann vor, wenn es sich um eine klare und eindeutige Verletzung des objektiven Tatbestandes handelt. Aufgrund der weiten Auslegung des Vervielfältigungsbegriffes im zivilen Urheberrecht fallen dementsprechend die Auslegung des strafrechtlichen Vervielfältigungsbegriffes und des zivilen Vervielfältigungsbegriffes in Grenzfällen auseinander. Das Zivilrecht schützt in einer solchen Situation die vermögensrechtlichen Interessen des Urhebers, jedoch werden diese Intereressen in jenen Fällen nicht strafrechtlich untermauert. Die Speicherung eines Werkes im RAM eines PC, um den bloßen Genuss desselben zu ermöglichen, kann daher nach spanischem Recht grundsätzlich nicht unter dem Gesichtspunkt der unerlaubten Vervielfältigung strafbar sein. Nach deutschem Recht hingegen ist ein solches Abweichen von strafrechtlichem Urheberschutz von zivilrechtlichem Urheberschutz derzeit nicht denkbar, da die strafrechtlichen Regelungen streng akzessorisch ausgestaltet sind. Jede Veränderung der zivilrechtlichen Regelungen bzw. Auslegung derselben zieht eine Änderung der Strafbarkeit nach sich.

2. Verbreitung

a) Allgemeines

§§ 15 Abs. 1 Nr. 2, 17 UrhG gewährt dem Urheber das ausschließliche Verbreitungsrecht, welches durch § 106 Abs. 1 UrhG auch strafrechtlichen Schutz genießt. Ebenso sanktioniert das spanische Urheberstrafrecht die Verletzung des Verbreitungsrechtes in Art. 270 CP. Zur Auslegung dieses Begriffes gilt es in Spanien, wie bei der Vervielfältigung auf Art. 18 TRLPI, hier auf Art. 19 TRLPI zurückzugreifen.

Unter Verbreitungsrecht versteht das deutsche Gesetz gem. § 17 Abs. 1 UrhG das Recht, das Original oder Vervielfältigungsstücke des Werkes der Öffentlichkeit anzubieten oder in Verkehr zu bringen. In Spanien wird die Handlung des Verbreitens durch Art. 19 TRLPI als das Recht, das Original oder Vervielfältigungsstücke des Werkes mittels Verkauf, Vermietung oder auf sonstige Weise der Öffentlichkeit zur Verfügung zu stellen, definiert. Das Verbreitungsrecht aus Art. 19 TRLPI geht zurück auf das deutsche Verbreitungsrecht aus § 17 UrhG[348]. Es wurde erst durch eine Reform des LPI aus dem Jahre 1987 in das spanische TRLPI eingefügt.

Mit der Zubilligung eines Verbreitungsrechtes will das Urheberrecht dem Schöpfer die Erfassung von einzelnen Verbrauchern außerhalb der Sphäre des Herstellers oder Besitzers eines Werkstückes ermöglichen, die das Werk anhand

[348] *Marco Molina*, Propiedad intelectual, S. 241; *Serrano Gómez, E.*, Propiedad intelectual y nuevas tecnologías, S. 35.

dieses Exemplars genießen wollen[349]. Es will ihm die Kontrolle über das „Ob" und „Wie" des Inverkehrbringens des Werkes und seine nachfolgende Kommerzialisierung zuzuweisen[350]. Deshalb versteht es unter Verbreitung nicht die Wiedergabe des Inhalts, dieses kann der Urheber mit dem Recht der öffentlichen Wiedergabe kontrollieren, sondern nur die Verbreitung von körperlichen Werkexemplaren[351]. Art. 19 TRLPI verlangt daher die Verbreitung von Werkstücken[352].

Zu einer solchen Verbreitung hatten z. B. die Künstler, die die Berliner Mauer bemalten, den Eigentümer der Mauer nicht ermächtigt. Sie waren daher an den Erlösen aus der Veräußerung von Teilen der Mauer angemessen zu beteiligen[353].

Während nach deutschem Recht bereits das Anbieten von Werkstücken gegenüber einer Öffentlichkeit ausdrücklich das Verbreitungsrecht verletzt, ist dies in Spanien nicht der Fall[354]. Auf der anderen Seite ist das Verbreitungsrecht aus Art. 19 TRLPI aber bereits verwirklicht, wenn das Werk einer Öffentlichkeit zur Verfügung gestellt wird und nicht erst wenn das Werk in der Öffentlichkeit in Verkehr gebracht wird. Das spanische Verbreitungsrecht ist demnach einerseits weiter und andererseits enger gefasst als das deutsche Verbreitungsrecht aus § 17 UrhG.

aa) Anbieten eines Werkes

Das deutsche Urheberrecht versteht unter der Verbreitung im Gegensatz zum spanischen Urheberrecht ausdrücklich auch das Anbieten des Werkes an eine Öffentlichkeit. In Spanien ist jedoch umstritten, ob nicht trotzdem das Angebot an die Öffentlichkeit für die Verwirklichung des Tatbestandes der Verbreitung aus Art. 19 TRLPI ausreichen soll. Teilweise wird eine solche Auslegung be-

---

349 Schricker-*Loewenheim* § 17 Rn. 1.

350 Bercovitz-*García Rivas* Art. 270 S. 1996; *González Gómez*, El tipo básico, S. 173; *Marco Molina*, Propiedad intelectual, S. 245.

351 Amtl. Begr. UFITA 45 (1965), 240, 262; *Becker* in *Becker/Dreier*, Digitale Technologie, S. 45, 63; Fromm/Nordemann-*Vinck* § 17 Rn. 1; *Hildebrandt*, Strafvorschriften des Urheberrechts, S. 86; Schricker-*Loewenheim* § 17 Rn. 2, *Rehbinder* Rn. 205.

352 Bercovitz Rodríguez Cano/*Riviero Hernández* Art. 19, S. 346; *Garrote Fernández-Díez*, Derecho de autor en internet, S. 247; *Quintero Olivares/Benítez*, Protección penal, S. 69; *Marco Molina*, Propiedad intelectual, S. 249; *Miguel Asensio*, Derecho privado de internet, Rn. 191; *Plaza Penadés* RdP 2000, 87, 95; Quintero Olivares/*Quintero Olivares* Art. 270 S. 1222.

353 *BGHZ* 129, 66 „Mauerbilder".

354 Zu undifferenziert: *Müller*, Das neue spanische Urheberrecht im Vergleich zum deutschen Recht unter besonderer Berücksichtigung der europäischen Urheberrechtsharmonisierung, S.193.

fürwortet[355]. Die in Spanien herrschende Ansicht geht jedoch davon aus, dass das Angebot allein noch nicht für die Verwirklichung des Art. 19 TRLPI und damit auch nicht für die Verwirklichung des Art. 270 S. 1 CP genügt[356]. Erforderlich sei vielmehr neben einem konkreten Anbieten auch die Veräußerung des Werkstückes, so dass der Veräußerer jegliche Einflussnahmemöglichkeit auf das konkrete Werkstück verliere und es damit in den Verkehr gelange[357].

In Deutschland ist im Gegensatz zu Spanien mit dem Anbieten eines Werkes daher auch eine Vorbereitungshandlung zum Inverkehrbringen eines Werkes vom Verbreitungsrecht erfasst[358]. Hierdurch wird der Versuch des Inverkehrbringens zur vollendeten Verbreitungstat erhoben. In Spanien hingegen ist in solchen Fällen gem. Art. 15.1 CP allenfalls ein Versuch von Art. 270 CP oder die Verwirklichung von Art. 270 S. 2 CP denkbar.

Unter dem Anbieten eines Werkes wird in Deutschland jede Aufforderung zum Eigentums- oder Besitzerwerb des Werkstückes verstanden[359]. Es braucht sich nicht um ein Angebot zum Verkauf zu handeln, auch das Angebot zum Vermieten oder zum Verleih oder zu einer sonstigen Überlassung genügt[360]. Das Begriff des Angebotes ist nicht strikt zivilrechtlich im Sinne der §§ 145ff. BGB, sondern wirtschaftlich zu verstehen[361]. Folglich fällt auch die zivilrechtliche „invitatio ad offerendum" unter den Angebotsbegriff des § 17 UrhG.

---

355 Bercovitz Rodríguez Cano/*Riviero Hernández* Art. 19, S. 345; *Ferré Olivé*, ADPCP 1991, 80.

356 *Busch*, Protección Penal en España y Alemania, S. 134; Quintero Olivares/*Quintero Olivares* Art. 270 S. 1222; *ders./Benítez*, Protección penal, S. 68; Rodríguez Mourullo/Jorge Barreiro-*Jorge Barreiro* Art. 270 S. 772; Tapia/Román-*Tapia* Art. 19, S. 101.

357 *Busch*, Protección Penal en España y Alemania, S. 133; Quintero Olivares/*Quintero Olivares* Art. 270 S. 1222; Rodríguez Mourullo/Jorge Barreiro-*Jorge Barreiro* Art. 270 S. 772.

358 KG NStZ 1983, 561, 562 = KG GRUR 1983, 174 „Videoraubkassetten"; Schricker-*Loewenheim* § 17 Rn. 6.

359 *OLG Düsseldorf*, GRUR 1983, 760, 761 „Standeinrichtung oder Ausstellung"; KG GRUR 1983, 174 „Videoraubkassetten"; *LG Wuppertal*, CR 1987, 599; *Hildebrandt*, Strafvorschriften des Urheberrechts, S. 102; Fromm/Nordemann-*Nordemann* § 17 Rn. 3; Schricker-*Haß* § 106 Rn. 4; Schricker-*Loewenheim* § 17 Rn. 7.

360 Amtl. Begr. BTDrucks IV/270 S. 48; KG GRUR 1983, 174 „Videoraubkassetten"; *LG Wuppertal*, CR 1987, 99, 600; *Erdmann* CR 1986, 249, 257; Fromm/Nordemann-*Nordemann* § 17 Rn. 3; Schricker-*Loewenheim* § 17 Rn. 7.

361 KG GRUR 1983, 174 „Videoraubkassetten"; Schricker-*Loewenheim* § 17 Rn. 7; Schricker-*Haß* § 106 Rn. 4.

bb) Inverkehrbringen[362] und „zur Verfügung stellen"

Während das deutsche Recht neben dem Anbieten von Werkstücken das Inverkehrbringen von Werkstücken als Verbreitungshandlung nennt, verlangt das spanische Recht die Zurverfügungstellung des Werkes. Aus diesen unterschiedlichen Formulierungen ergeben sich Unterschiede hinsichtlich der Reichweite des Verbreitungsrechtes.

Das Tatbestandsmerkmal des Inverkehrbringens aus §§ 106 Abs. 1 i. V. m. 15 Abs. 1 Nr. 2, 17 Abs. 1 UrhG ist in Deutschland ähnlich zu verstehen wie der Begriff des Inverkehrbringens aus § 146 Abs. 1 Nr. 1 StGB[363]. In den §§ 146-148 StGB wird Geld durch einen Vorgang „in den Verkehr gebracht", durch den der Täter das Falschgeld als Geld aus seinem Gewahrsam oder aus seiner sonstigen Verfügungsgewalt entlässt[364], so dass ein anderer tatsächlich in die Lage versetzt wird, sich des falschen Geldes zu bemächtigen und mit ihm nach Belieben umzugehen[365]. Übertragen auf das Urheberrecht bedeutet dies, dass das Tatbestandsmerkmal verwirklicht ist, wenn der Täter das Werkstück derart aus seinem Gewahrsam entlassen hat, dass ein anderer in der Lage ist, sich der Sache zu bemächtigen und mit ihr nach seinem Belieben umzugehen[366]. Eine Veräußerung ist nicht erforderlich. Jede Besitzüberlassung reicht aus, insbesondere auch ein Vermieten und Verleihen von Werkstücken[367]. Der Gegenstand – das Werkstück – muss jedoch tatsächlich in die Verfügungsgewalt des Dritten geraten[368].

In Spanien verlangt das Tatbestandsmerkmal der Zuverfügungstellung, dass der Veräußerer jegliche Einflussnahmemöglichkeit auf das konkrete Werkstück verliert und es damit in den Verkehr gelangt[369]. Nicht erforderlich ist hingegen,

---

362 Vgl. dazu auch: *Hildebrandt*, Strafvorschriften des Urheberrechts, S. 90f.

363 *Weber*, Strafrechtlicher Schutz, S. 211.

364 RGSt 67, 167; *BGH*,NJW 1952, 311; S/S-*Stree/Sternberg-Lieben* § 146 Rn. 21; *Tröndle/Fischer* § 146 Rn. 5.

365 *BGH*St 35, 23; *BGH*,NJW 1996, 2802.

366 Schricker-*Haß* § 106 Rn. 4; *Weber*, Strafrechtlicher Schutz, S. 211.

367 *BGH*,GRUR 1987, 37; *Schack* Rn. 386.

368 *Hildebrandt*, Strafvorschriften des Urheberrechts, S. 98; *Horn* NJW 1977, 2329, 2333; Möhring/Nicolini-*Kroitzsch* § 17 Rn. 2; *Sternberg-Lieben*, Musikdiebstahl, S. 62; Schricker-*Haß* § 106 Rn. 4; *Weber*, Strafrechtlicher Schutz, S. 211; ähnlich: RGZ 107, 277, 281.

369 *Busch*, Protección Penal en España y Alemania, S. 133; Quintero Olivares/*Quintero Olivares* Art. 270 S. 1222; Rodríguez Mourullo/Jorge Barreiro-*Jorge Barreiro* Art. 270 S. 772.

dass die tatsächliche Verfügungsgewalt über das Werkstück auf einen Dritten übergeht[370].

Die Tatbestandsmerkmale des Inverkehrbringens aus § 17 UrhG und das der „zur-Verfügung-Stellung“ aus Art. 19 TRLPI unterscheiden sich mithin dadurch, dass in Deutschland verlangt wird, dass die Verfügungsgewalt tatsächlich auf Dritte übergeht, während in Spanien dies nicht Voraussetzung einer Verbreitung ist. Hiernach ist das Verlieren eines Werkstückes in einer Menschenmenge nach spanischem Recht selbst dann als Verbreitungshandlung gem. Art. 19 TRLPI zu bewerten, wenn das Werkstück von niemandem wahrgenommen wird.

cc) Öffentlichkeit

Gem. § 17 UrhG fällt in Deutschland nicht jedes Angebot unter den Verbreitungstatbestand, sondern nur solche Angebote, die sich an eine Öffentlichkeit richten. Ein Angebot, das nicht gegenüber der Öffentlichkeit abgegeben wird, greift somit nicht in das ausschließliche Verwertungsrecht des Urhebers gem. § 17 UrhG ein und kann daher auch nicht den Straftatbestand des § 106 Abs. 1 UrhG verwirklichen. Den Begriff der Öffentlichkeit definiert § 15 Abs. 3 UrhG, der jedoch direkt nur auf die Verwertungsrechte des § 15 Abs. 2 UrhG angewendet werden kann. Die ganz herrschende Meinung wendet jedoch § 15 Abs. 3 UrhG entsprechend auch auf § 17 UrhG an[371]. Umstritten ist, ob das Inverkehrbringen ebenso wie das Angebot gegenüber der Öffentlichkeit erfolgen muss. Vom Wortlaut des § 17 UrhG bezieht sich das Merkmal der Öffentlichkeit allein auf das Anbieten. Überwiegend wird jedoch gefordert, dass auch das Inverkehrbringen gegenüber der Öffentlichkeit erfolgen muss[372].

---

370 *Busch*, Protección Penal en España y Alemania, S. 133; Quintero Olivares/*Quintero Olivares* Art. 270 S. 1222; Rodríguez Mourullo/Jorge Barreiro-*Jorge Barreiro* Art. 270 S. 772.

371 *BGHZ* 113, 159 160 „Einzelangebot“; *BGH*, GRUR 1982, 102, 103 „Masterbänder“; *BGH*, GRUR 1985, 129, 130 „Elektrodenfabrik“; Fromm/Nordemann-*Nordemann* § 17 Rn. 2; *v. Gamm* § 17 Rn. 5; Möhring/Nicolini-*Kroitzsch* § 17 Rn. 11; Schricker-*Loewenheim* § 17 Rn. 10.

372 *BGHZ* 113, 159, 160 „Einzelangebot“; *BGH*, GRUR 1985, 129, 130 „Elektrodenfabrik“; KG GRUR 1983, 174 „Videoraubkassetten“; *OLG Hamburg*, GRUR 1972, 375, 376 „ Polydor II“; Fromm/Nordemann-*Nordemann* § 17 Rn. 2; *Rehbinder* Rn. 197; Schricker-*Loewenheim* § 17 Rn. 12, 13; Schricker-*Haß* § 106 Rn. 4; a.A.: Möhring/Nicolini-*Kroitzsch* § 17 Rn. 19; *Weber*, Strafrechtlicher Schutz, S. 213; vgl. hierzu auch: *Heinrich*, Strafbarkeit, S. 231ff.

Das Angebot muss sich daher gem. § 15 Abs. 3 UrhG an eine Mehrzahl von im Einzelnen nicht bestimmt abgrenzbaren Personen richten, die untereinander nicht durch gegenseitige persönliche Beziehungen oder durch Beziehungen zum Anbietenden verbunden sind. Das Angebot muss folglich die private Sphäre des Anbietenden verlassen und sich an Dritte richten[373]. Im Bereich der körperlichen Verwertung eines Werkes genügt jedoch unter Umständen das Angebot an eine Person, wenn diese einer Öffentlichkeit angehört.[374]

Auch in Spanien muß sich die Verbreitungshandlung an die Öffentlichkeit richten. Eine Definition des Begriffes der Öffentlichkeit findet sich in Art. 20.1 TRLPI. Diese Definition gilt nach in Spanien unbestrittener Auffassung sowohl für das Recht der öffentlichen Wiedergabe gem. Art. 20 TRLPI als auch für das Verbreitungsrecht aus Art. 19 TRLPI.[375] Nach Satz 2 jener Definition wird der Begriff der Öffentlichkeit negativ abgegrenzt, indem all jene Handlungen ausgeschlossen werden, die sich in einer strikt häuslichen Umgebung abspielen. Diese darf weder Bestandteil eines Verbreitungsnetzes gleich welcher Art sein noch mit einem solchen verbunden sein. Nach dem Wortlaut von Art. 20.1 TRLPI müsste es zur Bejahung des Öffentlichkeitsbegriffes im Rahmen von Art. 19 TRLPI daher als ausreichend angesehen werden, wenn das Werkstück die Privatsphäre des Täters verlässt[376]. Trotzdem legt die herrschende Ansicht in Spanien den Begriff der Öffentlichkeit dahingehend aus, dass diese Voraussetzung im Rahmen von Art. 19 TRLPI nur dann als erfüllt angesehen wird, wenn es sich um einen großen Personenkreis ohne interne persönliche Bindungen handelt[377]. Eine Verletzung des Verbreitungsrechtes kann hiernach im Unterschied zum deutschen Recht nicht bejaht werden, wenn das Angebot als Vorstufe der Verbreitungshandlung sich lediglich an eine Person richtet, auch wenn diese nicht durch persönliche Bande mit dem Täter verbunden ist.

---

373 Zu der Problematik, ob bereits ein Einzelangebot gegenüber einem der Öffentlichkeit angehörenden Interessenten die Vorgaben des § 15 Abs. 3 UrhG erfüllt und ob das Vervielfältigungsstück zum Zeitpunkt des Angebots bereits vorhanden sein muss vgl.: *BGHZ* 113, 159, 160 „Einzelangebot"; *Heinrich*, Strafbarkeit, S. 221ff.

374 *BGHZ* 113, 159, 160 „Einzelangebot"; *Hildebrandt*, Strafvorschriften des Urheberrechts, S. 106.

375 Bercovitz Rodríguez Cano/*Riviero Hernández* Art. 19, S. 344; *González Gómez*, El tipo básico, S. 175; *Marco Molina*, Propiedad intelectual, S. 246.

376 *Busch*, Protección Penal en España y Alemania, S. 135.

377 Bercovitz-*Riviero Hernández* S. 374; *Quintero Olivares/Benítez*, Protección penal, S. 68.

dd) Erschöpfung des Verbreitungsrechtes

Das Gesetz unterstellt zwar jede Verbreitungshandlung dem Ausschließlichkeitsrecht des Urhebers, will ihm aber im Normalfall nur die Erstverbreitung überlassen, um den Geschäftsverkehr nicht übermäßig zu belasten. Den Interessen des Urhebers ist grundsätzlich Genüge getan, wenn der Urheber bei der ersten Verbreitungshandlung die Möglichkeit gehabt hat, seine Zustimmung von der Zahlung eines Entgelts abhängig zu machen. Dann sollen die weiteren Verbreitungshandlungen im Interesse des Verkehrs frei sein[378]. Dieser Grundsatz ist als sog. Erschöpfungsgrundsatz in § 17 Abs. 2 UrhG[379] und Art. 19.2 TRLPI normiert.

Der Erschöpfungsgrundsatz gilt nach deutschem Recht nicht für die Vermietung, § 17 Abs. 2 und Abs. 3 UrhG. Ohne Zustimmung des Urhebers sind daher in Deutschland nach Erschöpfung des Verbreitungsrechtes der Verkauf und das Verleihen des Werkstückes zulässig. In Spanien ist demgegenüber das Verleihen eines Werkes unzulässig, wenn sich das Verbreitungsrecht erschöpft hat, da sich in Spanien die Erschöpfungswirkung gem. Art. 19 TRLPI nur auf die Verbreitung mittels Verkauf bezieht.

Ist Erschöpfung eingetreten, so sind die Verbreitungshandlungen nicht mehr tatbestandsmäßig i. S. v. § 106 Abs. 1 UrhG und Art. 270 CP. Es fehlt nicht etwa nur an der Rechtswidrigkeit – wie der Wortlaut von § 17 Abs. 2 UrhG[380] vermuten lassen könnte. Ebenso bestimmt der Wortlaut von Art. 19.2 TRLPI, dass das Verbreitungsrecht „erlischt“. Das Verbreitungsrecht existiert mithin fortan nicht mehr, so dass die Handlungen in strafrechtlicher Hinsicht tatbestandslos sind.

b) Verbreiten eines Werkes bei „Online-Zugänglichmachung“

Nach dem deutschen Recht kommt bei der Online-Zugänglichmachung von Musikwerken eine Verletzung des Verbreitungsrechtes in der Alternative des Anbietens an die Öffentlichkeit in Betracht. Im herkömmlichen Sprachgebrauch wird der Begriff des Anbietens tatsächlich in einer Art und Weise benutzt, die es nahelegen könnte, das Bereithalten von Musikwerken im *Internet* zum Abruf als Anbieten an die Öffentlichkeit zu verstehen. Nach spanischem Recht muß eine Anwendung von Art. 19 TRLPI auf die „Online-Zugänglichmachung“ unter dem Gesichtspunkt des Anbietens von Werken an die Öffentlichkeit von vorn-

---

378 *BGH*, GRUR 1995, 673; *Rehbinder* Rn. 206; *Reimer* GRUR Int. 1972, 221.

379 Vgl. hierzu: Fromm/Nordemann-*Nordemann* § 17 Rn. 8f.; Schricker-*Haß* § 106 Rn. 4; Schricker-*Loewenheim* § 17 Rn. 35ff.; *Weber*, Strafrechtlicher Schutz, S. 214ff.

380 *v. Gamm* § 106 Rn. 2; „zulässig“, *Hildebrandt*, Strafvorschriften des Urheberrechts, S. 111; Schricker-*Haß* § 106 Rn. 4; *Weber*, Strafrechtlicher Schutz, S. 214.

herein ausscheiden, da das Anbieten von Werkstücken nicht unter das Verbreitungsrecht fällt. Auch im übrigen wird in Spanien ganz herrschend davon ausgegangen, dass die Online-Zugänglichmachung von urheberrechtlich geschützten Werken keine Verletzung des Verbreitungsrechtes aus Art. 19 TRLPI darstellt[381], da es sich beim Verbreitungsrecht um ein Recht der körperlichen Verwertung von Werken handelt.

Auch in Deutschland aber scheidet eine direkte Anwendung des § 17 UrhG auf die „Online-Verbreitung" aus[382]. § 17 UrhG erfasst nämlich das Anbieten als eine die nachfolgende Verbreitung vorbereitende Handlung. Damit ist aber für das Verbreitungsrecht Voraussetzung, dass das angebotene Werkexemplar selbst zur Zirkulation bestimmt ist. Dieses bleibt bei der Online-Übermittlung jedoch auf dem Server. Ein Besitzverlust beim „Anbieter" tritt nicht ein. Das Verbreitungsrecht ist nach der Systematik des deutschen Gesetzes in § 15 Abs. 1 und Abs. 2 UrhG ein Recht der körperlichen Verwertung[383]. Es umfasst daher ausschließlich körperliche Gegenstände[384]. Wenn ein Werk der Musik online übertragen wird, entstehen keine körperlichen Vervielfältigungsstücke. Beim vorhergehenden Uploaden wird zwar ein weiteres Exemplar des Werkes hergestellt, dabei wird aber nicht ein körperliches Exemplar an einen Server „weitergegeben". Es werden nicht die Stücke selbst, sondern nur die Daten der zuvor eingelesenen Werke herausgelesen und an den Nutzer verschickt[385].

---

381 *Massaguer/Salelles* RGD núm. 636 (Sept. 1997), S. 10927, 10952; *Miguel Asensio*, Derecho privado de internet, Rn. 191; *Plaza Penadés* RdP 2000, 87, 95; a.A. wohl.: *Serrano Gómez, E.*, Propiedad intelectual y nuevas tecnologías, S. 92.

382 *Becker* ZUM 1995, 231, 244; *ders.* in: *Becker/Dreier*, Digitale Technologie, S. 45, 62; *Cichon* K&R 1999, 547, 548; *Dreier* in *Schricker*, Informationsgesellschaft, S. 101, 128; *A. Freitag* in: *Kröger/Gimmy*, Internetrecht, S. 331, 354; Hdb. MMR-*Gahrau* 7.1 Rn. 76; *Heermann* MMR 1999, 3, 5; *Katzenberger* AfP 1997, 434, 437; *Koch* GRUR 1997, 417, 425; *Leupold* CR 1998, 2234, 2239; *ders./Demisch* ZUM 2000, 379, 382; *v. Lewinski* in: *Lehmann*, Cyberlaw, S. 149, 160; *Nippe*, Urheber und Datenbank, S. 216, 218; *Plaß* WRP 2000, 599, 601; Schricker-*v. Ungern – Sternberg* § 15 Rn. 20ff.; *Schwarz* GRUR 1996, 836, 839; *Spindler* ZUM 1996, 533, 543; ders.: JZ 2002, 60, 64; *Strömer*, S. 180; *Waldenberger* ZUM 1997, 176, 178; *Wandtke/Schäfer* GRUR Int. 2000, 187, 189; *Zscherpe* MMR 1998, 404, 409; einschränkend: *Hoeren* CR 1996, 517, 518; ausdrücklich zustimmend: Hdb. MMR-*Raue/Hagemann* 7.5 Rn. 133/134; a.A.: Mäger CR 1996, 522, 524 zu § 69c Nr. 3 UrhG (allerdings ohne Begründung), so wohl auch: *Mönkemöller* GRUR 2000, 663, 667.

383 Vgl. oben Seite 114f.

384 Amtl. Begr. UFITA 45 (1965), 240, 262; Fromm/Nordemann-*Vinck* § 17 Rn. 1, 7; Schricker-*Loewenheim* § 17 Rn. 2, *Rehbinder* Rn. 205, *Becker* in *Becker/Dreier*, Digitale Technologie, S. 45, 63.

385 *Becker* ZUM 1995, 231, 244; *ders.* in: *Becker/Dreier*, Digitale Technologie, S. 45, 62.

Während in Spanien eine entsprechende Anwendung des Verbreitungsrechtes auf *Internet*-Sachverhalte nicht erörtert wird, ist die Diskussion in Deutschland in vollem Gange:

Neben § 17 UrhG findet sich der Begriff des Verbreitens unter anderem auch in § 184 Abs. 3 Nr. 1 StGB. Hierzu vertritt der *BGH* die Auffassung, dass ein Verbreiten nicht nur vorliege, wenn Schriften ihrer Substanz nach weitergegben würden. Die Datenübertragung im *Internet* erfordere vielmehr einen für diese Form der Publikation spezifischen Verbreitensbegriff. Ein Verbreiten im *Internet* liege danach vor, wenn die Datei auf dem Rechner des Internetnutzers – sei es im (flüchtigen) Arbeitsspeicher oder auf einem (permanenten) Speichermedium – angekommen sei[386]. Auf das Urheberstrafrecht kann dies jedenfalls nicht übertragen werden. Der *BGH* hat seine Auslegung ausdrücklich mit der vom Gesetzgeber in § 11 Abs. 3 StGB vorgenommenen Gleichstellung des Datenspeichers mit Schriften begründet. Gerade die Einbeziehung des flüchtigen, unkörperlichen Arbeitsspeichers in § 11 Abs. 3 StGB zeige, dass es auf eine Verkörperung nicht mehr ankommen könne[387]. Anders als im StGB existiert eine solche Verweisung im Urheberrecht jedoch nicht. Auch eine entsprechende Anwendung des Verbreitungsbegriffes aus § 184 Abs. 3 Nr. 1 StGB auf § 106 Abs. 1 UrhG kommt nicht in Betracht, da es bei § 106 Abs. 1 UrhG um die Verbreitung von Werken und nicht um die von Schriften geht. Folge einer solchen Anwendung wäre weiterhin die Auflösung der Systematik von § 15 Abs. 1 UrhG und § 15 Abs. 2 UrhG, die strikt zwischen Verwertungshandlungen in körperlicher und unkörperlicher Form trennen. Überdies würde eine Anwendung des Verbreitungsbegriffes aus § 184 Abs. 3 Nr. 1 StGB zu Schwierigkeiten im Hinblick auf die Erschöpfung des Verbreitungsrechtes aus § 17 Abs. 2 UrhG führen, da Erschöpfung einträte, sobald das Werk im Speicher des Nutzers vorhanden ist, obwohl das Original beim Anbieter verbleibt.

Koch[388] und auch *Zscherpe*[389] sind der Ansicht, dass § 17 UrhG bei Online-Zugänglichmachung entsprechend angewendet werden müsse. Zur Begründung führen sie aus, dass ansonsten ein Rechtsfolgenkonflikt entstünde: Auf der einen Seite sei der Online-Verkauf von Software in entsprechender Anwendung von §§ 433 BGB[390] und die Übereignung selbiger gem. §§ 929ff. BGB möglich, auf der anderen Seite soll aber durch den Online-Verkauf keine Erschöpfung gem. § 17 Abs. 2 UrhG eintreten, da § 17 UrhG nur auf die körperliche Verwer-

---

386 *BGH*, NStZ 2001, 596, 597.
387 *BGH*, NStZ 2001, 596, 597.
388 *Koch* GRUR 1997 417, 425.
389 *Zscherpe* MMR 1998, 404, 406.
390 *BGHZ* 109, 97 – jedoch nur bezüglich eines Vertrages auf dauerhafte Überlassung von Standardsoftware.

tung Anwendung finden könne[391]. Folge hiervon wäre, dass die weitere Verbreitung durch den Käufer vom Urheber unterbunden werden könnte, da Erschöpfung seines ausschließlichen Verbreitungsrechts nicht eintritt. Aus diesem Grund müsse § 17 UrhG erweiternd ausgelegt werden, wenn beim Empfänger der übertragenen Daten ein Vervielfältigungsexemplar entsteht. Dies führe auch nicht zu dogmatisch konstruktiven Problemen, da § 17 Abs. 2 UrhG nur auf das durch Veräußerung bereits in Verkehr gebrachte verkörperte Exemplar abstelle[392]. Die Folgen einer solchen Auslegung für den Musikmarkt wären eklatant. So könnte der Urheber eines Musikwerkes, nachdem das Werk zum ersten Mal mit seinem Willen innerhalb der EU verbreitet wurde, wenn es also im Handel frei erhältlich ist, die Weiterverbreitung im *Internet* nicht mehr untersagen, da sein Verbreitungsrecht erschöpft wäre. Die „Verbreitung" von Musikwerken im *Internet*, die mit Zustimmung des Urhebers in den Verkehr gelangt sind, wäre dementsprechend im Rahmen von § 17 Abs. 2 UrhG urheberrechtsfrei und damit straflos.

Unabhängig von der Frage der Zulässigkeit einer solchen Analogie im Strafrecht gem. Art. 103 Abs. 2 GG soll hier zunächst untersucht werden, ob diese Analogie überhaupt in Betracht kommt.

Die analoge Anwendung einer Norm erfordert zunächst eine unbeabsichtigte Regelungslücke im Gesetz[393]. Sodann muss der ungeregelte Tatbestand dem geregelten so ähnlich sein, dass es ein Gebot der Gerechtigkeit ist, beide Tatbestände gleich zu behandeln[394]. Eine solche unbeabsichtigte Regelungslücke liegt hier jedoch nicht vor. Der Gesetzgeber wollte in § 15 Abs. 1 UrhG ausschließlich die körperliche Verwertungsform erfassen. Darunter versteht er Verwertungsformen, „die unmittelbar das Original oder Vervielfältigungsstücke des Originals zum Gegenstand haben."[395] Eine analoge Anwendung von §§ 15 Abs. 1 Nr. 2, 17 UrhG würde voraussetzen, dass dem Gesetzgeber unterstellt werden könnte, er hätte bei Kenntnis des *Internets* und der Technik der Online-Zugänglichmachung diese unkörperliche Verbreitung ebenfalls unter § 17 UrhG gefasst und habe dies nur deshalb nicht getan, weil er diese neue Art der Verwertung im Jahre 1965 noch nicht kennen konnte. Aus den Gesetzesmaterialien und der Systematik des § 15 UrhG ergibt sich aber etwas anderes. Die §§ 15 Abs. 1, 16-18 UrhG sollten im Gegensatz zu §§ 15 Abs. 2, 19-22 UrhG ausdrücklich nur körperliche Verwertungsformen betreffen[396]. Demnach kann

---

391 Ähnlich zu Art. 3 Abs. 3 UrhRL: *Dreier,* ZUM 2002, 28, 33.

392 *Koch* GRUR 1997, 417, 426; ähnlich jetzt auch *Berger* GRUR 2002, 198, 201f., der darauf abstellt, ob es zu einer „Veräußerung" des Werkstückes kommt.

393 *BGHZ* 65, 300, 302; *BGH,* NJW 1988, 2109, 2110.

394 *BGHZ* 105, 140, 143f.; *BGH,* NJW 1988, 2109, 2110.

395 Amtl. Begr. UFITA 45 (1965) 240, 260.

396 Amtl. Begr. UFITA 45 (1965) 240, 260.

ein Recht der unkörperlichen Verwertung nicht unter § 15 Abs. 1 UrhG fallen, sondern allenfalls unter § 15 Abs. 2 UrhG. Schließlich sollten auch zukünftige Verwertungsformen von § 15 UrhG erfasst werden[397], was jedoch nicht dazu führen sollte, die Systematik des § 15 UrhG zu durchbrechen. Von daher kann auch gar keine Rede davon sein, dass der Gesetzgeber zukünftige Verwertungsformen nicht mit in seinen Normsetzungswillen aufgenommen hätte. Vielmehr spricht die Fassung des § 15 UrhG und des § 31 Abs. 4 UrhG gerade für das Gegenteil. Auch ergibt sich kein Rechtsfolgenkonflikt zwischen der Veräußerung von Computersoftware „offline" und „online". Anders als bei Datenträgern, bei denen das geistige Eigentum an ein physisches Trägermedium gebunden ist, stellt jede Online-Leistung nämlich eine Handlung dar, die, sofern das Urheberrecht dies vorsieht, genehmigungspflichtig ist[398]. Der Erschöpfungsgrundsatz kann daher im Falle der Erbringung von Werken „online" keine Anwendung finden, da es sich hierbei um Dienstleistungen[399] handelt, die im Prinzip unendlich oft wiederholt werden können, ähnlich wie bei einem Film, bei dem es zum wesentlichen Inhalt des Urheberrechts gehört, für jede einzelne Vorführung des Werkes eine Vergütung zu verlangen[400]. Dementsprechend hat die europäische Kommission auch in ihrem Vorschlag für die Richtlinie zur Harmonisierung des Urheberrechts und der verwandten Schutzrechte in der Informationsgesellschaft deutlich gemacht, dass der Erschöpfungsgrundsatz lediglich auf das Recht der Verbreitung von Waren, nicht aber auf die Erbringung von Online-Diensten Anwendung findet[401]. Mit dem Erschöpfungsgrundsatz soll verhindert werden, dass dem Urheber eine bleibende ausschließliche Befugnis zum Handel mit rechtmäßig in Verkehr gebrachten Werkstücken gewährt wird. Dies soll durch die Erlaubnis der Weiterverbreitung von rechtmäßig durch Veräußerung in Verkehr gebrachten Werkstücken erreicht werden. Dem Urheber soll die Erstverbreitung eines Werkstückes vorbehalten bleiben; danach besteht ein Vergütungsanspruch des Urhebers mit Bezug auf das Werkstück nur noch ausnahmsweise in den Fällen der §§ 26, 27 UrhG.

Im Gegensatz zur Weiterverbreitung körperlicher Werkstücke macht es die unkörperliche Übermittlung von Werken im *Internet* jedoch möglich, Werke zu verbreiten, ohne das eigene Exemplar jemals aus der Hand zu geben. Für den Empfänger ist es nicht mehr notwendig, dass ihm der Besitz an einem körperli-

---

397 Amtl. Begr. UFITA 45 (1965) 240, 242, 260; Schricker-*v. Ungern-Sternberg* § 15 Rn. 17; vgl. auch § 31 Abs. 4 UrhG.

398 ABl. EG Nr. L 122, 17. 05. 1991 (Richtlinie 96/6 EG), Erwägungsgründe 33 (Urheberrecht) und 43 (Weiterverwendungsrecht); *EuGH* Slg. 1980, 881 „CODITEL I"; *EuGH* Slg. 1982, 3381 „CODITEL II".

399 Krit. dazu: *Hoeren* MMR 2000, 515, 517.

400 *Gaster* GRUR Int. 2000, 571, 580.

401 Erwägungsgrund 19, KOM (97) 628 endg., 10.12.1997, S. 45; insoweit nicht geändert in KOM (1999) 250 endg., 21.05.1999, S. 15; Art. 4 Abs. 2, 3 Abs. 3 UrhRL.

chen Vervielfältigungsstück übertragen wird. Würde der Erschöpfungsgrundsatz uneingeschränkt auf die unkörperliche Übermittlung von Werken angewandt, so wäre ein erweitertes Verbreitungsrecht wertlos, weil es über § 17 Abs. 2 UrhG ausgehöhlt und die fraglichen Werke beliebig von Dritten im *Internet* verbreitet werden könnten.

Hoeren[402] ist der Ansicht, dass mit der Digitalisierung die Grenzen zwischen körperlicher und unkörperlicher Verbreitung verschwimmen, da die Werke in Sekundenschnelle von der körperlichen Form in die unkörperliche transformiert werden können und zurück. Aus diesen Gründen bedürfe es eines neuen Abgrenzungskriteriums. Entscheidend sollte daher der objektivierte Wille des Anbieters sein. Liegt in seinem Angebot primär die Aufforderung zum Eigentums- oder Besitzerwerb des Werkstücks, so handele es sich um eine Verbreitung, wohingegen eine öffentliche Wiedergabe vorliege, wenn mit dem Anbieten zum Abruf nach den näheren Umständen nicht der Erwerb von Vervielfältigungsstücken verbunden sein solle[403]. Im Ergebnis käme es daher für die urheberrechtliche Beurteilung darauf an, ob der einzelne Dienst eher als Informations- oder als Transaktionsdienst anzusehen ist. Um eine Art der öffentlichen Wiedergabe handele es sich nur bei den reinen Informationsdiensten, bei denen der Nutzer das Werk regelmäßig in seinen Arbeitsspeicher lädt und auf dem Bildschirm betrachtet bzw. über eine Abspielvorrichtung akustisch wahrnehmbar macht. Bei Transaktionsdiensten hingegen, bei denen die dauerhafte Speicherung von Werken auf der Festplatte im Vordergrund steht, handele es sich um eine Form der Verbreitung[404]. Die „Online-Verbreitung" von Musikwerken findet allein durch Transaktionsdienste statt wie FTP, WWW oder P2P. Nach Ansicht von *Hoeren* wäre mithin bei der Musikpiraterie im *Internet* von einer Verletzung des Verbreitungsrechtes auszugehen.

Diese Ansicht übersieht jedoch, dass nach der geltenden Rechtslage das vorrangige Abgrenzungskriterium zwischen den Verwertungsarten des § 15 Abs. 1 UrhG und des § 15 Abs. 2 UrhG die Körperlichkeit der Verwertung ist. Sollte ein Dienst sich als Transaktionsdienst erweisen, so ändert dies letztlich nichts daran, dass die „Verbreitung" in Computernetzen unkörperlich erfolgt und daher § 17 UrhG nicht einschlägig sein kann. Auch kann im Einzelfall schwierig sein, ob es sich vorrangig um einen Transaktionsdienst handelt, welcher das Eingreifen von § 17 UrhG und damit auch das der gemeinschaftsweiten Erschöpfung zur Folge hat oder um einen Informationsdienst. Gerade im Be-

---

402 *Hoeren* CR 1996, 517, 518; zustimmend: Hdb. MMR-*Raue/Hagemann* 7.5 Rn. 133/134.

403 *Hoeren* CR 1996, 517, 519.

404 *Hoeren* CR 1996, 517, 520.

reich des WWW, das alle Dienste in sich vereinigt, kann dies zu Abgrenzungsproblemen führen[405].

Schwarz[406] ist der Ansicht, dass in § 17 UrhG entsprechend der Empfehlung des „NII White Paper" das Recht „to distribute copies or phonorecords of the copyrighted work to the public" zu 17 U.S.C. § 106 (3) so auszudehnen sei, dass auch die unkörperliche Verbreitung von Werken darunter fällt[407].

Eine solche Änderung wäre aber nach der derzeitigen Struktur des UrhG systemwidrig. § 15 Abs. 1 UrhG versteht das Verbreitungsrecht als Recht der körperlichen Verwertung. Um Widersprüche zu vermeiden, müsste daher im Rahmen einer solchen Änderung auch § 15 UrhG geändert werden. Es erscheint aber zweifelhaft, ob die gegenwärtige Entwicklung im Rahmen der Kommunikationstechnologie zum Anlass genommen werden soll, das sinnvolle und klar strukturierte System der Verwertungsrechte im deutschen UrhG auf diese Weise zu verwässern. Vielmehr sollten die Probleme der Übertragung von Werken im *Internet* dort gelöst werden, wo sie nach der Systematik des Urheberrechts anzusiedeln sind: bei den unkörperlichen Verwertungsrechten.

Eine analoge Anwendung § 17 Abs. 1 UrhG auf die unkörperliche Werkverwertung durch Übertragung im *Internet* ist mithin abzulehnen[408], weil sie die durchdachte Struktur der §§ 15 ff. UrhG ohne Not in Frage stellen würde und zudem der Erschöpfungsgrundsatz des § 17 Abs. 2 UrhG bezüglich eines so geänderten Anwendungsbereichs von § 17 Abs. 1 UrhG erheblich eingeschränkt werden müsste.

405 Dies erkennt auch *Hoeren*, vgl. CR 1996, 517, 519 (am Ende).

406 *Schwarz* in: *Becker*, Internationale Datennetze, S. 13, 29 f., *ders.*: GRUR 1996, 836, 837 f.; vgl. auch: *Kotthoff* GRUR 1997, 597, 600.

407 NII White Paper, S. 213, abrufbar unter: http://www.uspto.gov/web/offices/com/doc/ipnii/front.pdf (abgerufen am 07. Januar. 2002).

408 So i. Erg. auch : *Bechtold* ZUM 1997, 427, 431; *Becker* ZUM 1995, 231, 244; *ders.* in: *Becker/Dreier*, Digitale Technologie, S. 45, 62; *Cichon* K&R 1999, 547, 548; *Dreier* in *Schricker*, Informationsgesellschaft, S. 101, 128; *A. Freitag* in: *Kröger/Gimmy*, Internetrecht, S. 331, 355; *Gaster* CR 1997, 669, 675; Hdb. MMR-*Gahrau* 7.1 Rn. 76; *Heermann* MMR 1999, 3, 5; *Katzenberger* AfP 1997, 434; *Leupold* CR 1998, 2234, 2239; *Leupold/Demisch* ZUM 2000, 379, 382; *Plaß* WRP 2000, 599, 601; Schricker-*v. Ungern – Sternberg* § 15 Rn. 20ff., *Schwarz* GRUR 1996, 836, 839; *Spindler* ZUM 1996, 533, 543; *Strömer*, S. 180; *Waldenberger* ZUM 1997, 176, 178; *Wandtke/Schäfer* GRUR Int. 2000, 187, 189; einschränkend: *Hoeren* CR 1996, 517, 518; Hdb. MMR-*Raue/Hagemann* 7.5 Rn. 133/134; zweifelnd: *v. Lewinski* in: *Lehmann,* Cyberlaw, S. 160.

c) Ergebnis

In beiden zu untersuchenden Rechtsordnungen wird das Verbreitungsrecht als Recht der körperlichen Werkverwertung verstanden. Aufgrund der Unkörperlichkeit der digitalen Werkverwertung herrscht daher grundsätzlich Einigkeit darüber, dass eine Verbreitung bei der digitalen Werkverwertung nicht in Betracht kommt. Bei der Online-Zugänglichmachung von Werken der Musik wird daher das exklusive Verbreitungsrecht des Urhebers nicht verletzt. Das gilt sowohl für die deutsche als auch für die spanische Rechtslage.

3. Öffentliche Wiedergabe

a) Einführung

Die dritte gem. § 106 UrhG und Art. 270 CP unter Strafe gestellte Tathandlung ist die öffentliche Wiedergabe bzw. „communicación pública" urheberrechtlich geschützter Werke.

Unter der öffentlichen Wiedergabe werden gem. § 15 Abs. 2 UrhG insbesondere die in den §§ 19-22 UrhG definierten Handlungen verstanden, also der Vortrag, die Aufführung, die Vorführung und die Sendung sowie die Wiedergabe durch Bild oder Tonträger oder von Funksendungen. Das entscheidende Abgrenzungskriterium zu den Verwertungshandlungen aus § 15 Abs. 1 UrhG ist das der Körperlichkeit der Verwertung[409]. Die Wiedergabe fällt jedoch nur dann unter das Ausschließlichkeitsrecht des Urhebers, wenn sie gegenüber einer Öffentlichkeit vorgenommen wird. Diesbezüglich findet sich eine Legaldefinition in § 15 Abs. 3 UrhG, nach der eine Wiedergabe nur dann als öffentlich zu qualifizieren ist, wenn sie für eine Mehrzahl von Personen bestimmt ist, es sei denn, dass dieser Kreis von Personen abgegrenzt ist und diese durch gegenseitige Beziehungen oder durch Beziehungen zum Veranstalter persönlich miteinander verbunden sind.

Das Recht der "comunicación pública" gem. Art. 20.1 TRLPI ist mit dem deutschen Recht der öffentlichen Wiedergabe aus § 15 Abs. 2 UrhG vergleichbar. Das spanische Urheberrechtsgesetz nennt in Art. 20.1 S.1 TRLPI die "comunicación pública" als Oberbegriff für alle Verwertungsarten, bei denen eine Mehrheit von Personen Zugang zum Werk erlangt, ohne dass dieses vorher unter jenen Personen verbreitet wurde. Eingeschränkt wird der Anwendungsbereich von Art. 20.1 S. 2 TRLPI, nach dem eine Wiedergabe dann nicht als öffentlich quali-

---

409 Vgl. oben Seite 86 und Seite 114f.

fiziert werden kann, wenn sie sich in einem engen häuslichen Bereich abspielt, der kein Bestandteil eines Verbreitungsnetzes gleich welcher Art ist oder mit einem solchen verbunden ist. Das Merkmal der Verbreitung in Art. 20.1 TRLPI will die unkörperliche öffentliche Wiedergabe gem. Art. 20.1 TRLPI von der körperlichen Verbreitung gem. Art. 19 TRLPI abgrenzen. Es wäre daher unrichtig, eine öffentliche Wiedergabe mit dem Argument zu verneinen, dass auch die öffentliche Wiedergabe im *Internet* die vorherige Verbreitung von Vervielfältigungsstücken verlange. Tatsächlich könnte man der Ansicht sein, dass jede öffentliche Wiedergabe die vorherige Verbreitung von körperlichen Vervielfältigungssexemplaren verlange, also eine Verbreitung zumindest in wirtschaftlicher Hinsicht[410]. Das Merkmal der Verbreitung bezieht sich daher in Art. 20.1 TRLPI auf die konkret vorliegende Verwertungshandlung. Sollte das Werk in körperlicher Form an die Mitglieder des Publikums verteilt werden, damit diese das Werk später genießen, so handelt es sich um eine Verbreitung. Der nachfolgende Genuß des Werkes ist nur dann als Exklusivrecht des Urhebers zu qualifizieren, wenn er sich in der Öffentlichkeit gem. Art. 20.1 TRLPI abspielt. Sollte das Werk nicht vorher verteilt werden, sondern vielmehr die öffentliche Wiedergabe nur von einem Werkstück ausgehen, so liegt eine Verwertungshandlung gem. Art. 20.1 TRLPI vor. Der Urheber hat in diesem Fall ja für die gesteigerte Werknutzung eines Exemplars noch keine Vergütung erhalten, so dass das TRLPI ihm diese durch Zubilligung eines Exklusivrechtes sichert[411].

Fraglich ist, wie das Tatbestandsmerkmal des Art. 20.1 S. 2 TRLPI zu verstehen ist. Dieses verlangt, dass die Personen, die das Werk wahrnehmen, nicht über ein Verbreitungsnetz, gleich welcher Art, miteinander verbunden sein dürfen. Es fällt schwer, das *Internet* nicht als ein solches Netz zu verstehen[412]. Folge hiervon wäre, dass es sich bei der Online-Wiedergabe von Werken niemals um Wiedergaben im häuslichen Bereich handeln könnte. Das Tatbestandsmerkmal der „Verbindung über ein Verbreitungsnetz“ würde nämlich die Qualifikation als häusliche Wiedergabe selbst dann ausschließen, wenn sich die Wiedergabe zwischen nur zwei Personen abspielen würde, die durch persönliche Bande miteinander verbunden sind. Hier muß jedoch berücksichtigt werden, dass der letzte Halbsatz des Art. 20.1 TRLPI aufgrund der Rechtsprechung des TS in Bezug auf Gemeinschaftsvideoanlagen eingefügt wurde. Der TS war der Ansicht, dass bei diesem Phänomen keine Öffentlichkeit vorliege[413]. Diese Rechtsprechung wurde durch jenen Halbsatz abgeändert. Er sollte mithin klarstellende Funktion haben. Letztlich ergibt sich daraus aber auch, dass nicht bei jeder Verbindung über ein Verbreitungsnetz von Öffentlichkeit gesprochen werden kann. Erforderlich ist

---

410 *Garrote Fernández-Díez*, Derecho de autor en internet, S. 255.
411 So i. Erg. auch: *Garrote Fernández-Díez*, Derecho de autor en internet, S. 256.
412 *Garrote Fernández-Díez*, Derecho de autor en internet, S. 261.
413 STS v. 17.11.1986 (ARJ 1986/6653).

vielmehr immer auch, dass sich die Verbreitung nicht allein im privaten Bereich abspielt[414].

Die in § 15 Abs. 2 UrhG und Art. 20.2 TRLPI genannten einzelnen unkörperlichen Verwertungshandlungen sind nicht als abschließende Aufzählung gedacht, da sie nach der Technik des Gesetzgebers nur Regelbeispiele darstellen. Es sind über diese genannten Verwertungshandlungen hinaus noch andere unkörperliche Verwertungshandlungen denkbar, insbesondere solche, die bei Erlass des UrhG 1965 oder des TRLPI noch nicht bekannt oder erfunden waren[415]. Aus diesem Grund ist auch keine Analogie bei der Auslegung des § 15 Abs. 2 UrhG und Art. 20.2 TRLPI notwendig, um neue Verwertungsformen hierunter zu subsumieren, so dass sich Probleme mit dem strafrechtlichen Analogieverbot nicht ergeben.

b) Übermittlung von Musikwerken im Internet auf Abruf als Sendung

Das Senderecht gem. §§ 15 Abs. 2 Nr. 2, 20 UrhG ist das Recht, das Werk durch Funk wie Ton oder Fernsehrundfunk, Satellitenrundfunk, Kabelfunk oder ähnliche technische Mittel der Öffentlichkeit zugänglich zu machen.

Unter Funk im Sinne dieser Vorschrift ist jede Übertragung von Zeichen, Tönen und Bildern durch elektromagnetische Wellen zu verstehen, die von einer Sendestelle ausgesendet werden und an einer anderen Stelle von einer beliebigen Zahl von Empfangsanlagen aufgefangen und wieder in Zeichen, Töne oder Bilder zurückverwandelt werden können[416]. Der Begriff der Öffentlichkeit richtet sich auch hier nach § 15 Abs. 3 UrhG[417]. Kennzeichnendes Merkmal des Senderechtes ist es, dass bereits das Zugänglichmachen des Werkes für eine Öffentlichkeit als Wiedergabeakt behandelt wird, ohne dass es darauf ankäme, ob tatsächlich ein Empfang stattfindet[418]. Die Verwertungshandlung bei § 20 UrhG liegt allein in der Ermöglichung des Empfangs durch die Öffentlichkeit. Der Empfang selbst wird jedoch von § 20 UrhG nicht erfasst[419]. Folglich ist für das

---

414 *Garrote Fernández-Díez*, Derecho de autor en internet, S. 262.

415 Vgl. auch § 31 Abs. 4 UrhG und Art. 43.5 TRLPI.

416 Fromm/Nordemann-*Nordemann* § 20 Rn. 1; Möhring/Nicolini-*Kroitzsch* § 20 Rn. 12; *Rehbinder* Rn. 217; Schricker-*v. Ungern-Sternberg* § 20 Rn. 3.

417 H.M.: *BGHZ* 79, 350, 354 „Kabelfernsehen in Abschattungsgebieten"; *BGHZ* 123, 149, 151 „Verteileranlagen"; Möhring/Nicolini-*Kroitzsch* § 20 Rn. 26; Schricker-*v. Ungern-Sternberg* § 20 Rn. 8 A.A.: *Ulmer* GRUR Int. 1981, 372.

418 *BGHZ* 123, 141, 151 „Verteileranlagen"; *BGH*, GRUR 1996, 875, 876 „Zweibettzimmer im Krankenhaus"; Schricker-*v. Ungern-Sternberg* § 20 Rn. 11.

419 *BGHZ* 33, 38, 42 „Künstlerlizenz-Rundfunk"; Möhring/Nicolini-*Kroitzsch* § 20 Rn. 31; *Rehbinder* Rn. 218; Schricker-*v. Ungern-Sternberg* § 20 Rn. 11.

Eingreifen des Verwertungsrechtes auch nicht erforderlich, dass irgendjemand die Sendung tatsächlich empfängt. Wenn der Schwerpunkt bei § 20 UrhG aber auf der Ausstrahlung[420] und nicht auf dem Empfang liegt, kommt ein Eingreifen von § 20 UrhG bei der Zugänglichmachung von urheberrechtlich geschützten Werken für eine Öffentlichkeit in Computernetzen in Betracht.

Anders als § 20 UrhG versteht Art. 20.1 i. V. m. 20.2 lit. *e)* TRLPI unter dem Senderecht das Recht, Werke an die Öffentlichkeit mittels Kabel, Draht, Glasfaser (fibra óptica) oder jeglichem anderen analogen Medium, zu *übertragen*[421], sei es gegen oder ohne Entgelt. Der Begriff der Öffentlichkeit wird in Art. 20.1 TRLPI definiert[422].

aa) Bereithalten von Musikwerken im *Internet* als Sendung

Im Gegensatz zum traditionellen Rundfunk kann man über Computernetze grundsätzlich nicht unmittelbar etwas empfangen. In diesen bedarf der Empfang vielmehr eines Abrufs durch den Empfänger, durch den der Übermittlungsvorgang in Gang gesetzt wird. Ob vor diesem Hintergrund die Übermittlung von Musikwerken auf Abruf in Computernetzen als Sendung im Sinne von § 20 UrhG oder Art. 20.1 i. V. m. 20.2 lit. *e)* TRLPI angesehen werden kann, ist fraglich.

In Deutschland ist die Anwendung von § 20 UrhG auf diese Fallkonstellationen umstritten. *Spindler*[423] ist der Ansicht, dass der Vorgang des Übermittelns von Daten in Computernetzen unter den Sendebegriff des § 20 UrhG zu subsumieren sei. Auch *Müller-Hengstberg*[424] vertritt die Auffassung, in der Vorhaltung von Informationen auf einem System ohne individuelle Zweckbestimmung liege bei nachfolgender Wiedergabe auf einem Bildschirm eine Wiedergabe im Sinne des § 20 UrhG.

Voraussetzung für eine Anwendung des § 20 UrhG in technischer Hinsicht ist indes, dass die Zugänglichmachung mittels Funk geschieht. Unter Funk wird im Anschluss an die Gesetzesbegründung jede Übertragung von Zeichen, Bildern oder Tönen durch elektromagnetische Wellen verstanden, die von einer Sendestelle ausgesandt werden und an anderen Orten von einer beliebigen Zahl von Empfangsanlagen aufgefangen und wieder in Zeichen Bilder oder Töne zurück-

---

420 *BGHZ* 33, 38, 42.
421 Hervorhebung nur hier.
422 Vgl. dazu unten S. 119f.
423 *Spindler* ZUM 1996, 533, 543 (anders jedoch jetzt in JZ 2002, 60, 64); zweifelnd: *Bechtold* ZUM 1997, 427, 431; *Strömer*, S. 181, 182.
424 *Müller–Hengstberg* NJW 1996, 1777, 1779.

verwandelt werden können[425]. § 20 UrhG beschränkt sich aber nicht auf den klassischen Hörfunk und das Fernsehen, sondern erstreckt sich auch auf den Drahtfunk. Nach der Gesetzesbegründung liegt ein solcher Drahtfunk vor, wenn „das Werk von einer Sendestelle aus einer Mehrzahl von Empfangsanlagen über Drahtleitungen, wie z. B. das Telefonnetz zugeleitet wird."[426]. Hieraus ergibt sich, dass nach dem Willen des Gesetzgebers nicht die technischen Einrichtungen zur Zugänglichmachung maßgeblich sein sollten, sondern vielmehr die Art und Weise der Übermittlung[427]. Von der technischen Seite her kann daher auch beim Abrufen von urheberrechtlich geschützten Werken der Musik aus Computernetzen eine Sendung im Sinne des § 20 UrhG vorliegen[428], zumal selbst die Gesetzesbegründung die Übermittlung über das Telefonnetz nennt und dies noch immer das am weitesten verbreitete Medium ist, um Zugang zum *Internet* zu bekommen. Auch spricht gegen eine Sendung im technischen Sinne nicht, dass der Gesetzgeber die Übermittlung durch elektromagnetische Wellen fordert, in Computernetzen jedoch die Übermittlung aufgrund digitaler Technik erfolgt. Maßgeblich ist nämlich allein die Ausstrahlung durch eine Sendestelle[429], unabhängig davon, ob digitale oder analoge Signale ausgestrahlt werden[430].

Senden im urheberrechtlichen Sinne ist aber nicht lediglich ein technischer Vorgang, sondern auch der soziale Vorgang einer selbständigen, öffentlichen Wiedergabe, die sich bestimmter technischer Mittel bedient[431]. Es verwertet daher nicht im Sinne des § 20 UrhG, wer die technischen Mittel zur Übermittlung der Sendung zur Verfügung stellt, sondern derjenige, der sich dieser Mittel bedient, um das Werk einer Öffentlichkeit mitzuteilen, das heißt derjenige, der entscheidet, welche Sendungen an eine Öffentlichkeit ausgestrahlt werden. Dem natürlichen Wortsinn nach bedeutet „senden" etwas auf den Weg bringen[432]. In Computernetzen werden Werke der Musik jedoch grundsätzlich nur zum Abruf bereitgehalten. Ob das jeweilige Musikwerk letztlich übermittelt wird, bleibt der Entscheidung des Nutzers überlassen. Wenn der Nutzer aber derjenige ist, der darüber entscheidet, welche Sendung – welche Daten – ausgestrahlt werden, so sendet er im Ergebnis an sich selbst. Das ist aber genau das Gegenteil von senden, nämlich abrufen. So wird das *Internet* auch allgemein als Abrufdienst be-

---

425 Amtl. Begr. BTDrucks IV/270, S. 50.
426 Vgl. Fn. 425.
427 *BGH*, GRUR 1988, 206, 209 „Kabelfernsehen II".
428 So auch: *Leupold* ZUM 1998, 99, 103; *Nippe*, Urheber und Datenbank, S. 219.
429 Schricker-*v. Ungern–Sternberg* § 20 Rn. 13.
430 *Ernst* GRUR 1997, 592; Schricker-*v. Ungern–Sternberg* § 20 Rn. 4; *Schwarz* GRUR 1996, 836, 837.
431 Schricker-*v. Ungern-Sternberg* § 20 Rn. 35, 16.
432 So wörtlich: *Nippe*, Urheber und Datenbank, S. 220.

zeichnet. Abrufdienste fallen daher nicht unter den Sendebegriff des § 20 UrhG[433].

Hinzu kommt ein weiteres: Während Sendungen im klassischen Sinne „Point to Multipoint"-Übertragungen sind, so handelt es sich bei Datenübertragungen in Computernetzen grundsätzlich um „point to point"-Übertragungen, die mit einer Sendung im klassischen Sinne nicht vergleichbar sind.

Bei einer Sendung wird ein Programm ausgestrahlt, das dadurch charakterisiert ist, dass der Sendende als Anbieter[434] sowohl Reihenfolge als auch zeitliche Abfolge und Inhalt der einzelnen Programmbestandteile festlegt. Beim Online-Angebot ist es hingegen der Nachfrager, der darüber entscheidet, welches Werk er zu welchem Zeitpunkt auf seinen Abruf hin übermittelt bekommen möchte. Bei interaktiven Vorgängen hat der Abrufende im Gegensatz zu den klassischen Sendemedien sogar Einfluss auf das Programm. Insofern fehlt es hier auch an der Gleichartigkeit des übertragenen Programms, da unterschiedliche Teilnehmer jeweils nach Art und Umfang verschiedene Inhalte abrufen können. Es wird folglich ein die Sendung kennzeichnendes Merkmal, nämlich die Programmauswahl und die zeitliche Abfolge des Programms, auf den Empfänger verlagert[435].

Schließlich setzt „Senden" im Sinne des § 20 UrhG voraus, dass das Werk der Öffentlichkeit *unmittelbar* zugänglich gemacht wird[436]. Das Anbieten der Übermittlung – wie bei § 17 UrhG – genügt bei der unkörperlichen Verwertung grundsätzlich nicht[437]. Folglich kann sich die Mitwirkung des Empfängers beim Senderecht nur darauf beschränken, dass er sein Empfangsgerät einschaltet. Bei den Abrufdiensten im *Internet* ist jedoch mehr erforderlich als nur das Einschalten des Computers. Die Abrufdienste fallen daher nicht mehr unter den Begriff der Sendung. Auch erscheint es angezeigt, in Zukunft das Online-Angebot und die traditionelle Sendung getrennt zu behandeln, da beide Formen des öffentlichen Zugänglichmachens auch in Zukunft soziologisch voneinander unterscheidbar fortbestehen werden und eine Zuordnung zu unterschiedlichen Verwertungsrechten eine differenzierte Schrankenregelung erlaubt[438].

In Spanien herrscht vor dem Hintergrund des deutlichen Wortlauts von Art. 20.1 i. V. m. 20.2 lit. *e)* TRLPI kein Streit. So spricht der spanische Gesetz-

---

433 *Dreier* in: *Schricker*, Informationsgesellschaft, S. 131; *Koch* GRUR 1997, 417, 428, 429.
434 Nicht als abrufender.
435 *Dreier* in: *Schricker* Informationsgesellschaft, S. 131; *Schwarz* GRUR 1996, 836, 838.
436 Schricker-*v. Ungern-Sternberg* § 20 Rn. 14.
437 *Schwarz* GRUR 1996, 836, 838.
438 *Dreier* in: *Schricker*, Informationsgesellschaft, S. 131.

geber im Wortlaut von Art. 20.1 i. V. m. 20.2 lit. *e)* TRLPI von „Übermitteln" und nicht „Zugänglichmachen". Wie auch in Deutschland geht man in Spanien davon aus, dass das Senderecht für die Sachverhalte, in denen Werke zu vom Nutzer gewählten Zeitpunkten abgerufen werden können, nicht in Betracht kommt. Wesensmerkmal einer Sendung ist es nämlich, dass der Empfänger darauf beschränkt ist, zum Zeitpunkt der Übertragung sein Empfängergerät anzuschalten, um die Sendung zu empfangen und damit wahrzunehmen. In den Fällen, in denen Werke zum Abruf bereitgestellt werden, handelt es sich jedoch um eine andere Konstellation, da der Empfänger hier auch noch den Zeitpunkt des Empfanges frei wählen kann. Die Übertragung des Werkes wird erst dadurch in Gang gesetz, dass der Empfänger dies veranlasst, während bei der Sendung die Übertragung unabhängig vom Willen des Empfängers stattfindet und er nur darüber entscheiden kann, ob er sie empfangen und wahrnehmen möchte, nicht jedoch, ob eine Übertragung überhaupt stattfindet. Wie auch nach deutschem Recht in § 20 UrhG kommt eine Sendung nach spanischem Recht daher bei den Abrufdiensten nicht in Betracht[439].

Im Ergebnis ist § 20 UrhG bzw. Art. 20.1 i. V. m. 20.2 lit. *e)* TRLPI auf die Übermittlung von Musikwerken in Computernetzen auf Abruf daher nicht anzuwenden, da es bereits an der Vergleichbarkeit der Sachverhalte fehlt[440].

bb)„Push-Dienste" als Sendung

Anderes mag bei der sog. „Push-Technik" gelten[441]. Bei dieser Technik ist es tatsächlich zweifelhaft, ob sich das *Internet* in keiner Weise mit Sendungen des Fernsehens oder des Hörfunks vergleichen lässt. Bei dieser Technik fragen die User nicht selbst durch Surfen und eigenes Abfragen Informationen im *Internet* ab, sondern bekommen diese aus Informationsrubriken zugeschickt, die sie zuvor ausgewählt haben[442]. Zwar ist derzeit kein Dienst bekannt, der Musikpiraterie mit Hilfe der Push-Technologie betreibt, denkbar wäre ein solcher aber prob-

---

439 *Garrote Fernández-Díez*, Derecho de autor en internet, S. 238ff., 242/243.

440 *Dreier* in: *Schricker*, Informationsgesellschaft, S. 131; *Koch* GRUR 1997, 417, 428, 429; *Kreutzer* GRUR 2001, 193, 199; *Leupold* CR 1998, 234, 240; *Leupold/Demisch* ZUM 2000, 379, 382; *Rehbinder* Rn. 218; *Sasse/Waldhausen* ZUM 2000, 837, 840; *Schwarz* GRUR 1996, 836, 838, 839, *ders.* in: *Becker*, Internationale Datennetze, S. 13, 29f.; *Spindler* JZ 2002, 60, 64; *Wandtke/Schäfer* GRUR Int. 2000, 187, 190; i. Erg. ebenso, jedoch unter Berufung auf den Begriff der Öffentlichkeit: *Becker* ZUM 1995, 231, 245; *ders.* in: *Becker/Dreier*, Digitale Technologie, S. 45, 61. 62; *Cichon* K&R 1999, 547, 548; bei Emails: *Heermann* MMR 1999, 3, 5; i. Erg. so auch: *LG München*, I, MMR 2000, 291.

441 *Bechtold* GRUR 1998, 18, 25; *Leupold* ZUM 1998, 99, 100; *Flechsig* ZUM 1998, 139, 144

442 Vgl.: *Leupold* ZUM 1998, 99, 100.

lemlos. So könnte beispielsweise ein *Internet*-Portal generiert werden, auf dem man im Rahmen einer Umfrage Präferenzen hinsichtlich des Musikgeschmacks angeben kann. Mit Hilfe der Umfrageergebnisse wäre es möglich den Nutzern entsprechend ihrer Vorlieben Musikwerke im „*.mp3“ Format per Email zuzusenden.

Nach verbreiteter Ansicht liegt in dieser Situation zumindest dann eine Sendung gem. § 20 UrhG und Art. 20.1 i. V. m. 20.2 lit. *e)* TRLPI vor, wenn der Anbieter selbst über Zeitpunkt und Inhalt der Übertragungen entscheiden kann[443]. In diesem Fall rückt das *Internet* näher an die traditionellen Medien des Fernsehens oder des Radios heran, wenn es sich auch nicht tatsächlich um eine „point to multipoint“-Übermittlung handelt, da die übermittelten Inhalte noch immer an die Empfänger individuell adressiert sind, die um die Zusendung zuvor gebeten haben. Zweifel könnten hier nur noch an der „Öffentlichkeit“ insoweit bestehen, als die Zahl der Empfänger auf diejenigen begrenzt ist, die zuvor um die Zusendung gebeten haben. Die Antwort auf diese Frage ergibt sich aus der Definition des § 15 Abs. 3 UrhG und Art. 20.1 TRLPI. Hiernach ist eine Wiedergabe öffentlich, wenn sie für eine Mehrzahl von Personen bestimmt ist, es sei denn, dieser Kreis ist begrenzt und durch interne Beziehungen der Mitglieder gekennzeichnet.

§ 15 Abs. 3 UrhG selbst enthält keine Präzisierung dahingehend, ob die Mitglieder der Öffentlichkeit an einem Ort versammelt sein müssen und/oder ob sie das wiedergegebene Werk zur gleichen Zeit wahrnehmen können müssen. Da für die Frage der Öffentlichkeit auf alle abzustellen ist, an die sich die Werkwiedergabe wenden soll, kommt es für den Begriff der Öffentlichkeit grundsätzlich nicht auf eine gemeinsame Anwesenheit der Adressaten in einem Raum an[444]. Eine Wiedergabe kann – wie insbesondere bei der Werknutzung durch Kabelfunk – auch dann öffentlich sein, wenn sie für einen Adressatenkreis in getrennten jeweils privaten Räumen bestimmt ist. Dementsprechend ist die Übertragung mittels *Internet* an die jeweiligen PCs zumindest insoweit vom Begriff der Öffentlichkeit erfasst.

Zweifelhaft ist vor dem Hintergrund des Wortlautes von § 20 UrhG in Deutschland in diesem Zusammenhang jedoch, ob es sich beim *Internet* um eine Einrichtung handelt, die Daten aussendet, die „an anderen Orten von einer beliebigen Zahl von Empfangsanlagen aufgefangen“ werden können.

---

443 *Garrote Fernández-Díez*, Derecho de autor en internet, S. 238ff., 242/243; *Koch* NJW-CoR 1998, 45; *Leupold* ZUM 1998, 99, 103; *Zscherpe* MMR 1998, 404, 408.

444 *BGH,*GRUR 1994, 797 „Verteileranlage im Krankenhaus“; *Mielke*, ZUM 1987, 501, 503; Schricker-*v. Ungern-Sternberg* § 15 Rn. 58.

Der *BGH* entschied, dass die zeitgleiche, vollständige und unveränderte Kabelweiterleitung an einen Empfängerkreis außerhalb des Versorgungsbereichs des Ursprungsunternehmens, nämlich im konkreten Fall an mindestens 1352 Wohneinheiten, für einen Eingriff in das urheberrechtliche Senderecht genüge[445]. Berücksichtigt man diese Rechtsprechung, so könnte man der Ansicht sein, dass bei Anwendung der „Push-Technik", und einer nicht völlig unerheblichen Zahl von Empfängern, die um regelmäßige Zusendung der Materialien gebeten haben, eine Verletzung von § 20 UrhG vorliegt, sofern die Zusendung zeit- und inhaltsgleich erfolgt und die fraglichen Inhalte zuvor ohne Erlaubnis auf dem Server gespeichert wurden. Wie die Kunden von Kabelfernsehunternehmen müssen sich die Nutzer der „Push-Technik" vorher bei dem Dienstleister anmelden, um den Dienst in Anspruch nehmen zu können. Auch Nutzer der „Push-Technik" befinden sich „außerhalb des Versorgungsbereiches des Ursprungsunternehmens", da es im *Internet* einen solchen überhaupt gar nicht gibt.

Öffentlich im Sinne von § 15 Abs. 3 UrhG ist eine Wiedergabe nach in Deutschland traditioneller Auffassung aber nur dann, wenn eine Mehrzahl von Personen gleichzeitig erreicht werden soll[446]. Das hängt hier vom Einzelfall ab. In Fällen, in denen die Informationen inhaltsgleich und zeitgleich verschickt werden, ergeben sich keine Probleme, da das Erfordernis der Gleichzeitigkeit aus § 15 Abs. 3 UrhG erfüllt wäre, wobei auch insoweit fraglich ist, ob alle Empfänger die Nachricht zum gleichen Zeitpunkt empfangen. Sollten die Übertragungen nicht gleichzeitig ihre Empfänger erreichen oder findet eine Übertragung nicht zeitgleich statt, so stellt sich die Frage, ob § 15 Abs. 3 UrhG erweiternd auszulegen ist, bzw. ob der Wortlaut tatsächlich eine Auslegung dahingehend erfordert, dass die Übermittlung gleichzeitig erfolgen muss[447]. Dieses Problem stellt sich in Spanien nicht, da dort nach herrschender Auffassung auch die sukzessive Öffentlichkeit von Art. 20.1 TRLPI erfasst wird[448].

cc) Live Streaming als Sendung

Beim Live-Streaming, also der zeitgleichen Übertragung einer Live-Darbietung, ist die Sachlage mit der bei einer Radiosendung zu vergleichen. Allein der Anbieter bestimmt über Zeitpunkt und Inhalt der Übertragung und die Möglichkeit des Abrufs. Die Übermittlung erfolgt für alle Nutzer gleichzeitig. Der Nutzer ist darauf beschränkt, sein Empfangsgerät – den Computer – einzuschalten. Das Live-Streaming kann daher unter das Senderecht gem. § 20 UrhG und

445 *BGH,* GRUR 1988, 206, 208 „Kabelfernsehen II".

446 *BGHZ* 113, 159, 161 „Einzelangebot"; *OLG München,* ZUM 1998, 413; Schricker-*v. Ungern Sternberg* § 15 Rn. 59 m.w. N.

447 Vgl. dazu unten Seite 143f.

448 Vgl. dazu S. 119.

Art. 20.1 i. V. m. 20.2 lit. *e)* TRLPI subsumiert werden. Einer erweiterten Auslegung des § 15 Abs. 3 UrhG in Deutschland vor dem Hintergrund der traditionellen Auffassung bedarf es nicht, da Gleichzeitigkeit der Übermittlung vorliegt.

dd) E-Mail

Bei der elektronischen Post handelt es sich grundsätzlich um Punkt-zu-Punkt Übertragungen, so dass schon von daher keine Sendung gem. § 20 UrhG bzw. Art. 20.1 i. V. m. 20.2 lit. *e)* TRLPI vorliegen kann. Anders mag dies allenfalls sein, wenn es sich um Emails an mehrere Empfänger gleichzeitig handelt. In dieser Situation ist die Rechtslage genauso zu beurteilen wie bei den Push-Diensten[449]. Auch hier ist dann in Deutschland fraglich, ob die Sendung den Öffentlichkeitsbegriff des § 15 Abs. 3 UrhG erfüllt[450].

c) Zugänglichmachen von Werken der Musik im Internet als öffentliche Wiedergabe

aa) Deutschland

Kaum eine andere Frage ist im Urheberrecht anlässlich der oben bereits angeführten Probleme derzeit so umstritten wie die Einordnung eines Ausschließlichkeitsrechtes des Urhebers an der Zugänglichmachung seines Werkes im *Internet.* Einigkeit besteht dahingehend, dass dem Urheber an bestimmten Verwertungshandlungen seines Werkes im *Internet* ein Ausschließlichkeitsrecht zustehen muss, da seine Partizipationsinteressen in Computernetzen angesichts der exponentialen Entwicklung des *Internets* bei keinem anderen Medium in solchem Ausmaße berührt sind.

Bevor jedoch darauf eingegangen werden kann, ob das Zugänglichmachen von Musikwerken in Online-Datenbanken in § 15 Abs. 2 UrhG eingeordnet werden kann, muss festgestellt werden, an welche Handlung das Exklusivrecht der öffentlichen Wiedergabe grundsätzlich anknüpft. Hier muss berücksichtigt werden, dass § 15 Abs. 2 UrhG das Recht der öffentlichen *Wiedergabe* beschreibt. Was Wiedergabe bedeutet, ergibt sich unter Heranziehung der §§ 19-22 UrhG. Nach den dort vorgegebenen Legaldefinitionen ist ein Werk dann wiedergegeben, wenn es sinnlich wahrnehmbar gemacht worden ist. Der Empfänger muss also durch die Wiedergabehandlung unmittelbar in die Lage versetzt werden,

449 Vgl. oben Seite 133f.
450 Vgl. dazu Seite 143f.

das Werk empfangen zu können[451]. Eine Ausnahme stellt § 20 UrhG dar, der schon vom Wortlaut her allein auf die Zugänglichmachung abstellt. Die in Datenbanken gespeicherten Musikwerke können von den Nutzern aber nicht unmittelbar empfangen werden. Die Dateien können nach dem Aktivieren bestimmter technischer Abläufe zwar wahrnehmbar gemacht werden. Bevor diese Vorgänge jedoch nicht in Gang gesetzt werden, bleiben die Werke den Nutzern verborgen. Durch das Zugänglichmachen der Werke, eine dem Abruf durch den Nutzer vorgelagerte Handlung, an sich könnte von daher ein Eingriff in das Recht der öffentlichen Wiedergabe nicht angenommen werden. Anders ist das im Hinblick auf die der Zugänglichmachung nachfolgende Übermittlung des Werkes aus dem Datenbestand. Auch hierauf passt die Konzeption des § 15 Abs. 2 UrhG aber nicht wirklich. Die §§ 19-22 UrhG basieren auf dem Gedanken, dass der Veranstalter die öffentliche Wiedergabe bewerkstelligt, wohingegen der Empfänger diese rein passiv empfängt. Wird diese Rollenaufteilung geändert, handelt es sich grundsätzlich nicht mehr um eine öffentliche Wiedergabe[452]. Fraglich ist daher, ob bereits die Zugänglichmachung von Musikwerken in einer Online-Datenbank, ähnlich wie bei § 20 UrhG, als solche unter das Exklusivrecht des Urhebers gem. § 15 Abs. 2 UrhG subsumiert werden kann. Dementsprechend bezeichnet Art. 8 WCT jenes Recht als „Right to make available to the public“ als Recht der „öffentlichen Zugänglichmachung“:

Diese Formulierung wurde offensichtlich mit dem Ziel gewählt, auch das Bereitstellen bzw. Zugänglichmachen von Werken in einer Online-Datenbank zu erfassen. Art. 8 WCT wird innerhalb von Europa durch Art. 3 der Richtlinie des Europäischen Parlaments und des Rates zur Harmonisierung bestimmter Aspekte des Urheberrechts und der verwandten Schutzrechte in der Informationsgesellschaft umgesetzt. Diese Richtlinie ist am 22. Juni 2001 mit ihrer Veröffentlichung im Amtsblatt in Kraft getreten[453] und muß gem. Art. 13 UrhRL bis 22. Dezember 2002 in innerstaatliches Recht umgesetzt worden sein.

Bei der zukünftigen Transformierung des Art. 8 WCT und des Art. 3 Abs. 1 der Richtlinie in innerstaatliches Recht kann jenes Recht in den Katalog des § 15 Abs. 2 UrhG eingefügt werden. Die Vorschrift des Art. 8 WCT beinhaltet sowohl ein körperliches als auch ein unkörperliches Verwertungsrecht. Bezüglich der Einordnung des Art. 8 WCT in die Systematik des § 15 UrhG ergibt sich aber aus der Formulierung des Art. 8 WCT, dass die unkörperliche Verwertung einen Schwerpunkt bildet („the exclusive rights of authorizing any communications to the public of their works, by wire or wireless means“) und der zweite

---

[451] *Schwarz* in: *Becker*, Internationale Datennetze, S. 13, 27.

[452] *Schwarz* in: *Becker*, Internationale Datennetze, S. 13, 29f.

[453] Richtlinie 2001/29/EG des Europäischen Parlamentes und des Rates vom 22. Mai 2001 zur Harmonisierung bestimmter Aspekte des Urheberrechts und der verwandten Schutzrechte in der Informationsgesellschaft, ABl. EG L 167 vom 22.06.2001, S. 10.

Teil einen erläuternden Annex darstellt. Der Einordnung in den Katalog des § 15 Abs. 2 UrhG steht also nichts entgegen. Dementsprechend wären solche Handlungsweisen dann auch vom objektiven Tatbestand des § 106 Abs. 1 UrhG erfasst, da das Recht der öffentlichen Wiedergabe berührt wäre.

Folglich sieht ein Diskussionsentwurf eines fünften Gesetzes zur Änderung des Urheberrechtsgesetzes[454] unter anderem ein sogenanntes Übertragungsrecht[455] als Recht der unkörperlichen Verwertung in §§ 15 Abs. 2 Nr. 2, 19a UrhGE vor und passt den Öffentlichkeitsbegriff in § 15 Abs. 3 UrhG an die Anforderungen des digitalen Zeitalters an.

Das Übertragungsrecht in § 19a UrhGE soll nach der Begründung zum Entwurf ausdrücklich Art. 8 WCT umsetzen und nicht nur „pull-media" (auf Abruf des Empfängers), sondern auch „push-media" Dienste erfassen. Ziel dieser Änderung ist es, klarstellend zu regeln, dass das Zugänglichmachen urheberrechtlich geschützter Werke zum Abruf in digitalen Netzen dem ausschließlichen Verwertungsrecht des Urhebers unterfällt.
§ 19a UrhGE hat folgenden Wortlaut:

„§19a
Übertragungsrecht
Das Übertragungsrecht ist das Recht, das Werk durch Funk oder durch ähnliche technische Mittel aufgrund eines Angebots an die Öffentlichkeit einem einzelnen Angehörigen der Öffentlichkeit zugänglich zu machen, sowie das Recht, das Werk durch Funk oder ähnliche technische Mittel außerhalb eines gestalteten Programms öffentlich zugänglich zu machen."

§ 15 Abs. 2 UrhG soll wie folgt gefasst werden:

„Der Urheber hat ferner das ausschließliche Recht, sein Werk in unkörperlicher Form öffentlich wiederzugeben (Recht der öffentlichen Wiedergabe). Ein Werk wird öffentlich wiedergegeben, wenn es für eine Mehrzahl von Angehörigen der Öffentlichkeit zugänglich oder gleichzeitig wahrnehmbar gemacht wird oder aufgrund eines an die Öffentlichkeit gerichteten Angebotes für einen einzelnen Angehörigen der Öffentlichkeit zugänglich gemacht wird. Das Recht der öffentlichen Wiedergabe umfasst insbesondere
1. das Vortrags-, Aufführungs- und Vorführungsrecht (§19)
2. das Übertragungsrecht (§19a)
3. das Senderecht (§20)
4. das Recht der Wiedergabe durch Bild- oder Tonträger (§21)
5. das Recht der Wiedergabe von Funksendungen (§22)"

---

454 Abrufbar unter:http://www.bmj.bund.de/misc/1998/urh98.html (abgerufen am12.08.00).
455 Der Begriff Übertragungsrecht erscheint im Hinblick auf die vorgenommene Handlung eher ungeschickt, da der Schwerpunkt der zu erfassenden Verwertungshandlung auf dem Zugänglichmachen bzw. Zurverfügungstellen liegt.

Dieser beabsichtigte neue § 15 Abs. 2 S. 2 UrhG setzt bei der Unterscheidung zwischen öffentlichem Zugänglichmachen und öffentlicher Wahrnehmbarmachung an. Durch die Einführung des Erfordernisses der Gleichzeitigkeit bei der Wahrnehmbarmachung, nicht aber bei der Zugänglichmachung, wäre klargestellt, dass es nicht erforderlich ist, dass die Verwertungshandlung ihre Adressaten gleichzeitig erreicht.

Die letzte Alternative des § 15 Abs. 2 S. 2 UrhGE erfasst die Fälle der „pull-media" und der „push-media", Fälle, in denen der Adressat der Verwertungshandlung nicht selbst auf das Werk zugreifen, also die Übermittlung der informationstragenden Signale zu seinem Empfangsgerät initiieren kann, sondern dies dem Werkverwerter vorbehalten bleibt.

Der Öffentlichkeitsbegriff in § 15 Abs. 3 UrhG soll wie folgt neugefasst werden:

> *„Zur Öffentlichkeit gehört jeder, der nicht mit demjenigen, der das Werk verwertet, oder mit den anderen Personen, denen das Werk in unkörperlicher Form wahrnehmbar oder zugänglich gemacht wird, durch persönliche Beziehungen verbunden ist."*

Diese Änderung des § 15 Abs. 3 UrhG entspricht weitgehend einem Vorschlag von *Dreier*[456].

Aber auch ohne diese Änderungen besteht heute weitgehend Einigkeit darüber, dass das in Art 8 WCT erfasste Recht bereits von § 15 Abs. 2 UrhG erfasst wird[457]. *Gahrau* hingegen ist der Ansicht, dass § 15 Abs. 2 UrhG derzeit kein Recht der Online-Zugänglichmachung von Werken kennt[458]. Zur Begründung führt er an, dass die Nutzung seines Werkes dem Urheber nicht schlechthin zugewiesen ist wie das Eigentum dem Eigentümer gem. § 903 BGB. Der Gesetzgeber unterscheide vielmehr zwischen körperlicher und unkörperlicher Verwer-

---

456 *Dreier* in: Schricker, Informationsgesellschaft, S. 135: „Die Wiedergabe ist öffentlich, wenn sie für eine oder mehrere Personen erfolgt, die der Öffentlichkeit angehören. Eine Öffentlichkeit ist nicht gegeben, wenn zwischen der oder den Personen und dem Veranstalter persönliche Beziehungen bestehen.".

457 *LG München,* I ZUM 2000, 418; *Ahrens* ZUM 2000, 1029, 1030; *Becker* ZUM 1995, 231, 245; *Braun* GRUR 2001, 1106; *Brauneck* ZUM 2000, 480, 483 (Fn. 14); *Cichon* K&R 1999, 547, 549; *Dreier* in: *Schricker*, Informationsgesellschaft, S. 101, 135; Fromm/Nordemann-*Nordemann* § 15 Rn. 2, § 20 Rn. 2; *Heermann* MMR 1999, 3, 6; *Hildebrandt*, Strafvorschriften des Urheberrechts, S. 120/121; *Hoeren* in: *Lehmann*, Cyberlaw, S. 86; *Hoffmann* MMR 2000, 431, 435; *Jäger* NJW 1995, 3273; *Kreutzer* GRUR 2001, 193, 199; *Leupold* CR 1998, 234, 240; *ders.*: ZUM 1998, 99, 104; *ders./Demisch* ZUM 2000, 379, 382; *Rehbinder* Rn. 218; *Sasse/Waldhausen* ZUM 2000, 837, 840;*Scholz*, Datenbanken, S. 53/54; *Schulze* ZUM 2000, 432, 440; *Spindler* JZ 2002, 60, 64f.; *Zscherpe* MMR 1998, 404, 407.

458 Hdb. MMR-*Gahrau* 7.1 Rn. 73ff.

tung und wiese dem Urheber das Ausschließlichkeitsrecht der unkörperlichen Nutzung nur dann zu, wenn diese öffentlich erfolgt. Aus dem Wortlaut ergebe sich daher keine umfassende Regelung. Auf die Frage, ob § 15 Abs. 3 UrhG eine gleichzeitige Übermittlung erfordere, käme es daher nicht mehr an[459]. Die öffentliche-Zugänglichmachung von Musikwerken im *Internet* wäre daher urheberrechtsfrei und damit straflos.

Vollends entzündet sich der Streit allerdings an § 15 Abs. 3 UrhG, der Öffentlichkeit der Wiedergabe, da der Öffentlichkeitsbegriff nach traditioneller Auffassung die Gleichzeitigkeit der Übermittlung voraussetzt[460]. Teilweise wird die Ansicht vertreten, der Öffentlichkeitsbegriff des § 15 Abs. 3 UrhG verlange keine Gleichzeitigkeit der Übermittlung[461]. Andere sind der Auffassung, dass das Recht der Zugänglichmachung in Computernetzen unter § 15 Abs. 2 UrhG falle, weil der Begriff der Öffentlichkeit extensiv ausgelegt werden müsse[462]. Andere wiederum meinen im Einklang mit der traditionellen Auffassung, § 15 Abs. 2 UrhG scheitere an der Definition des Öffentlichkeitsbegriffes aus § 15 Abs. 3 UrhG, da dieser die gleichzeitige Übermittlung voraussetze[463], wobei teilweise dann aber eine entsprechende Anwendung von § 15 Abs. 2 UrhG befürwortet wird[464]. Zur Begründung wird ausgeführt, dass die Subsumtion des Bereithaltens unter das Recht der öffentlichen Wiedergabe den Anwendungsbereich der Legaldefinition des § 15 Abs. 3 UrhG in einer mit dem Wortlaut unvereinbaren Weise ausdehne. Beim Bereithalten eines Werkes auf einen Server und den darauf folgenden Downloads der User handele es sich vielmehr um einen Vorgang, bei dem das Werk durch wiederholte gleichförmige Wiedergaben eine Öffentlichkeit erreichen solle. Das Vorhandensein des § 15 Abs. 3 UrhG und sein Charakter als Legaldefinition belege, dass der Gesetzgeber dem Richter nicht mehr die Auslegung des Begriffes der Öffentlichkeit überlassen wollte. An dieser Tatsache habe man sich zu orientieren. Nehme man – auch nur im Online-Bereich – das Merkmal der Gleichzeitigkeit aus den Voraussetzungen des § 15 Abs. 3 UrhG heraus, so würden die Grenzen der gesetzlich normierten

---

459 Zur Ansicht von *Hoeren* vgl.: *Hoeren* CR 1996, 517, 518; zustimmend: Hdb. MMR-*Raue/Hagemann* 7.5 Rn. 133/134 (vgl. auch oben Seite 125).

460 Vgl. oben Fn. 446.

461 *Becker* ZUM 1995, 231, 245; *Cichon* K&R 1999, 547, 549; *Schulze* ZUM 2000, 432, 440; *Dreier* in: *Schricker*, Informationsgesellschaft, S. 101, 135; *Hildebrandt*, Strafvorschriften des Urheberrechts, S. 120; *Leupold* CR 1998, 234, 240; *ders.*: ZUM 1998, 99, 104; *ders./Demisch* ZUM 2000, 379, 382; *Zscherpe* MMR 1998, 404, 407, wohl auch *Jäger* NJW 1995, 3273; zweifelnd: *Ahrens* ZUM 2000, 1029, 1030.

462 *Brauneck* ZUM 2000, 480, 483 (Fn. 14); *Hoeren* in: *Lehmann*, Cyberlaw, S. 86.

463 *Heermann* MMR 1999, 3, 6; *Hoffmann* MMR 2000, 4231, 435; *Klett*, Urheberrecht im Internet aus deutscher und amerikanischer Sicht, S. 89f.; *Nippe*, Urheber und Datenbank, S. 257ff., 263f.; Schricker-*v. Ungern-Sternberg* § 15 Rn. 59f.

464 *Hoffmann* MMR 2000, 431, 435; Schricker-*v. Ungern-Sternberg* § 15 Rn. 23; so auch *LG München*, I ZUM 2000, 418.

Verwertungsrechte verwischt. Denn die Nutzungshandlungen, die durch die Ausweitung des Begriffes der Öffentlichkeit in den Schutzbereich des Urheberrechtes einbezogen würden, seien keine öffentlichen Wiedergaben, sondern Handlungen, die jeweils einzelnen die Nutzung nach eigener Zeitwahl ermöglichen und lediglich dadurch gekennzeichnet seien, dass die Nutzung zugleich einer breiten Öffentlichkeit angeboten werde. Im Urheberrecht käme es aber nicht darauf an, ob bei diesen Nutzungen ein bestimmtes Werk im Laufe der Zeit tatsächlich von einem als Öffentlichkeit i.S.d. § 15 Abs. 3 UrhG anzusehenden Personenkreis abgerufen werde. Bei der urheberrechtlichen Erfassung der Abrufübertragung aus elektronischen Datenbanken gehe es nicht um die Anerkennung eines Rechtes an mehreren rechtlich als Einheit angesehenen Übertragungsvorgängen, sondern eines Rechtes an jedem einzelnen Übertragungsvorgang unter der Voraussetzung, dass auf neuen Abruf aus einem öffentlichen Nutzerkreis jederzeit ein gleichartiger Übertragungsvorgang stattfinde.

Vorzugswürdig ist die Ansicht, nach der das Zugänglichmachen von Werken in Computernetzen unter das Verwertungsrecht des § 15 Abs. 2 UrhG fällt und § 15 Abs. 3 UrhG dies nicht hindert, da er eine Gleichzeitigkeit der Übertragung nicht fordert. Zu folgen ist dieser Ansicht aus den nachfolgenden Erwägungen: Das Urheberrecht ist Eigentum im Sinne von Art. 14 GG und steht insofern natürlich unter der Einschränkung durch das Allgemeininteresse. Vom einzelnen Urheber aus betrachtet ist es die Aufgabe des Urheberrechts, ihm den Lohn für seine Arbeit der Werkschöpfung zu sichern. Es kommt ihm daher die soziale Funktion zu, Urhebern den Lebensunterhalt zu verschaffen und zur Sicherung ihrer Existenz beizutragen[465]. Aus diesem Grund ist der Urheber auch „tunlichst an dem wirtschaftlichen Nutzen zu beteiligen, der aus seinem Werk gezogen wird“[466]. Dieses Prinzip der Vergütung des Urhebers nach dem wirtschaftlichen Nutzen der Werkverwertung wird heute durch den weitergehenden Grundsatz ergänzt, dass dem Urheber Anspruch auf wirtschaftliche Kompensation immer dann zusteht, wenn das Werk genutzt wird, auch wenn die Nutzung keinen wirtschaftlichen Ertrag hervorbringt[467].

---

465 *Wandtke* UFITA 123 (1993) 5ff.

466 *BGHZ* 11, 135, 143 „Lautsprecherübertragung“; *BGH,* GRUR 1974, 786, 787 „Kassettenfilm“; *BGH,* GRUR 1976, 382, 383 „Kaviar“.

467 Fromm/Nordemann-*Hertin/Nordemann* § 15 Rn. 1; Schricker-*Schricker* Einf. Rn. 16; so jetzt auch § 32 Abs. 1 S. 1 des Entwurfes zur Stärkung der vertraglichen Stellung von Urhebern und ausübenden Künstlern (Stand 17. August 2000): „*Wer aufgrund eines vom Urheber eingeräumten Nutzungsrechtes oder einer Erlaubnis des Urhebers ein Werk nutzt, hat dem Urheber eine nach Art und Umfang der Werknutzung angemessene Vergütung zu zahlen.*“ Abrufbar unter: http://www.bmj.bund.de/ (abgerufen am 22.09.00).

So formulierte der *BGH* in seiner Entscheidung vom 18. Mai 1955: „Für die Auslegung urheberrechtlicher Gesetzesbestimmungen ist der das Urheberrecht beherrschende Rechtsgedanke bedeutsam, dass die Herrschaft des Urhebers über sein Werk die natürliche Folge seines geistigen Eigentums ist, das durch die Gesetzgebung nur seine Anerkennung und nähere Ausgestaltung gefunden hat. Nach diesem Rechtsgedanken sind neue Nutzungsmöglichkeiten für Urhebergut, die die Entwicklung der Technik erschließt, in der Regel in das Ausschließlichkeitsrecht des Urhebers einzubeziehen“[468]. Dieser Grundgedanke ist für die Auslegung des geltenden Rechtes zu berücksichtigen[469]. Die Absicht des Gesetzgebers war daher, die ausschließlichen Befugnisse des Urhebers so umfassend zu gestalten, dass auch neu entstehende Verwertungsformen ohne weiteres der Kontrolle des Urhebers unterliegen[470]. Die Auffassung *Gahraus* ist daher unrichtig, denn im Gegensatz zu seiner Ansicht, dass dem Urheber nicht schlechthin die Nutzung seines Werkes zugewiesen sei, ergibt sich aus dem oben Gesagten und § 11 UrhG das Gegenteil. § 11 UrhG ist insofern das Äquivalent zu § 903 BGB. Auch das Sacheigentum steht im Übrigen unter dem Vorbehalt des Art. 14 Abs. 2 GG. Es ist daher nicht richtig, wenn *Gahrau* meint, dass sich eine umfassende Regelung im Hinblick auf die Verwertungsrechte des Urhebers nicht ergebe. Richtig ist zwar, dass das Ausschließlichkeitsrecht der öffentlichen Wiedergabe dem Urheber nur unter den Voraussetzungen des § 15 Abs. 3 UrhG zusteht. Hieraus kann jedoch nicht der Schluss gezogen werden, dass § 15 Abs. 2 UrhG dem Urheber nicht umfassend die unkörperlichen Verwertungsrechte zuordnen wollte. Vielmehr ist § 15 Abs. 3 UrhG insoweit eine Ausnahme von § 11 UrhG und daher eng auszulegen[471]. Ein allgemeiner Rechtsgedanke kann also nicht daraus hergeleitet werden. Aus diesen Gründen ist es angezeigt, dem Urheber ein Ausschließlichkeitsrecht für den wirtschaftlichen Vorgang der Online-Zugänglichmachung zuzubilligen. Da jenes Recht nicht unter die herkömmlichen Verwertungsrechte subsumiert werden kann, wird es von dem allgemeinen unbenannten Recht der öffentlichen Wiedergabe des § 15 Abs. 2 UrhG erfasst[472]. Einer analogen Anwendung des § 15 Abs. 2 UrhG bedarf es daher nicht – sie wäre auch im Strafrecht vor dem Hintergrund des Art. 103 Abs. 2 GG unzulässig[473].

---

468 *BGHZ* 17, 266 „Grundig-Reporter“.

469 Vgl. auch Schricker-*Schricker* Einf. Rn. 17; weitergehend: Fromm/Nordemann § 1 Rn. 1 – „im Zweifel für den Urheber“.

470 Amtl. Begr. UFITA 45 (1965) 240, 242, 260.

471 So auch: *Schulz* ZUM 2000, 432, 441.

472 So auch: *Dreier* in: *Becker/Dreier*, Digitale Technologie, S. 123, 136; *ders.* in: *Schricker*, Informationsgesellschaft, S. 133f., *ders.* GRUR 1997, 859, 863; *Kotthoff* GRUR 1997, 597, 600; *Quoy* GRUR Int. 1998, 273, 276.

473 *Hildebrandt*, Strafvorschriften des Urheberrechts, S. 120; a.A.: *Preuße,* Informationsdelikte, S. 155, 157.

Wie bereits erwähnt, stellt sich aber auch hier das Problem der Öffentlichkeit gem. § 15 Abs. 3 UrhG. Liegen die Voraussetzungen des § 15 Abs. 3 UrhG nicht vor, so handelt es sich nicht um ein von der Zustimmung des Urhebers abhängiges Verwertungsrecht. In § 15 Abs. 3 UrhG findet sich die Legaldefinition des Begriffes der Öffentlichkeit: Hiernach ist die Wiedergabe eines Werkes öffentlich, wenn sie für eine Mehrzahl von Personen bestimmt ist, es sei denn, dass der Kreis dieser Personen bestimmt abgegrenzt ist und sie durch gegenseitige Beziehungen oder durch Beziehung zum Veranstalter persönlich miteinander verbunden sind.

Aus dem Wortlaut ergibt sich demnach das Erfordernis der Gleichzeitigkeit nicht[474], und auch durch grammatikalische bzw. systematische Auslegung lässt es sich nicht aus § 15 Abs. 3 UrhG herleiten. Die Auffassung, dass das Merkmal der Öffentlichkeit aus § 15 Abs. 3 UrhG die Gleichzeitigkeit der Übermittlung voraussetze, lässt sich wohl am ehesten historisch anhand der zum Zeitpunkt des Erlasses des UrhG bekannten unkörperlichen Verwertungsformen erklären. Der Vortrag (§ 19 UrhG) und die Aufführung oder Vorführung eines Werkes (§ 21 UrhG) können vom Teilnehmerkreis nur gleichzeitig wahrgenommen werden. Das gesendete Werk (§ 20 UrhG) wird allen Zuschauern zur gleichen Zeit zugänglich gemacht. Nach herkömmlicher Ansicht setzt daher die öffentliche Wiedergabe eine Gleichzeitigkeit der Wiedergabe voraus.

Ungern-Sternberg ist hingegen der Ansicht, dass durch eine Auslegung, in der § 15 Abs. 3 UrhG keine gleichzeitige Werkübermittlung voraussetzt, die Grenzen zwischen den gesetzlich normierten Verwertungsrechten verwischt werden, da die Nutzungshandlungen, die so erfasst werden sollen, in Wirklichkeit keine öffentlichen Wiedergaben sind, sondern Wiedergaben, die es einer breiten Öffentlichkeit ermöglichen, das Werk zu nutzen[475]. Er übersieht indes, dass der tragende Auslegungsgrundsatz des UrhG der ist, dass der Urheber an der Verwertung seines Werkes zu beteiligen ist. § 15 Abs. 3 UrhG ist daher in engem Zusammenhang mit § 15 Abs. 2 UrhG zu sehen. Wenn dieser einer Auslegung offen steht, in der auch technisch neue Verwertungsformen erfasst werden können, dann kann diese Möglichkeit nicht durch eine konservative Auslegung von § 15 Abs. 3 UrhG[476] wieder eingeschränkt werden. Das Merkmal der Gleichzeitigkeit hat nur deswegen Eingang in die traditionelle Auffassung zu § 15 Abs. 3 UrhG gefunden, weil die traditionellen Verwertungsformen der

---

474 So auch: *Hildebrandt*, Strafvorschriften des Urheberrechts, S. 120; *Nippe*, Urheber und Datenbank, S. 265.

475 Schricker-*v. Ungern-Sternberg* § 15 Rn. 60.

476 Anders *Nippe*, der zwar der Ansicht ist, dass § 15 Abs. 2 UrhG einer Auslegung offen steht, die neue technische Verwertungsformen erfassen soll hinsichtlich § 15 Abs. 3 UrhG aber ein Eingreifen des Gesetzgebers fordert, *Nippe*, Urheber und Datenbank, S. 265/266.

§§ 19-22 UrhG ohne Gleichzeitigkeit gar nicht denkbar waren. Wenn sich aber die Technik der Verwertung von urheberrechtlich geschützten Werken ändert und § 15 Abs. 2 UrhG solchen Entwicklungen offen steht, dann darf § 15 Abs. 3 UrhG, dem eine überholte Auffassung zu den technischen Gegebenheiten zugrunde liegt, den Weg des Urheberrechtes in das digitale Zeitalter nicht versperren[477]. § 15 Abs. 3 UrhG muss daher ebenfalles neuen Verwertungsformen offen stehen. Wie auch *Ungern-Sternberg* erkennt, kann es nicht von der Zufälligkeit des gleichzeitigen Empfangs des Werkes abhängen, ob ein Verwertungsrecht des Urhebers eingreift[478].

Die vor dem Hintergrund des § 11 UrhG erforderliche enge Auslegung des § 15 Abs. 3 UrhG verlangt im Übrigen, sich streng an den Wortlaut des § 15 Abs. 3 UrhG zu halten, so dass eine Gleichzeitigkeit der Übermittlung nicht erforderlich ist.

Schließlich stellen die dem Urheber vorbehaltenen Verwertungsarten nichts anderes dar als ein Stufensystem zur mittelbaren Erfassung des Endverbrauchers[479]. Das Urheberrecht knüpft nicht an den Werkgenuss an. Es knüpft vielmehr an die körperliche Verwertung und an die unkörperliche Verwertung gegenüber der Öffentlichkeit an. Würde die Werknutzung im Sinne des § 15 Abs. 2 UrhG sich im privaten Bereich halten, so handelte es sich lediglich um rezeptiven Werkgenuss, der nach dem UrhG aufgrund der Einschränkung des § 15 Abs. 2 UrhG durch § 15 Abs. 3 UrhG gemeinfrei ist[480]. Erst wenn die Verwertung gegenüber der Öffentlichkeit geschieht, wird diese zu einer dem Urheber vorbehaltenen Verwertung, da sie auf Seiten des Veranstalters über die bloße Rezeption hinausgeht. Dies belegt, dass es um die mittelbare Erfassung der Nutzer geht. Da diese nur schwerlich erfasst werden können, setzt das Urheberrecht bei den Personen an, die die Werknutzung ermöglichen. Es setzt daher einen Schritt vor dem Werkgenuss an, da jeder Werkgenuss zuvor eine Vervielfältigung, Verbreitung oder öffentliche Wiedergabe voraussetzt. Der Vervielfältiger wird die Vervielfältigungsstücke an Werknutzer weiterveräußern und damit möglicherweise wirtschaftlichen Gewinn machen, indem er sie verbreitet. In dieser Situation ist es für den Urheber einfacher, sich zur Geltendmachung seiner Ansprüche an eine einzige Person zu halten, als all denjenigen gegenüber tätig zu werden, die das Werk wahrnehmen. Hält sich die Vervielfältigung im privaten Bereich, so ist sie gem. § 53 Abs. 1 S. 1 UrhG von der Zustimmung des

---

477 Ähnlich auch: *Ahrens* ZUM 2000, 1029, 1030.

478 Schricker-*v. Ungern-Sternberg* § 15 Rn. 24; im Anschluß daran auch *LG München,* I ZUM 2000, 418.

479 *BVerfGE* 31, 255, 267 „Tonbandvervielfältigung“; *BVerfG,* GRUR 1997, 123 „Kopierladen I“; *BGHZ* 133, 281, 288 „Klimbim“; *Rehbinder* Rn. 194; einschränkend: Schricker-*v. Ungern–Sternberg* § 15 Rn. 9.

480 *Möschel/Bechtold* MMR 1998, 571, 575 m.w.N.

Urhebers unabhängig, da in diesen Fällen auch eine wirtschaftliche Verwertung meist nicht stattfindet. Eine Ausnahme wird hiervon gemacht, wenn die private Vervielfältigung durch einen Dritten gegen Entgelt erfolgt, § 53 Abs. 1 S. 2 UrhG. Auch die Systematik der §§ 54ff. UrhG spricht für diesen Aufbau des Urheberrechts.

Im Rahmen der öffentlichen Wiedergabe wird das Werk meist erst dann wirtschaftlich genutzt, wenn es der Veranstalter einer Öffentlichkeit wahrnehmbar macht, so dass erst dann die Interessen der Urheber berührt sind. Trotz dieser wirtschaftlichen Ausrichtung bleibt es dabei, dass der Urheber an jeder Verwertung seines Werkes zu beteiligen ist, § 11 UrhG. Auch § 52 UrhG – nach welchem die öffentliche Wiedergabe zulässig ist, wenn die Wiedergabe keinem Erwerbszweck des Veranstalters dient – stellt letztlich nur eine Ausnahme zu dem Grundsatz dar, dass der Urheber das ausschließliche Verwertungsrecht an jeder Verwertung seines Werkes hat.

Von diesen Gedankengängen her ist auch der Öffentlichkeitsbegriff des § 15 Abs. 3 UrhG zu bestimmen. Seine Kriterien sollen den Personenkreis festlegen, für den der Urheber die Vergütung bereits erhalten hat. Daraus folgt, dass die auf den Endverbraucher umgelegte Vergütung für den Werkgenuss bei größeren Personenkreisen im Verkaufspreis des Vervielfältigungsstückes noch nicht enthalten ist. Der Erwerb eines Vervielfältigungsstückes berechtigt daher nicht, das Werk auch öffentlich wiederzugeben, wie sich auch aus §§ 15 Abs. 2 Nr. 3, 21 UrhG ergibt. Ist aber dieser Gedanke das Entscheidende, so kann es bezüglich des Begriffes der Öffentlichkeit auch nicht auf eine Gleichzeitigkeit ankommen.

Schließlich wird vielfach übersehen, dass die relevante Handlung hier nicht das Bereithalten oder Übermitteln der Daten ist, sondern bereits das Zugänglichmachen. Diese Handlung spielt sich vor dem Bereithalten und dem Übermitteln ab. Dieses ist vergleichbar mit einem unkörperlichen Anbieten von Werken und Leistungen über das *Internet*. In dieser Situation sind aber auch nach herkömmlicher Auffassung die Voraussetzungen des § 15 Abs. 3 UrhG erfüllt, da das Zugänglichmachen jedenfalls gleichzeitig gegenüber einer unbestimmten Anzahl potentieller Nutzer, nämlich der gesamten *Internet*-Gemeinde erfolgt[481].

481 *A. Freitag* in: *Kröger/Gimmy*, Internetrecht, S. 331, 356/357; *Nippe*, Urheber und Datenbank, S. 371; *Nordemann/Goddar/Tönhardt/Czychowski* CR 1996, 645, 649.

bb) Spanien

In der Aufzählung des Art. 20.2 TRLPI findet sich in lit. *i)* eine Vorschrift, nach der gem. Art. 20.1 TRLPI auch der Zugang zu urheberrechtlich geschützten Werken, die Bestandteil einer Datenbank sind, als öffentliche Wiedergabe zu qualifizieren ist, selbst wenn die Datenbank als solche nicht durch das TRLPI geschützt ist. Art. 20.2 lit. *j)* TRLPI erweitert den Anwendungsbereich des Art. 20.2 lit. *i)* TRLPI auf Datenbanken, die nach dem "Libro I" des TRLPI geschützt werden, mithin solche gem. Art. 12.2 TRLPI.

Teilweise wird vor dem Hintergrund des Wortlauts von Art. 20.2 lit. *i)* TRLPI die Ansicht vertreten, dass nicht nur derjenige in das Verwertunsgrecht des Urhebers aus Art. 20.2 lit. *i)* TRLPI eingreife, der das Werk in der Online-Datenbank zugänglich mache, sondern auch derjenige, der es abrufe[482]. Begründet wird diese Ansicht damit, dass Art. 20.2 lit. *i)* TRLPI den Zugang zum Werk als öffentliche Wiedergabe versteht und nicht das Zugänglichmachen als solches. Überwiegend wird diese Absicht aber abgelehnt und Art. 20.2 lit. *i)* TRLPI richtigerweise dahingehend verstanden, dass das Zugänglichmachen von Werken in Online-Datenbanken gemeint ist[483]. Voraussetzung ist natürlich auch hier immer, dass die Voraussetzungen von Art. 20.1 TRLPI erfüllt sind, mithin die Öffentlichkeit der Wiedergabe zu bejahen ist. Angesichts des weltumspannenden Charakters des *Internets* ist dies jedoch unzweifelhaft[484]. Anders als teilweise vertreten wird[485], ist in Spanien mithin eine Umsetzung von Art. 8 WCT[486] und Art. 3 UrhRL nicht erforderlich, weil das "right of making available to the public" in Art. 20.1 i. V. m. Art. 20.2 lit. *i), j)* TRLPI bereits enthalten ist[487]. Eine Einfügung jenes Rechtes in den Katalog von Art. 20.2 TRLPI könnte daher nur klarstellenden Charakter haben[488]. Anderes mag allenfalls in Fällen gelten, in denen der virtuelle Ort, von dem das Werk abgerufen wird bzw. auf den es heraufgeladen wird, unter keinem Gesichtspunkt als Datenbank gem. Art. 20.2 TRLPI qualifiziert werden kann, seien sie nach dem TRLPI geschützt oder nicht. Als Beispiel wird vor allem der FTP-Server genannt[489]. Auch diese Verwertungshandlung ist aber angesichts seines offenen Charakters unter das Verwertunsgrecht des Art. 20.1 TRLPI zu subsumieren.

---

482 Bercovitz Rodríguez Cano/*Riviero Hernández* Art. 20, S. 404.

483 *Marco Molina*, Propiedad intelectual, S. 322; *Sánchez Aristi*, Obras musicales, S. 210/211.

484 *Garrote Fernández-Díez*, Derecho de autor en internet, S. 250ff., 253, 256ff.

485 *Gómez Segade* in: *Rogel Vide*, Nuevas tecnologías, S. 17, 30ff., 38.

486 Vgl. zum WCT aus der Spanischen Literatur: *Vinje* RGD núm. 642 (März 1998), S. 2339f.

487 *Garrote Fernández-Díez*, Derecho de autor en internet, S. 264.

488 So auch: *Esteve Pardo* La Ley 1998-3.

489 *Garrote Fernández-Díez*, Derecho de autor en internet, S. 268.

Die Einfügung eines Regelbeispiels entsprechend Art. 3 UrhRL hätte auch insoweit nur klarstellende Funktion[490].

Anders als in Deutschland besteht in Spanien Einigkeit dahingehend, dass eine Wiedergabe auch dann als öffentlich zu qualifizieren ist, wenn die Rezipienten sie nicht simultan, sondern nur sukzessiv aufnehmen[491]. Das TS begründet seine Ansicht vor allem damit, dass gem. Art. 17 TRLPI und Art. 2 TRLPI dem Urheber die alleinige Verwertung seines Werkes zusteht und der Wortlaut von Art. 20.1 TRLPI eine Gleichzeitigkeit der Wiedergabe nicht verlangt. Die Problematik aus dem deutschen Recht zu § 15 Abs. 3 UrhG stellt sich mithin hier nicht. Des Weiteren findet sich in Art. 20.2 TRLPI eine nicht abschließende Aufzählung von Handlungen, die als öffentliche Wiedergaben zu qualifizieren sind. Voraussetzung ist weiterhin, dass die öffentliche Wiedergabe ohne die vorherige Verbreitung von Vervielfältigungsstücken geschieht, Art. 20.1 TRLPI. Dieses Tatbestandsmerkmal dient aber lediglich dazu, die unkörperliche öffentliche Wiedergabe gem. Art. 20.1 TRLPI von der Verbreitung gem. Art. 19 TRLPI abzugrenzen[492].

Wer Werke in Online-Datenbanken einer Öffentlichkeit zugänglich macht, verwirklicht mithin eine öffentliche Wiedergabe und damit den Tatbestand von Art. 270 S. 1 TRLPI.

d) Setzen von Hyperlinks als öffentliche Wiedergabe

Fraglich ist schließlich, wie das Hyperlinking unter dem Aspekt der öffentlichen Zugänglichmachung gem. § 15 Abs. 2 UrhG und Art. 20.2 lit. *i)* TRLPI zu beurteilen ist. Vom Wortlaut des Begriffes „Zugänglichmachen“ ist dieses Verfahren allemal gedeckt, so dass nach dem oben Gesagten das Setzen von Hyperlinks das unbenannte exklusive Verwertungsrecht der öffentlichen Zugänglichmachung verletzt. § 19a UrhGE umfasst deshalb jene Handlungen. Zweifelhaft ist jedoch, ob in den verschiedenen technischen Verfahren des Linking gleichermaßen die Partizipationsinteressen des Urhebers betroffen sind.

Auch in Spanien gilt, dass es sich im Sinne des Gesetzes nur dann um eine Verwertung des Werkes handelt, wenn die Nutzung eine gemeinschaftliche ist und potentiell wirtschaftliche Vorteile aus ihr hervorgehen können[493]. Das ergibt sich aus dem systematischen Zusammenhang von Art. 17 TRLPI und Art. 2 TRLPI,

---

490 *Garrote Fernández-Díez*, Derecho de autor en internet, S. 268.

491 STS v. 11.03.1996 (ARJ 1996/2413); *Massaguer/ Salelles* RGD núm. 636 (Sept. 1997), S. 10927, 10954; Tapia/Román-*Román* Art. 20, S. 112.

492 *Garrote Fernández-Díez*, Derecho de autor en internet, S. 255/256.

493 *Marco Molina*, Propiedad intelectual, S. 214; Tapia/Román-*Román* Art. 17, S. 94.

die dem Urheber das alleinige Recht der Verwertung seines Werkes zuweisen, einerseits und den Grenzen der Verwertungsrechte andererseits. Zu nennen ist hier beispielsweise die Beschränkung aus Art. 20.1 TRLPI, wonach eine unkörperliche Verwertung eines Werkes dann nicht von der Zustimmung des Urhebers abhängig, wenn sie nicht öffentlich geschieht. Auf derselben Linie liegt Art. 31.2 TRLPI, nach dem Vervielfältigungen zur privaten Nutzung dann nicht von Art. 31.2 TRLPI gedeckt sind, wenn eine gemeinschaftliche oder lukrative Nutzung vorliegt. Entscheidend ist mithin, dass der Nutzer des urheberrechtlich geschützten Werkes am wirtschaftlichen Wert des Werkes partizipiert, ohne dass ihm dies erlaubt wäre, sich also objektiv die wirtschaftliche Substanz des Werkes zueignet und sich damit wirtschaftlich an die Stelle des Berechtigten stellt.

Beim Inline-Linking, Deep-Linking und beim Einsatz der Frame Technik macht sich der Verwender das Angebot des Werkes gleichermaßen zu Eigen, indem für den Benutzer nicht mehr erkennbar ist, von welchem Anbieter er das Werk erhält. Gegebenenfalls erlangt der „Framende" aus der Übernahme des urheberrechtlich geschützten Werkes sogar einen wirtschaftlichen Vorteil, sofern er für den Zutritt zu seinem Angebot eine Gebühr verlangt oder durch die gleichzeitig geschaltete Werbung einen Erlös erzielt. Ressourcen werden gespart, da der Anbieter nicht mehr alle für seinen WWW-Server erforderlichen Dateien auf seinen Server kopieren muss, sondern direkt auf eine externe Quelle verweisen kann. Im Idealfall muss jede Datei weltweit nur einmal vorhanden sein. Durch dieses Verhalten wird das Werk des Urhebers – auf einem anderen Server – verwertet. Es wird ein wirtschaftlicher Nutzen aus seinem Werk gezogen, da der Verwender durch die „Zugänglichmachung" des Werkes die Anzahl der Nutzer seines Dienstes erhöhen kann. Vor dem Hintergrund der tunlichst angemessenen Beteiligung der Urheber an dem wirtschaftlichen Nutzen, der aus seinem Werk gezogen wird, fallen diese Handlungen daher unter das Verwertungsrecht des „Zugänglichmachens"[494]. Durch die Verwendung von Inline-Links und Frames können fremde WWW-Seiten und die eigene WWW-Seite zu einer für den Benutzer untrennbaren Einheit verschmolzen werden; jene Funktion geht daher weit über die eines traditionellen Querverweises hinaus und führt zu einem „Schmarotzen"

[494] Deutschland: So auch: *Dustmann*, Provider, S. 201; *Marwitz* K&R 1998, 369, 370; *Pankoke*, Providerhaftung, S. 172; *Schack* MMR 2001, 9, 14; einschränkend: *Plaß* WRP 2000, 599, 602, der einen Verstoß gegen Art. 8 WCT ablehnt, wenn der Urheber selbst sein Werk zum Abruf bereithält und ein Dritter nur einen Verweis auf das Dokument vornimmt. Er ist damit wohl der Ansicht, dass der Urheber sich in einem solchen Fall mit der „*Internet*-adäquaten" Verlinkung einverstanden erklärt. Hier geht es jedoch um die Fallkonstellation, in der der Inhalt ohne Einwilligung des Urhebers zugänglich gemacht wurde. Dieser Aspekt der Verwertung wird vom *LG Hamburg* in CR 2000, 776, 777 übersehen, welches das Framing nur unter dem Gesichtspunkt der Vervielfältigung untersucht; Spanien: *Garrote Fernández-Díez*, Derecho de autor en internet, S. 369, der eine Anwendung des Rechtsgedankens aus Art. 20.2 lit. *b)* und Art. 20.2 lit. *h)* vorschlägt.

an den Investitionen und Vorhaltekosten der Betreiber der Quellendatenbank und zu einer wirtschaftlichen Verwertung der Werke, auf die verwiesen wird. So ergibt sich auch aus den Materialien zum WCT, dass dieser alle Formen der interaktiven Zugänglichmachung geschützter Werke erfassen will[495]. Hiergegen spricht auch nicht, dass der Setzer eines solchen Links sich eigentlich nur an die öffentliche-Zugänglichmachung des Betreibers der Seite „anhängt", auf die er verweist. Man könnte daher auch von einer Zweitverwertung sprechen, die beispielsweise in §§ 20b, 21, 22 UrhG und Art. 20.2 lit. *g)* TRLPI vom Verwertungsrecht der öffentlichen Wiedergabe des Urhebers umfasst wird.

Anders verhält es sich aber bei einfachen Hyperlinks. Bei diesen findet die relevante Verwertungshandlung ausschließlich im Verhältnis zwischen dem User und dem Dritten statt, auf den der Link verweist. Eine Verwertung des Werkes des Urhebers findet nicht bzw. nur ganz entfernt statt. Von einer Zueignung des Werkes kann nicht gesprochen werden. Der Link stellt vielmehr lediglich einen Verweis dar, welcher in Computernetzen sozialüblich und erwünscht ist. Zwar ist denkbar, dass der Anbieter eines Links die Abrufrate seines eigenen Angbots dadurch erhöht, dass er jenen Link unterhält, jedoch wird dies überlagert von der Sozialüblichkeit der Hyperlinks im *Internet*, so dass von einer öffentlichen Wiedergabe keine Rede sein kann. Insoweit ergibt auch eine am Sinn und Zweck orientierte Auslegung von Art. 8 WCT bzw. Art. 3 Abs. 1 UrhRL, dass einfache Hyperlinks nicht erfasst werden sollen[496].

e) Zusammenfassung

Bei der Online-Zugänglichmachung von urheberrechtlich geschützten Musikwerken handelt es sich, mit Ausnahme der Push-Dienste und dem Live-Streaming, in keinem Fall um eine Sendung gem. § 20 UrhG oder Art. 20.1 i. V. m. 20.2 lit. *e)* TRLPI. Die Online-Zugänglichmachung von urheberrechtlich geschützten Werken fällt jedoch in Deutschland als unbenanntes Verwertungsrecht unter § 15 Abs. 2 UrhG und ist auch in Spanien als öffentliche Wiedergabe gem. Art. 20.1 i. V. m. Art. 20.2 lit. *i)* TRLPI zu qualifizieren.

Bei einfachen Hyperlinks, die auf Seiten verweisen, auf denen urheberrechtlich geschützte Werke einer Öffentlichkeit zugänglich gemacht wurden, liegt keine öffentliche Wiedergabe in der Form der öffentlichen Zugänglichmachung gem. § 15 Abs. 2 UrhG bzw. Art. 20.1 i. V. m. Art. 20.2 lit. *i)* TRLPI vor. Anders verhält es sich bei Inline-Links, Deep-Links und Frames.

---

495 Denkschrift vom 8.Juli 1998 zum WIPO-Urheberrechtsvertrag S.16, abrufbar unter: http://www.bmj.bund.de/misc/1998/urh98.html (abgerufen am12.08.00).

496 Im Erg. ebenso: *Dustmann*, Provider, S. 189.

Sollte ein Fall des § 15 Abs. 2 UrhG zu bejahen sein, so ist gleichwohl § 52 UrhG zu beachten, dessen Eingreifen eine Tatbestandslosigkeit der Handlung zur Folge hätte.

4. Einschränkung des Tatbestandes

a) Allgemeines zu den Schranken des Urheberrechts und deren Einordnung in das System des strafrechtlichen Schutzes des Urhebers

aa) Deutschland

Aus § 106 UrhG ergibt sich, dass urheberrechtlich geschützte Werke nur strafrechtlichen Schutz beanspruchen können, soweit ihre Verwertung nicht gesetzlich erlaubt ist. Dies folgt aus der Formulierung: „in anderen als den gesetzlich zugelassenen Fällen". Nach herrschender Ansicht bezieht diese sich auf die §§ 45-60 UrhG als negativ gefasste Merkmale des Tatbestandes und nicht auf die allgemeinen Rechtfertigungsgründe[497]. Sie ist streng zu unterscheiden von der Lehre der negativen Tatbestandsmerkmale[498]. Einer Einordnung als Hinweis auf die allgemeinen Rechtfertigungsgründe widerspricht nämlich die Beschränkung auf die „gesetzlichen" Fälle, so dass die nicht gesetzlich geregelten Rechtfertigungsgründe nicht erfasst würden, was noch unterstrichen wird durch den Umstand, dass bei Erlass des UrhG 1965 der rechtfertigende Notstand – § 34 StGB – noch nicht normiert war[499]. Für eine solche Einordnung des Tatbestandsmerkmals spricht weiter die Ratio, die diesen Vorschriften zugrunde liegt. Jene ist die, dass das „geistige Eigentum" – ebenso wie das Sacheigentum des BGB – vom Schutzbereich des Art. 14 Abs. 1 GG erfasst wird[500] und daher auch im Interesse der Allgemeinheit der Sozialbindung des Art. 14 Abs. 2 GG unterliegt. Schon das Reichsgericht betonte, dass der Gedanke der „sozialgebundenen Befugnisse" auch für das Recht an Geisteswerken berücksichtigt werden müsse[501]. Das Ausschließlichkeitsrecht des Urhebers findet daher seine Grenze an

---

497 Fromm/Nordemann-*Vinck* § 106 Rn. 3; *v. Gamm*, § 106 Rn. 2; Hdb. WiSt.-*Bär* Kap. 18 Rn. 112; *Hildebrandt*, Strafvorschriften des Urheberrechts, S. 133; *Rochlitz*, Strafrechtlicher Schutz, S. 131; Schricker-*Haß* § 106 Rn. 7; *Weber*, Strafrechtlicher Schutz, S. 225ff.

498 Vgl. zur Lehre von den neg. Tatbestandsmerkmalen: *Jescheck/Weigend* § 25 III 3 m.w.N.

499 *Weber*, Strafrechtlicher Schutz, S. 225ff.; § 34 StGB wurde durch das 2. StRG vom 4. Juli 1969 eingefügt.

500 *BVerfG*E 31, 229; 49, 382.

501 *RGZ* 140, 264, 270.

den überwiegenden Interessen der Allgemeinheit, „wenn ein gedeihliches Zusammenleben in der menschlichen Gesellschaft überhaupt möglich sein soll"[502]. Es ist daher die Aufgabe des Gesetzgebers im Rahmen seines aus Art. 14 Abs. 1 S. 2 GG folgenden Verfassungsauftrages zur Ausgestaltung der Eigentumsgarantie, Inhalt und Schranken der vermögensrechtlichen Befugnisse des Urhebers zu bestimmen[503]. Dabei hat der Gesetzgeber einerseits die grundsätzliche Zuordnung der vermögenswerten Ergebnisse des geistigen Eigentums zum Urheber zu wahren und dessen Verfügungsrecht zu respektieren. Andererseits muss er „sachgerechte Maßstäbe" für eine „der Natur und der sozialen Bedeutung des Rechts entsprechende Nutzung und angemessene Verwertung" schaffen[504]. Deshalb stellt es keine Enteignung i. S. v. Art. 14 Abs. 3 GG dar, wenn der Gesetzgeber in den §§ 45ff. UrhG dem Urheber einzelne ausschließliche Nutzungsrechte nicht gewährt, denn die eigentumsrechtliche Befugnis des Urhebers, die Nutzung des Werkes von seiner Zustimmung abhängig zu machen, steht ihm von vornherein nur in den vom Gesetzgeber gezogenen Grenzen zu. Der Gesetzgeber ist jedoch in seiner Schrankenziehung nicht völlig frei. Er muss die von der Verfassung gesetzten Grenzen beachten, welche sich in erster Linie aus dem Verhältnismäßigkeitsgrundsatz ergeben, der übermäßige Belastungen verbietet[505]. Es muss also in jedem Einzelfall zu einer Güterabwägung kommen, bei der die Gründe, die die Beschränkung des Urheberrechtes rechtfertigen sollen, um so schwerwiegender sein müssen, je stärker eine gesetzliche Vorschrift den grundrechtlich geschützten Bereich berührt[506]. Soweit über das Verbotsrecht hinaus aber auch der Vergütungsanspruch des Urhebers eingeschränkt werden soll, ist ein gesteigertes öffentliches Interesse erforderlich. Aus der Sozialbindung allein lässt sich grundsätzlich nicht herleiten, dass der Urheber seine Leistung der Allgemeinheit unentgeltlich zur Verfügung stellen muss[507].

Zum Tatbestand eines Strafgesetzes gehören jedoch alle Merkmale, die den Unrechtsgehalt begründen. Die Verbotsmaterie wird durch den Tatbestand erschöpfend umschrieben, da der Gesetzgeber hier die Gesamtheit der Merkmale aufzuführen hat, aus denen sich der typische Unrechtsgehalt ergibt[508]. Hält sich aber die Verwertung innerhalb dessen, was der Urheber aufgrund der §§ 45ff. UrhG

---

502 *BVerfG*E 31, 229, 241, 243; zur besonderen sozialen Bindung des Urheberrechtes: *Roeber*, Die Urheberschaft am Filmwerk, UFITA 21 (1956), 150 ff.; RGZ 144, 106, 112 – welches jedoch unter dem Eindruck nationalsozialistischer Ideologien stand, die dem Gemeinnutz gleichen Rang neben dem Eigennutz zukommen lassen wollten. Das RG zitiert diese Tendenzen, wendet sie jedoch nicht an.

503 *BVerfG*E 31, 270, 272.

504 *BVerfG*E 31, 229; 49, 382.

505 *BVerfG*E 50, 290 ff., 388 ff. m.w.N.

506 *BVerfG*E 49, 382, 400.

507 *BVerfG*E 49, 382, 400.

508 Jescheck/Weigend § 25 I 2.

zu dulden hat, so liegt kein strafbares Verhalten und damit kein Unrecht vor. Hält sich die Verwertung des Werkes also im Rahmen der § 45ff. UrhG, so liegt gar keine „strafwürdige Rechtsgutsverletzung“[509] vor und damit kein genereller Angriff auf den Rechtsfrieden. Es handelt sich nicht um Unrecht.

Das System der Schranken des Urheberrechtes lässt sich in drei Gruppen aufteilen. Es handelt sich um Beschränkungen zugunsten einzelner Nutzer, Beschränkungen zugunsten der Kulturwirtschaft und Beschränkungen zugunsten der Allgemeinheit. Dabei enthalten die §§ 45ff. UrhG eine abschließende Aufzählung der Schranken des Urheberrechtes[510], welche als Einschränkungen des ansonsten umfassenden Schutzes des Urheberrechtes restriktiv auszulegen sind[511]. Relevanz besitzt im Rahmen dieser Untersuchung aus den Beschränkungen zugunsten einzelner Nutzer die private Vervielfältigung (§ 53 UrhG) und aus den Beschränkungen zugunsten der Allgemeinheit die Beschränkungen des Urheberrechtes durch die Schutzfrist (§ 64f. UrhG) sowie des Ausschließlichkeitsrechtes der öffentlichen Wiedergabe (§ 52 UrhG).

bb) Spanien

Die Schranken der Verwertungsrechte sind in Spanien in den Art. 26 -Art. 41 TRLPI geregelt. Die Verwertungsrechte aus Art. 17 TRLPI sind Rechte des Privateigentums aus Art. 33.1 CE. Das Grundrecht auf Privateigentum gem. Art. 33.1 CE wird durch die Gesetze ausgestaltet, vgl. Art. 33.2 CE. Insoweit handelt es sich bei den Art. 26ff. TRLPI um Inhalts- und Schrankenbestimmungen zu Art. 33.1 CE. Diese Schrankenbestimmungen finden ihre Rechtfertigung im Interesse der Allgemeinheit am Zugang zu Kulturgütern. Hier mußte daher in den Art. 26ff. TRLPI ein gerechter Ausgleich zwischen den Interessen der Urheber an der Verwertung ihrer Werke und der Allgemeinheit getroffen werden, so dass das Urheberrecht von Anfang an nur innerhalb dieser Grenzen besteht[512].

In den Art. 26ff. TRLPI finden sich zunächst Vorschriften über die Schutzdauer von urheberrechtlich geschützten Werken. Auf diese folgen dann mit den Art. 31ff. TRLPI die Schranken der Verwertungsrechte, auf die sich der letzte Halbsatz von Art. 17 TRLPI bezieht[513]. Wie sich aus dem Wortlaut von Art. 17 TRLPI ergibt, greift ein Verhalten noch nicht einmal in den geschützten

---

509 *Sax* JZ 1976, 9, 11.

510 *Weber*, Strafrechtlicher Schutz, S. 231.

511 *BGHZ* 50, 147, 152 „Kandinsky I“; *BGHZ* 58, 262, 265 „Landesversicherungsanstalt“; *Weber*, Strafrechtlicher Schutz, S. 231.

512 *Rogel Vide*, La Ley 1989, 943ff. *Vega Vega*, Derecho de autor, S. 221; *ders.*in: *Rogel Vide*, Nuevas tecnologías, S. 211.

513 *Garrote Fernández-Díez*, Derecho de autor en internet, S. 458.

Bereich des Urheberrechtes ein, wenn es von einer Schranke gedeckt ist. Die Vervielfältigungshandlung ist daher von Anfang an nicht vom Exklusivrecht des Urhebers umfasst.

Nun verweist Art. 270 S. 1 CP aber nicht auf die Art. 26ff. TRLPI. Nach seinem Wortlaut kommt es vielmehr allein darauf an, ob eine Vervielfältigung, Verbreitung oder öffentliche Wiedergabe vorliegt. Auch hier wirkt sich aber wiederum das grundsätzliche Verständnis von Art. 270 S. 1 CP aus. Würde man die Vorschrift als völlig autonome Vorschrift unabhängig von der Spezialgesetzgebung im TRLPI verstehen, so gäbe es keine Schranken des Urheberrechtes. Folge hiervon wäre, dass Verhaltensweisen strafrechtlich tatbestandsmäßig wären, die zivilrechtlich nicht als Verletzung des absoluten Rechtes Urheberrecht zu qualifizieren wären. Die Ungereimtheiten sind offensichtlich. Vor dem Hintergrund des oben dargestellten Zusammenhanges zwischen strafrechtlichen Vorschriften und ausserstrafrechtlicher Gesetzgebung sind auch hier die Wertungen des TRLPI zu berücksichtigen. Hiernach liegt kein Eingriff in das Urheberrecht vor, wenn ein bestimmtes Verhalten von einer der Schranken aus Art. 26ff. TRLPI gedeckt ist. Die Gegenprobe: Sollten die Schranken des Urheberrechtes im Strafrecht keine Anwendung finden, würde das dazu führen, dass urheberrechtlich nach Art. 26, 41 TRLPI nicht mehr geschützte Werke strafrechtlichen Schutz genießen würden. Man könnte sich mithin wegen der unerlaubten Vervielfältigung eines Werkes strafbar machen, dessen Schutzfrist nach Art. 26ff., 41 TRLPI abgelaufen ist. Dass dieses Ergebnis nicht gewollt sein kann liegt auf der Hand. Strafrechtlich kann daher ein Verhalten, welches von den Art. 26ff. TRLPI gedeckt ist, nicht den Tatbestand des Art. 270 S. 1 CP verwirklichen – es ist tatbestandslos und mithin nicht strafbar[514].

Auswirkungen hat die Einordnung der Schranken des Urheberrechts insbesondere bei der strafrechtlichen Behandlung von Irrtümern. Nach spanischer Rechtslage findet auf den Erlaubnistatbestandsirrtum Art. 14.3 CP Anwendung[515], so dass im Falle der Unvermeidbarkeit des Irrtums der Täter als nicht verantwortlich behandelt wird, wohingegen er im Fall der Vermeidbarkeit des Irrtums milder bestraft werden muß. Werden Urheberrechtsschranken als Rechtfertigungs-

---

514 So auch: Circular Nr. 2/1989 de la 20.4, de la fiscalía general del estado, ADPCP 1989, 677, 682; *Busch*, Protección Penal en España y Alemania, S. 203; *Quintero Olivares/Benítez*, Protección penal, S. 57; *Queralt Jiménez*, Derecho penal Español, Parte Especial, S. 418/419; Quintero Olivares/Morales Prats-*Quintero Olivares* Art. 270 S. 608/609; a.A.: *Carmona Salgado*, Ley de propiedad intelectual, S. 338; *Suárez Rodríguez* ADI Tomo XIV 1991 – 92, 119ff.,128; *Vega Vega*, Derecho de autor, S. 221: Rechtfertigungsgründe.

515 STS v. 26.12.1996 (ARJ 1996/9242), 16.06.1997 (ARJ 1997/4839); *Cerezo Mir*, Parte General II, S. 92/93 m.w.N.; Rodriguez Mourullo/Jorge Barreiro/*Rodriguez Mourullo* Art. 14, S. 68/69.

gründe eingeordnet, müsste bei einem Irrtum über dieselben aus Art. 270 S. 1 CP bestraft werden, wobei die Strafe zu mildern wäre. Bei einer Einordnung als Tatbestandsmerkmale hingegen würde bei einem Tatsachenirrtum über die Grenzen der Schranken des Urheberrechts Art. 14.1 CP Anwendung finden, nach welchem nur aufgrund fahrlässiger Begehung bestraft werden könnte. Bei einem Irrtum über Urheberrechtsschranken führt daher ein solcher Irrtum zwingend zur Straflosigkeit des Täters, weil die fahrlässige Verletzung von Urheberrechten nicht mit Strafe bedroht ist. Es ist jedoch nicht einzusehen, warum der vermeidbare – und damit fahrlässige – Irrtum über Urheberrechts-schranken stärker bestraft werden soll, als die fahrlässige Begehung von Urheberrechtsverletzungen, welche straflos ist. Dementsprechend werden die Schranken des Urheberrechtes in Spanien überwiegend als negative Tatbestandsmerkmale des Art. 270 S. 1 CP verstanden[516].

Auffallend ist auf den ersten Blick, dass der Regelungsumfang der Schranken des Urheberrechtes im Spanischen TRLPI weit hinter dem Regelungsumfang des UrhG zurückbleibt. So sucht man manche Schranken des Urheberrechtes, die aus dem deutschen Recht geläufig sind, im TRLPI vergebens, beispielsweise das Recht der öffentlichen Wiedergabe aus § 52 UrhG. Auch sind die Regelungen nicht so genau wie im deutschen UrhG. Andererseits darf nach Art. 40 *bis* TRLPI keine der Vorschriften der Art. 31ff. TRLPI in einer Art und Weise ausgelegt werden, dass ihre Anwendung die normale Auswertung des Werkes beeinträchtigt oder die berechtigten Interessen des Urhebers unzumutbar verletzt. Die Regelung entspricht Art. 9 Abs. 2 RBÜ und erinnert an die "fair use"-Doktrin aus dem US-Amerikanischen Copyright Act, Title 17 USC Sec. 106.

Die in dem Zusammenhang mit dieser Untersuchung wichtigen Schranken des Urheberrechtes sind die der Schutzfrist und der privaten Vervielfältigung zum eigenen Gebrauch gem. Art. 31 TRLPI.

---

[516] Circular Nr. 2/1989 de la 20.4, de la fiscalía general del estado, ADPCP 1989, 677, 682; *Busch*, Protección Penal en España y Alemania, S. 203; *Quintero Olivares/Benítez*, Protección penal, S. 57; *Queralt Jiménez*, Derecho penal Español, Parte Especial, S. 418/419; Quintero Olivares/Morales Prats-*Quintero Olivares* Art. 270 S. 608/609; a.A.: *Carmona Salgado*, Ley de propiedad intelectual, S. 338; *Suárez Rodríguez* ADI Tomo XIV 1991 – 92, 119ff.,128; *Vega Vega*, Derecho de autor, S. 221: Rechtfertigungsgründe.

b) Relevante Schranken des Urheberrechtes bei der Online-Verwertung von Musikwerken

aa) Deutschland

1) Vervielfältigungen zum privaten und sonstigen eigenen Gebrauch gem. §§ 53ff. UrhG

Um dem einzelnen eine umfassende Teilnahme am Geistesleben und Entwicklung und Entfaltung seiner Persönlichkeit zu ermöglichen, erklärt das Gesetz den privaten (§ 53 Abs. 1 UrhG) und sonstigen eigenen Gebrauch (§ 53 Abs. 2 UrhG) von Geisteswerken in gewissem Umfang für frei.

Die Regelung des § 53 UrhG zusammen mit den Vorschriften der §§ 54-54h UrhG, soll die Interessen der einzelnen Nutzer an einer beschränkt erlaubnisfreien Nutzung urheberrechtlich geschützter Werke mit den Interessen der Urheber in Einklang bringen. Da jeder Urheber in einen bestimmten Kulturkreis eingebunden ist und auf dem Kulturschaffen anderer Urheber aufbaut, muss er auch anderen die Benutzung seiner Werke in gewissem Maße gestatten. Kulturelle Schöpfung bedarf stets eines gegenseitigen Gebens und Nehmens[517].

Der Interessenausgleich, wie er in den §§ 53-54h UrhG normiert ist, wird vor allem dadurch charakterisiert, dass die freie Nutzung nur in einem bestimmten Rahmen zulässig ist und dem Urheber hierfür ein Vergütungsanspruch zusteht (gesetzliche Lizenz). Aus praktischen Gründen und wegen der Bedenklichkeit des Eindringens in die Privatsphäre der Besitzer von Aufzeichnungsgeräten knüpft dieser Vergütungsanspruch aber nicht an den einzelnen Vervielfältigungsvorgang an, sondern besteht in einer Abgabe, die die Hersteller von Vervielfältigungsgeräten, Bild- und Tonträgern sowie die Großbetreiber von Kopiergeräten zu leisten haben und die sie über den Preis wieder auf die Endverbraucher abwälzen können[518].

§ 53 Abs. 1 UrhG erlaubt jedoch nur die Vervielfältigung zum privaten Gebrauch. Privater Gebrauch ist bei Benutzung innerhalb der Privatsphäre durch die Person gegeben, die die Vervielfältigung herstellt bzw. herstellen lässt, sowie die mit ihr durch ein persönliches Band verknüpften Personen[519]. Zum pri-

---

517 Amtl. Begr. zur Novelle von 1985, BTDrucks 10/837 S. 9; vgl. zum Ganzen auch: *Kreile* ZUM 1991, 101.

518 BTDrucks IV/270, S. 71.

519 Amtl. Begr. BTDrucks IV/270, S. 70; *BGHZ* 8, 88, 96 „Magnettonbänder I"; *Flechsig* GRUR 1993, 532 ff.; *v. Gamm* § 53 Rn. 10; Schricker-*Loewenheim* § 53 Rn. 11.

vaten Gebrauch können von einem unveröffentlichten oder einem veröffentlichten Werk einzelne Vervielfältigungsstücke hergestellt werden, § 53 Abs. 1 S. 1 UrhG. Hierunter versteht man nach der Rechtsprechung bis zu sieben Exemplare[520].

Beschränkungen gelten jedoch für Computerprogramme gem. §§ 69a Abs. 4, 69c Nr. 1 UrhG[521] und Datenbanken gem. § 53 Abs. 5 UrhG. Ausnahmen zu den Spezialvorschriften für Computerprogramme stellen die §§ 69d, 69 e UrhG dar.

(a) Digitalisierung von Urheberrechtlich geschützten Werken als private Vervielfältigung gem. § 53 Abs. 1 UrhG

Wie oben gesehen[522] stellen die Digitalisierung eines analogen urheberrechtlich geschützten Werkes der Musik, sowie die Komprimierung in das „*.mp3" Format eine Vervielfältigung gem. §§ 15 Abs. 1 Nr. 1, 16 Abs. 1 UrhG dar, wenn damit die Festlegung der digitalisierten Fassung auf einem Datenträger verbunden ist. Eine solche Vervielfältigung ist gem. § 53 Abs. 1 UrhG zulässig, wenn sie zum privaten Gebrauch, d.h. für die eigene Person oder für diejenigen, die mit ihr persönlich verbunden sind, erfolgt[523]. Bei der einzelnen Vervielfältigung im Rahmen der Digitalisierung liegt diese Voraussetzung vor, da sie für sich allein genommen nur der Nutzung durch den Vervielfältiger dient, auf dessen Speichermedium sie auch gespeichert ist. Keinen Unterschied kann es machen, dass gerade diese Vervielfältigung bzw. eine Vervielfältigung von dieser Vervielfältigung später einer Öffentlichkeit zugänglich gemacht wird. Zwar muss die Vervielfältigung final dem privaten Gebrauch zu dienen bestimmt sein[524], jedoch wird das Gegenteil bei einzelnen Vervielfältigungsstücken im häuslichen Bereich nicht beweisbar sein. Allein aus dem Vorhandensein von MP3-Dateien auf einem Computer kann beispielsweise nicht darauf geschlossen werden, dass diese einer Zugänglichmachung für andere Personen dienen sollen. Die so möglicherweise entstehende Schutzlücke zu Lasten der Urheber schließt § 53 Abs. 6 UrhG. Nach dieser Vorschrift ist, auch wenn die Vervielfältigung zunächst gem. § 53 Abs. 1 UrhG zulässig war, die Verbreitung und öffentliche Wiedergabe jener Vervielfältigungsstücke unzulässig. Das öffentliche Zugänglichmachen von so erstellten MP3-Dateien verbietet mithin § 53 Abs. 6 UrhG.

---

520 BTDrucks IV/ 270 S. 73; *BGH*,GRUR 1978, 474 „Vervielfältigungsstücke"; a.A.: Fromm/Nordemann-*Nordemann* § 53 Rn. 3; auf der „sicheren Seite" dürfte man sich bei höchstens 5 Vervielfältigungsstücken befinden, da eine solche Zahl auch vom Gesetzgeber angedacht war, vgl. BTDrucks IV/270, S. 73.

521 Kritisch hierzu: *Heinrich*, Strafbarkeit, S. 254f.

522 Vgl. oben S. 91f.

523 Schricker-*Loewenheim* § 53 Rn. 7.

524 Vgl. dazu unten Seite 158.

Sollte jedoch einmal die Digitalisierung eindeutig nicht zum privaten Gebrauch angefertigt worden sein, beispielsweise um sie in einem P2P-Verfahren zu tauschen, ist die Privilegierung von § 53 UrhG nicht einschlägig[525].

(b) Uploaden durch den Anbieter als private Vervielfältigung gem. § 53 UrhG

Eine solche Vervielfältigung könnte gem. § 53 Abs. 1 UrhG zum privaten Gebrauch zulässig sein. Die Vervielfältigung erfolgt hier grundsätzlich aber gerade nicht für die eigene Person oder für diejenigen, die mit ihr persönlich verbunden sind[526], sondern um es Dritten zu ermöglichen, das Musikwerk abzurufen, wobei eine Beschränkung auf den Bekanntenkreis des Heraufladenden grundsätzlich nicht stattfindet[527].

Mönkemöller[528] hingegen ist der Ansicht, dass allein das Ablegen von Daten auf einem fremden Server noch von § 53 Abs. 1 UrhG gedeckt sei. Er ist der Auffassung, dass der Kopierende durch das Heraufladen das Vervielfältigungsstück noch nicht aus seinem ausschließlichen Zugriffsbereich entlasse und Dritte noch nicht auf die Daten zugreifen könnten, da die Adresse, unter der die Daten zugänglich gemacht wurden, noch nicht weitgehend bekannt sei. Dieser Ansicht kann aus tatsächlichen und auch aus rechtlichen Erwägungen nicht gefolgt werden. Es mag richtig sein, dass vielen Nutzern die Adresse, unter der die Daten abgerufen werden können, noch unbekannt ist. Bei P2P-Anbietern ist die Kenntnis der Adresse jedoch gar nicht erforderlich. Paradebeispiele sind „Napster", „Gnutella" und „Scour". Bei diesen drei Anbietern wird eine kostenlose Software auf dem Computer installiert, wodurch man Mitglied eine „exchange community" wird. Jedes Mitglied macht grundsätzlich jedem anderen Mitglied auf der Welt, welches zur selben Zeit online ist, seine auf der Festplatte gespeicherten Audio bzw. Videodateien, zugänglich. Durch eine Suchmaschine kann das begehrte Werk gesucht werden und – soweit irgendwo auf der Welt auf einem Rechner, der gerade online und Mitglied der „Community" ist, vorhanden – heruntergeladen werden. In dem Augenblick wo man selbst Mitglied wird, macht man seine eigenen Dateien allen anderen Mitgliedern zugänglich, ohne dass es einer besonderen Handlung bedarf. Das verbindende Glied ist der Anbieter und die Software – quasi eine moderne Tauschbörse.

Allein schon aus diesem Grund kann in den allermeisten Fällen, und das sind die solcher P2P-Tauschbörsen, keine Rede davon sein, dass sich die Vervielfälti-

---

525 *Kreutzer* GRUR 2001, 193, 200; *Spindler* JZ 2002, 60, 63.

526 Schricker-*Loewenheim* § 53 Rn. 7.

527 *Braun* GRUR 2001, 1106, 1107; *Cichon* K&R 1999, 547, 548; *Spindler* JZ 2002, 60, 70; *Strömer*, S. 175.

528 *Mönkemöller* GRUR 2000, 663, 667.

gung mangels Kenntnis der Öffentlichkeit im privaten Bereich hält und damit von § 53 Abs. 1 UrhG gedeckt ist.

Aber auch aus rechtlichen Gründen ist dieser Ansicht nicht zu folgen. Nach dem Wortlaut von § 53 Abs. 1 UrhG müssen die Vervielfältigungsstücke zum privaten Gebrauch hergestellt werden. Aus dieser Formulierung ergibt sich das Erfordernis eines finalen Zusammenhangs zwischen der Vervielfältigung und dem privaten Gebrauch. Zwar ist es richtig, wenn *Mönkemöller* meint, dass mit Privatsphäre nur ein enger Bereich persönlicher Bindungen gemeint ist, nicht aber eine räumliche Einschränkung gewollt war. Ganz abgesehen davon jedoch, dass in Computernetzen räumliche Entfernungen relativ sind, muss aufgrund des finalen Charakters der Vorschrift die Vervielfältigung dem engen Bereich persönlicher Bindungen dienen, für ihn bestimmt sein[529]. Das kann bei dem Heraufladen von Musikwerken auf einen Server, der Tausenden von *Internet*-Nutzern zugänglich ist, von vornherein nicht bejaht werden[530]. Etwas anderes ergibt sich auch nicht aus § 53 Abs. 6 UrhG. Aus dieser Vorschrift kann nicht gefolgert werden, dass es auf eine Zweckbestimmung bei § 53 Abs. 1 UrhG nicht ankäme[531]. Die Vorschrift ist vielmehr so zu verstehen, dass die Vervielfältigungsstücke, die ursprünglich dem privaten Gebrauch dienen sollten und damit gem. § 53 Abs. 1 UrhG zulässig waren, nicht nach der Vervielfältigung verbreitet oder öffentlich wiedergegeben werden dürfen[532]. Würde man die Vorschrift wie *Mönkemöller* verstehen, so wäre die Formulierung „zum privaten Gebrauch" überflüssig. Es hätte dann auch genügt zu formulieren, dass einzelne Vervielfältigungen zulässig sind. Die Vervielfältigung wäre dann unabhängig von der Zweckbestimmung. Erst wenn diese dann öffentlich wiedergegeben bzw. verbreitet werden, würde gegen die §§ 15 Abs. 1 Nr. 2, 17 Abs. 1 UrhG bzw. §§ 15 Abs. 2, 19ff. UrhG verstoßen werden. § 52 UrhG könnte dann nicht eingreifen, da § 53 Abs. 6 UrhG die Anwendung desselben ausschließt. Vor dem Hintergrund dessen, dass es sich um eine eng auszulegende Ausnahmevorschrift[533] handelt, muss aber eine Zweckbestimmung zum privaten Gebrauch verlangt werden, da sonst jegliche Vervielfältigung, wenn es sich nur um einzelne Stücke handelt, zulässig wäre.

---

529 So auch: *Flechsig* GRUR 1993, 532, 537; Möhring/Nicolini-*Decker* § 53 Rn. 13; *Nippe*, Urheber und Datenbank, S. 153 – die bei einer nachträglichen Änderung der Zweckbestimmung die Einschränkung des § 53 Abs. 1 UrhG nachträglich wegfallen lassen wollen.

530 *Mönkemöller* GRUR 2000, 663, 667 – sieht in der Weitergabe der Fundstelle eine Verbreitung gem. § 17 UrhG, die dann nach § 53 Abs. 6 S. 1 UrhG unzulässig ist. Richtig ist es aber hier eine öffentliche Wiedergabe gem. § 15 Abs. 2 UrhG anzunehmen, vgl. oben Seite 136.

531 Anders wohl *Mönkemöller* GRUR 2000, 663, 667.

532 *Schack* ZUM 2002, 497, 501.

533 *BGHZ* 140, 183, 185 „Elektronische Pressearchive"; *OLG Hamburg,* CR 2000, 658, 659; Schricker-*Melichar* Rn. 1 vor §§ 45ff.

Das Heraufladen von urheberrechtlich geschützten Werken der Musik ist mithin eine nicht von § 53 Abs. 1 UrhG gedeckte Vervielfältigung. Anderes mag gelten, wenn der Zugang zu dem Server bzw. der Fundstelle sich beispielsweise über ein „Passwort" im privaten Bereich hält. Das kann beispielsweise der Fall sein, wenn man auf einer eigenen Web-Site Musikwerke zum Abruf bereithält, der Downloadbereich jedoch nur bei Eingabe eines Passwortes erreicht werden kann, welches nur einem engen Personenkreis bekannt ist.

Auch eine Ausnahme vom Zustimmungserfordernis des Urhebers gem. § 53 Abs. 2 UrhG aufgrund eines sonstigen eigenen Gebrauchs kommt hier nicht in Betracht. § 53 Abs. 2 setzt voraus, dass die Vervielfältigung zum eigenen Gebrauch erfolgt, nur einzelne Vervielfältigungsstücke hergestellt werden und die Vervielfältigung zu einem der in § 53 Abs. 2 Nr. 1-4 UrhG genannten Gebrauchszwecke erfolgt.

Eigener Gebrauch im Sinne von § 53 Abs. 2 UrhG setzt voraus, dass die Vervielfältigungsstücke zur eigenen Verwendung und nicht zur Weitergabe an Dritte hergestellt werden[534]. Erforderlich ist damit ein „interner" Gebrauch. Dieses Kriterium schließt die Anwendung des § 53 Abs. 2 UrhG daher immer dann aus, wenn urheberrechtlich geschützte Werke auf für Dritte zugänglichen Servern vervielfältigt werden[535]. Allein bei nicht frei zugänglichen Vervielfältigungen im Intranet kann § 53 Abs. 2 UrhG eingreifen.

Das Uploaden eines urheberrechtlich geschützten Werkes kann daher nicht auf die Schranken des Urheberrechtes gestützt werden.

(c) Download durch den Nutzer als private Vervielfältigung gem. § 53 UrhG

Fraglich ist, ob die Schranke des § 53 Abs. 1 UrhG bei privatem Herunterladen von Musikwerken im digitalen Kontext greift, da dieses ja grundsätzlich unter das Vervielfältigungsrecht des Urhebers gem. §§ 15 Abs. 1 Nr. 1, 16 UrhG fällt[536].

In der Regel wird der Nutzer sich die heruntergeladene Kopie zum privaten Gebrauch im Sinne des § 53 Abs. 1 UrhG erstellen, so dass die Zulässigkeit der Vervielfältigung nicht von der Zustimmung des Urhebers abhängig ist[537]. Zwei-

---

534 Amtl. Begr. zur Urheberrechtsnovelle 1985, BTDrucks 10/ 837, S. 9.

535 Hdb. MMR-*Loewenheim* 7.4 Rn. 15.

536 Vgl. oben S. 93f.

537 So auch: *Ahrens* ZUM 2000, 1029,1036; *Malpricht* NJW-CoR 2000, 233, 234; *Mönkemöller* GRUR 2000, 663, 668; *Spindler* JZ 2002, 60, 61 (Anderes gilt dann, wenn das Herunterladen von Dateien aus dem Netz zu dem Zweck geschieht, diese zum Tausch

felhaft ist jedoch, ob das auch dann gilt, wenn die Vorlage, von der dieses Vervielfältigungsstück erstellt wird, selbst ein unerlaubt hergestelltes Vervielfältigungsstück war. In den meisten Fällen wird sich nämlich bei der „Verbreitung" von Musikwerken die Situation so darstellen, dass das Heraufladen des Werkes nicht vom Urheber genehmigt wurde. Jene Vervielfältigung ist dann auch nicht gem. § 53 Abs. 1 UrhG privilegiert, so dass das zum Abruf angebotene Werk selbst eine unerlaubte Vervielfältigung darstellt.

Nach dem Wortlaut von § 53 Abs. 2 Nr. 2 UrhG ist es zulässig, einzelne Vervielfältigungsstücke eines Werkes zur Aufnahme in ein eigenes Archiv herzustellen oder herstellen zu lassen, wenn und soweit die Vervielfältigung zu diesem Zweck geboten ist und als Vorlage für die Vervielfältigung ein eigenes Werkstück benutzt wird. Im Umkehrschluss bedeutet das, dass es in allen anderen Fällen der Vervielfältigung zum privaten oder sonstigen eigenen Gebrauch nicht erforderlich ist, eine eigene Vorlage zu benutzen[538]. *Weinknecht* hingegen ist der Ansicht, dass § 53 UrhG ganz allgemein voraussetzt, dass es sich bei der Vorlage für die Kopie um eine rechtmäßig erstellte Kopie handeln müsse[539]. Zur Begründung führt er an, dass nur der Berechtigte selbst ein Recht übertragen kann und es einen Gutglaubensschutz beim Erwerb von Rechten nicht gebe. Diese Ansicht stützt sich vor allem auf eine Entscheidung des KG[540].

Nach Ansicht von *Cichon* ist der Erwerb einer Raubkopie für sich allein genommen nicht rechtswidrig, sondern nur die Herstellung einer solchen, so dass es auf die Rechtmäßigkeit der Vorlage für das Vervielfältigungsstück im Rahmen des § 53 UrhG nicht ankomme[541]. Dies sei darauf zurückzuführen, dass im Falle des § 53 UrhG das Verbotsrecht des Urhebers in die Vergütungsansprüche der §§ 54 ff. UrhG umgewandelt werde.

M. E. sind hier zwei Problemfelder zu unterscheiden. Einmal geht es um die Frage, ob unter § 53 UrhG auch Kopien von Werkstücken fallen, deren Besitz sich der Kopierende rechtswidrig unter Verletzung der Vorschriften des Eigentums- und Besitzschutzes verschafft hat. Davon zu unterscheiden ist zweitens das Problem, ob § 53 UrhG auf Vervielfältigungen von Vorlagen anwendbar ist,

---

gegen weitere Dateien anzubieten und so wiederum in den Besitz weiterer Dateien zu gelangen).

538 *BGHZ* 134, 250, 253 „CB – Infobank I"; *BGH,* GRUR 1997, 464, 466 „CB – Infobank II"; *Cichon* K&R 1999, 547, 550 Fn. 13; *Mönkemöller* GRUR 2000, 663, 664; Schricker-*Loewenheim* § 53 Rn. 11; *Spindler* JZ 2002, 60, 61; *Stintzing* GRUR 1994, 871, 878; a.A.: *Katzenberger* GRUR 1973, 634.

539 *Weinknecht*, http://www.weinknecht.de/mp3.htm (abgerufen am 07. Januar. 2002); so auch: *Heghmanns* JA 2001, 71, 72.

540 KG GRUR 1992, 168, 169 „Dia Kopien".

541 *Cichon* K&R 1999, 547, 550 Fn. 13.

die unter Verstoß gegen das Vervielfältigungsrecht des Urhebers hergestellt worden sind[542]. Beide Fallgestaltungen können, müssen aber nicht zusammentreffen. *Weinknecht* übersieht diese Unterscheidung. Das KG entschied lediglich, dass das Werkstück, von dem die Vervielfältigung hergestellt wird, rechtmäßig in den Besitz des Vervielfältigers gelangt sein muss. Zudem handelte es sich um einen Fall, in dem die Herstellung des Werkstückes offensichtlich rechtmäßig erfolgt war. Das KG stellte vornehmlich auf den Besitz ab, welcher nach den sachenrechtlichen Grundsätzen der §§ 854 ff. BGB zu beurteilen ist, nicht aber auf die urheberrechtliche Legalität der Kopiervorlage.

Werden die Grundsätze dieser Entscheidung auf den Bereich der digitalen Verwertung übertragen, so ist zwar davon auszugehen, dass auf einem Datenträger verkörperte Computerdaten Sachen i.S.d. § 90 BGB darstellen[543], jedoch räumt der Anbieter von Musikwerken dem Nutzer die Zugriffsmöglichkeit aus freien Stücken ein – ja er bezweckt sie sogar -, so dass von einer rechtswidrigen Verschaffung der Möglichkeit zur Vervielfältigung durch den Nutzer keine Rede sein kann[544]. Nach der Entscheidung des KG kann allenfalls der Weg der Besitzerlangung der Kopiervorlage, also das Verhältnis zwischen Eigentümer bzw. Vorbesitzer und dem jetzigen Besitzer der Kopiervorlage entscheidend sein, nicht jedoch, ob der Kopiervorlage selbst die Widerrechtlichkeit anhaftet[545].
Es spricht im Übrigen auch viel dafür, die Entscheidung des KG als Einzelfallentscheidung aufzufassen. Das KG hatte nämlich einen Fall zu entscheiden, in dem der Urheber von Dias diese noch nicht in den Verkehr gebracht hatte. Bevor dies geschehen konnte, hatte der Beklagte ihm die Dia-Vorlagen gestohlen und zum privaten Gebrauch vervielfältigt. In dieser Situation entschied das KG, dass der Beklagte sich hinsichtlich der Kopien nicht auf § 53 UrhG berufen könnte, da er sich durch die verbotene Eigenmacht überhaupt erst in die Lage versetzt hatte, Vervielfältigungsstücke zu erstellen. Von dieser Ausnahmesituation abgesehen kann es für die Anwendbarkeit des § 53 Abs. 1 S. 1 UrhG aber grundsätzlich nicht auf den Besitz an der Kopiervorlage ankommen. Der Wortlaut von § 53 UrhG fordert eine tatsächliche Sachherrschaft über die Kopiervorlage nicht. Aus § 53 Abs. 1 S. 2 UrhG ergibt sich vielmehr, dass die Vervielfältigung auch durch einen anderen hergestellt werden kann, der Vervielfältiger selbst daher nicht den Besitz am Original haben muss. Hieraus wiederum lässt sich der Schluss ziehen, dass es für die Bejahung einer Vervielfältigung nicht darauf ankommt, wer die Sachherrschaft über das Original, sondern wer die Tatherrschaft über den Vervielfältigungsvorgang hat. Vor diesem Hintergrund

---

542 So jetzt auch: *Loewenheim*, FS-Dietz, S. 415, 416; *Spindler* JZ 2002, 60, 61.

543 *BGHZ* 102, 135, 144; *BGH*, NJW 1992, 2346; *BGH*, CR 2000, 207; Palandt/*Heinrichs* § 90 Rn. 2.

544 *Kreutzer* GRUR 2001, 193, 200; *Spindler* JZ 2002, 60, 61.

545 *Mönkemöller* GRUR 2000, 663, 667.

darf sich die Tätigkeit des anderen bei § 53 Abs. 1 S. 2 UrhG auch nur auf den technisch maschinellen Vorgang der Vervielfältigung beschränken[546]. Würde man das Erfordernis der tatsächlichen Sachherrschaft über die Kopiervorlage in § 53 UrhG hineinlesen, so würden alle Downloadvorgänge von Online-Daten--banken von vornherein von § 53 UrhG nicht erfasst werden. Eine Sachherrschaft über die Kopiervorlage liegt nämlich in dieser Situation grundsätzlich nicht vor.

Es kann also soweit festgehalten werden, dass im Ergebnis für die hier zu beurteilenden Fallgruppen dahingestellt bleiben kann, ob § 53 UrhG verlangt, dass der Vervielfältiger rechtmäßigen Besitz an der Kopiervorlage erlangt hat. Zumindest kann aus der Entscheidung des KG nicht der Schluß gezogen werden, dass § 53 UrhG voraussetzt, die Vorlage, von der die Kopie gemacht wird, müsse urheberrechtlich legal hergestellt worden sein.

Wenn also feststeht, dass zur Begründung des Erfordernisses der urheberrechtlichen Legalität der Kopiervorlage für die Anwendung von § 53 UrhG nicht unter Rückgriff auf die Entscheidung des KG begründet werden kann, so ist damit noch immer nicht die Frage beantwortet, ob § 53 UrhG die urheberrechtliche Legalität der Kopiervorlage verlangt.

Teilweise wird eine Anwendung des § 53 UrhG auf Vervielfältigungen von urheberrechtsverletztenden Kopiervorlagen abgelehnt[547]. Dabei wird vor allem geltend gemacht, dass sich aus § 96 UrhG und aus § 53 Abs. 6 UrhG der allgemeine Rechtsgedanke herauslesen lasse, dass eine Nutzungshandlung, die als Ausgangsmaterial ein urheberrechtswidrig erstelltes Werkstück verwende, nicht zulässig sein könne. Die Rechtswidrigkeit setze sich am Derivat der unerlaubten Handlung fort. Des Weiteren sei eine Auslegung von § 53 UrhG, in der jenes Erfordernis keinen Platz habe, nicht mit Art. 9 Abs. 2 RBÜ vereinbar.

Diese Ansicht übersieht jedoch, dass es sich bei der von § 53 UrhG zu beurteilenden Kopie gerade nicht um ein Derivat der unerlaubten Handlung selbst handelt. Schließlich geht es beim Herunterladen von urheberrechtlich geschützten Werken nicht um den derivativen Erwerb von Rechten. Übertragen werden könnten nur Nutzungsrechte, nicht jedoch Urheberrechte[548]. § 53 UrhG regelt jedoch nicht die *Übertragung* von Nutzungsrechten. Es geht hier vielmehr um eine Einschränkung der Ausschließlichkeitsrechte des Urhebers vor dem Hintergrund der Sozialpflichtigkeit des geistigen Eigentums gem. Art. 14 Abs. 1 S. 2 GG. Anknüpfungspunkt für die erlaubnisfreie Nutzung gem. § 53 Abs. 1

546 *BGHZ* 134, 250, 253 „CB-Infobank I"; *BGH,* GRUR 1997, 464, 466 „CB-Infobank II".
547 *Braun* GRUR 2001, 1106, 1107; *Loewenheim*, FS-Dietz, S. 415, 418f.; *Schäfer*, FS-Nordemann S. 191; so wohl auch *Dustmann*, Provider, S. 81/82.
548 Schricker-*Schricker* 43 vor §§ 28ff., § 29 Rn. 7.

UrhG ist aber nicht der abgeleitete Erwerb eines Nutzungsrechtes vom Urheber, sondern vielmehr entsteht das Nutzungsrecht originär durch den privilegierten Zweck der privaten Nutzung. An dieser Feststellung ändert sich auch nichts, wenn ein Dritter die Kopiervorlage zur Verfügung gestellt hat[549]. Wenn aber das Nutzungsrecht gem. § 53 Abs. 1 UrhG kein abgeleitetes, sondern ein originäres ist, dann kann es auch nicht darauf ankommen, ob derjenige, der die Vorlage der Kopie zur Verfügung stellt, Nutzungsrechte an den (Letzt)-Kopierer weiterleiten durfte[550]. Auch das Argument des Art. 9 Abs. 2 RBÜ kann nicht durchschlagen, da die Urheber im Falle des Eingreifens von § 53 UrhG nicht völlig rechtlos gestellt werden, vielmehr ihr Exklusivrecht sich in einen Anspruch auf angemessene Vergütung gem. § 54a UrhG wandelt der verwertungsgesellschaftspflichtig ist.

Selbst wenn man jedoch zivilrechtlich der Ansicht zustimmen würde, dass § 53 UrhG nur für Kopien von nicht urheberrechtsverletztenden Vorlagen gelten kann, so ist doch strafrechtlich zweifelhaft, ob eine solche Auslegung noch vom Bestimmtheitsgebot des Art. 103 Abs. 2 GG bzw. §§ 1, 2 Abs. 1 StGB gedeckt sein würde. Art. 103 Abs. 2 GG enthält die Verpflichtung des Gesetzgebers, die Voraussetzungen der Strafbarkeit so konkret zu umschreiben, dass Tragweite und Anwendungsbereich zu erkennen sind und sich durch Auslegung ermitteln lassen. Zum einen soll jedermann vorhersehen können, welches Verhalten verboten und mit Strafe bedroht ist. Andererseits soll sichergestellt werden, dass der Gesetzgeber selbst abstrakt generell über die Strafbarkeit entscheidet. Insoweit enthält Art. 103 Abs. 2 GG einen strengen Gesetzesvorbehalt, der es der vollziehenden und der rechtsprechenden Gewalt verwehrt, die normativen Voraussetzungen einer Bestrafung festzulegen.

Bei der hier relevanten Vorschrift des § 106 UrhG handelt es sich um eine Blankettvorschrift[551]. Bei ihr gilt das Bestimmtheitsgebot und das daraus resultierende Analogieverbot auch für die ausfüllenden Regelungen, die den eigentlichen Tatbestand darstellen[552]. Der Gesetzgeber läuft hier insbesondere Gefahr, über das Ziel hinauszuschießen, wenn er sich nicht die Mühe macht, das strafbare Verhalten selbst abschließend in der Strafrechtsnorm zu umschreiben, sondern die Strafrechtsnorm nur an die einem anderen Rechtsgebiet zugehörigen Regeln anhängt und wegen der Verbotsmaterie weitgehend auf Normen verweist, die anderen Maßstäben unterliegen als das Strafrecht.

---

549 Vgl. auch *BGHZ* 141, 13 „Kopienversanddienst".

550 *Kreutzer* GRUR 2001, 193, 200; *Mönkemöller* GRUR 2000, 663, 668; *Spindler* JZ 2002, 60, 62.

551 Vgl. oben S. 38ff.

552 *Roxin* AT § 5 Rn. 40.

Keine verbotene Analogie, sondern sogar geboten, ist die Auslegung. Während durch die Analogie Regelungslücken geschlossen werden sollen, bezweckt die Auslegung, den in der Strafvorschrift enthaltenen Sinn für die Gegenwart zu ermitteln[553]. Ob die Interpretation eines bestimmten Tatbestandsmerkmals schon verbotene Analogie ist, lässt sich nur beantworten, wenn man den durch Auslegung ermittelten Gesetzessinn damit vergleicht. Bei der Auslegung markiert der mögliche Wortsinn die äußere Grenze zulässiger Interpretationen[554]. Würde § 53 Abs. 1 UrhG dahingehend ausgelegt, dass das Werkstück, von welchem die Vervielfältigung vorgenommen wird, selbst keine Raubkopie sein darf, so wäre dies eine Interpretation, die den Täter einer nachfolgenden Vervielfältigung belastete. Er kann sich dann nämlich nicht mehr auf den Ausnahmetatbestand des § 53 UrhG berufen. Eine einschränkende Auslegung eines für den Täter günstigen Tatbestandes ist daher für jenen genauso belastend, wie die erweiternde Auslegung von den Täter belastenden Tatbestandsmerkmalen[555].

Die vorgeschlagene Auslegung findet auch keinen Anhaltspunkt im Gesetz. Auch aus § 53 Abs. 1 S. 2 UrhG, in dem von dem „Befugten" die Rede ist, lässt sich nichts für diese Ansicht herleiten. § 53 Abs. 1 S. 2 UrhG spricht zwar vom „Befugten", definiert diesen Begriff aber nicht. Er ergibt sich vielmehr aus § 53 Abs. 1 S. 1 UrhG, da er auf jenen Bezug nimmt. „Befugt" im Sinne von § 53 Abs. 1 S. 2 UrhG ist daher der, der nach § 53 Abs. 1 S. 1 UrhG berechtigt ist. Die Herleitung der Ansicht aus dem Wortlauts des § 53 Abs.1 S. 2 UrhG ist daher ein Zirkelschluss.

Es würde sich daher um eine vom Wortlaut der Vorschrift nicht gedeckte, über den durch den möglichen Wortsinn begrenzten Anwendungsbereich hinausgehende Rechtsanwendung, und damit eine im Strafrecht unzulässige Analogie handeln.

(d) Caching und Mirroring

Wie bereits festgestellt, unterfällt das Caching dem Ausschließlichkeitsrecht des Urhebers, da es eine Vervielfältigung gem. §§ 15 Abs. 1 Nr.1, 16 UrhG darstellt[556]. Solche Vervielfältigungen geschehen weder zum privaten Gebrauch noch zum sonstigen eigenen Gebrauch, wenn sie nicht in irgendeiner Form intern geschaffen werden. Eine Einschränkung des Urheberrechts beim Caching

---

553 Tröndle/Fischer § 1 Rn. 11.

554 *BVerfG* NJW 1986, 1671, 1672.

555 Vgl. dazu auch *BGH*, NJW 1996, 2663, 2664 – sog. Reduktionsverbot für täterentlastende Vorschriften.

556 Vgl. oben S. 106f.

scheidet daher hier regelmäßig aus. Beim Caching sind aber §§ 12 Abs. 2, 13 TDG zu beachten, wonach eine Haftung für das Caching ausscheidet.

Aus denselben Gründen scheidet beim Mirroring eine Beschränkung des Ausschließlichkeitsrechtes des Urhebers aus.

(e) Ausblick im Hinblick auf die §§ 53ff. UrhG

Ob das damit gefundene Ergebnis allerdings dem Sinn und Zweck des Urheberrechts entspricht ist fraglich. Auf den ersten Blick scheint das tatsächlich der Fall zu sein: Dem Nutzer steht der private Werkgenuss zu, der Urheber erhält gem. §§ 54, 54a UrhG eine Vergütung. Jene Vergütung wird in der Abgabe für CD-Rohlinge und CD-Brenner[557] zu sehen sein, mit denen solche Vervielfältigungen im digitalen Bereich hergestellt werden können. Dies könnte derzeit auch noch zu interessengerechten Lösungen führen, da sich wohl kaum jemand Musik oder andere Werke herunterlädt, um diese dann am PC zu genießen. Gerade im Bereich der Musik werden sich die Nutzer von den heruntergeladenen Liedern CD´s brennen[558]. Angesichts der massenhaften Verbreitungsmöglichkeiten und der zurzeit nur sehr dürftigen Pauschalvergütung von ca. 0, 14 DM pro CD-Rohling ist dieses Ergebnis allerdings zweifelhaft.

Sinn und Zweck der Regelungen der §§ 45 ff. UrhG und insbesondere der §§ 53-54h UrhG ist es, einen gerechten Ausgleich zwischen den Interessen der Urheber an der Verwertung ihres von Art. 14 Abs. 1 GG geschützten geistigen Eigentums – welches aber den Schranken der Sozialbindung unterliegt, Art. 14 Abs. 1 S. 2 GG – und den Interessen der Allgemeinheit an einer beschränkt erlaubnisfreien Nutzung urheberrechtlich geschützter Werke zu schaffen. Der Gesetzgeber hat daher den individuellen Berechtigungen und Befugnissen die im Interesse des Gemeinwohls erforderlichen Grenzen zu ziehen; er muss den Bereich des einzelnen und die Belange der Allgemeinheit in einen gerechten Ausgleich bringen[559]. Das Interesse der Allgemeinheit an einem ungehinderten Zugang zu urheberrechtlich geschützten Werken allein reicht nicht aus. Im Hinblick auf die Intensität der Beschränkung der urheberrechtlichen Stellung muss ein gesteigertes öffentliches Interesse gegeben sein. Die Berechtigung bestimmter Einschränkungen des Urheberrechts ergibt sich dabei aus der Tatsache, dass der Urheber seine schöpferische Tätigkeit nicht losgelöst von seiner Umwelt, sondern eingebunden in seinen Kulturkreis und auf der Grundla-

---

557 Einigungsvorschlag der Schiedsstelle nach dem Gesetz über die Wahrnehmung von Urheberrechten und verwandten Schutzrechten beim Deutschen Patent- und Markenamt vom 4. Mai 2000 – Sch-Urh 12/99 ZUM 2000, 599.

558 So auch *Cichon* K&R 1999, 547.

559 *BVerfG*E 31, 229, 242.

ge des Kulturschaffens vorangegangener Generationen entfaltet. Andererseits ist der Urheber auf die Annahme und Aufnahme seines Werkes durch seine Zeitgenossen angewiesen. Kulturelle Schöpfung bedarf daher stets eines gegenseitigen Austauschs, eines Gebens und Nehmens. Aus diesen Gründen steht dem Recht des Urhebers an der Nutzung seiner Werke das Recht der Allgemeinheit an dem ungehinderten Zugang zu Kulturgütern gegenüber. Im Bereich der privaten Vervielfältigung kommt hinzu, dass ein Verbotsrecht des Urhebers in der Praxis gegen die Vervielfältiger nur schwer durchgesetzt werden kann[560]. Möglich ist dies nämlich nur dann, wenn die Wohnung eines jeden Bürgers dahingehend überprüft wird, ob er Geräte besitzt, mit denen er urheberrechtlich geschützte Werke vervielfältigt, und wenn ja, ob er hierfür eine Genehmigung besitzt. Eine solche Kontrolle würde jedoch der Unverletzlichkeit der Wohnung nach Art. 13 GG widersprechen[561], so dass Übertretungen des Verbots nur durch Denunziation oder Zufall bekannt würden. An dieser Ausgangslage hat sich durch das Aufkommen der digitalen Vervielfältigungstechnik zwar nichts geändert. Jedoch werden im digitalen Zeitalter durch die Vervielfältigung von rechtswidrig ins Netz gestellten Werken die Regelungen der §§ 53 ff. UrhG aus den Angeln gehoben. Die tatsächlichen Gegebenheiten, die zu den Regelungen der §§ 53 ff. UrhG geführt haben, haben sich seit 1965 wesentlich verändert.

Bereits in der Begründung zum Gesetzesentwurf von 1965[562] – damals war die private Vervielfältigung noch in § 54 UrhG kodifiziert – wurde angedeutet, dass nicht erkennbar sei, inwieweit das private Tonband die Industrieschallplatte verdrängen würde. Der Gesetzgeber war aber der Ansicht, dass es unverkennbar sei, dass sich ein bisher ausschließlich dem gewerblichen Bereich und damit dem Urheberrecht unterworfenes Vervielfältigungsverfahren zunehmend in den privaten Bereich verlagere. Aus diesen Gründen hat der Gesetzgeber damals das Vervielfältigungsrecht auf einzelne Stücke beschränkt und dem Urheber einen Anspruch auf angemessene Vergütung zugebilligt. Dies auch vor dem Hintergrund, dass das Urheberrecht zwar als geistiges Eigentum gewissen Schranken unterliegt, ein Ausschluss einer Vergütungspflicht für private Vervielfältigungen aber nicht damit einhergeht. In der Begründung zur Urheberrechtsnovelle von 1985[563] wird bereits angeführt, dass sich seit Erlass des UrhG die diesem zugrundeliegenden Tatsachen derart geändert haben, dass eine Änderung der §§ 53 ff. UrhG erforderlich sei. Es wurde festgestellt, dass die Zahl der urheberrechtlich bedeutsamen Vervielfältigungen weit über das hinausging, was der Gesetzgeber 1965 durch seine Regelung vergütungsfrei zulassen wollte. Das lag auch daran, dass neue Techniken auf dem Gebiet der Reprographie zu einem

560 Vgl. dazu: *BGH,* UFITA 43 (1964) 134.
561 Vgl. oben Fn. 560.
562 Amtl. Begr. UFITA 45 (1965), 245.
563 UFITA 96 (1983), 107, 117ff.

außerordentlichen Anstieg von Vervielfältigungen urheberrechtlich geschützter Werke geführt haben und die Grenzen der zulässigen privaten Vervielfältigungen oftmals nicht beachtet wurden. Die Geräte, welche zur Vervielfältigung erforderlich sind, waren sehr viel handlicher und preiswerter geworden. Aus all diesen Gründen wurden 1985 die Trägermaterialien zur Herstellung von Vervielfältigungen in die Abgabepflicht der §§ 54 ff. UrhG miteinbezogen.

Heutzutage wird durch das Angebot von rechtswidrig erstellten Vervielfältigungsstücken die Verbreitung von Werkstücken übermäßig erhöht. Computer sind einfacher handhabbar geworden und auch sehr viel preiswerter. Sehr viele Haushalte haben mittlerweile Zugang zum *Internet*, und diese Entwicklung wird auch noch weitergehen. Hierdurch verringert sich die Zahl der verkauften Originale. Noch im April 1999 war in der Zeitschrift *PC Intern*[564] zu lesen, dass es angesichts der geringen Bit-Übertragungsraten und hohen Online-Gebühren nicht rentabel sei, 150min. Musik aus dem *Internet* abzurufen. Ähnlich gibt *Cichon*[565] zu bedenken, dass nach dem derzeitigen Stand der Technik nur wenige *Internet*-Nutzer in der Lage seien, die Vorteile von MP 3-Dateien und ähnlichen Komprimierungstechniken richtig zu nutzen, insbesondere die Tondateien auf einen MP 3-Player zu überspielen oder auf CD zu brennen. Kaum jemand vermag jedoch angesichts der rasanten Entwicklungen am Markt der Informationstechnologien zu beurteilen, wie sich diese Situation in ein paar Jahren darstellen wird oder vielleicht sogar bereits nach dem Lesen dieser Untersuchung darstellt. Schon mit der Bereitstellung von schnellen ADSL-Zugängen zum *Internet*, mit denen die Download-Zeiten bis auf ein Fünfzigstel des aktuellen Standes reduziert werden können, werden jene Fragen aktueller denn je[566]. Fakt ist, dass im ersten Halbjahr 1999 vom Bundesverband Phono ein Umsatzverlust von 9,8 % der Branche der Tonträgerhersteller gemeldet wurde[567]. Insgesamt sind im *Internet* derzeit mindestens 25 Millionen illegale Musikdateien zu finden. Jährlich werden etwa eine Milliarde Dateien heruntergeladen. Nach Schätzungen des Bundesverbandes der phonografischen Wirtschaft entstanden der Musikindustrie weltweit durch illegal angebotene Musikdateien im *Internet* allein im Jahr 1998 Verluste von rund 4,5 Milliarden Dollar[568]. Eine Lösung des Problems in technischer Hinsicht ist trotz einiger Vorschläge derzeit nicht in Sicht.[569]

Hinzu kommt, dass die Qualität der Vervielfältigungen bei analogen Medien zu wünschen übrig ließ, dieser Mangel jedoch bei der digitalen Vervielfältigung vollends behoben ist. Hier können Vervielfältigungen in großer Zahl von einer

---

564 PC Intern 04/99 S. 36f.

565 *Cichon* K&R 1999, 547.

566 PC Intern 04/99 S. 37.

567 *Däubler–Gmelin* ZUM 1999, 769, 770.

568 *Kuch* ZUM 2000, 801.

569 *Bortloff* GRUR Int. 2000, 665; *Federrath* ZUM 2000, 804.

Kopie erstellt werden, ohne dass ein Qualitätsverlust eintritt. Mit den CD-Brennern lassen sich daher in Technik und Qualität gleichwertige Vervielfältigungsstücke in unbeschränkter Zahl herstellen, die den Kauf des Originals komplett ersetzen. Die Tonträgerproduktion verlagert sich hierdurch risikofrei in die Privatsphäre, während diejenigen, die investieren, ein immer größer werdendes Risiko eingehen müssen, weil die Amortisation ihres Einsatzes mit immer weniger und deshalb immer teureren Vervielfältigungsstücken erzielt werden muss. Die Folgen für die Musikindustrie sind absehbar: Investitionen werden auf Produktionen mit dem geringsten Risiko verlagert; die Chancen eines Engagements unbekannterer Künstler sinken[570]. Hieraus wird eine Unterrepräsentation von Minderheitskulturen resultieren, die aber einen wichtigen Pfeiler der „Gesamtkultur" darstellen.

Vor diesem Hintergrund scheint es sogar gerechtfertigt, den Rechtsgedanken der §§ 53 Abs. 4, 69d, 53 Abs. 5 UrhG heranzuziehen, um ein grundsätzliches Verbot der digitalen Vervielfältigung zu begründen. In all diesen Fällen ist eine Kopie, die ohne Qualitätsverlust erfolgt, unzulässig, da die Werkverkörperung in diesen Fällen mit dem Erwerb der Originalkopie in direkten Wettbewerb tritt und damit die einträgliche Erstverwertung, die die wirtschaftliche Grundlage sämtlicher Rechteinhaber bildet, nachhaltig berührt. Unter verfassungsrechtlichen Gesichtspunkten ist dann aber der Erhalt von kultureller Vielfalt gegen das allgemeine Interesse an privater Vervielfältigung abzuwägen. Insoweit sind auch heute noch die oben genannten Grundsätze zu beachten, jedoch sind auch die technischen Entwicklungen zu berücksichtigen, die zu eklatanten Eingriffen in den Grundsatz führen, dass der Urheber tunlichst an der Verwertung seines Werkes partizipieren soll. Ein generelles Verbot der privaten Vervielfältigung wäre von daher wohl zu weitgehend[571]. Sachgerecht ist es vielmehr, zwischen der analogen und der digitalen Vervielfältigung zu unterscheiden[572], wobei diese Vervielfältigungshandlungen weiterhin zulässig sein, aber die Vergütungssätze für CD-Rohlinge erhöht und auch angemessene Vergütungssätze für Computer bzw. CD-Brenner[573] eingeführt werden sollten. Die Entwicklung gerade auf supranationaler Ebene verspricht diesbezüglich sehr spannend zu werden, da Hand-

---

570 Zu dieser „Mischkalkulation": Braun, http://www.ifpi.de/recht/re-7.htm (abgerufen am 06. September 00)

571 So auch:Einigungsvorschlag der Schiedsstelle nach dem Gesetz über die Wahrnehmung von Urheberrechten und verwandten Schutzrechten beim Deutschen Patent- und Markenamt vom 4. Mai 2000 – Sch-Urh 12/99 ZUM 2000, 599, 603 – welches jene Regelungen für nicht verallgemeinerungsfähige Sondervorschriften hält; zustimmend: *Kröber* ZUM 2000, 545.

572 Krit. dazu: *Hoeren* MMR 2000, 515, 519.

573 Vgl. hierzu: Einigungsvorschlag der Schiedsstelle nach dem Gesetz über die Wahrnehmung von Urheberrechten und verwandten Schutzrechten beim Deutschen Patent- und Markenamt vom 4. Mai 2000 – Sch-Urh 12/99 ZUM 2000, 599.

lungsbedarf allemal besteht. Interessant ist in diesem Zusammenhang auch, wie sich die Musikindustrie verhalten wird, soweit es ihr technisch möglich ist, durch den Einbau von Kopierschutz die private Vervielfältigung zu verhindern, und ob die Musikindustrie verpflichtet sein soll, auch bei Einsatz solcher technischen Vorkehrungen die technische Möglichkeit der privaten Vervielfältigung nicht zu vereiteln[574].

(f) Zusammenfassung

Das Heraufladen eines Musikwerkes auf einen *Internet*-Server, bzw. Caching und Mirroring, kann unter Vervielfältigungsgesichtspunkten nicht gem. § 53 UrhG erlaubt sein, da es sich nicht um eine Vervielfältigung im privaten Bereich handelt. Anders kann das bei der Vervielfältigung durch die Versendung von Emails sein.

Wird ein Musikwerk aus einer Online-Datenbank heruntergeladen, so handelt es sich derzeit grundsätzlich um eine von § 53 UrhG gedeckte Vervielfältigung und damit nicht um eine tatbestandsmäßige Vervielfältigung.

2) Beschränkungen zugunsten der Allgemeinheit

(a) Schutzfrist

Wie bereits erwähnt, ist die wichtigste Beschränkung des Ausschließlichkeitsrechts des Urhebers die Beschränkung der Schutzdauer gem. § 64 ff. UrhG. Die Schutzfrist für Urheber beträgt 70 Jahre nach dem Tod, § 64 UrhG. Danach kann jeder das Werk grundsätzlich frei nutzen. Lediglich das Persönlichkeitsrecht des Urhebers und seiner Nachfahren hat er dann zu respektieren. Für die Berechnung der Schutzfrist gilt folgendes: Während seines gesamten Lebens ist der Urheber im Verhältnis zu seinem Werk geschützt. Nach seinem Tode ist das Werk für weitere 70 Jahre geschützt, wobei das Todesjahr nicht mitgerechnet wird, § 69 UrhG. Besteht an dem Werk Miturheberschaft, endet das Urheberrecht 70 Jahre nach dem Tod des am längsten lebenden Urhebers, § 65 UrhG. Für anonyme und pseudonyme Werke gilt § 66 UrhG. Für ältere Werke ist § 129 Abs. 2 UrhG zu beachten. Bei ausländischen Urhebern ist der Schutzfristenvergleich zu beachten[575]. Im Rahmen der Musikpiraterie im *Internet* wird diese Schranke aber kaum einmal eine Rolle spielen, da die Urheber der dort

574 Vgl. dazu: *Hoeren* MMR 2000, 515, 520/521.

575 Vgl. oben Seite 68.

gehandelten Musikwerke zumeist noch leben oder aber nicht bereits 70 jahre tot sind.

(b) Beschränkung der öffentlichen Wiedergabe gem. § 52 UrhG

§ 52 UrhG erlaubt die öffentliche Wiedergabe eines erschienenen Werkes (§ 6 UrhG), sofern sie keinem Erwerbszweck des Veranstalters dient und die Teilnehmer unentgeltlich zugelassen werden. Für bestimmte privilegierte Veranstaltungen wird damit das ausschließliche Recht der öffentlichen Wiedergabe gem. § 15 Abs. 2 UrhG entweder ganz aufgehoben (§ 52 Abs. 1 S. 3 UrhG) oder durch eine gesetzliche Lizenz abgeschwächt (§ 52 Abs. 1 S. 1, 2 und 4, Abs. 2 UrhG). Nach der hier vertretenen Auffassung fällt das Recht der Zugänglichmachung von Werken der Musik in Computernetzen unter das Recht der öffentlichen Wiedergabe, so dass jede Online-„Verbreitung" von Musikwerken, die nicht wenigstens mittelbar Erwerbszwecken dient, zustimmungsfrei gem. § 52 Abs. 1 UrhG zulässig ist und damit tatbestandslos im Sinne von § 106 UrhG. Der Anbieter wäre lediglich verpflichtet, an eine Verwertungsgesellschaft eine standardisierte Vergütung zu zahlen.

Hoeren[576] hält diese Rechtsfolge für widersprüchlich. Er weist darauf hin, dass künftig Universitätsbibliotheken urheberrechtsschutzfähige Werke vollständig online für ihre Studenten und Benutzer im *Internet* zum Abruf und Ausdruck bereithalten können, solange dies gebührenfrei und ohne Erzielung von Gewinn geschieht. Andererseits sei es den Universitäten aber gem. § 53 UrhG verwehrt, ganze Bücher zu fotokopieren, um diese an die Studierenden zu verteilen. Nun wäre es ihnen möglich, diese gem. § 52 UrhG den Studenten online vollständig zugänglich zu machen.

Zu berücksichtigen ist aber, dass die öffentliche Wiedergabe nicht Erwerbszwecken des Veranstalters dienen darf. Die öffentliche Wiedergabe dient Erwerbszwecken des Veranstalters, wenn sie mittelbar oder unmittelbar die betrieblichen oder gewerblichen Interessen des Veranstalters fördert[577]. Auf eine Gewinnerzielungsabsicht kommt es nicht an[578]. Erforderlich ist nur, dass die öffentliche Wiedergabe objektiv auch einem Erwerbszweck dient, der hinter den weiteren Zwecken nicht als völlig nebensächlich zurücktritt[579]. Der Begriff des Erwerbszweckes ist demnach vor dem Hintergrund der gebotenen restriktiven Auslegung der §§ 45ff. UrhG weit zu verstehen.

---

576 *Hoeren* CR 1996, 517, 520.
577 *BGHZ* 17, 376, 382 „Betriebsfeiern".
578 *BGH*, GRUR 1961, 97, 99 „Sportheim".
579 *BGH*, GRUR 1961, 97, 99 „Sportheim".

Zustimmungsfrei aber vergütungspflichtig sind danach regelmäßig Online-Angebote, die, wie etwa die Aufnahme geschützter Musikwerke in WWW-Homepages, rein privaten Zwecken dienen. Die meisten Online-Angebote von urheberrechtlich geschützten Werken dürften jedoch Erwerbszwecken des Anbieters dienen und damit der Zustimmung des Urhebers bedürfen. Auch in P2P Tauschbörsen, in denen urheberrechtlich geschützte Werke zugänglich gemacht werden, um auf Werke anderer Mitglieder zugreifen zu können, muss bei der gebotenen engen Auslegung von § 52 UrhG ein Erwerbszweck bejaht werden. Gerade bei Tauschgeschäften wird das Werk des Urhebers nicht nur einfach verwertet, sondern sich sogar dessen wirtschaftlicher Wert zu Eigen gemacht. Wäre das geistige Eigentum ein zueignungsfähiger Sachwert, so würde im Tausch der Werke gegen andere Werke die Anmaßung einer eigentümerähnlichen Stellung erblickt werden und sie auch gem. § 242 Abs. 1 StGB bestraft werden. Es ist nicht ersichtlich, warum das beim „Diebstahl" geistigen Gutes anders sein sollte. Eine Auslegung des Begriffes „Erwerbszweckes" entsprechend dem Begriff „financial gain" aus Title 17 U.S.C. § 101 ist insoweit hilfreich. Dort wird „financial gain" so verstanden, dass auch der Erhalt oder die Erwartung, irgendeinen wirtschaftlichen Gegenwert für das hingegebene Werk, auch andere Werke, im Gegenzug zu erhalten, erfasst wird[580]. Von daher wird auch der private Anbieter einer Homepage, auf der er urheberrechtlich geschützte Musikwerke einer Öffentlichkeit zugänglich macht, Erwerbszwecke verfolgen, wenn er dies tut, um andere urheberrechtlich geschützte Werke zu erlangen[581]. Eine Anwendung von § 52 UrhG scheidet demnach aus, sobald eine irgendwie geartete Gegenleistung für das Zugänglichmachen von Werken gewährt wird.

Einfacher zu beurteilen ist der Vorgang bei den meisten Providern. Entweder es werden auf den Seiten, auf die Werke zum Abruf geladen werden können, fortlaufend Werbebanner geschaltet, so dass das Zugänglichmachen von urheberrechtlich geschützten Werken genutzt wird, um die Abrufrate und damit die Werbeeinnahmen zu mehren, oder es geht den Providern darum, den Wert des von ihnen angebotenen Systems (Software, Werbewert, direktes Marketing wie Merchandising etc.) zu vergrößern und irgendwann zu versilbern. Dies ist vor allem bei Online-Tauschbörsen der Fall, die im Untergrund des WWW entstan-

---

580 „The term „financial gain" includes receipt, or expectation of receipt, of anything of value, including the receipt of other copyrighted works." Die Definition wurde eingefügt nachdem in dem Strafverfahren. U.S. v. La Macchia 871 F. Supp. 535 (D. Mass. 1994) wegen Urheberrechtsverletzungen gem. Title 17 U.S.C. Sec. 506 (a) der Täter frei gesprochen wurde, weil das Gericht die Voraussetzung des Handelns für "traditional commercial purposes" als nicht erfüllt ansah. Der Täter bat Personen, die die von ihm unbefugt im Internet verbreitete Software auf ihrer Festplatte abspeicherten, anstatt ihn zu bezahlen ihm im Gegenzug Software zu senden, die er noch nicht besaß.

581 *Spindler* JZ 2002, 60, 68; a.A.: *Kreutzer* GRUR 2001, 193, 202 bei P2P-Tauschbörsen.

den sind und sich im Laufe der Zeit zu direkten Konkurrenten der traditionellen Vertriebswege entwickelt haben[582].

Schließlich wurde in der Diskussion überwiegend bisher die Vorschrift des § 53 Abs. 6 UrhG[583] und des § 96 Abs. 1 UrhG übersehen. Nach § 53 Abs. 6 UrhG ist die Verbreitung und öffentliche Wiedergabe von gem. §§ 53 Abs. 1, 2 UrhG rechtmäßig hergestellten Vervielfältigungsstücken unzulässig. Gleiches gilt gem. § 96 Abs. 1 UrhG für rechtswidrig hergestellte Vervielfältigungsstücke. Die beim „Uploaden" hergestellten Vervielfältigungsstücke sind nicht von § 53 UrhG gedeckt[584] und damit rechtswidrig[585]. Das öffentliche Zugänglichmachen solcher durch „Uploading" hergestellten Vervielfältigungsstücke ist daher unzulässig und nicht von § 52 UrhG ausnahmsweise erlaubt. Die §§ 96, 53 Abs. 6 UrhG stellen insoweit das Verbotsrecht des § 15 Abs. 2 UrhG wieder her. Je nachdem, ob man die Vervielfältigung beim Uploaden gem. § 53 UrhG als rechtmäßig ansieht oder als nicht von § 53 UrhG gedeckt und damit rechtswidrig, kommt § 53 Abs. 6 UrhG oder § 96 UrhG zur Anwendung. Das Ergebnis bleibt immer dasselbe: Die öffentlich Zugänglichmachung von urheberrechtlich geschützten Werken in Online-Datenbanken verletzt das Verwertungsrecht des Urhebers gem. § 15 Abs. 2 UrhG und ist daher gem. § 106 Abs. 1 UrhG objektiv tatbestandsmäßig.

Kreutzer hingegen ist der Ansicht, dass § 53 Abs. 6 UrhG von § 52 UrhG eingeschränkt werde und nicht umgekehrt. Man habe davon auszugehen, dass § 53 Abs. 6 UrhG bei Anwendung des § 52 UrhG zurücktrete. Sei also ein Fall von § 52 UrhG gegeben, so schränke § 53 Abs.6 UrhG diesen nicht ein, sondern § 53 Abs. 6 UrhG sei gar nicht anwendbar[586]. Er begründet seine Ansicht damit, dass eine umgekehrte Anwendung der Vorschriften zu sinnwidrigen Ergebnissen führen würde. Eine Einschränkung des § 52 UrhG durch § 53 Abs. 6 UrhG würde dazu führen, dass öffentliche Wiedergaben gem. § 52 UrhG nur dann zustimmungsfrei zulässig seien, wenn eigene vom Berechtigten erworbene Vervielfältigungsstücke verwendet würden, die vor der Wiedergabe nicht noch einmal kopiert wurden. Das würde bedeuten, dass zwar in den PC eingelegte origi-

---

582 Prominenteste Beispiele sind wohl „Napster" (http://www.napster.com/-abgerufen am 07. Januar 2002) und „MP3.com" (http://www.mp3.com/-abgerufen am 07. Januar 2002). Vergleiche zum Fall *A&M Records, Inc. et al. v. Napster, Inc.*, 114 F.Supp.2d 896 (N.D. Cal. 2000) = GRUR Int. 2000, 1066; Berufungsentscheidung: *A&M Records, Inc. et al. v. Napster, Inc.*, 239 F.3d 1004 (9th Cir. 2001) = GRUR Int. 2001, 355 = CRi 2001, 50.

583 Ausnahmen stellen *Ahrens* ZUM 2000, 1029, 1032; *Braun* GRUR 2001, 1106, 1107; *Kreutzer* GRUR 2001, 193, 202f.; *Nippe*, Urheber und Datenbank, S. 284; *Schack* ZUM 2002, 497, 501 und *Spindler* JZ 2002, 60, 68 dar.

584 Vgl. dazu oben Seite 157f.

585 Schricker-*Wild* § 96 Rn. 3.

586 *Kreutzer* GRUR 2001, 193, 202ff.

nal Compact-Discs angeboten werden dürfen, nicht aber die hiervon angefertigte MP-3 Kopie. Im Übrigen stünde das Recht der öffentlichen Wiedergabe, auf das sich § 53 Abs. 6 UrhG beziehe, dem Urheber sowieso nur in dem von § 52 UrhG gesteckten Rahmen zu. Wenn also § 53 Abs. 6 UrhG von einer öffentlichen Wiedergabe spreche, so könne es sich nur um eine erlaubnispflichtige öffentliche Wiedergabe handeln, die nicht von § 52 UrhG gedeckt sei. Folge wäre demnach, dass § 53 Abs. 6 UrhG nur dann zum Zuge kommt, wenn § 52 UrhG keine Anwendung findet.

Auf den ersten Blick scheint die Ansicht von *Kreutzer* zu überzeugen. Er übersieht jedoch einen entscheidenden Punkt. Sollte seine Auslegung von § 53 Abs. 6 UrhG richtig sein, so wäre dieselbe Argumentation auch auf § 96 UrhG anzuwenden. Folge hiervon wäre, dass nicht nur § 53 Abs. 6 UrhG, sondern auch § 96 UrhG bei Anwendung des § 52 UrhG zurücktritt. Das würde dazu führen, dass nicht nur rechtmäßig hergestellte Vervielfältigungsstücke, sondern auch rechtswidrig hergestellte Vervielfältigungsstücke unter den Voraussetzungen des § 52 UrhG öffentlich wiedergegeben werden könnten. Der Wortlaut beider Vorschriften ist insoweit gleich, als sie von öffentlichen Wiedergaben sprechen. Sollte der Begriff öffentliche Wiedergabe mit *Kreutzer* aber dahingehend ausgelegt werden, dass hierunter nur solche Wiedergaben fallen, die nicht unter § 52 UrhG fallen, so müßte das für § 96 UrhG genauso gelten. Eine solche Auslegung kann jedoch nicht gewollt sein, da der Urheber in einem solchen Fall zwar Ansprüche wegen der unerlaubten Vervielfältigung geltend machen könnte, nicht jedoch wegen der nachfolgenden öffentlichen Wiedergabe, die im Falle der unerlaubten vorhergehenden Vervielfältigung zweifellos die berechtigten Interessen des Urhebers berührt. Es kann nicht von ihm verlangt werden, eine solche Schadensvertiefung zu dulden. Schon aus diesen Gründen kann die Argumentation von *Kreutzer* nicht überzeugen. Des Weiteren würde eine solche Auslegung Art. 9 Abs. 2 RBÜ widersprechen, nach dem eine Auslegung der Schrankenvorschriften ausgeschlossen ist, die die berechtigten Interessen des Urhebers an der Verwertung seines Werkes gefährden könnte. Schließlich spricht selbst § 52 UrhG noch von einer öffentlichen Wiedergabe, selbst wenn sie unter § 52 UrhG zu subsumieren ist. Auch wenn richtig ist, dass eine öffentliche Wiedergabe gem. § 15 Abs. 2 UrhG bei Eingreifen des § 52 UrhG nicht vorliegt, so kann vom Wortlaut der §§ 52 und 53 Abs. 6 UrhG hieraus nichts hergeleitet werden, da die Terminologie nicht strikt durchgeführt wird. Letztlich muß die Ansicht *Kreutzers* daher abgelehnt werden[587].

---

587 So i.Erg. auch: *Braun* GRUR 2001, 1106, 1109; *Spindler* JZ 2002, 60, 68.

3) Zusammenfassung

Im Hinblick auf die bei der Verwertung von urheberrechtlich geschützten Werken im *Internet* verwirklichten Tathandlungen gem. § 106 UrhG kommt als Schranken des Exklusivrechts des Urhebers vor allem § 53 UrhG und § 52 UrhG entscheidende Bedeutung zu. Ob die Digitalisierung eines Werkes von der Schranke des § 53 UrhG gedeckt ist, ist Tatfrage und hängt vom Zweck der Digitalisierung ab. Wer Werke der Musik auf einen der Allgemeinheit zugänglichen Server im *Internet* herauflädt, vervielfältigt das Werk, ohne sich auf die Privilegierung des § 53 UrhG berufen zu können. Die Vervielfältigungshandlung beim Abrufen eines Werkes hingegen ist grundsätzlich von § 53 UrhG gedeckt. Beim Caching und Mirroring ist das Berufen auf § 53 UrhG ausgeschlossen.

Die öffentliche Wiedergabe eines zuvor vervielfältigten Werkes stellt immer eine strafbare Verwertung des urheberrechtlich geschützten Werkes dar, da die Schranke des § 52 UrhG ihrerseits durch § 53 Abs. 6 UrhG bzw. § 96 Abs. 1 UrhG eingeschränkt wird.

bb) Spanien

1) Vervielfältigung zum privaten Gebrauch

(a) Einführung

Die im Zusammenhang mit dieser Untersuchung in Spanien wohl wichtigste Schranke ist die der Vervielfältigung zum privaten Gebrauch. Wie oben dargestellt sind viele Verhaltensweisen in Computernetzen nach spanischem Recht als strafrechtlich relevante Vervielfältigungen zu bewerten, wenn diese nicht unter Art. 31.2 TRLPI zu subsumieren sind. Diese Vorschrift bestimmt, dass veröffentlichte Werke ohne Zustimmung des Urhebers zum privaten Gebrauch des Kopierenden vervielfältigt werden dürfen, solange die Kopie nicht Objekt einer gemeinschaftlichen oder gewinnbringenden Nutzung ist. Eine Ausnahme gilt gem. Art. 99 *lit a)* TRLPI für Computerprogramme. Für die zulässigen Kopien zum privaten Gebrauch ist eine angemessene Vergütung nach Maßgabe des Art. 25 TRLPI zu zahlen.

Voraussetzung für das Eingreifen des Art. 31.2 TRLPI ist damit das Vorliegen von privatem Gebrauch, die nicht gemeinschaftliche und/oder gewinnbringende (lukrative) Nutzung des Vervielfältigungsstückes sowie die vorherige Veröffentlichung des Werkes.

Streitig ist in Spanien zunächst der Begriff des Kopierenden. Hier wird teilweise die Ansicht vertreten, dass Art. 31.2 TRLPI vor dem Hintergrund des Wortlauts von Art. 10.1 a) TRLPI des Real Decreto 1.434/1992 vom 27 November unter dem Kopierenden den versteht, der die Kopie selbst eigenhändig zu seinem eigenen privaten Gebrauch anfertigt[588]. Andere vertreten die Ansicht, ausreichend sei, dass die Kopie zum privaten Gebrauch angefertigt werde, sei dieser auch nicht der eigene[589]. Auswirkungen hat dieser Streit bei der Musikpiratierie im *Internet* jedoch keine.

Von entscheidender Bedeutung hingegen ist, was in Spanien unter privatem Gebrauch zu verstehen ist. Hierunter ist im Gegensatz zum Gebrauch durch die Öffentlichkeit[590] jener Gebrauch zu verstehen, der sich in der persönlichen Sphäre des Vervielfältigers abspielt. Keinen privaten Gebrauch stellt es mehr dar, wenn die Vervielfältigungsstücke der Öffentlichkeit zur Verfügung gestellt werden, wobei unter Öffentlichkeit in diesem Zusammenhang eine unbestimmte Zahl von Personen zu verstehen ist[591]. Hinzukommen muß eine Zweckbestimmung der Kopie durch ihren Gebrauch. Das ergibt sich auch aus dem Wortlaut der Vorschrift, nach der durch das Wort "zum" der finale Charakter der Vorschrift offensichtlich wird. Vom Tatbestand des Art. 31.2 TRLPI werden daher nur solche Vervielfältigungen erfasst, die persönliche Wünsche befriedigen sollen, jedoch nicht solche, deren Bestimmung eine andere ist, wie zum Beispiel berufliche oder wirtschaftliche Zweckbestimmungen[592]. Nicht erforderlich ist hingegen, dass der Vervielfältiger die Kopie zu seinem eigenen individuellen Gebrauch unter Ausschluss jeglicher anderer Personen benutzt[593]. Während des Gesetzgebungsverfahrens wurde der Wortlaut von Art. 31.2 TRLPI noch von „persönlichem Gebrauch" zu „privatem Gebrauch" abgeändert. Aus dem Umstand, dass man von dem restriktiveren Begriff des persönlichen Gebrauchs Abstand genommen hat, lässt sich schließen, dass der Begriff des „privaten Gebrauchs" weitergehend aufzufassen ist, so dass unter privatem Gebrauch nicht nur der Gebrauch durch den Vervielfältiger selbst verstanden wird, sondern auch

588 SAP de Barcelona v. 13.03.2000 (ARP 2000/291); *Garrote Fernández-Díez*, Derecho de autor en internet, S. 460; Tapia/Román-*Román* Art. 31, S. 168.

589 *Gómez Pomar* RDI 1993, 165, 202f., 204/205, so wohl auch: *Navarro Fernández* AC 99-1 X Rn. 205; *Rogel Vide* RdPr 1997, 83, 97.

590 Tapia/Román-*Román* Art. 31, S. 167.

591 Bercovitz Rodríguez Cano/*Ontiveros Baquero* Art. 31, S. 602.

592 Bercovitz Rodríguez Cano/*Ontiveros Baquero* Art. 31, S. 602.

593 Bercovitz Rodríguez Cano/*Ontiveros Baquero* Art. 31, S. 603; Tapia/Román-*Román* Art. 31, S. 167.

der mit ihm durch ein persönliches Band verbundenen Individuen[594]. Der Begriff des privaten Gebrauchs ist mithin ebenso zu verstehen wie in § 53 Abs. 1 UrhG. Unterschiede ergeben sich im Allgemeinen nur von daher, dass der Begriff des Kopierenden aus Art. 31.2 TRLPI enger ist als der aus § 53 Abs. 1 UrhG, da § 53 Abs. 1 UrhG unter Kopierendem auch denjenigen versteht, der eine Kopie herstellen lässt.

Weitere Voraussetzung für Art. 31.2 TRLPI ist, dass es sich nicht um eine gemeinschaftliche Benutzung handeln darf. Auf den ersten Blick scheint dies der Auslegung des Begriffes „privater Gebrauch" zu widersprechen. Wie oben festgestellt, umfasst der private Gebrauch nicht nur den individuellen Gebrauch durch den Kopierenden, sondern auch den Gebrauch durch die Personen, die mit ihm über ein persönliches Band verbunden sind. Dieser Gebrauch kann aber auch ein gemeinschaftlicher sein, der nach Art. 31.2 TRLPI dann wiederum ausgeschlossen ist. Dieser Widerspruch liegt jedoch nur vordergründig vor. Es ging dem Gesetzgeber nämlich mit diesem Tatbestandsmerkmal darum, Verhaltensweisen aus dem Anwendungsbereich des Art. 31.2 TRLPI auszuschließen, die zwar noch privaten Gebrauch darstellen, jedoch durch die Anzahl der Personen, die das Werk nutzen, den restriktiven Charakter des Ausnahmevorschrift aushebeln. Hierunter wäre beispielsweise die Nutzung einer Kopie innerhalb einer großen Firma mit Tausenden von Angestellten zu verstehen[595].

Letzte Voraussetzung des Art. 31.2 TRLPI ist, das die Vervielfältigungsstücke nicht zur Gewinnerzielung erstellt werden. Diese Voraussetzung bereitet keine großen Schwierigkeiten, will sie doch nur die Vervielfältigungen, die mit Gewinnerzielungs- oder Bereicherungsabsicht ausgeführt werden, vom Anwendungsbereich der Privilegierung des Art. 31.2 TRLPI ausnehmen. Im Hinblick auf die Strafbarkeit ist diese Voraussetzung jedoch von keiner Bedeutung, da der subjektive Tatbestand des Art. 270 S. 1 CP sowieso die Bereicherungsabsicht verlangt.

(b) Digitalisierung als privater Gebrauch gem. Art. 31.2 TRLPI

Ob die Digitalisierung gem. Art. 31.2 TRLPI privilegiert ist Tatfrage. Handelt es sich um eine Digitalisierung, die zur privaten Nutzung des Herstellers dienen soll – beispielsweise, wenn eine Aufnahme auf einer Schallplatte digitalisiert wird, um die digitalisierte Fassung mittels Lautsprecher am eigenen PC anhören

---

594 Bercovitz Rodríguez Cano/*Ontiveros Baquero* Art. 31, S. 603; *Gómez Pomar* RDI 1993, 165, 200.

595 Bercovitz Rodríguez Cano/*Ontiveros Baquero* Art. 31, S. 605; *Gómez Pomar* RDI 1993, 165, 208.

zu können – so muss die Privilegierung gem. Art. 31.2 TRLPI bejaht werden. Ist es jedoch vielmehr so, dass die Digitalisierung von Anfang an angefertigt wird, um diese dann in digitalen Netzen einer Öffentlichkeit zum Abruf bereitzustellen, so kann schlechterdings nicht von einer privaten Nutzung gesprochen werden, so dass Art. 31.2 TRLPI zu verneinen wäre. Der objektive Tatbestand von Art. 270. 1 CP wäre im ersten Fall mithin nicht verwirklicht, während er im zweiten Fall sehr wohl verwirklicht wäre.

(c) Heraufladen von Musikwerken auf öffentlich zugängliche Server

Nach dem oben Gesagten liegt beim Heraufladen eines Werkes auf einen Server eine Vervielfältigung vor. Will der Täter das Werk einer Öffentlichkeit zugänglich machen, so muss er es auf einem Server dauerhaft festlegen, also auf dessen Festplatte. Ein solches Verhalten kann schwerlich als privater Gebrauch gem. Art. 31.2 TRLPI qualifiziert werden[596], so dass eine Vervielfältigung im Sinne von Art. 18 TRLPI und Art. 270 S. 1 CP vorliegt.

(d) Vervielfältigung zum privaten Gebrauch beim Herunterladen eines Musikwerkes

Soweit nach dem oben Gesagten beim Downloaden eine Vervielfältigung grundsätzlich vorliegt stellt sich die Frage, ob jene Vervielfältigungen unter Art. 31.2 TRLPI zu subsumieren sind. Die einzelne Kopie, die bei der Festlegung auf einer Festplatte entsteht, wird zumeist vom Wortlaut her von Art. 31.2 TRLPI gedeckt sein. Es kommt jedoch auf die tatsächliche Zweckbestimmung der Kopie und die Art und Weise der Verwendung an. Ausgeschlossen ist die Anwendung von Art. 31.2 TRLPI, wenn die Kopie zur gemeinschaftlichen Benutzung im Sinne von Art. 31.2 TRLPI bestimmt ist. Eine viel wichtigere Frage, die sich hier stellt, ist aber die, ob allein die Absicht, die Ausgaben für den Kauf des Werkes zu sparen, genügt, um eine Gewinnerzielungsabsicht zu bejahen. Wäre dies der Fall, dann könnte die Privilegierung des Art. 31.2 TRLPI in den meisten Fällen des Herunterladens von Musikwerken nicht angewendet werden, da das Herunterladen ja gerade dazu dient, ein bestimmtes Werk nicht mehr kaufen zu müssen und so Ausgaben einzusparen. Im Ergebnis wird dies abgelehnt werden müssen[597]. Sollte die Einsparungsabsicht genügen, dann wären nur noch die Fälle unter Art. 31.2 TRLPI zu subsumieren, in denen der Vervielfältiger bereits ein Original des Musikwerkes erworben hat

596 *Garrote Fernández-Díez*, Derecho de autor en internet, S. 461.

597 Anders: *Vega Vega* in: *Rogel Vide*, Nuevas tecnologías, S. 211; zweifelnd: *Gómez Pomar* RDI 1993, 165, 212.

und das Vervielfältigungsstück nur noch benötigt, um mehrere Exemplare zur Verfügung zu haben. Bei der Raubkopiererei im *Internet* sind die Mehrzahl der Fälle aber gerade solche, in denen die Kopien hergestellt werden, damit kein Exemplar gekauft werden muss. Vor dem Hintergrund der weiten Auslegung des Begriffes des privaten Gebrauchs würde es auch keinen Sinn machen, die Einsparungsabsicht genügen zu lassen, da dadurch Personen, die mit dem Kopierer in einer engen Beziehung stehen, niemals in den Genuss der Privilegierung kommen könnten, denn in einem solchen Fall wäre die Kopie erstellt worden, um diesem Ausgaben zu ersparen, die er ansonsten hätte. Eine andere Frage ist dann aber, ob in solchen Fällen noch privater Gebrauch durch den Vervielfältiger vorliegt, denn die Kopie ist nicht wirklich zu seinem Gebrauch bestimmt, sondern zum Gebrauch durch einen Anderen. Andererseits stellt es eben auch privaten Gebrauch des Vervielfältigers dar, wenn er eine Kopie herstellt, die nicht von ihm selbst, sondern von Personen benutzt wird, die durch ein enges persönliches Band mit ihm verbunden sind.

Einschränkungen erfährt dieses Recht durch die Tatbestandsmerkmale der gemeinschaftlichen Nutzung und der Gewinnerzielungsabsicht. Aus diesem systematischen Zusammenhang ergibt sich, dass die Kopie, die erstellt wird, um den Erwerb eines weiteren Originals und damit jener Ausgaben zu ersparen, noch nicht als Gewinnerzielungsabsicht angesehen werden kann. Eine Grenze dieser Auslegung wird durch die Quantität der Vervielfältigungsstücke gemacht werden müssen. Auch der Sinn und Zweck der Einschränkung des Urheberrechtes, der Allgemeinheit den Zugang zu Kulturgütern zu ermöglichen, verlangt eine solche Auslegung von Art. 31.2 TRLPI, da nur so sichergestellt werden kann, dass es auch wirklich allen ermöglicht wird, Zugang zu Werken zu erhalten. Der Urheber ist genügend durch die Schranken-Schranken der Gewinnerzielungsabsicht, der gemeinschaftlichen Nutzung und Art. 40 *bis* TRLPI geschützt. Des Weiteren ist der Urheber ja nicht völlig rechtlos gestellt. Sein Verwertungsrecht wandelt sich in den Fällen des Art. 31.2 TRLPI in einen Anspruch auf angemessene Vergütung nach Maßgabe von Art. 25 TRLPI.

Ob das Vervielfältigungsstück einer gemeinschaftlichen Nutzung zu dienen bestimmt ist, so dass es nicht mehr unter Art. 31.2 TRLPI subsumiert werden könnte, hängt vom Einzelfall ab, wird zumeist jedoch nicht der Fall sein. Im Ergebnis wird man daher die Vervielfältigung beim Downloaden als von Art. 31.2 TRLPI gedeckt ansehen müssen[598].

Fraglich ist jedoch, ob sich nicht aus Art. 40 *bis* TRLPI etwas anderes ergibt. Nach dem Wortlaut von Art. 40 *bis* TRLPI, welcher weitestgehend Art. 9 Abs.

598 So i. Erg. auch: *Massaguer/ Salelles* RGD núm. 636 (Sept. 1997), S. 10927, 10949/10950.

2 RBÜ entspricht, ist eine Auslegung von Art. 31.2 TRLPI ausgeschlossen, die die normale Auswertung des Werkes beeinträchtigt und/oder die berechtigten Interessen des Urhebers unzumutbar verletzt[599]. Denkbar wäre eine Auslegung von Art. 31.2 TRLPI unter Berücksichtigung von Art. 40 *bis* TRLPI, wonach das Downloaden von urheberrechtlich geschützten Werken unzulässig ist. Dies vor dem Hintergrund, dass theoretisch eine einzige öffentlich zugängliche Kopie genügt, um den Bedarf der ganzen Welt zu decken, und bei den digitalen Medien im Gegensatz zu den analogen Medien ein Qualitätsverlust bei der Vervielfältigung gerade nicht eintritt. Die Vervielfältigungsstücke treten in direkten Wettbewerb zu den Originalen. Sie führen auf lange Sicht zu einer Preissenkung bei den Originalen und damit zum deutlichen Herabsinken der Gewinnmarge des Urhebers. Auf lange Sicht wird gerade das erklärte Ziel verfehlt, die Investoren vor einem weitgehenden Preisverfall zu schützen, so dass sich die kulturelle Investitionen verringern werden, was zu einer Schädigung der Kulturlandschaft insgesamt führen würde. Die Partizipationsinteressen des Urhebers würden daher in unzumutbarer Weise beeinträchtigt, wenn der Urheber in keiner Weise wirtschaftlich an der privaten Vervielfältigung beteiligt würde[600]. Diesen Konflikt löst jedoch Art. 25 TRLPI auf. Hiernach wandelt sich das Exklusivrecht des Urhebers im Fall des Art. 31.2 TRLPI in einen Anspruch auf angemessene Vergütung nach Maßgabe des Art. 25 TRLPI. Wer Schuldner dieses Anspruchs ist, ergibt sich aus Art. 25.4 lit. *a)* TRLPI. Insgesamt sind daher die Hersteller von technischen Geräten, die zur Herstellung solcher Vervielfältigungen benutzt werden können, zur Zahlung einer Vergütung verpflichtet. Diese Verpflichtung trifft mithin in Spanien auch die Hersteller von Computerhardware, die zur Herstellung von digitalen Vervielfältigungen benutzt werden können[601]

2) Beschränkung durch die Schutzfrist

Die Schutzfrist eines Werkes ergibt sich aus Art. 26 TRLPI. Hiernach hat der Urheber das Recht sein Werk während seines gesamten Lebens und 70 Jahre darüber hinaus zu verwerten. Die Berechnug der Frist ergibt sich aus den Art. 27ff. TRLPI. Wichtig ist, dass die 70 jährige Frist des Art. 26 TRLPI nicht mit dem Tage des Todes zu laufen beginnt, sondern erst am ersten Januar des auf den Tode folgenden Jahres, Art. 30 TRLPI. Ist die Schutzfrist abgelaufen, wird das Werk gem. Art. 41 TRLPI zu Allgemeingut. Es kann dann frei verwertet werden. Zu beachten bleiben aber weiterhin die Urheberpersönlichkeitsrechte der Art. 14.3; 14.4 TRLPI.

599 Vgl. dazu auch SAP de Salamanca v. 23.03.2000 (ARP 2000/2289).
600 *Garrote Fernández-Díez*, Derecho de autor en internet, S. 467.
601 *Garrote Fernández-Díez*, Derecho de autor en internet, S. 466ff.

3) Zusammenfassung

Nach spanischem Recht ist das Exklusivrecht des Urhebers auf Vervielfältigung seines Werkes durch das Recht zur privaten Vervielfältigung eingeschränkt, Art. 31.2 TRLPI. Eine Schranke für das Exklusivrecht der öffentlichen Wiedergabe, abgesehen vom Erfordernis der Öffentlichkeit aus Art. 20.1 TRLPI, existiert nicht.

Beim Digitalisieren eines Werkes ist die Frage nach dem Eingreifen der Privilegierung des Art. 31.2 TRLPI von der Zweckrichtung der Vervielfältigung her zu beantworten. Das Heraufladen eines Werkes der Musik auf einen Server im *Internet* ist nicht von Art. 31.2 TRLPI gedeckt. Das Herunterladen eines Musikwerkes bedarf grundsätzlich nicht der Einwilligung des Urhebers, da es von Art. 31.2 TRLPI erfasst wird.

Die öffentliche Zugänglichmachung eines urheberrechtlich geschützten Werkes ist immer von der Einwilligung des Rechtsinhabers abhängig und damit ohne dessen Einwilligung strafbar.

c) Ergebnis

Wie auch bei den anderen urheberrechtlichen Fragen, die im Rahmen dieser Arbeit aufgeworfen wurden, ist die rechtliche Beurteilung der Musikpiraterie im *Internet* in Spanien und in Deutschland im Ergebnis identisch. In beiden Ländern existieren Regelungen zur Beschränkung des exklusiven Rechtes des Urhebers zugunsten privater Interessen und Interessen der Allgemeinheit. Eine dieser Regelungen ist die hier zu Gunsten privater Nutzer relevante Schranke der privaten Vervielfältigung. Die Anwendung der entsprechenden Regelungen führt in beiden Ländern zu dem Ergebnis, das das Heraufladen eines urheberrechtlich geschützten Werkes der Musik auf einen der Allgemeinheit zugänglichen Server mit dem Ziel, dieses einer Öffentlichkeit zugänglich zu machen, nicht privilegiert ist, während das Herunterladen eines so zugänglich gemachten Werkes aufgrund des grundsätzlichen Eingreifens jener Privilegierung objektiv tatbestandslos und damit straflos ist.

Für die Verwertungshandlung der öffentlichen Wiedergabe gilt ähnliches. Diese ist sowohl in Deutschland als auch in Spanien für ihre Zulässigkeit von der Einwilligung des Urhebers abhängig. Die in Deutschland existierende Regelung zur Beschränkung des Rechts der öffentlichen Wiedergabe ist bei den hier vorliegenden Konstellationen nicht einschlägig und in Spanien gibt es eine äquivalente Regelung nicht.

5. Ergebnis zu den Tathandlungen

Zusammenfassend ist daher festzustellen, dass das Heraufladen von urheberrechtlich geschützten Werken der Musik in eine Online-Datenbank, das Caching und das Mirroring tatbestandsmäßige Vervielfältigungen gem. §§ 106 Abs. 1, 15 Abs. 1 Nr. 1, 16 UrhG oder Art. 270 S. 1 CP sind, die nicht von § 53 UrhG bzw. Art. 31.2 TRLPI umfasst sind. Das Herunterladen von urheberrechtlich geschützten Werken ist dagegen grundsätzlich tatbestandslos und damit nicht strafbar, da es von § 53 UrhG bzw. Art. 31.2 TRLPI erfasst wird. Unterschiede zwischen der rechtlichen Beurteilung der Tathandlung der Vervielfältigung ergeben sich in Grenzfällen, in denen das deutsche Recht aufgrund seiner Akzessorietät dem zivilen Urheberrecht folgt, während im spanischen Strafrecht Art. 270 S. 1 CP insoweit autonom ausgelegt werden kann, die zivilrechtliche Auslegung des Vervielfältigungsbegriffs aber die Obergrenze der Strafbarkeit bildet.

Die Zugänglichmachung von urheberrechtlich geschützten Werken der Musik in Online-Datenbanken (inkl. Inline-Link, Deep-Link, Frame) verstößt grundsätzlich gegen das Exklusivrecht der öffentlichen Wiedergabe. Das Recht der öffentlichen Wiedergabe in Form der öffentlichen Zugänglichmachung von urheberrechtlich geschützten Werken wird in beiden Rechtsordnungen dem Urheber zugestanden. Im spanischen Recht ist das unproblematisch, da das Recht als Regelbeispiel im Katalog des Art. 20.2 TRLPI aufgeführt ist, während im deutschen Recht ein solches Regelbeispiel in § 15 Abs. 2 UrhG vergeblich gesucht wird. In Deutschland muss man sich daher mit einem unbenannten Recht der öffentlichen Wiedergabe aus § 15 Abs. 2 UrhG helfen. Zusätzliche Schwierigkeiten ergeben sich aus der traditionellen Auslegung des Begriffes der Öffentlichkeit im deutschen Urheberrecht. Während nach deutschem Recht die noch herrschende Auffassung davon ausgeht, dass eine sukzessive Öffentlichkeit nicht den Anforderungen des § 15 Abs. 3 UrhG genügt, ist man sich in Spanien über das Genügen dieser sukzessiven Öffentlichkeit einig. Eine Besonderheit ergibt sich im deutschen Recht aus § 52 UrhG, nach der die öffentliche Wiedergabe von erschienen Werken unter engen Voraussetzungen ohne Einwilligung des Urhebers zulässig sein kann. Für diese Vorschrift existiert in Spanien kein Äquivalent. § 53 Abs. 6 UrhG bzw. § 96 Abs. 1 UrhG schränken jedoch die Schranke von § 52 UrhG bei der Online-Zugänglichmachung von Musikwerken zugunsten der Urheber ein.

III. Subjektiver Tatbestand

1. Deutschland

In subjektiver Hinsicht setzt § 106 UrhG gem. § 15 StGB vorsätzliches Handeln voraus[602], wobei bedingter Vorsatz genügt. Der Vorsatz muss sich auf die objektiven Tatbestandsmerkmale beziehen und damit auch auf das Merkmal „in anderen als den gesetzlich zugelassenen Fällen".

Die Urheberrechtsdelikte sind dadurch gekennzeichnet, dass sie an außerstrafrechtliche Normen anknüpfen. So kann bereits der Begriff des Werkes in § 106 UrhG nur mit Hilfe von § 2 UrhG erschlossen werden. Wann eine Vervielfältigung, Verbreitung oder sonst öffentliche Wiedergabe eines Musikwerkes vorliegt, lässt sich nur anhand der §§ 15ff. UrhG zuverlässig ermitteln. Überhaupt keinen eigenständigen Aussagegehalt hat das Merkmal „in anderen als den gesetzlich zugelassenen Fällen", da es sich um ein Blankett handelt, das im Urheberstrafrecht dem Irrtum ein weites Feld eröffnet. Die Thematik der Irrtümer bei Blankettstrafgesetzen kann hier jedoch nicht ausführlich dargelegt werden, da sie den Rahmen dieser Arbeit schon allein für sich genommen sprengen würde[603]. An dieser Stelle soll daher nur ein kurzer Überblick über die bei der Musikpiraterie insbesondere interessierenden Irrtümer gegeben werden[604].

Denkbar sind hier zunächst Irrtümer über den Schutz des Tatobjektes. So kann der Täter vorgeben, sich darüber zu irren, dass ein Werk urheberrechtlichen Schutz genießt. Bei einem solchen Irrtum wäre danach zu differenzieren, ob der Irrum auf falscher Sachverhaltssicht beruht oder auf falscher Bewertung der bekannten Tatsachen. Bei Musikwerken im Bereich der Unterhaltungsmusik, um die es hier vornehmlich geht, ist indes kaum denkbar, dass der Täter aufgrund falscher Tatsachenkenntnis davon ausgeht, dass ein Werk nicht geschützt sei. Anderes gilt hingegen für den Irrtum aufgrund falscher rechtlicher Bewertung der dem Täter bekannten Tatsachen. Hier kann der Täter sich unter Umständen darauf berufen, dass er der Ansicht war, ein bestimmtes Lied sei keine persönlich geistige Schöpfung und daher nicht dem Urheberschutz zugänglich. Das ist bei Musikwerken insbesondere deshalb denkbar, weil hier auch die kleine Münze Schutz genießt. Die Einordnung eines solchen Irrtums über den Werkbegriff aus § 106 UrhG als Irrtum gem. § 16 StGB oder Verbotsirrtum gem. § 17 StGB ist umstritten.

---

602 Schricker-*Haß* § 106 Rn. 12; *Weber*, Strafrechtlicher Schutz, S. 281.

603 Vgl. dazu *Tiedemann*; Tatbestandsfunktion im Nebenstrafrecht, S. 282ff.

604 Eingehend zu Irrtümern im Bereich des § 106 vgl.: *Hildebrandt*, Strafvorschriften des Urheberrechts, S. 247ff. *Kircher*, Tatbestandsirrtum und Verbotsirrtum im Urheberrecht; *Lauer*, Irrtum über Blankettstrafgesetze, S. 1ff.

Nach Ansicht der meisten Autoren[605] handelt es sich hier um ein normatives Tatbestandsmerkmal. Daher sollen auch Fehlvorstellungen über die Reichweite des urheberrechtlichen Schutzes dazu führen, dass der Beschuldigte über das Tatbestandsmerkmal „Werk" in § 106 UrhG irrt und somit einem Irrtum nach § 16 Abs. 1 StGB erliegt[606]. Ob der Irrtum auf einer Sinnestäuschung oder einem Gedankenfehler beruhe, sei gleichgültig[607]. Zur Begründung wird angeführt die Sachlage sei dieselbe wie bei einem Irrtum über die Fremdheit der Sache im Rahmen der §§ 242, 246 StGB, der aus einer Verkennung sachenrechtlicher Vorschriften – etwa der Unkenntnis des Abstraktionsprinzips – resultiert. Auch hier genüge es nicht, dass der Beschuldigte die Tatsachen kennt, aus denen sich nach dem Gesetz das fremde Eigentum ergibt[608]. So liege ein Irrtum nach § 16 StGB vor, wenn der Beschuldigte davon ausgeht, dass an eine persönlich geistige Schöpfung strengere Anforderungen gestellt würden, als dies in Wirklichkeit geschieht oder dass nur umfangreichere literarische Werke die Anforderungen einer persönlich geistigen Schöpfung erfüllten[609].

Teilweise wird demgegenüber der Irrtum über den Werkbegriff als Verbotsirrtum eingeordnet: Ein solcher liege etwa vor, wenn der Täter über die Werkqualität eines Computerprogrammes irrt[610]. Eine Begründung dieser Auffassung wird jedoch nicht mitgeteilt.

Gravenreuth[611] will die Frage vom Einzelfall abhängig machen. Zumeist handele es sich um einen vermeidbaren Verbotsirrtum i.S.v. § 17 StGB, da es für den Beschuldigten aus seiner Parallelwertung in der Laiensphäre erkennbar sein müsste, dass eine Unrechtshandlung vorliegt.

Kircher[612] vertritt die Ansicht, dass es darauf ankäme, ob der Betreffende in seiner Laiensphäre erkannt hat, dass der Urheber in dem betreffenden Gebilde seine individuelle Anschauungsweise und Gestaltungskraft offenbart und sich dabei über das Maß des Alltäglichen, rein Handwerklichen oder Fachlichen erhebt. Hiernach soll ein Verbotsirrtum vorliegen, soweit der Beschuldigte Werke der

---

605 *Heinrich*, Strafbarkeit, S. 261ff.; *Hildebrandt*, Strafvorschriften des Urheberrechts, S. 257; *Kircher*, Tatbestandsirrtum und Verbotsirrtum im Urheberrecht, S. 25ff.; *Lauer*, Irrtum über Blankettstrafgesetze, S. 59 u. S. 137; *Rochlitz*, Strafrechtlicher Schutz, S. 147.

606 *Heinrich*, Strafbarkeit, 263, 289; *Weber*, Strafrechtlicher Schutz, S. 288.

607 *Heinrich*, Strafbarkeit, 263, 289; *Weber*, Strafrechtlicher Schutz, S. 288.

608 BGHSt 3, 248, 255; *Weber*, Strafrechtlicher Schutz, S. 288.

609 *Weber*, Strafrechtlicher Schutz, S. 288.

610 Gerichte im Bereich der StA Fankfurt am Main, zitiert nach: *Gravenreuth*, ZUM 1985, 541.

611 *Gravenreuth*, Das Plagiat aus strafrechtlicher Sicht, S. 73.

612 *Kircher*, Tatbestandsirrtum und Verbotsirrtum im Urheberrecht, S. 27f., 36f., 258f.; ähnlich: Schricker-*Haß* § 106 Rn. 12.

„kleinen Münze“ nicht für Werke hält, weil er die Schutzanforderungen überspannt oder weil er sie nicht unter die Begriffe „Literatur, Wissenschaft und Kunst“ i.S.v. § 1 UrhG einordnen kann[613].

Ich möchte mich der herrschende Auffassung anschliessen. Vom Täter kann nicht erwartet werden, die Einzelheiten der Wertungen des § 2 Abs. 2 UrhG zu kennen und sich danach zu richten. Selbst fachkundige Gerichte haben in bestimmten Fällen Schwierigkeiten, den Werkbegriff zutreffend zu beurteilen[614]. Tatsächlich ist die Sachlage – wie *Weber* zutreffend feststellt – keine andere als die beim Begriff der Fremdheit in §§ 242, 246 StGB.

In den hier erörterten Fällen der Musikpiraterie im *Internet* liegt es für den Täter weiter nahe, sich darauf zu berufen, dass er glaubte, sein Verhalten sei nicht als Vervielfältigung oder öffentliche Wiedergabe zu bewerten. Das kommt insbesondere im Bezug auf die Speicherung eines Musikwerkes im RAM oder die öffentliche Zugänglichmachung von Musikwerken im *Internet* in Betracht. Auch hier ist die Einordnung des Irrtums sehr umstritten, hängt aber letztlich – wie auch bei dem Tatbestandsmerkmal „Werk“ – von der rechtlichen Einordnung des Tatbestandsmerkmals ab. Nach hier vertretener Ansicht handelt es sich um normative Tatbestandsmerkmale, so dass ein Irrtum nach den gleichen Grundsätzen zu behandeln ist wie ein Irrtum über das Tatobjekt „Werk“ selbst[615]. Geht der Täter also davon aus, dass eine Speicherung im RAM keine „Vervielfältigung“ oder „Wiedergabe“ im *Internet* ist, so wäre ein solcher Irrtum nach § 16 StGB ein Tatbestandsirrtum, der den Vorsatz entfallen liesse. Da die fahrlässige Begehung in § 106 UrhG nicht unter Strafe gestellt ist, wären demnach viele Fälle öffentlicher Wiedergabe von urheberrechtlich geschützten Werken im *Internet* straflos. Andererseits bliebe zumeist die Strafbarkeit wegen der Vervielfältigung urheberrechtlich geschützter Werke. Nicht zu vergessen ist auch, dass der Täter nur den unrechtstypisierenden Bedeutungsgehalt des jeweiligen Tatbestandsmerkmals erfasst haben muss, um Vorsatz annehmen zu können[616].

Des weiteren kann sich der Täter über das Merkmal „in anderen als den gesetzlich zugelassenen Fällen“ irren, wenn er denkt, sein Verhalten beim Heraufladen eines Musikwerkes sei als private Vervielfältigung gem. § 53 Abs. 1 UrhG urheberrechtsfrei oder die öffentliche Wiedergabe sei von § 52 UrhG umfasst und

---

613 *Kircher*, Tatbestandsirrtum und Verbotsirrtum im Urheberrecht, S. 95ff.

614 *Gravenreuth*, Das Plagiat aus strafrechtlicher Sicht, S. 159.

615 Ausführlich hierzu: *Hildebrandt*, Strafvorschriften des Urheberrechts, S. 259, 261 m.w.N., der freilich Irrtümer über Tathandlungen im Rahmen von § 106 UrhG grundsätzlich als Verbotsirrtümer behandelt wissen will, die Tatbestandsmerkmale der Tathandlungen aber auch als Blankettmerkmale versteht.

616 S/S-Cramer-*Sternberg-Lieben* § 15 Rn. 43a.

damit straflos. Die Einordnung solcher Irrtümer ist sehr umstritten. Überwiegend werden sie aber als Verbotsirrtümer aufgefasst, die nach § 17 StGB zu behandeln sind[617]. Bei Irrtümern über die Tathandlung oder das Merkmal „in anderen als den gesetzlich zugelassenen Fällen“ ist daher letztlich entscheidend, ob der Irrtum vermeidbar war. Äußerst umstritten ist schließlich auch die Einordnung des Irrtums im Hinblick auf die Schutzfrist[618]. Bei den hier interessierenden Fällen ist ein solcher Irrtum aber kaum tatsächlich denkbar, da es sich überwiegend um zeitgemäße Unterhaltungsmusik handelt.

2. Spanien

In subjektiver Hinsicht verlangt der Tatbestand des Art. 270 S. 1 CP im Gegensatz zu § 106 UrhG nicht nur einfachen Vorsatz, sondern neben dem Vorsatz eine überschießende Innentendenz in Form der Bereicherungsabsicht. Hierunter versteht man das zielgerichtete Streben nach einem rechtswidrigen wirtschaftlichen Vermögensvorteil[619], also Absicht im engeren Sinne. Die spanische Rechtsprechung geht vom Vorliegen einer solchen Bereicherungsabsicht bei Vorhandensein einer „Verhandlungsinfrastruktur“[620] aus, die im Zusammenhang mit den Verwertungshandlungen steht[621]. Bejaht wurde eine solche Bereicherungsabsicht aufgrund des Vorliegens einer Verhandlungsinfrastruktur beispielsweise beim Inhaber einer Videothek, der raubkopierte Videofilme verlieh[622]. Die Tathandlung muß mithin in einem objektiven Zusammenhang mit einer wirtschaftlichen Tätigkeit des Täters stehen[623]. Genügen soll aber ein indirekter wirtschaftlicher Vorteil, so dass auch der Inhaber einer Bar, der dort Fussballspiele ohne Genehmigung überträgt, Bereicherungsabsicht habe, weil er seinen Verkauf durch den stärkeren Besuch seines Lokals erhöhe[624].

---

617 *Hildebrandt*, Strafvorschriften des Urheberrechts, S. 266ff. m.w.N.; a.A.: *Lauer*, Irrtum über Blankettstrafgesetze, S. 86 u. S. 125 u. S. 139.

618 Vgl. dazu ausführlich: *Hildebrandt*, Strafvorschriften des Urheberrechts, S. 271ff.

619 STS v. 27.03.1992 (ARJ 1992/2503); SAP de Cáceres v. 30.06.2000 (ARP 2000/2263); SAP de Barcelona v. 13.03.2000 (ARP 2000/291); Bercovitz-*García Rivas* Art. 270 S.2390; *Quintero Olivares/Benítez*, Protección penal, S. 126; Rodríguez Mourullo/Jorge Barreiro-*Jorge Barreiro* Art. 270 S. 773; *Queralt Jiménez*, Derecho penal Español, Parte Especial, S. 420.

620 “infraestructura negocial”

621 STS v. 27.03.1992 (ARJ 1992/2503); SAP de Toledo v. 9.01.1995 (ARP 1995/85); *Busch*, Protección Penal en España y Alemania, S. 224; *González Gómez*, El tipo básico, S. 241.

622 SAP de Palencia v. 08.11.1990 (La Ley 1991, 813).

623 *Busch*, Protección Penal en España y Alemania, S. 224.

624 *Quintero Olivares/Benítez*, Protección penal, S. 124.

Eine solche Bereicherungsabsicht wird im Bereich der Alltagskriminalität der Verwertung von Werken der Musik im *Internet* jedoch kaum vorliegen, da jene sich bei Jugendlichen abspielt, die urheberrechtlich geschützte Werke in das *Internet* einstellen, um diese für die gesamte *Internet*-community kostenfrei zugänglich zu machen. Eine Verhandlungsinfrastruktur im Sinne eines objektiven Zusammenhangs der Tathandlung mit einer wirtschaftlichen Tätigkeit existiert in solchen Fällen nicht. Nach der spanischen Rechtsprechung ist es daher nur in seltenen Fällen möglich diejenigen, die urheberrechtlich geschützte Musikwerke online zugänglich machen, strafrechtlich zur Verantwortung zu ziehen.

Möglich wäre nach dem Wortlaut des Gesetzes allenfalls eine Auslegung, nach der jeglicher Vermögensvorteil zur Bejahung der Bereicherungsabsicht genüge, also auch ein solcher, der darin zu sehen ist, dass der Täter die Absicht hat, urheberrechtlich geschützte Musikdateien zu tauschen und damit Ausgaben zu sparen, die er sonst getätigt hätte. Er muss dabei jedoch sich selbst bereichern wollen, so dass altruistische Verhaltensweisen nicht genügen. Macht der Täter also die Dateien zugänglich, um allein anderen Ausgaben zu ersparen, kommt eine Strafbarkeit aus Art. 270 S. 1 CP mangels Bereicherungsabsicht nach allen Ansichten nicht in Betracht. Im Ergebnis sind daher nach spanischem Recht alle Teilnehmer an *Internet*-Tauschbörsen, die den Großteil der Urheberrechtsverletzungen im Internet ausmachen, straflos. Allerhöchstens in Fällen, in denen einem anderen Nutzer das Herunterladen des zugänglichgemachten Werkes nur unter der Bedingung ermöglicht wird, dass ein anderes Werk dafür hergegeben wird, ist eine Bestrafung nach spanischem Strafrecht möglich. Auch dies ist jedoch nur unter der Voraussetzung denkbar, dass das Tatbestandsmerkmal der Bereicherungsabsicht wie oben beschrieben weit ausgelegt wird. In der Praxis funktionieren *Internet*-Tauschbörsen aber nicht nach diesem Prinzip. Die Zurverfügungstellung von Musikdateien geschieht grundsätzlich im konkreten Fall bedingungslos, freilich ist dem „Robin Hood“-Image der Tauschbörsen entgegenzuhalten, dass die Teilnahme an denselben letztlich doch nur zu dem Zweck erfolgt, selber kostenlos an Musikdateien zu gelangen. So viel ist jedoch sicher: Aufgrund des Erfordernisses der Bereicherungsabsicht in Art. 270 CP ist es in Spanien ungemein schwer, in der Praxis den Tätern von urheberrechtsverletzungen im *Internet* den subjektiven Tatbestand nachzuweisen. Das gilt insbesondere für P2P-Systeme, die den Großteil der Urheberrechtsverletzungen im *Internet* besorgen. Möglicherweise liegt aber auch dieses Ergebnis wieder auf der Linie des spanischen Gesetzgebers, der in sehr viel stärkerem Maße als der deutsche sich dem Ultima-ratio-Prinzip verpflichtet fühlt.

Hier liegt daher ein entscheidender Unterschied zur deutschen Rechtslage: Das Erfordernis der Bereicherungsabsicht aus Art. 270 S. 1 CP bringt den spanischen Grundtatbestand in die Nähe des deutschen Qualifikationstatbestandes von § 108a UrhG, der bei gewerbsmäßigem Verhalten eingreift. In den meisten Fällen des Art. 270 S. 1 CP wird eine solche Absicht ebenfalls vorliegen. Anders wird dies bei nur geringen Schadenssummen sein, bei denen nach deutschem Recht noch nicht von einer Einnahmequelle von einigem Umfang gesprochen werden kann, und in Fällen, in denen der Täter zwar handelt, um sich zu bereichern, jedoch nicht beabsichtigt, solche Taten zu wiederholen, so dass das deutsche Recht mangels fortlaufender Einnahmequelle die Gewerbsmäßigkeit verneinen müsste.

Noch evidenter wird dieser Unterschied zwischen den beiden Rechtsordnungen im Strafmaß. Obwohl Art. 270 S. 1 CP als Grundtatbestand dem Unwertgehalt des deutschen Qualifikationstatbestandes von § 108a UrhG angenähert ist, bleibt das Strafmaß sogar hinter dem des deutschen Grundtatbestandes des § 106 UrhG zurück: In Spanien wird der Täter eines Deliktes gem. Art. 270 S. 1 CP mit Freiheitsstrafe von 6 Monaten bis zu 2 Jahren oder Geldstrafe bestraft, während in Deutschland bei Verwirklichung von § 106 UrhG Freiheitsstrafe bis zu 3 Jahren oder Geldstrafe droht. Hinzu kommt, dass der Strafrahmen des Qualifikationstatbestandes von Art. 271 CP nicht nur hinter § 108a UrhG zurückbleibt, sondern auch an dem Erfordernis des Antrages zur Strafverfolgung gem. Art. 287 CP nichts ändert. In Deutschland ist bei Vorliegen des Qualifikationstatbestandes von § 108a UrhG hingegen ein Strafantrag gem. § 109 UrhG nicht mehr erforderlich. Des Weiteren wandelt sich das Delikt vom Privatklagedelikt gem. § 374 Abs. 1 Nr. 8 StPO zum Offizialdelikt. Insgesamt wird auch hieraus wieder der ultima-ratio-Charakter des Urheberstraferechtes in Spanien deutlich. Das Urheberstrafrecht soll in Spanien nur in Ausnahmefällen bemüht werden, und selbst wenn das Strafrecht eingreift, sind die drohenden Strafen im Vergleich zur deutschen Rechtslage eher gering.

3. Zusammenfassung

Anders als in Deutschland genügt nach der spanischen strafrechtlichen Rechtslage das bloße vorsätzliche Handeln zur Verwirklichung des Grundtatbestandes des Urheberstrafrechtes nicht. Im Gegensatz zum deutschen Recht verlangt Art. 270 S. 1 CP eine Bereicherungsabsicht, wobei dies als Streben nach einem rechtswidrigen Vermögensvorteil verstanden wird, welcher durch das Vorliegen einer Verhandlungsinfrastruktur indiziert ist.

Wie bereits gesagt, fallen durch diese subjektiven Voraussetzungen in Spanien viele im *Internet* begangenen Verwertungshandlungen im Bezug auf Musikwerke aus dem Tatbestand des Art. 270 S. 1 CP heraus, die in Deutschland unter dem Regime des § 106 UrhG noch strafbar sind. Man könnte also auf den ersten Blick der Ansicht sein, dass der strafrechtliche Schutz des Urhebers in Deutschland eher als in Spanien gewährleistet ist. M. E. sind jedoch gerade solche altruistischen Verhaltensweisen und Kleinstkriminalität, die von § 106 UrhG im Gegensatz zu Art. 270 S. 1 CP erfasst werden, nicht strafwürdig. Es würde daher in strafrechtlicher Hinsicht völlig genügen, ähnlich wie in Spanien mit der Bereicherungsabsicht – aber besser noch weiter gehend –, das Urheberstrafrecht auf gewerbsmäßige Fälle zu beschränken und den übrigen Bereich dem Zivilrecht zu überlassen. Auf diese Weise könnte die große Nutzergemeinde zwar weitgehend vom Strafrecht unbehelligt sich Musikwerke kostenlos verschaffen. Einer solchen Lösung könnte dennoch nicht entgegengehalten werden, dass sie die Rechte der Urheber nicht berücksichtigt, da diese durch die zivilrechtlichen Regelungen hinreichend geschützt sind. Letztlich hat der Urheber kein Interesse an Bestrafung der Nutzer von Tauschbörsen wie Napster. Er hat vielmehr ein Interesse daran, für seine Leistung eine angemesse Vergütung zu erhalten. Dieses Ziel kann er ohnehin nur über das Zivilrecht erreichen. Das Strafrecht kann ihm hier nur als Druckmittel dienen. In der Praxis wird im Rahmen eines zivilen Rechtsstreits um Urheberrechte oder gewerbliche Schutzrechte denn auch häufig mit einer Strafanzeige gedroht, um dem eigenen Begehren Nachdruck zu verleihen.

Einen ähnlichen Weg gehen auch die USA in 17 USC Sec. 506 (a)[625]. Durch eine entsprechende Regelung könnte eine Beschränkung auf strafwürdige Verhaltensweisen erreicht werden.

IV. Einwilligung des Berechtigten und sonstige Rechtfertigungsgründe

1. Deutschland

Die Rechtswidrigkeit der Verwirklichung des Tatbestandes kann vor allem durch die Einwilligung ausgeschlossen sein, bei der die §§ 31 ff. UrhG zu beachten sind. Das Tatbestandsmerkmal „ohne Einwilligung des Berechtigten“ wird hierbei ganz überwiegend als Verweis auf die Einwilligung als allgemeiner

[625] "§ 506. Criminal offenses
(a) Criminal Infringement.-Any person who infringes a copyright willfully either-
(1) for purposes of commercial advantage or private financial gain, or
(2) by the reproduction or distribution, including by electronic means, during any 180-day period, of 1 or more copies or phonorecords of 1 or more copyrighted works, which have a total retail value of more than $1,000, shall be punished as provided under section 2319 of title 18, United States Code. For purposes of this subsection, evidence of reproduction or distribution of a copyrighted work, by itself, shall not be sufficient to establish willful infringement."

Rechtfertigungsgrund angesehen[626]. Glaubt der Täter daher zu Unrecht an das Vorliegen einer Einwilligung, so handelt er in einem Erlaubnistatbestands--irrtum[627].

§ 106 UrhG spricht von Einwilligung des „Berechtigten“ und stellt damit klar, dass es sich nicht nur um eine Einwilligung des Urhebers selbst, sondern auch um eine Einwilligung des Nutzungsberechtigten an dem Urheberrecht handeln kann. Zur Einwilligung berechtigt ist daher der Urheber selbst, sein Rechtsnachfolger (§§ 28ff. UrhG)[628] sowie der Inhaber eines ausschließlichen Nutzungsrechtes gem. §§ 31 Abs. 1 u. Abs. 3 UrhG. Nicht berechtigt ist hingegen der Inhaber eines einfachen Nutzungsrechtes gem. § 31 Abs. 2 UrhG[629].

Für die Einwilligung gelten ansonsten die allgemeinen strafrechtlichen Grundsätze[630]. Eine nachträgliche Genehmigung gem. § 184 BGB wirkt daher nicht rechtfertigend.

2. Spanien

Hinsichtlich des Merkmales „sin autorización“ besteht in Spanien weitgehend Einigkeit dahingehend, dass es sich um ein Tatbestandsmerkmal handelt. Das gilt nach in Spanien ganz herrschender Ansicht zumindest bei den Verwertungsrechten der Art. 17, 18ff. TRLPI[631]. Das Vorliegen einer Einwilligung führt mit-

---

626 H.M.: Fromm/Nordemann-*Vinck* § 106 Rn. 5; Möhring/Nicolini-*Spautz* § 106 Rn. 5; *Scholz*, Datenbanken, S. 83; Schricker-*Haß* § 106 Rn. 11; *Weber*, Strafrechtlicher Schutz, S. 265ff. ; a.A.: Erbs/Kohlhaas-*Meurer* § 106 Rn. 8; *Hildebrandt*, Strafvorschriften des Urheberrechts, S. 145ff. (Doppelfunktion des Tatbestandsmerkmals im Hinblick auf die Berechtigung des Täters und die Möglichkeit der Erinwilligung. Während es sich bei der Berechtigung des Täters um ein Tatbestandsmerkmal handele, sei die Einwilligung der Rechtswidrigkeit zuzuordnen.); *Rochlitz*, Strafrechtlicher Schutz, S. 134ff. (tatbestandsausschließendes Einverständnis).

627 Schricker-*Haß* § 106 Rn. 12.

628 Schricker-*Haß* § 106 Rn. 11; a.A.: *Weber*, Strafrechtlicher Schutz, S. 271.

629 Schricker-*Haß* § 106 Rn. 11; *Weber*, Strafrechtlicher Schutz, S. 271; Zum ausschließlichen und einfachen Nutzungsrecht vgl.: Schricker-*Schricker* Rn. 47ff. vor §§ 28ff.

630 Vgl. dazu: *Tröndle/Fischer* 3 vor §§ 32ff. m.w.N.

631 Bercovitz-*García Rivas* Art. 270, S. 2387; *Ferré Olivé* ADPCP 1991, 65, 84; *Quintero Olivares/Benítez*, Protección penal, S. 85/86; *Landecho Velasco/Molina Blásquez*, Derecho Penal Español, Parte General, S. 242; *Queralt Jiménez*, Derecho penal Español, Parte Especial, S. 418; Quintero Olivares/Morales Prats-*Quintero Olivares* Art. 270 S. 611; *Robledo Villar*, Delitos contra el patrimonio, S. 333; *Serrano Gómez*, Derecho Penal, Parte especial, S. 442; *Suárez Rodríguez* ADI Tomo XIV 1991 – 92, 119ff., 124; *Vega Vega* in: *Rogel Vide,* Nuevas tecnologías, S. 210; Vives-*Boix Reig/Jareño Leal* Art. 270 S. 1329; Tatbestandsausschluss bei Verstoß gegen die Verwertungsrechte aber Rechtfertigungsgrund bei einem Verstoß gegen

hin zum Tatbestandsausschluss. Einwilligen muss nach dem Wortlaut von Art. 270 S. 1 CP der Inhaber der Urheberrechte oder seine Zessionare. Auch hier wird man auf das TRLPI zurückgreifen müssen, um festzustellen, wer der Inhaber der entsprechenden Rechte ist. Die einschlägigen Vorschriften sind insoweit die Art. 43ff. TRLPI. Ein Irrtum über das Vorliegen der Autorisation führt gem. Art. 14.1 CP zum Vorsatzausschluss.

V. Ergebnis

Insgesamt ist daher die Rechtslage zum strafrechtlichen Schutz von Urhebern gegen die Verwertung ihrer Musikwerke im *Internet* im Hinbklick auf die eigenhändige Verwirklichung der entsprechenden Delikte in Deutschland und Spanien weitgehend identisch. Strafrechtlich relevant ist in beiden Rechtsordnungen vor allem die im *Internet* stattfindende öffentliche Wiedergabe in Form der öffentlichen Zugänglichmachung. Unterschiede ergeben sich lediglich aus dem unterschiedlichen Verständnis der zentralen Strafvorschriften zum Schutze des Urhebers. Während es sich in Deutschland um eine streng zivilrechtsakzessorische Vorschrift handelt, wird der spanische Grundtatbestand nicht in dieser Weise verstanden. Folge davon ist, dass Änderungen in der zivilrechtlichen Regelung des Urheberrechts in Deutschland grundsätzlich unmittelbar auf das Strafrecht durchschlagen, während in Spanien vor dem Hintergrund des Ultima-Ratio-Prinzips davon ausgegangen wird, dass die zivilrechtlichen Regelungen lediglich die Obergrenze der Strafbarkeit darstellen können. Vor dem Hintergrund der zukünftigen Umsetzung der UrhRL in innerstaatliches Recht werden sich daher im Bereich der vorübergehenden Vervielfältigungen die Rechtsordnungen wohl auseinanderbewegen. Darüber hinaus führt das spanische Verständnis der strafrechtlichen Vorschrift auf die Dauer zu einem Auseinanderfallen von zivilrechtlichem Urheberrecht und Urheberstrafrecht.

Ein wesentlicher Unterschied zwischen der spanischen und der deutschen Rechtslage ist, dass in Deutschland Vorsatz zur Verwirklichung des Grundtatbestandes genügt, während in Spanien Bereicherungsabsicht erforderlich ist. Die spanische Auslegung des Merkmals Bereicherungsabsicht bringt des Grundtatbestand des Art. 270 CP in die Nähe des deutschen Qualifikationstatbestandes § 108a UrhG, der gewerbsmäßiges Handeln voraussetzt. Insgesamt wird daher die im Urheberrecht weitverbreitete Kleinkriminalität in Spanien nicht strafrechtlich verfolgt, während in Deutschland § 106 UrhG verwirklicht ist.

Urheberpersönlichkeitsrechte: *García Rivas* in: *Consejo general del poder judicial*, Cuadernos, S. 241.

E. Ausweitung der Strafbarkeit auf Dritte bei der On-line-Verwertung von urheberrechtlich geschützten Werken der Musik

I. Einführung

Eine strafrechtliche Verantwortlichkeit im Rahmen der Tatbestände der § 106 Abs. 1 UrhG und Art. 270 S. 1 CP kommt im Bereich der Online-Musikpiraterie nicht nur für diejenigen in Betracht, die die Delikte eigenhändig begehen. Dies gilt umsomehr, als es in der Praxis so gut wie aussichtslos ist, die an den Urheberrechtsverletzungen unmittelbar Beteiligten zur Verantwortung zu ziehen. In den Bereich der strafrechlich Verantwortlichen fallen hier unter Umständen auch Provider von Telekommunikationsleistungen und Personen, die auf ihren eigenen Internetanbeboten Hyperlinks verwenden, welche auf Inhalte verweisen, die unter Verstoß gegen das Urheberrecht zustande gekommen sind. Für den Bereich der Musikpiraterie stellt sich insoweit vorrangig die Frage, ob die Betreiber von P2P-Systemen strafrechtlich für Urheberrechtsverletzungen verantwortlich sind, die unter Zurhilfenahme ihrer Medien begangen werden. Der Vollständigkeit halber soll hier aber auch der Frage nachgegangen werden, ob „normale" Service- oder Acess-Provider strafrechtlich für Urheberrechtsverletzungen ihrer Nutzer zur Verantwortung gezogen werden können.

1. Haftungsprivilegierungen zugunsten von Providern

Ein Wesensmerkmal von Computernetzen ist die unkontrollierte Verbreitung von Inhalten. Es kann daher nicht verwundern, wenn Dritte, die dieses Verbreitungsmedium im weitesten Sinne „betreiben", in den Kreis der Tatbeteiligten geraten[632]. Service-Provider können beispielsweise auf dem von ihnen zur Verfügung gestellten Speicherplätzen Musikwerke zum öffentlichen Abruf bereithalten. Selbst wenn jene die Musikwerke nicht selbst auf den Server heraufgeladen haben, sondern dies von Nutzern des ihnen auf dem Server zur Verfügung gestellten Speicherplatzes verwirklicht wurde, ermöglichen die Provider durch den Betrieb ihres Dienstes doch damit die Musikpiraterie im *Internet*. Access-Provider vermitteln Nutzern den Zugang zum *Internet* und eröffnen Nutzern damit die Möglichkeit, sich Musikwerke von öffentlich zugänglichen Web-Sites herunterzuladen. Diese und andere Provider verwirklichen, wie bereits gesagt, die einschlägigen Delikte in der Regel jedoch nicht eigenhändig und

632 Vgl. z. B.: *AG München* MMR 1998, 429 ff m. Anm. *Sieber*, 438 ff – aufgehoben in der Berufung durch das *LG München I* ZUM 2000, 247.

sind auch meist nicht als Mittäter oder mittelbare Täter zu qualifizieren[633], sondern als Gehilfen[634]. Die Tatbeiträge der Provider können auf aktivem Tun oder Unterlassen beruhen. Im letzteren Fall ist eine Garantenstellung erforderlich. Hiernach besteht im Rahmen der Musikpiraterie, aber auch anderer im *Internet* begangener Delikte, für Provider die Gefahr strafrechtlicher Verantwortlichkeit.

Während der Gesetzgeber in Deutschland früher auf neue Technologien zumeist mit der Einführung einer neuen Gefährdungshaftung reagierte[635], stand hier bemerkenswerterweise das Anliegen im Vordergrund, die schwer einzuschätzenden Haftungsrisiken durch eine gesetzliche Regelung vorhersehbar zu machen und die Haftung der Anbieter von Multimediadiensten gesetzlich zu begrenzen[636]. Zur Erreichung dieses Zieles wurde durch das IuKDG v. 22.7.1997[637] das Teledienstegesetz[638] (Art. 1 IuKDG) geschaffen. Flankiert wurde dieses Regelungswerk durch den Mediendienste-Staatsvertrag[639]. Mit Wirkung vom 01. Januar 2002 wurde das TDG durch das EGG geändert[640]. Änderungen des TDG wurden durch die ECRL der Europäischen Union[641] erforderlich, welche mit den Art. 12-15 ECRL neue Regelungen zur Verantwortlichkeit von Diensteanbietern enthält. An die Stelle der Regelung des § 5 TDG a.F. sollen nach Vorstellung des Gesetzgebers die §§ 8-11 TDG treten, die inhaltlich und sprachlich fast unverändert aus Art. 12-15 ECRL übernommen wurden[642], jedoch im Grundsatz dem § 5 TDG a.F. entsprechen[643]. Im Wesentlichen tritt daher durch die Umsetzung der ECRL in innerstaatliches Recht in Deutschland keine Rechtsänderung ein[644].

Die hier interessierenden zentralen Vorschriften des TDG sind die §§ 8ff. TDG. Parallel zum EGG wurde ein neuer MDStV entwickelt, der in den §§ 6ff. den § 8ff. TDG entsprechende Vorschriften enthält[645]. Die Vorschriften sind vom

633 Ausnahmen hiervon sind möglich, jedoch unproblematisch und bleiben daher bei den Ausführungen außer Betracht.

634 Vgl. dazu unten S. 245f. und 252.

635 Vgl.: §§ 1, 4ff. HpflG; § 7 StVG; § 33 LuftVG, §§ 25ff. AtomG; deshalb kritisch zur Neuregelung: *Lehmann* CR 1998, 232; zur Ablehnung dieses Konzepts im IuKDG: *Engel-Flechsig/Maennel/Tettenborn*, Rahmenbedingungen für Multimedia, S. 16f.

636 Vgl. § 1 TDG und BTDrucks 13/7385, S. 1.

637 BGBl. I 1997, 1870.

638 I.d.F.: TDG.

639 I.d.F.: MDStV.

640 BGBl. I 2001, 3721.

641 ABl. Nr. L 178, S. 1.

642 BTDrucks. 14/6098 S. 23; *Bröhl* MMR 2001, 67, 71; *Härting* CR 2001, 271, 275.

643 BTDrucks. 14/6098, S. 22.

644 *Holznagel/Kussel* MMR 2001, 347, 349.

645 BTDrucks. 14/6098, S. 12; *Bröhl* MMR 2001, 67; *Härting* CR 2001, 271; *Säcker* MMR Beilage 9/2001, 2, 3; der neue MDStV ist am 01.07.2002 in Kraft getreten.

Wortlaut und vom Aufbau her identisch[646]. Ebenso war es hinsichtlich der Vorgängerregelungen in § 5 TDG a.F. und § 5 MDStV a.F. Der einzige Unterschied bestand darin, dass § 5 Abs. 4 TDG a.F. eine Regelung für verschuldensunabhängige Tatbestände bestraf, wohingegen eine entsprechende Regelung im MDStV nicht existierte. Für die hier interessierenden verschuldensabhängigen Tatbestände war dieser Unterschied jedoch bedeutungslos.

In Spanien gab es vor der ECRL keine speziellen Verantwortlichkeitsregelungen für den elektronischen Geschäftsverkehr. Eine Umsetzung der ECRL in innerstaatliches spanisches Recht ist derzeit noch nicht erfolgt, jedoch existiert ein Gesetzesentwurf, der die Vorgaben der ECRL umsetzen soll[647].

Bevor jedoch auf die nationalen Regelungen zur Verantwortlichkeitsbeschränkung eingegangen wird, werden die europarechtlichen Vorgaben aus der ECRL kurz dargestellt.

a) Richtlinie über den elektronischen Geschäftsverkehr

Die E-Commerce-Richtlinie ist am 04. Mai 2000 vom Europäischen Parlament verabschiedet worden. Mit der formellen Annahme der Richtlinie durch den Rat am 05. Mai. 2000 wurde sie endgültig angenommen. Mit der Veröffentlichung im Amtsblatt ist sie am 17. Juli 2000 in Kraft getreten[648]. Sie war daher gem. Art. 22 ECRL vor dem 17. Januar 2002 von den Mitgliedsstaaten umzusetzen. Es handelt sich bei ihr um ein Rahmenwerk, das sich lediglich mit den wichtigsten Fragen zum elektronischen Geschäftsverkehr beschäftigt[649].

aa) Anwendungsbereich

Zentrale Regelungen der Richtlinie sind die Art. 12-15 ECRL. Bei diesen Regelungen handelt es sich um Verantwortlichkeitsregelungen für Provider. Von entscheidender Bedeutung für die Anwendung dieser Vorschriften sind die Begriffe „Dienste der Informationsgesellschaft“ und „Diensteanbieter“.

---

646 Die neuen Vorschriften des MDStV werden daher in der Folge auch nur noch mitzitiert werden, wenn Unterschiede zum TDG bestehen. Im Übrigen wird allein das TDG zitiert werden.

647 Vgl. unten S. 226f.

648 ABl. EG 2000 Nr. L 178/1.

649 *Lubitz* GRUR Int. 2001, 283, 289.

1) Diensteanbieter

Der Begriff „Diensteanbieter" ist in Art. 2 Nr. 2 ECRL ausdrücklich definiert. Hiernach ist unter Diensteanbieter jede natürliche oder juristische Person zu verstehen, die einen Dienst der Informationsgesellschaft anbietet. Von ausschlaggebender Bedeutung ist daher, was unter „Dienst der Informationsgesellschaft" zu verstehen ist.

2) Dienste der Informationsgesellschaft

Was sich hinter dem Dienst der Informationsgesellschaft verbirgt definiert Art. 2 Nr. 1 ECRL. Danach ist ein Dienst der Informationsgesellschaft ein Dienst im Sinne von Art. 1 Nr. 2 der Richtlinie 98/34/EG in der Fassung der Richtlinie 98/48/EG. Hierbei handelt es sich um einen Verweis auf die sogenannte Transparenzrichtlinie[650]. Die Transparenzrichtlinie definiert Dienstleistungen der Informationsgesellschaft als jede in der Regel gegen Entgelt elektronisch im Fernabsatz und auf individuellen Abruf eines Empfängers erbrachte Dienstleistung. Hierunter sind aber auch Anbieter zu verstehen, die den Nutzern kostenlos das Bereithalten von deren Inhalten (bspw. Websites) anbieten und sich über Werbeeinnahmen finanzieren[651]. Trotz der Unentgeltlichkeit handelt es sich in solchen Fällen noch immer um Dienste, die in der Regel gegen Entgelt erbracht werden. Erforderlich ist aber, dass es sich bei dem Dienst um eine wirtschaftliche Tätigkeit im Sinne der Grundfreiheiten des EG-Vertrages handelt[652]. So sollen E-Mails durch natürliche Personen außerhalb ihrer gewerblichen, geschäftlichen und beruflichen Tätigkeit kein Dienst der Informationsgesellschaft sein[653]. Das Versenden von urheberrechtlich geschützten Musikwerken per E-mail kann daher von vornherein nicht privilegiert sein. Es besteht auch von Seiten der Richtlinie keine Verpflichtung der Mitgliedsstaaten, Haftungsprivilegierungen im Online-Bereich auf private Nutzer zu erstrecken.

Ausgenommen aus dem Bereich der Dienste der Informationsgesellschaften sind nach der Transparenzrichtlinie und deren Anhang (V) bestimmte Dienste wie Hörfunk, Fernsehdienste im Sinne der Fernsehrichtlinie[654] und jegliche Telefon- oder Telefaxdienste.

---

650 ABl. EG 1998 Nr. L 204/37.

651 Erwägungsgrund (18).

652 *Freytag* CR 2000, 600, 602; *Holznagel/Kussel* MMR 2001, 347, 349; *Spindler* MMR-Beilage 7/2000, 4.

653 Erwägungsgrund (18).

654 Richtlinie 89/552/EWG, ABl. EG 1989 Nr. L 298/23 i.d.F. der Richtlinie 97/96/EG, ABl. EG 1997 Nr. L 202/1.

Ausdrücklich erfasst von den Diensten der Informationsgesellschaft werden die Access-Provider[655]. Das ergibt sich auch aus dem Wortlaut von Art. 12 ECRL und Art. 13 ECRL[656].

bb) Verantwortlichkeit der Vermittler

Die Richtlinie enthält in den Art. 12-15 ECRL Vorschriften zur Verantwortlichkeit von Providern. Sollte ein Dritter, der an der Musikpiraterie im *Internet* im weitesten Sinne beteiligt ist, als Diensteanbieter zu qualifizieren sein und die weiteren Voraussetzungen der Art. 12ff. ECRL erfüllen, so kommt eine strafrechtliche Verantwortlichkeit desselben nicht in Betracht.

Die Verantwortlichkeitsregelungen unterscheiden generell zwischen drei Bereichen. Dem reinen Durchleiten gem. Art. 12 ECRL, dem automatischen Zwischenspeichern bzw. Caching gem. Art. 13 ECRL und dem Hosting von Informationen gem. Art. 14 ECRL. Allgemein stellt die Richtlinie in Art. 15 ECRL fest, dass den Diensteanbieter keine Pflicht zur Überwachung und zur Kontrolle von fremden Informationen trifft.

Der funktionsspezifische Anwendungsbereich der Verantwortungsregeln wird einerseits durch den Begriff des Dienstes der Informationsgesellschaft und andererseits durch den Begriff der Informationen sowie durch die in den Art. 12-15 ECRL beschriebenen Tätigkeiten bestimmt. Der Begriff der Informationen ist weit aufzufassen[657]. Die Richtlinie umfasst auch alle Haftungsbereiche, wie etwa das Urheberrecht[658] oder das Strafrecht[659]. Informationen im Sinne der Richtlinie können daher auch Werke der Musik sein, so dass die Richtlinie auch für die Musikpiraterie im *Internet* gilt.

Im Hinblick auf die Informationen ist jedoch zu beachten, dass nur Inhalte Dritter gemeint sind. Über eigene Inhalte trifft die ECRL keine Regelungen. Die Verantwortlichkeit für eigene Inhalte bleibt mithin unberührt. Zwar ergibt sich das nicht eindeutig aus dem Wortlaut der Art. 12-15 ECRL, jedoch sprechen die Vorschriften stets von „vom Nutzer eingegebenen Informationen". Im Bereich der Musikpiraterie können die Privilegierungsvorschriften der ECRL daher keine Anwendung finden, wenn die Musikwerke von den Providern selbst eingegeben wurden. Solche Inhalte sind nach der Richtlinie demnach als eigene Inhalte der Diensteanbieter zu qualifizieren.

---

655 Erwägungsgrund (18).
656 *Spindler* MMR-Beilage 7/2000, 4, 5.
657 *Freytag* CR 2000, 600, 603; *Spindler* MMR-Beilage 7/2000, 4, 16.
658 Erwägungsgrund (50).
659 *Spindler* MMR-Beilage 7/2000, 4, 16; *Freytag* CR 2000, 600, 604.

Unter Nutzer versteht die Richtlinie gem. Art. 2 Nr. 4 ECRL jede natürliche o-der juristische Person, die zu beruflichen oder sonstigen Zwecken einen Dienst der Informationsgesellschaft in Anspruch nimmt, insbesondere um Informationen zu erlangen oder zugänglich zu machen. Nutzer nach dem Sprachgebrauch der Richtlinie ist mithin auch ein Anbieter, der einen Dienst nutzt, um selbst anderen Personen Informationen anzubieten[660].

In der Sache richtet sich die Behandlung der Verantwortlichkeit damit nicht nach einer statischen Einordnung der Anbieter in bestimmte Kategorien, sondern nach den verschiedenen Arten ihrer konkreten Tätigkeit. Übt ein Anbieter verschiedene Tätigkeiten zur gleichen Zeit aus, so finden die jeweils einschlägigen Vorschriften nebeneinander auf denselben Diensteanbieter Anwendung[661].

1) Reine Durchleitung

Nach Art. 12 ECRL ist die bloße Zugangsvermittlung oder die Übermittlung von Informationen in einem Kommunikationsnetz privilegiert, sofern sich die Provider rein passiv verhalten. Unter Vermittlung des Zugangs zu einem Kommunikationsnetz fällt das Access-Providing. Im Rahmen der Übermittlung von Informationen wird nicht zwischen der rein technischen und inhaltlichen Ebene unterschieden, so dass unter Übermittlung von Informationen verschiedene Schichten der *Internet*-Kommunikation zu verstehen sind. So wird man hierunter die Übertragung auf der Netzebene (Network-Providing) einschließlich des Routings, darüber hinaus aber auch Dienste auf der Anwendungsebene verstehen können[662].

Die weiteren Voraussetzungen des Art. 12 Abs. 1 lit. *a)-c)* ECRL stellen sich nur als nicht abschließend aufgezählte Anhaltspunkte dar, die im Rahmen einer Gesamtwürdigung zu berücksichtigen sind, wenn es darum geht festzustellen, ob die Tätigkeit des Anbieters sich in einem konkreten Fall auf einen rein technischen und passiven Vorgang beschränkt, bei dem der Anbieter weder Kenntnis noch Kontrolle über die weitergeleitete und gespeicherte Information besitzt und in keiner Weise mit den übermittelten Inhalten in Verbindung steht[663]. So muß sich die Tätigkeit von Diensteanbietern nach Erwägungsgrund (44) zur ECRL als eine rein technische, automatische und passiver Art darstellen. Art. 12 Abs. 2 ECRL regelt insoweit auch das sogenannte Proxy-Caching.

---

660 Erwägungsgrund (20); *Freytag* CR 2000, 600,603.

661 *Freytag* CR 2000, 600, 604.

662 Zur Anwendung von Art. 12 ECRL auf P2P-Anbieter, vgl.: *Frey* ZUM 2001, 466, 476/477; *Reber/Schorr* ZUM 2001, 672, 680, 681.

663 Erwägungsgründe (42, 43, 44); *Dustmann*, Provider, S. 103; *Freytag* CR 2000, 600, 607; *Lubitz* GRUR Int. 2001, 283, 289; *Plaza Penadés*, RdP 2000, 537, 546.

2) Caching

Art. 13 ECRL enthält eine Verantwortlichkeitsfreistellung für das Caching. Die in Abs. 1 lit. *a-e)* weiter konkretisiert wird[664]. So bestimmt Erwägungsgrund (43) zur ECRL, dass ein Diensteanbieter die Privilegierung des Art. 13 ECRL nur in Anspruch nehmen kann, wenn er in keiner Weise mit den übermittelten Informationen in Verbindung steht. Noch weitergehend formuliert Erwägungsgrund (44) zur ECRL, dass bei einem kollusiven Zusammenwirken zwischen Nutzer und Diensteanbieter der letztere sich nicht auf Art. 13 ECRL berufen kann[665].

Der Unterschied zwischen Art. 12 Abs. 2 ECRL und Art. 13 Abs. 1 ECRL liegt darin, dass von Art. 13 Abs. 1 ECRL nicht nur kurzzeitige, sondern auch längerfristige zeitlich begrenzte Zwischenspeicherungen erfasst werden, um die Kommunikation zwischen den Netzteilnehmern zu erleichtern. Des Weiteren unterscheiden sich die Vorschriften in der Zweckbestimmung der Zwischenspeicherungen. Während Zwischenspeicherungen nach Art. 12 Abs.2 ECRL dazu dienen müssen, die Übermittlung von Informationen in Kommunikationsnetzen technisch überhaupt möglich zu machen[666], handelt es sich bei den Zwischenspeicherungen im Anwendungsbereich des Art. 13 ECRL um solche, welche die Übermittlung von Informationen auf Anfrage der Nutzer effizienter gestalten[667].

3) Hosting

Die in der Praxis wohl zentrale Vorschrift der neuen Regelungen ist Art. 14 ECRL. Der Diensteanbieter ist hiernach, wenn sein Dienst in der Speicherung der durch einen Nutzer eingegebenen Informationen besteht, nicht für diese Informationen verantwortlich, sofern die weiteren Voraussetzungen des Art. 14 Abs. 1 lit. *a), b)* ECRL erfüllt sind. Kurz gesagt handelt es sich um die Verantwortlichkeit für die Bereithaltung fremder Inhalte.

Voraussetzung für die Haftungsprivilegierung ist gem. Art. 14 Abs. 1 lit. *a)* ECRL, dass der Diensteanbieter keine tatsächliche Kenntnis von den Informationen hat. Während im strafrechtlichen Bereich nach der ECRL hier nun ausdrücklich positive Kenntnis von den Inhalten gefordert wird[668], genügt für Schadensersatzforderungen, dass der Diensteanbieter sich solcher Tatsachen oder Umstände bewusst ist, aus denen die rechtswidrige Tätigkeit oder Information

---

664 Vgl. *Freytag* CR 2000, 600, 607; *Lubitz* GRUR Int. 2001, 283, 289.
665 So auch: *Plaza Penadés*, RdP 2000, 537, 547.
666 *Julià-Barceló*, E.I.P.R. 2000, 105, 109,110; *Plaza Penadés*, RdP 2000, 537, 545.
667 *Julià-Barceló*, E.I.P.R. 2000, 105, 110.
668 *Freytag* CR 2000, 600, 608; *Julià-Barceló*, E.I.P.R. 2000, 105, 110.

offensichtlich wird. Als Bezugspunkte für die Kenntnis bestimmt Art. 14 ECRL den rechtswidrigen Inhalt oder die rechtswidrige *Tätigkeit*[669]. Der Diensteanbieter muss also positive Kenntnis vom rechtswidrigen Inhalt oder, bei rechtlich neutralen Inhalten, Kenntnis von der rechtswidrigen Tätigkeit besitzen. Diese letzte Alternative bezieht sich wohl vor allem auf Verletzungen von Urheberrechten, da es sich hier grundsätzlich um neutrale Inhalte handeln wird. Rechtswidrig ist nur die Verwertung dieser Inhalte ohne Einwilligung des Berechtigten. Der Provider muss mithin bei der Musikpiraterie im *Internet* zunächst positiv wissen, dass ein bestimmtes Musikwerk auf seinem Server gespeichert ist und damit der Öffentlichkeit zugänglich gemacht wird. Fraglich ist jedoch, ob er darüber hinaus auch wissen muss, dass diese Tätigkeit in rechtswidriger Art und Weise geschieht, dass also die Zugänglichmachung der Musikwerke ohne Einwilligung der Berechtigten vorgenommen wird. Der Wortlaut von Art. 14 ECRL bezieht den Begriff der Rechtswidrigkeit allein auf die Tätigkeit. Hinsichtlich bereits inhaltlich zu beanstandender Informationen spricht Art. 14 ECRL dagegen nur von der Information als solcher. Es stehen sich also die Begriffe *Informationen* und *rechtswidrige Tätigkeit* gegenüber. Hinzu kommt, dass auch Art. 15 Abs. 1 ECRL von der rechtswidrigen Tätigkeit spricht. Aus dieser Betonung des Begriffes der *Rechtswidrigkeit* der Tätigkeit und dem Umstand, dass bei rechtlich neutralen Inhalten dem Provider wohl auch kein Vorwurf gemacht werden kann, solange er keine Kenntnis von der fehlenden Erlaubnis der Nutzung der Werke hat, ergibt sich, dass sich die positive Kenntnis aus Art. 14 ECRL auch auf das Fehlen der Nutzungserlaubnis beziehen muss[670].

Sollte der Diensteanbieter tatsächliche Kenntnis von der rechtswidrigen Tätigkeit haben, dann kann er sich trotzdem auf die Privilegierung des Art. 14 ECRL berufen, wenn er nach Erlangung der Kenntnis unverzüglich tätig wird, um die Informationen zu entfernen oder den Zugang zu ihnen zu sperren. Im Rahmen der Prüfung, ob der Diensteanbieter unverzüglich – also ohne schuldhaftes Verzögern – tätig geworden, ist gem Erwägungsgrund (46) der Grundsatz der freien Meinungsäußerung zu beachten[671]. Was damit gemeint sein soll bleibt allerdings offen, da in den bindenden Richtlinienvorschriften das Recht auf freie Meinungsäußerung keinerlei Eingang hinsichtlich der Pflicht der Provider, die Inhalte zu entfernen bzw. zu ihnen den Zugang zu sperren, gefunden hat.

---

669 Hervorhebung nur hier.

670 So auch: BTDrucks. 14/6098, S. 25; *Beckmann*, Verantwortlichkeit, S. 260.

671 Vgl. *Freytag* CR 2000, 600, 608, 609; *Spindler* MMR-Beilage 7/2000, 4, 18.

4) Art. 15 ECRL - keine Überwachungspflicht

Art. 15 Abs. 1 ECRL stellt klar, dass die Mitgliedsstaaten den Diensteanbietern nach Art. 12-14 ECRL keine allgemeinen Überwachungspflichten auferlegen dürfen. Auch hieraus ergibt sich wieder, dass Kenntnis in Art. 14 Abs. 1 lit. a) ECRL nur positive Kenntnis meinen kann.

cc) Hyperlinks

Keine Regelung findet sich in den Art. 12-15 ECRL hinsichtlich der Verantwortlichkeit beim Setzen von Hyperlinks. Gerade dieser wichtige[672] und umstrittene Bereich aus der Welt des *Internets* wurde in der ECRL nicht geregelt. Im Gegenteil: Art. 21 Abs. 2 ECRL beauftragt explizit die Kommission, die Frage der Hyperlinks später zu prüfen. Auch scheitert eine entsprechende Anwendung der Art. 12-15 ECRL auf Hyperlinks an deren technisch spezifischer Formulierung[673]. Europarechtlich bleiben die Mitgliedsstaaten demnach frei in der Schaffung von Verantwortlichkeitsregelungen für Hyperlinks, was zu Unterschieden im Binnenmarkt führen kann und bei den Beispielen Deutschland und Spanien auch führt.

dd) Zusammenfassung

Die Richtlinie über den elektronischen Geschäftsverkehr enthält Vorschriften zur Verantwortlichkeit von Diensteanbietern, soweit diese wirtschaftlich im Bereich der Grundfreiheiten der EU tätig werden. Diese werden definiert als natürliche oder juristische Personen, die Dienste der Informationsgesellschaft anbieten. Hierunter sind sowohl Content-, Service-(Host)-, als auch Access- und Network-Provider zu subsumieren. Die Verantwortlichkeitsregelungen der Art. 12-15 ECRL sind streng technisch formuliert und stellen eine horizontale Regelung dar, die unter anderem für das Strafrecht und das Urheberrecht gilt. Access-Provider sind für das reine Durchleiten von fremden Inhalten ebenso wenig verantwortlich wie die Betreiber von Routern. Art. 12 ECRL enthält jedoch keine Beschränkung auf die technische Seite der Übermittlung von Inhalten, so dass auch auf Anwendungsebene eine solche Haftungsbeschränkung gegeben sein kann. Art. 13 ECRL beschränkt die Verantwortlichkeit für das Caching. Beiden Vorschriften – sowohl Art. 12 ECRL als auch Art. 13 ECRL – ist gemeinsam, dass sie nur das rein passive Verhalten der Diensteanbieter privilegieren. Sobald ein Diensteanbieter durch sein Verhalten in die „Nähe" der In-

672 Vgl. dazu aus Schweden: *Boman/Lindblom*, E.I.P.R. 2001, 55.
673 *Dustmann*, Provider, S. 104 (zu Art. 12 ECRL), 109/110; *Freytag* CR 2000, 600, 604.

formationen gerückt werden kann, kommt eine Privilegierung nicht in Betracht. Art. 14 ECRL unterscheidet im Bereich der Privilegierung für das Bereithalten fremder Inhalte zwischen strafrechtlicher und zivilrechtlicher Verantwortlichkeit. Im Bereich des Strafrechts kommt die Privilegierung des Art. 14 ECRL nur in Betracht, wenn der Diensteanbieter keine positive Kenntnis von den rechtswidrigen Informationen oder bei neutralen Inhalten von der rechtswidrigkeit der Tätigkeit hat. Hat er positive Kenntnis, so ist er dennoch privilegiert, wenn er unverzüglich nach Erlangung der Kenntnis tätig wird, um die Informationen zu entfernen oder zu sperren.

Speziell für die Musikpiraterie im *Internet* bedeutet das, dass Access- und Network-Provider grundsätzlich nicht für durch Dritte begangene Verletzungen von Urheberrechten an Musikwerken verantwortlich sind, solange sie sich im Sinne von Art. 12 ECRL rein passiv verhalten. Gleiches gilt für das Caching von Musikwerken im Rahmen von Art. 13 ECRL. Service-Provider, die Musikwerke im Auftrag ihrer Nutzer als MP 3 Dateien oder in ähnlichem Format auf ihrem Server speichern, sind für die in diesem Zusammenhang begangenen Urheberrechtsverletzungen strafrechtlich nur dann verantwortlich, wenn sie positiv wissen, dass die Musikwerke ohne Einwilligung des Berechtigten verwertet werden.

b) Deutschland

aa) Einleitung

Bevor auf die neuen Verantwortlichkeitsregelungen der §§ 8ff. TDG eingegangen wird, soll zunächst überblicksartig die Systematik der Verantwortlichkeitsregelungen der § 5 TDG/MDStV a.F. dargestellt werden. Ohne Kenntnis der hierzu erörterten Probleme sind die neuen Regelungen der §§ 8ff. TDG nur schwer verständlich. Auch stellen sich zahlreiche Probleme von § 5 TDG/MDStV a.F. auch in den Neuregelungen. Zu nennen ist hier insbesondere die systematische Einordnung der Vorschriften in die Tatbestände des Strafrechtes wie auch die Unterscheidung zwischen eigenen und fremden Inhalten[674]. Schließlich müssen gem. § 2 Abs. 1 StGB bzw. § 2 Abs. 3 StGB gegebenenfalls im Einzelfall die alten Verantwortlichkeitsregelungen angewendet werden.

---

674 So auch: *Dustmann*, Provider, S. 87.

1) Systematik der §§ 5 TDG/MDStV[675] a.F.

Die nach herrschender Ansicht verfassungsmäßigen Regelungen von § 5 TDG/MDStV[676] a.F. sahen ein abgestuftes System der Verantwortlichkeit vor.Dabei musste zunächst geprüft werden, ob es sich um eigene oder fremde Inhalte handelte. Lagen fremde Inhalte vor, so war entscheidend, ob von einem Bereithalten oder Zugangsvermitteln auszugehen war. Im Falle des Bereithaltens kam allein die Anwendung von § 5 Abs. 2 TDG/MDStV a.F. in Betracht und damit eine eingeschränkte Verantwortlichkeit, während im Falle der Zugangsvermittlung zu fremden Inhalte eine Verantwortlichkeit des Diensteanbieters gem. § 5 Abs. 3 TDG/MDStV a.F. ausgeschlossen war. Insgesamt handelte es sich um eine verunglückte und im Einzelnen sehr umstrittene Regelung.

So war zunächst umstritten, ob die Regelung abschließenden Charakter hatte, so dass innere Lücken mittels einer am Gesetzeszweck orientierten systematischen Auslegung hätten geschlossen werden müssen[677]. Dieses Problem wird nun durch die neuen Regelungen der §§ 8ff. TDG gelöst, da diese nicht abschließend gemeint sind: Es liegt ihnen ein rein technisches Verständnis zugrunde, so dass sie die Mitwirkungshandlungen von Diensteanbietern nicht mehr erschöpfend beschreiben können[678].

Uneinigkeit bestand weiterhin über die Auslegung der Begriffe des Bereithaltens und der Zugangsvermittlung. Überwiegend[679] wurde unter Bereithalten das Speichern von Inhalten auf eigenen Servern[680] und auf fremden Servern bei Zurechenbarkeit des Speicherplatzes angesehen[681]. Die Zurechnung des Speicher-

---

675 Umfassend zur alten Rechtslage aus neuerer Zeit: *Popp*, Strafrechtliche Verantwortung, S. 52ff.

676 Vgl. nur: *Bleisteiner*, Verantwortlichkeit im Internet, S. 99f.; *Engel-Flechsig* ZUM 1997, 231, 239; *Freytag*, Haftung im Netz, S. 30; *ders.:* ZUM 1998, 185, 187; *Martenczuk* ZUM 1999, 104, 108; *Reber/Schorr* ZUM 2001, 672, 674; *Röger* ZRP 1997, 203, 209, 211; *Sieber*, Verantwortlichkeit, Rn. 225; a.A.: *Schäfer/Rasch/Braun* ZUM 1998, 451, 455;*Spindler* NJW 1997, 3139, 3194; *Waldenberger* MMR 1998, 124, 127

677 S/S-*Lenckner/Perron* § 184 Rn. 66f.

678 Vgl. dazu unten S. 202.

679 A.A.:*Bonin/Köster* ZUM 1997, 821, 823; *Freytag*, Haftung im Netz, S. 164ff.; Hdb. MMR-*Spindler* 29 Rn. 74; *Plaß* WRP 2000, 599, 609; *Vassilaki* MMR 1998, 630, 632; ähnlich: *Gercke*, Rechtswidrige Inhalte, S. 116f. „virtuelles Bereithalten".

680 So z. B.: *Barton* Rn. 318; *Bleisteiner*, Rechtliche Verantwortlichkeit, S. 165; *Jäger* RDV 1998, 266, 269; *Müller-Terpitz* in: *Kröger/Gimmy*, Internetrecht, S. 535, 560; *Pelz* ZUM 1998, 530, *Pichler* MMR 1998, 79, 82; *Römer*, Äußerungsdelikte, S. 189f.; Roßnagel-*Ukrow* § 5 MDStV Rn. 46; Roßnagel-*Waldenberger* § 3 TDG Rn. 22/23; *Sieber*, Verantwortlichkeit, Rn. 318ff.; *Waldenberger* MMR 1998, 124, 127.

681 BTDrucks 13/7385; *Altenhain* AfP 1998, 457, 458; *Barton* Rn. 238; *Bleisteiner*, Rechtliche Verantwortlichkeit, S. 165; *Jäger* RDV 1998, 266, 269; *Müller-Terpitz* in: *Kröger/Gimmy*, Internetrecht, S. 535, 561; *Römer*, Äußerungsdelikte, S. 189f.; *Sieber*, Ver-

platzes sollte bei tatsächlicher oder rechtlicher Sachherrschaft über denselben erfolgen[682], bei Zurechenbarkeit nach § 25 StGB[683] oder faktischer Verfügungsgewalt über den Speicherplatz[684].

Der Begriff der Zugangsvermittlung wurde überwiegend technisch verstanden und sollte nur Fälle erfassen, in denen der Vermittler weder Einfluss auf die Inhalte nahm, noch auf die Auswahl der Diensteanbieter[685].

2) Systematik der §§ 8ff. TDG

Im Rahmen der §§ 8ff. TDG unterscheidet der Gesetzgeber jetzt zwischen den Begriffen *Bereithalten zur Nutzung, Übermittlung in einem Kommunikationsnetz, Zugangsvermittlung, automatisch kurzzeitige Zwischenspeicherung* und *Speicherung.*

Im Hinblick auf eigene Informationen der Diensteanbieter existiert eine Regelung nur für das Bereithalten. Insoweit erscheint es zunächst nahe liegend, den Begriff des Bereithaltens als Oberbegriff über alle in Computernetzen denkbaren Verhaltensweisen zu verstehen, so dass für eigene Inhalte der Diensteanbieter eine umfassende Regelung existiert. Hiergegen spricht jedoch, dass

---

antwortlichkeit, Rn. 318ff.; a.A.: *Pelz* ZUM 1998, 530, 533; *Pichler* MMR 1998, 79, 82; *Waldenberger* MMR 1998, 124, 127.

682 *Altenhain* AfP 1998, 457, 458; so wohl auch: BTDrucks 13/7385; *v. Lackum* MMR 1999, 697, 700.

683 *Barton* Rn. 328; S/S-*Lenckner/Perron* § 184 Rn. 66g; wohl auch: *Jäger* RDV 1998, 266, 269.

684 *Bleisteiner*, Rechtliche Verantwortlichkeit, S. 165; so wohl jetzt auch: Roßnagel-*Waldenberger* § 3 TDG Rn. 23.

685 *Altenhain* AfP 1998, 457, 463; *Barton* Rn. 320ff.; *Freytag*, Haftung im Netz, S. 167; *ders.:* ZUM 1998, 185, 192; *Gercke*, Rechtswidrige Inhalte, S. 108, 110; *Koch* MMR 1999, 705, 707; *Pelz* wistra 1999, 53, 58; *dies.:* ZUM 1998, 530, 534; *Sieber*, Verantwortlichkeit, Rn. 373; ähnlich auch: *Römer*, Äußerungsdelikte, S. 211f. – ihrer Ansicht nach sind aber auch Suchmaschinen als Zugangsvermittler zu qualifizieren und daher nach § 5 Abs. 3 TDG/MDStV nicht verantwortlich. Dem kann so nicht gefolgt werden, da Suchmaschinen im Gesetz in § 2 Abs. 2 Nr. 3 TDG selbst Teledienste anbieten und Access Provider mit dieser Vorschrift gerade nicht gemeint waren. Schließlich kann auch nicht pauschal gesagt werden, dass Suchmaschinen nur technisch den Weg zu Inhalten eröffnen. Die Bewertung ist vielmehr abhämgig von der Art der Suchmaschine. Handelt es sich um eine Suchmaschine mit redaktionell übernommenen Verweisen kann wohl keine Rede von einem technischen Zugangsvermitteln sein, da der Linksetzer diesen Inhalt bewusst ausgewählt hat. Bei Meta-Suchmaschinen ist dies jedoch anders – vgl. zum Ganzen: *v. Lackum* MMR 1999, 697; a.A: *Eichler/Helmers/Schneider* K&R Supplement 12/1999 S. 22, 25; *Koch, Frank* CR 1997, 193, 200 (reines Zugänglichmachen genügt).

§ 3 Nr. 1 TDG die Begriffe *Zugangsvermittlung* und *Bereithalten zur Nutzung* gegenübersteIlt, so dass nicht davon ausgegangen werden kann, dass ein Bereithalten die Zugangsvermittlung beinhaltet. Andererseits bestünde bei einer solchen Auslegung auch eine Regelung für die Zugangsvermittlung zu eigenen Inhalten. Bei einer solchen Auslegung tut sich aber wiederum eine Lücke auf, wenn ein Fall vorliegt, bei dem es sich um fremde Inhalte handelt, diese jedoch nicht unter die §§ 9-11 TDG subsumiert werden können, weil der Diensteanbieter beispielsweise positive Kenntnis von der rechtswidrigen Tätigkeit gem. § 11 Nr. 1 TDG hat. Diese fallen dann insgesamt aus dem Regelwerk der §§ 8ff. TDG hinaus. Wenn der Begriff des Bereithaltens aber nicht umfassend in oben angegebenem Sinne verstanden wird, dann stellt sich die Frage nach seiner Berechtigung, denn dann existiert auch für eigene Inhalte der Diensteanbieter nur eine lückenhafte Regelung. Insgesamt muss meines Erachtens der Begriff des Bereithaltens daher umfassend in dem Sinne verstanden werden, dass unter ihn alle technischen Verhaltensweisen in Computernetzen fallen mit Ausnahme der Zugangsvermittlung. Insoweit existiert dann für eigene Inhalte eine umfassende Regelung, wohingegen bei fremden Inhalten nur eine lückenhafte Regelung für die genannten Handlungen vorliegt. Für diese Auslegung spricht auch der Wille des Gesetzgebers, der nach der Gesetzesbegründung der Auffassung ist, die „Systematik der §§ 8-11 TDG – ebenso wie der bisherige § 5 – bestätige den allgemeinen Grundsatz, dass Diensteanbieter für die von ihnen gespeicherten oder übermittelten fremden Informationen nach den allgemeinen Gesetzen verantwortlich seien, sofern ihre Verantwortlichkeit nicht nach den §§ 9-11 TDG ausgeschlossen sei[686].

Bereithalten im Sinne von § 8 TDG umfasst damit insbesondere das Speichern im Sinne von § 11 TDG und das automatische kurzzeitige Zwischenspeichern gem. § 10 TDG. Vor diesem Hintergrund ist Bereithalten auch weiter zu verstehen als bei § 5 TDG/MDStV a.F. Bereithalten im Sinne von § 5 TDG/MDStV a.F. enstpricht vielmehr dem jetzigen Begriff des Speicherns, so dass die hierzu gewonnen Erkenntnisse auf den Begriff des Speicherns übertragen werden können. Eine echte Gesetzeslücke besteht dann nur noch für die Zugangsvermittlung zu eigenen Inhalten. Diese Gesetzeslücke kann aber hier nicht durch eine analoge Anwendung von § 9 TDG geschlossen werden, wie es bei § 5 Abs. 3 TDG a.F. insbesondere von *Perron* vorgeschlagen wurde. Den §§ 9ff. TDG liegt nämlich ein rein technisches Verständnis zugrunde. Sie behandeln einige in Computernetzen vorkommende technische Abläufe, ohne Anspruch auf Vollständigkeit. Auch der Wortlaut von § 9 Abs. 1 S. 2 TDG selbst spricht dagegen. Dieser selbst geht nämlich davon aus, dass § 9 TDG keine Anwendung findet, wenn der Diensteanbieter mit den Informationen in irgendeiner Weise in Verbindung gebracht werden kann. Im Ergebnis sind daher Dienstean-

---

686 BTDrucks 14/6098 S. 23.

bieter für die Zugangsvermittlung zu eigenen Inhalten nach den allgemeinen Vorschriften verantwortlich. Eines Verweises über § 8 Abs. 1 TDG bedarf es hingegen nicht, da dieser sich allein auf das Bereithalten bezieht und nicht auch auf die Zugangsvermittlung.

Fraglich ist dann nur noch, wie *Bereithalten* und *Zugangsvermittlung* aus § 3 Nr. 1 und §§ 8 Abs. 1, 9 TDG vom *Zugänglichmachen* im Sinne von § 3 Nr. 2 TDG abzugrenzen sind. Insoweit muss wieder betont werden, dass den §§ 8-11 TDG ein rein technisches Verständnis zugrunde liegt. Vor dem Hintergrund der oben beschriebenen Systematik der §§ 8-11 TDG muß Bereithalten zwar weiter verstanden werden als das bloße Speichern. Andererseits kann aufgrund der technischen Ausrichtung des Regelwerkes aber nicht jegliches Zugänglichmachen erfassen. Insgesamt muß daher Bereithalten als jede mögliche technische Form der Mitwirkung an der Herstellung einer Verbindung zwischen Anbieter und Nutzer innerhalb eines Computernetzes mit Ausnahme der Zugangsvermittlung verstanden werden. Auch Hyperlinks können mithin nun unter das Bereithalten subsumiert werden. Eine Privilegierung zugunsten von Hyperlinks existiert allerdings nicht. Zugänglichmachen kann hingegen weiter verstanden werden und damit Verhaltensweisen erfassen, die über rein computernetzinterne technische Abläufe hinausgehen.

Die Systematik der §§ 8 ff. TDG kann insgesamt ebenfalls nur als verunglückt und lückenhaft bezeichnet werden. Hinsichtlich § 8 TDG wäre beispielsweise eine Formulierung besser gewesen wie: „Diensteanbieter sind für eigene und fremde Informationen nach den allgemeinen Gesetzen verantwortlich, sofern sich aus den nachfolgenden Vorschriften nichts anderes ergibt." Die Lückenhaftigkeit des Gesetzes zeigt sich auch an einem weiteren Beispiel: Gem. § 9 TDG sind neben den Access-Providern auch Diensteanbieter privilegiert, die Informationen in einem Kommunikationsnetz übermitteln, also Network-Provider und Router. Voraussetzung ist aber auch bei diesen eigentlich das Vorliegen der Diensteanbietereigenschaft. Diese wiederum ergibt sich aus § 3 Nr. 1 TDG, der aber nur die Zugangsvermittler, also die Access-Provider, erfasst.

bb) Anwendbarkeit des TDG und des MDStV auf das Urheberrecht

Vor dem Hintergrund des Wortlauts der alten Fassung des TDG – „Inhalt" – war umstritten, ob § 5 MDStV a.F. bzw. § 5 TDG a.F. Anwendung auf das Urheberrecht finden konnten[687]. Nach überwiegender Auffassung galt § 5 TDG a.F.

687 Für eine Anwendung von § 5 TDG auf das Urheberrecht: *LG München*, I ZUM 2000, 418; *Altenhain* AfP 1998, 457, 460 Fn. 31; *Beucher/Leyendecker/v. Rosenberg* § 5 TDG Rn. 5; *Bleisteiner*, Rechtliche Verantwortlichkeit, S. 152; *Decker* MMR 1999, 7, 8;

nicht nur für kommunikative Inhalte, sondern auch für urheberrechtlich geschützte Werke inklusive Computerprogramme[688].

Der Begriff der Inhalte aus § 5 TDG a.F. wird in den neuen Vorschriften der §§ 8-11 TDG durch den Begriff Informationen ersetzt. Dies geht zurück auf die Formulierungen aus der ECRL[689]. In dieser gilt ein weiter Informationsbegriff[690], so dass der Streit darum, ob unter den Begriff Inhalt nur kommunikative Inhalte fallen und ob die Vorschriften des TDG auf das Urheberrecht Anwendung finden, zugunsten einer Anwendung auf das Urheberrecht erledigt sein dürfte. Auf die Musikpiraterie im *Internet* sind die §§ 8-11 TDG daher anzuwenden.

cc) Vereinbarkeit des TDG/MDStV mit dem TRIPS-Abkommen

Lehmann[691] ist der Ansicht, dass § 5 TDG/MDStV a.F. mit dem TRIPS Abkommen unvereinbar gewesen sei. Dort heißt es in Art 45, dass die Gerichte befugt sind anzuordnen, dass der Verletzer dem Rechtsinhaber zum Ausgleich angemessenen Schadensersatz zu leisten hat, wenn er wusste oder *vernünftigerweise hätte wissen müssen*[692], dass er eine Verletzungshandlung vornahm. Hieraus ergibt sich, dass der Verletzer auch für fahrlässiges Verhalten Schadensersatz

---

Freytag ZUM 1998, 185, 190f.; *ders.*: Haftung im Netz, S. 159; *Gounalakis/Rhode* NJW 2000, 2168, 2169; Hdb. MMR-*Spindler* 29 Rn. 84ff.; *Hoffmann* MMR 2000, 435; *Koch, Frank* CR 1997, 193, 196; *Müller-Terpitz* in: *Kröger/Gimmy*, Internetrecht, S. 535, 558; *Preuße*, Informationsdelikte, S. 189; *Reber/Schorr* ZUM 2001, 672, 676; *Schneider* GRUR 2000, 969, 971;*Sieber*, Verantwortlichkeit, Rn. 273f., 276; *Spindler* NJW 1997, 3139; *ders.*: CR 2001, 324; *Vassilaki* MMR 1998, 630; *Wimmer* ZUM 1999, 436, 441; gegen eine Anwendung von § 5 TDG im Urheberrecht: *OLG München*, MMR 2001, 375 m. zust. Anm. *Waldenberger* S. 378f.und abl. Anm. *Hoeren* S. 379 = CR 2001, 333; *Barton* Rn. 301, 395; *Brauneck* ZUM 2000, 480, 481; Hdb. MMR-*Spindler* 29 Rn. 21; *Pelz* wistra 1999, 53, 57; *Schäfer/Rasch/Braun* ZUM 1998, 451, 453; *Völker/Lührig* K&R 2000, 20, 21; *Waldenberger* MMR 1998, 124, 127.

688 *LG München*, I ZUM 2000, 418; *Altenhain* AfP 1998, 457, 460 Fn. 31; *Beucher/Leyendecker/v. Rosenberg* § 5 TDG Rn. 5; *Bleisteiner*, Rechtliche Verantwortlichkeit, S. 152; *Decker* MMR 1999, 7, 8; *Freytag* ZUM 1998, 185, 190f.; *ders.*: Haftung im Netz, S. 159; *Gounalakis/Rhode* NJW 2000, 2168, 2169; Hdb. MMR-*Spindler* 29 Rn. 84ff.; *Hoffmann* MMR 2000, 435; *Koch, Frank* CR 1997, 193, 196; *Müller-Terpitz* in: *Kröger/Gimmy*, Internetrecht, S. 535, 558; *Preuße*, Informationsdelikte, S. 189; *Reber/Schorr* ZUM 2001, 672, 676; *Schneider* GRUR 2000, 969, 971;*Sieber*, Verantwortlichkeit, Rn. 273f., 276; *Spindler* NJW 1997, 3139; *ders.*: CR 2001, 324; *Vassilaki* MMR 1998, 630; *Wimmer* ZUM 1999, 436, 441.

689 BTDrucks., S. 23.

690 Vgl. oben S. 195.

691 *Lehmann* CR 1998, 232.

692 Hervorhebung nur hier.

leisten muss. Geht man aber davon aus, dass § 5 Abs. 2 TDG a.F. so auszulegen war, dass „Kenntnis" im Sinne von positiver Kenntnis von den Inhalten zu verstehen war[693], dann gab es nach Ansicht von *Lehmann* keine Haftung der Provider wegen fahrlässigen Verhaltens mehr.

Nach der neuen Regelung in § 11 Nr.1 TDG, welche dem Regelungsgehalt von § 5 Abs. 2 TDG a.F. entspricht, genügt im Zivilrecht fahrlässiges Verhalten, so dass auch dieses Problem mit den neuen Regelungen erledigt sein sollte. Im Strafrecht ist nun hingegen ausdrücklich positive Kenntnis erforderlich[694]. An der Vereinbarkeit der §§ 8-11 TDG mit dem TRIPS-Abkommen können daher keine Zweifel bestehen.

dd) Abgrenzung zwischen Telediensten, Mediendiensten und Rundfunk

Bei Mediendiensten insgesamt unterscheidet man nach Verabschiedung des IuKDG und des EGG die Teledienste, die Mediendienste und den Rundfunk. Die Unterscheidung von Telediensten und Mediendiensten einerseits und Rundfunk andererseits ist erforderlich, da für letzteren eine den § 6ff. TDG vergleichbare Regelung nicht existiert.

Die Abgrenzung erfolgt gem. § 2 RfStV anhand des Merkmals Darbietung. Darbietung setzt voraus, dass das Angebot einen Bezug zur öffentlichen Meinungsbildung hat[695]. Im Gegensatz dazu sind Informations- und Kommunikationsdienste solche Dienste, die die Übermittlung von Dateninformationen zum Inhalt und keinen Darbietungscharakter haben[696].

Bei den hier relevanten Diensten im WWW, FTP-Servern, Email, P2P und Newsgroups steht der Datenaustausch im Vordergrund. Eine Darbietung im Sinne von § 2 RfStV kann schon von daher nicht vorliegen, so dass diese als Teledienste bzw. Mediendienste zu qualifizieren sind und die Privilegierungen der §§ 8ff. TDG/6ff. MDStV grundsätzlich Anwendung finden.

Eine weitere Abgrenzung zwischen Telediensten und Mediendiensten ist in diesem Zusammenhang vor dem Hintergrund, dass in § 6ff. MDStV und § 8ff. TDG einheitliche, wortgleiche Regelungen von Multimediadiensten erfolgen sollten bezüglich der hier relevanten Haftungsrisiken nicht erforderlich[697].

---

693 Dazu vgl. unten S. 220f.
694 Vgl. dazu unten S. 220f.
695 *BVerfG*E 31, 314, 325f.
696 Beucher/Leyendecker/v. Rosenberg § 2 TDG Rn. 3.
697 So auch: *Engels* AfP 2000, 524, 526; S/S-*Lenckner/Perron* § 184 Rn. 66d; a.A.: Roßnagel-*Spindler* § 2 TDG Rn. 3.

Anders mag dies im Hinblick auf die Anwendung des TDDSG sein, da dieses nur für Teledienste gilt[698].

ee) Rechtsnatur der §§ 8ff. TDG/MDStV

Die am stärkstem umstrittene Frage zu § 5 TDG/MDStV a.F. war wohl die der Rechtsnatur und der Einordnung des § 5 TDG/MDStV a.F. in die Dogmatik der Tatbestände. Es gab diesbezüglich kaum eine denkbare Möglichkeit, die nicht vertreten worden wäre. Auch bzgl. §§ 8ff. TDG wird sich dieser Streit fortsetzen, da es sich wie auch bei § 5 TDG/MDStV a.F. um horizontale Filtervorschriften handelt, die an die Stelle des §§ 5 TDG/MDStV a.F. treten sollen[699].

1) Diskussion in Literatur und Rechtsprechung

Teilweise wurde § 5 TDG/MDStV a.F. als ein Filter angesehen, der vor einem Tatbestand im Wege einer „Zwei-Stufen"-Prüfung zu prüfen gewesen sei. Eine Strafbarkeit sollte daher von vornherein ausscheiden, wenn ein Diensteanbieter nicht für den Inhalt gem. § 5 TDG/MDStV a.F. verantwortlich sei[700].

Andere lehnten die „Filterlösung" ab und meinten, die neue Regelung müsse im Tatbestand geprüft werden. Hier wurde die Regelung teilweise als Zurechnungsregel für mittelbare Rechtsverletzungen angesehen[701] oder als Konkretisierung

---

698 Zur Abgrenzung von Telediensten und Mediendiensten vgl.: *Barton* Rn. 154f.; *Bleisteiner*, Rechtliche Verantwortlichkeit, S. 117f.; *Engel-Flechsig* ZUM 1997, 231, 234f.; *Engel-Flechsig/Maennel/Tettenborn*, Rahmenbedingungen für Multimedia, S. 12f.; *Freytag*, Haftung im Netz, S. 41f.; *Gounalakis /Rhode* K&R 1998, 321, 324; Hdb. MMR-*Holznagel* 3.2; *Heyl* ZUM 1998, 115; *Hochstein* NJW 1997, 2977; *Klöck* CR 1999, 456, 458; *Koenig*, Beilage zu MMR 12/98, 4ff.; *Kröger/Moos* ZUM 1997, 462; *dies.*: AfP 1997, 675; *Kuch* ZUM 1997, 225, 226ff.; *Moos*, in: *Kröger/Gimmy*, Internetrecht, S. 267f.; *Pelz* wistra 1999, 53, 57; *Pichler* MMR 1998, 79, 80; Roßnagel-*Spindler* § 2 TDG Rn. 25ff.; Roßnagel-*Meier* § 2 MDStV Rn. 48ff.

699 Vgl. o. Fn. 642.

700 *Altenhain* AfP 1998, 457; *Bleisteiner*, Rechtliche Verantwortlichkeit, S. 156, 157; *Bonin/Köster* ZUM 1997, 821, 823; *Engel-Flechsig/Maennel/Tettenborn*, Rahmenbedingungen für Multimedia, S. 16; *Gercke*, Rechtswidrige Inhalte, S. 107; *Hoffmann* MMR 2000, 431, 435; *Jäger* RDV 1998, 266, 267; *Pelz* wistra 1999, 53, 58 (der aber von „Vorwerfbarkeit" spricht, also von Schuld); *Podehl* MMR 2001, 17, 19; Roßnagel-*Ukrow* § 5 MDStV Rn. 33; *Schneider* GRUR 2000, 969, 971; *Sieber* MMR 1998, 429, 438; *Waldenberger* MMR 1998, 124, 126.

701 *Bettinger/Freytag* CR 1998, 545, 547; *Beucher/Leyendecker/v. Rosenberg* § 5 TDG Rn. 2; *Bremer*, Strafbare Internet-Inhalte, S. 85; *Freytag*, Haftung im Netz, S. 134; *ders.*: ZUM 1998, 185, 189; *Hädicke* CR 1999, 309, 311; Hdb. MMR-*Spindler* 29 Rn. 29ff.; *Koch* MMR 1999, 705, 708; *Preuße*, Informationsdelikte, S. 184; *Römer*, Äußerungsde-

der tatbestandlichen Verhaltensnorm[702]. Andere wiederum lehnten eine Eingliederung des § 5 TDG/MDStV a.F. in den Tatbestand ab und wollten die Norm im Rahmen der Schuld prüfen[703]. *Heghmanns* ist der Auffassung, dass § 5 TDG/MDStV a.F. ein persönlicher Strafausschließungsgrund gewesen sei[704]. *Vassilaki* schließlich begriff § 5 TDG/MDStV a.F. in Verbindung mit dem jeweiligen einschlägigen Tatbestand als Telediensteinhaltedelikt, so dass § 5 TDG/MDStV a.F. die allgemeinen strafrechtlichen Grundsätze auf jeder Deliktsstufe entsprechend modifizierte[705].

2) Stellungnahme

Vor dem Hintergrund der allgemeinen strafrechtlichen Verbrechenslehre kam nur eine Zuordnung von § 5 TDG a.F. insgesamt zum Tatbestand in Betracht. Die §§ 8ff. TDG, die diese Vorschrift ersetzen, müssen daher ebenso in den Tatbestand eingeordnet werden. Zur Verdeutlichung soll daher zunächst die Funktion der einzelnen strafrechtlichen Wertungsstufen dargestellt werden[706]. Die erste Wertungsstufe im Strafrecht ist die Tatbestandsmäßigkeit. Hier erfolgt ein vorläufiges Unwerturteil über die Tat: Der Tatbestand umschreibt Verhaltensweisen, die typischerweise Unrecht darstellen. Dieses vom Tatbestand umschriebene Unrecht ist auch durch subjektive Elemente gekennzeichnet, zu denen der Tatbestandsvorsatz zählt[707]. Nachdem im Tatbestand ein vorläufiges Unwerturteil über die Tat gefällt wurde, erfolgt im Rahmen der Rechtswidrigkeit – der zweiten Wertungsstufe – das endgültige Unwerturteil über die Tat. Hier wird geprüft, ob Gründe vorliegen, die das vom Tatbestand indizierte Unwerturteil entfallen lassen. Auf der dritten Wertungsstufe schließlich – der Schuld – geht es dann nicht mehr um die Bewertung, sondern um die persönliche Vorwerfbarkeit der Tat.

Die Handlungen der Provider sind grundsätzlich sozialüblich und erwünscht. Es kann daher bei der Einordnung der Vorschrift nicht darum gehen, grundsätzli-

---

likte, S. 163; Roßnagel-*Spindler* § 5 TDG Rn. 33ff., 47; *ders.:* NJW 1997, 3193, 3195; ähnlich: *Müller-Terpitz* in: *Kröger/Gimmy*, Internetrecht, S. 535, 543, 545 der aber aufgrund der „eigenständigen Filterfunktion" eine „autonome Auslegung" für erforderlich hält.

702 Hdb. MMR-*Sieber* 19 Rn. 233; S/S-*Lenckner/Perron* § 184 Rn. 66e; *Sieber*, Verantwortlichkeit, Rn. 246f.

703 *LG München*, I ZUM 2000, 247; im Zivilrecht als Frage des Verschuldens: *Schäfer/Rasch/Braun* ZUM 1998, 451, 453.

704 *Heghmanns* ZUM 2000, 463, 464; *ders.:* JA 2001, 71, 78, ähnlich jetzt *Hoffmann* MMR 2002, 284, 285 („Nachfilter").

705 *Vassilaki* MMR 1998, 630, 632.

706 Vgl. hierzu auch *Roxin* AT § 7 Rn. 1ff.

707 *Roxin* AT § 7 Rn. 12ff.

ches Unrecht als gerechtfertigt und damit erlaubt anzusehen bzw. dem Täter Unrecht auf Schuldebene ausnahmsweise nicht vorzuwerfen. Dem Gesetzgeber ging es darum, Rechtssicherheit für die betroffenen Provider herzustellen. Dies kann aber nur dadurch erreicht werden, dass man deren Verhalten grundsätzlich in einem gesetzlichen Rahmen erlaubt. Die §§ 5 Abs. 2 und Abs. 3 TDG a.F. und jetzt die §§ 8ff. TDG sollen dementsprechend die konkrete Sozialschädlichkeit eines Geschehens ausschließen[708].Von der Rechtsnatur her kann es sich daher auch nicht um eine bloße Haftungsbeschränkung handeln. Es handelt sich vielmehr um eine positivrechtliche Regelung des erlaubten Verhaltens bei *Internet*-Providern. § 5 Abs. 2 TDG a.F. und die §§ 8ff. TDG konkretisieren damit die tatbestandliche Verhaltensnorm.

Ist aber festgestellt, dass es sich um eine Regelung auf Tatbestandsebene handelt, so kommt der Frage, „wo" diese Regelung im Tatbestand einzuordnen ist, keine praktische Bedeutung mehr zu. Es macht keinen rechtlichen Unterschied, ob man die Vorschrift als „tatbestandsintegrierten Vorfilter"[709] ansieht, mit der die strafrechtlichen Zurechnungs- und Teilnahmeregeln begrenzt werden[710], oder als Konkretisierung der tatbestandlichen Verhaltensnorm[711]. Zwar spricht für die Vorfilterlösung der Wille des Gesetzgebers, der von einem „Filter" spricht[712]. Indes überwiegen die Argumente für eine Einordnung der Vorschrift als Konkretisierung der tatbestandlichen Verhaltensnorm. Einige der Tatbestandsmerkmale der §§ 8ff. TDG sind im Rahmen einer Deliktsprüfung sowieso zu prüfen. Würde man daher die §§ 8ff. TDG innerhalb der Prüfung eines Tatbestandes vorweg prüfen, so kann das zu einem Nebeneinander der jeweils zu prüfenden Kriterien kommen, obwohl diese sich inhaltlich überschneiden. So überschneidet sich beispielsweise das Tatbestandsmerkmal der „Kenntnis" aus § 11 S. 1 Nr. 1 TDG inhaltlich mit dem kognitiven Element des Vorsatzes. Vor dem Hintergrund, dass es sich bei dem Verhalten, das den Providern vorgeworfen wird, zumeist um ein Unterlassen handeln wird, galt die These der Überschneidungen insbesonders für die Merkmale der „Möglichkeit" und der „Zumutbarkeit" aus § 5 Abs. 2 TDG a.F.[713], die in den neuen Verantwortlichkeitsregelungen ausdrücklich jedenfalls nicht mehr auftauchen. Die Zumutbarkeit betrifft im Strafrecht zwar meistens die Schuldebene, jedoch gehört sie bei unechten Unterlassungsdelikten, um die es sich hier vornehmlich handelt, nach herr-

---

708 *Sieber*, Verantwortlichkeit, Rn. 241.
709 *Sieber*, Verantwortlichkeit, Rn. 246.
710 *Sieber*, Verantwortlichkeit, Rn. 247; für das Zivilrecht: *Freytag*, Haftung im Netz, S. 134; *Koch* MMR 1999, 705, 708.
711 S/S-*Lenckner/Perron* § 184 Rn. 66e.
712 BTDrucks. 14/6098 S. 23; zu § 5 TDG a.F.:BTDrucks 13/ 7385, S. 20, 51.
713 *Freytag*, Haftung im Netz, S. 138/139; *ders.*: ZUM 1998, 185, 189.

schender Auffassung bereits zum Tatbestand[714], so dass diese beiden Merkmale bei der tatbestandsintegrierten Vorfilterlösung im Rahmen des Tatbestandes doppelt zu prüfen gewesen wären. Unlösbar erscheint die Irrtumsproblematik bei einer solchen Zwei-Stufen Lösung[715].

Für eine Einordnung als Konkretisierung der tatbestandlichen Verhaltensnorm spricht ausserdem, dass der Regelungsgehalt der §§ 8ff. TDG in der Mitverantwortlichkeit für fremde Inhalte liegt. Eine solche Mitverantwortung knüpft an eine kausale Mitwirkungshandlung an, nämlich das Speichern von Inhalten (§ 11 TDG) oder die Durchleitung (§ 9 TDG). Es handelt sich also um mittelbare Tatbestandsverwirklichungen. Bei diesen geht es aber um die Zurechnung von Verursachungsbeiträgen, was im Rahmen der objektiven Zurechnung zu prüfen ist[716]. Insgesamt geht es daher um die Frage des strafrechtlichen Haftungsumfanges, so dass die §§ 8ff. TDG bei Delikten, die durch positives Handeln verwirklicht werden, als Regel der objektiven Zurechnung verstanden werden muß und bei Unterlassungsdelikten als gesetzlich normierte Begrenzung bzw. Bestimmung der Garantenpflicht, also insgesamt als Konkretisierung der tatbestandlichen Verhaltensnorm.

Auch eine Einordnung der Vorschrift in die Schuld kommt nicht in Betracht[717]. Die Vertreter dieser Ansicht meinten, dass Begriffe wie Kenntnis, Verantwortlichkeit und Zumutbarkeit auf eine solche Einordnung hindeuten. Sie übersahen jedoch, dass der Begriff Verantwortlichkeit im Sinne des § 5 TDG a.F. ganz allgemein „Einstehenmüssen für Rechtsfolgen“ bedeuten sollte[718]. Der Gesetzgeber hat die Formulierung mithin ganz bewusst so allgemein gefasst, um damit sowohl Haftungsregeln im Zivil-, Straf- und öffentlichen Recht zu erfassen. Es handelt sich für diese Rechtsordnungen um eine Querschnittsregelung[719]. Der Schluss, dass Verantwortlichkeit auf persönliche Vorwerfbarkeit hindeute, ist daher nicht möglich. Unrichtig ist auch, dass ein Begriff wie „Zumutbarkeit“ auf eine Einordnung in die Schuldebene hindeutete. „Zumutbarkeit“ ist nicht nur ein Begriff aus der Schuld. Auch an anderen Stellen im Deliktsaufbau wird er genannt. So handelt es sich bei der „Zumutbarkeit“ in § 323c StGB um ein objek-

---

714 *BGH*,NStZ 1994, 129; LK-*Jescheck* Rn. 98 vor § 13; S/S-*Stree* Rn. 155 vor §§ 13ff.; s. unten. S. 247.

715 *Bleisteiner*, Rechtliche Verantwortlichkeit, S. 157, der wegen sonst unüberbrückbaren Wertungswidersprüchen mittels einer rechtsgebietsspezifischen Auslegung des § 5 TDG versucht, zu dogmatisch vertretbaren Ergebnissen zu gelangen; Hdb. MMR-*Spindler* 29 Rn. 32.

716 Vgl. oben Fn. 701.

717 So aber: *LG München*, I ZUM 2000, 247; *Schäfer/Rasch/Braun* ZUM 1998, 451, 453.

718 Zu § 5 TDG a.F.: BTDrucks 13/7385 S. 20.

719 *Freytag*, Haftung im Netz, S. 139ff.; *ders*.: ZUM 1998, 185, 189; Hdb. MMR-*Spindler* 29 Rn. 30; *Sieber*, Verantwortlichkeit, Rn. 243; *Spindler* NJW 1997, 3139, 3195.

tives Tatbestandsmerkmal. Bei den unechten Unterlassungsdelikten ist die Zumutbarkeit nach herrschender Ansicht im Rahmen des objektiven Tatbestandes zu erörtern[720]. Schließlich wurden und werden die Folgen einer Einordnung von § 5 TDG a.F. bzw. §§ 8ff. TDG in die Schuld übersehen. Zu nennen wäre hier zunächst, dass dann eine strafbare Teilnahme an der Tat des Providers möglich wäre. Folge wäre also, dass sich möglicherweise die Arbeitnehmer des Providers als Teilnehmer einer Tat strafbar machen, wegen derer ihr Arbeitgeber – der Provider – straflos ausginge[721].

Auch die Ansicht *Heghmanns*, der dafür eintritt, § 5 TDG a.F. als persönlichen Strafausschließungsgrund einzuordnen[722], kann nicht überzeugen. Er ist der Auffassung, dass ein Tatbestand, der erst von § 5 TDG a.F. eingeschränkt werden müsse, nicht mehr nur typisches Unrecht beschreibe, sondern auch typischerweise rechtmäßiges Verhalten, nämlich solches, das unter § 5 Abs. 2 und Abs. 3 TDG a.F. und damit jetzt unter §§ 9, 11 TDG fällt. Die Strafnorm wäre damit nicht mehr hinreichend bestimmt und damit untauglich, strafwürdiges Verhalten aus sich heraus zu beschreiben (Art. 103 Abs. 2 GG). Aus diesen Gründen muss seiner Ansicht nach § 5 TDG a.F. bzw. §§ 8ff. TDG als persönlicher Strafausschließungsgrund begriffen werden. Abgesehen davon, dass bei einer solchen Einordnung wiederum das Problem bestünde, dass eine Teilnahme an einem Delikt möglich wäre, wegen dessen der Provider sich nicht zu verantworten hätte, kann der These *Heghmanns*, dass der Tatbestand der einschlägigen Delikte zu unbestimmt sei, nicht zugestimmt werden. Die Ansicht hätte zur Folge, dass jeder Straftatbestand zu unbestimmt wäre, sofern er auch sozialadäquate Verhaltensweisen erfasst. Auch die Mutter, die den Täter gebärt, setzt eine natürliche Bedingung für das Delikt, das jener begeht. Sie ist condicio sine qua non für den durch ihren Abkömmling verursachten Erfolg. Indes kann ihr dieser Erfolg nicht zugerechnet werden. Die entfernten Bedingungen werden nach herrschender Ansicht auf der Ebene der objektiven Zurechnung von den weniger entfernten abgegrenzt. Auch in dieser Situation geht es genau wie bei § 5 TDG a.F. bzw. §§ 8ff. TDG um die mittelbare Verursachung. Die Situation, dass ganz entfernte Bedingungen für einen Erfolg kausal sein können, stellt sich damit nicht nur bei Delikten im *Internet*, in denen § 5 TDG a.F. bzw. §§ 8ff. TDG einschlägig sind. Folglich wäre jedes Delikt, das auch mittelbar verursacht werden kann, zu unbestimmt, da es das Unrecht nicht aus sich heraus beschreibt.

Vassilaki[723] schließlich begreift § 5 TDG a.F. in Verbindung mit dem jeweils einschlägigen Delikt als Telediensteinhaltedelikt. Sie möchte die einzelnen Tat-

---

720 Vgl. oben Fn. 714.
721 Hdb. MMR-*Spindler* 29 Rn. 31.
722 *Heghmanns* ZUM 2000, 463, 464.
723 *Vassilaki* MMR 1998, 630, 632.

bestandsmerkmale des § 5 TDG a.F. in verschiedene Wertungsstufen des Deliktsaufbaus einordnen. So modifiziert ihrer Ansicht nach das Merkmal „Kenntnis“ das Vorsatzerfordernis. Die Tatbestandsmerkmale „technisch möglich und zumutbar“ hingegen seien in der Schuld zu prüfen. Eine solche Aufsplitterung der Vorschrift wurde jedoch dem Willen des Gesetzgebers nicht gerecht[724]. Die einheitliche Gesetzestechnik des TDG sprach vielmehr gegen eine solche Aufteilung[725]. Auch wollte der Gesetzgeber mit § 5 TDG a.F. sicher nicht die Unterscheidung zwischen Rechtfertigung und Entschuldigung aufgeben. Schließlich würden sich auch hier die Probleme ergeben, die sich bei einer Einordnung von § 5 TDG a.F. bzw. §§ 8ff. TDG in die Schuld oder als persönlicher Strafausschließungsgrund stellen. Sollte nämlich einmal die Strafbarkeit des Providers mangels eines Merkmales, das auf Schuldebene einzuordnen wäre, entfallen, so wäre aufgrund der übrig gebliebenen vorsätzlich rechtswidrigen Haupttat eine strafbare Teilnahme möglich.

Nach alledem ist sind die §§ 8ff. TDG in den Tatbestand der jeweiligen Straftatbestände einzuordnen.

ff) Diensteanbieter i.S.d. TDG/MDStV

Die §§ 8ff. TDG/MDStV gelten nach ihrem Wortlaut nur für Diensteanbieter. Den Begriff des Diensteanbieters definiert § 3 Nr. 1 TDG/MDStV. Hiernach gehören dazu[726] natürliche oder juristische Personen oder Personenvereinigungen, die eigene oder fremde Teledienste[727] zur Nutzung bereithalten oder den Zugang zur Nutzung vermitteln.

Wie bereits erwähnt[728] ist in Computernetzen im Wesentlichen zwischen drei verschiedenen Kategorien von Anbietern zu unterscheiden. Unproblematisch als Diensteanbieter zu qualifizieren sind Content-[729] und Service-Provider.

---

724 Roßnagel-*Spindler* § 5 TDG Rn. 43.

725 *Sieber*, Verantwortlichkeit, Rn. 234.

726 In der Terminologie des MDStV handelt es sich nicht um Diensteanbieter, sondern um Anbieter. Eine sachliche Abweichung hat das aber nicht zur Folge, da die Definitionen von Anbieter und Diensteanbieter identisch sind.

727 Im MDStV: Mediendienste.

728 Vgl. oben S. 23f.

729 *Koch, Frank* CR 1997, 193, 197; *Marwitz* K&R 1998, 369, 370 (für private Homepages); *Pichler*, MMR 1998, 79.

Auch Access- und Network-Provider sind als Diensteanbieter zu qualifizieren[730]. Für eine solche Auslegung spricht bereits der systematische Zusammenhang von §§ 2, 3 TDG und § 9 TDG. § 3 Nr. 1 TDG fasst nämlich auch solche Anbieter unter den Begriff „Diensteanbieter", die nur den Zugang zur Nutzung von Telediensten vermitteln. Dies wiederum spiegelt sich in § 9 TDG wieder, wonach jene Anbieter für Inhalte, zu denen sie lediglich den Zugang vermitteln, nicht verantwortlich sind. Einer Auslegung, die den Access-Provider oder den Network-Provider von dieser Regelung ausnehmen wollen, würde daher schon dem Wortlaut des § 3 Nr. 1 TDG widersprechen. Welchen Sinn sollte es haben, die Verantwortlichkeit von Access-Providern in § 9 TDG zu regeln und diese als Diensteanbieter gem. § 3 Nr. 1 TDG zu definieren, sie aber trotzdem nicht als Teledienste anzusehen und sie damit vom sachlichen Anwendungsbereich des TDG auszunehmen[731].

Über diese klassischen Diensteanbieter im *Internet* hinaus ist aber fraglich, ob auch beispielsweise Rechenzentren von Universitäten, *Internet*-Café Betreiber, Schulen oder Arbeitgeber als Diensteanbieter i.S.d. § 3 Nr. 1 TDG qualifiziert werden können. In Betracht käme ein Verständnis, nach dem diese als Zugangsvermittler anzusehen wären. Die Folge einer solchen Auslegung wäre, dass sie für Inhalte, die von den Nutzern der Terminals abgerufen werden können, nicht zur Verantwortung gezogen werden könnten. Wenn beispielsweise Studenten von einem PC im Rechenzentrum ihrer Universität urheberrechtlich geschützte Werke der Musik ins *Internet* stellen könnte der Leiter des Rechenzentrums oder andere Bedienstete nicht mehr wegen Beihilfe zu dieser Tat bestraft werden.
Unzweifelhaft sind Universitäten, die eigene Server betreiben und auf diesen Inhalte speichern, insoweit als Diensteanbieter gem. § 3 Nr. 1 TDG zu qualifizieren[732].

Fraglich ist aber, wie diese in ihrer Funktion als Betreiber von Rechenzentren zu beurteilen sind, zu denen die Studenten Zugang haben und wo diese Zugriff auf Rechner haben, von denen aus sie im WWW oder anderen Datennetzen surfen können. Die Situation ist hier nicht anders zu beurteilen als bei den Betreibern von *Internet*-Cafés. Vom Wortlaut des § 3 Nr. 1 TDG sind diese Verhaltensweisen allemal erfasst, da auch diese den Zugang zur Nutzung vermitteln. Auch haben sie keine tatsächliche Einwirkungsmöglichkeit auf die von den Kunden bzw. Studenten abgerufenen Inhalte. Sie haben weder die tatsächliche Möglichkeit,

---

730 So i. Erg. auch: *Koenig*, Beilage zu MMR 12/98, 6; *Sieber*, Verantwortlichkeit, Rn. 262; a.A. bei Access-Providern: *Bleisteiner*, Rechtliche Verantwortlichkeit, S. 113/114; *Strömer*, S. 13; a.A. bei Network-Providern: *Koenig*, Beilage zu MMR 12/98, 5.

731 So aber: Roßnagel-*Spindler* § 2 TDG Rn. 86. Eine Klarstellung im Gesetz wäre aber allemal wünschenswert.

732 Für FTP-Server vgl.: *OLG München*, CR 2000, 541.

alle denkbar abrufbaren inkriminierten Inhalte zu sperren, noch können sie diese löschen.

Vor dem Hintergrund von § 2 Abs. 3 TDG, wonach eine Beschränkung des Anwendungsbereiches des Gesetzes auf gewerbliche Anbieter gerade nicht erfolgen soll, vertrat *Perron* zu § 5 Abs. 3 TDG a.F. die Auffassung, dass Schulen, Bibliotheken etc. jedenfalls dann als von § 5 TDG/MDStV a.F. privilegiert angesehen werden müssen, wenn der Internetzugang den Mitarbeitern, Schülern usw. über konkret definierte dienstliche oder schulische Aufgaben hinaus auch zu allgemeineren, insbesondere privaten Zwecken zur Verfügung gestellt wird[733].

Sieber hingegen vertrat die Auffassung, dass die Gesetze über die neuen Medien nur für den „Beginn", die „Mitte" und das „Ende des Leitungsnetzes"gelten sollten[734]. Legt man diese Ansicht zugrunde, so macht es tatsächlich Schwierigkeiten, das Bereitstellen und die Duldung der Nutzung von Computern durch Dritte der Zugangsvermittlung zuzuordnen. Indes ergab sich aus dem Wortlaut des Gesetzes eine solche Einschränkung auf die Datenautobahn aber nicht. Zugegeben mag dies das auslösende Moment für das Tätigwerden des Gesetzgebers gewesen sein. Jedoch war der Gesetzeswortlaut weit gefasst und fähig, auch künftige Entwicklungen im Bereich der neuen Dienste zu erfassen[735].

Nach der neuen Gesetzeslage spricht aber einiges dafür, dass *Sieber* jetzt zuzustimmen ist. Zwar kann vom Wortlaut des § 3 Nr. 1 TDG her der Begriff der Zugangsvermittlung noch immer weit dahingehend ausgelegt werden, dass auch die Zugangsvermittlung über den „Äther" als Zugangsvermittlung im Sinne von § 3 Nr. 1 TDG zu verstehen ist. Gegen eine solche Auslegung spricht jetzt aber folgendes: Den Formulierungen der §§ 8-11 TDG liegt ein rein technisches Verständnis zugrunde. Das Tatbestandsmerkmal der Zugangsvermittlung findet sich neben § 3 Nr. 1 TDG auch noch in § 9 Abs. 1 TDG. Dort ist die Rede von der Übermittlung in einem Kommunikationsnetz oder der Zugangsvermittlung. Aus dem grundsätzlichen technischen Ansatz der §§ 8-11 TDG und dem systematischen Zusammenhang der beiden eben genannten Tatbestandsmerkmale aus § 9 Abs. 1 TDG kann nur geschlossen werden, dass der Begriff der Zugangsvermittlung rein technisch in dem Sinne zu verstehen ist, dass nur Access-Provider unter ihn zu subsumieren sind. Das gilt vor allem vor dem Hintergrund des § 3 Nr. 2 TDG, der untechnisch von Zugänglichmachen spricht.

---

733 S/S-*Lenckner/Perron* § 184 Rn. 66d; für eine analoge Anwendung von § 5 Abs. 3 TDG/MDStV auch *Bleisteiner*, Rechtliche Verantwortlichkeit, S. 160.

734 *Sieber*, Verantwortlichkeit, Rn. 262; so auch: *Liesching/Günther* MMR 2000, 260, 264.

735 BTDrucks 13/7385 S. 18.

Das sonstige Zugänglichmachen kann hingegen weiter verstanden werden. Universitäten und *Internet*-Cafés müssen daher wohl als Nutzer gem. § 3 S.1 Nr. 2 TDG qualifiziert werden. Die Privilegierungen der §§ 8-11 TDG kommen ihnen daher nicht zugute. Diese aus dem Anwendungsbereich des TDG auszunehmen, erscheint vor der Systematik des Gesetzes zwar konsequent, wünschenswert jedoch nicht. Im Übrigen beruht § 9 Abs.1 TDG auf Art. 12 Abs. 1 ECRL. Der Wortlaut von Art. 12 Abs. 1 ECRL spricht aber nicht von der „Zugang zur Nutzung" sondern von dem „Zugang zu einem Kommunikationsnetz". Des Weiteren bezieht sich die ECRL – auf der die neuen Regelungen beruhen – nur auf Dienste in der Informationsgesellschaft[736], zu denen das Betreiben von Rechenzentren und *Internet*-Cafés nicht gehört.

gg) Verantwortlichkeitsregelungen der §§ 8 ff. TDG

Hinsichtlich der Entfernung oder Sperrung von Informationen stellt das TDG im Gegensatz zu § 5 TDG/MDStV a.F. jetzt ausdrücklich nicht mehr auf technische Möglichkeit oder Zumutbarkeit ab. Das bedeutet aber nicht, dass das Gesetz jetzt technisch Unmögliches oder Unzumutbares verlangen würde. Diese Anforderungen ergeben sich vielmehr aus allgemeinen, übergeordneten Grundsätzen. Technisch Unmögliches darf das Gesetz ebenso wenig verlangen wie Unzumutbares. Dabei ist allerdings zu beachten, dass die Zumutbarkeitsgrenze in jedem Einzelfall neu zu bestimmen ist und auch von der Wertigkeit des gefährdeten Rechtsgutes abhängt. Je höherwertiger das geschützte Rechtsgut ist, umso mehr kann dem betroffenen Diensteanbieter zugemutet werden[737]. Bei § 5 Abs. 2 TDG/MDStV a.F. war die Verantwortlichkeit des Providers für fremde Inhalte – abgesehen von der Kenntnis derselben – davon abhängig, ob es ihm technisch möglich und zumutbar ist, die Nutzung jener Inhalte zu verhindern. Die Frage der technischen Möglichkeit der Nutzungsverhinderung war ein rein objektives Kriterium, die im Einzelfall vor dem Hintergrund der existierenden Technologien zu lösen war. Es handelte sich daher nicht um ein juristisch zu lösendes Problem. Mit der Einführung des Erfordernisses der Zumutbarkeit in § 5 Abs. 2 TDG/MDStV a.F. sollte verhindert werden, dass der Diensteanbieter verpflichtet wurde, jeden nur erforderlichen Aufwand zu betreiben, um den Zugriff auf einen fremden rechtswidrigen Inhalt unmöglich zu machen[738]. Die Zumutbarkeitsklausel berücksichtigte, dass die Anbieter von Informations- und Kommunikationsdiensten eine schnelle und umfangreiche Bereitstellung von Inhalten ermöglichen, die von Dritten freilich auch dazu genutzt werden können, rechtswidrige Inhalte einzufügen, ohne dass der den technischen oder organisa-

---

736 Vgl. dazu o. S. 196.

737 BTDrucks. 14/6098, S. 23.

738 *Engel-Flechsig/Maennel/Tettenborn*, Rahmenbedingungen für Multimedia, S.18.

torischen Rahmen setzende Diensteanbieter davon Kenntnis hat. Es war daher im Einzelfall eine Gesamtabwägung durchzuführen. In diese Abwägung hatte die Bedeutung des jeweiligen Inhalts, der technische und wirtschaftliche Aufwand sowie die Auswirkung einer Sperrung auf andere Dienste und Nutzer einzufließen[739]. Auch wenn eine solche Abwägung nach dem Gesetzeswortlaut innnerhalb der §§ 8ff. TDG nicht mehr durchzuführen ist, so können diese Erwägungen weiterhin auf Tatbestandsebene berücksichtigt werden, da gerade bei Unterlassungsdelikten die Unzumutbarkeit normgemäßen Verhaltens ein Tatbestandsmerkmal darstellt[740].

1) Verantwortlichkeit für eigene Informationen

Für eigene Informationen, die der Diensteanbieter zur Nutzung bereithält, ist er gem. § 8 Abs. 1 TDG nach den allgemeinen Gesetzen verantwortlich. Diese Regelung entspricht § 5 Abs. 1 TDG a.F. Lediglich der Begriff der Inhalte aus § 5 Abs.1 TDG a.F. wurde durch den Begriff Informationen ersetzt. Auf diese Art und Weise wird eine Angleichung an den weiten Begriff der Informationen aus der ECRL erreicht, so dass die Verantwortlichkeitsregelungen unzweifelhaft auch auf das Urheberrecht anwendbar sind[741]. Fraglich ist daher, wie eigene von fremden Inhalten abzugrenzen sind. Einigkeit besteht hier, dass eigene Inhalte auf jeden Fall solche Inhalte sind, die der Provider selbst erstellt oder in sein Angebot eingestellt hat. Das ergibt sich auch aus der Formulierung der ECRL, die fremde Inhalte als vom Nutzer, also nicht vom Diensteanbieter selbst, eingegebene Informationen beschreibt. Nach den Vorstellungen des Gesetzgebers sollen zu den eigenen Informationen aber auch Informationen Dritter gehören, die sich der Diensteanbieter zu Eigen macht[742]. Nach der derzeit herrschenden Meinung werden daher alle Inhalte als eigene Inhalte angesehen, von denen sich der Anbieter i.S.d. presserechtlichen Rechtsprechung[743] nicht deutlich distanziert[744] oder die Inhalte als fremde kennzeichnet[745]. Andere wollen ein Zueigenmachen

---

739 *Engel-Flechsig/Maennel/Tettenborn*, Rahmenbedingungen für Multimedia, S.18; *Koch, Frank* CR 1997, 193, 200; *Spindler* NJW 1997, 3139, 3197.

740 Vgl. dazu unten S. 247.

741 Vgl. oben S. 204.

742 BTDrucks. 14/6098, S. 23.

743 Vgl. zur Rspr. insoweit nur: *BGH,*NJW 1996, 1131; 1997, 1148.

744 *Barton* Rn. 236; *Ernst* NJW-CoR 1998, 362, 363; *Hoffmann* MMR 2002, 284, 288; *Koch* MMR 1999, 705, 707; *Müller-Terpitz* in: *Kröger/Gimmy*, Internetrecht, S. 535, 563; *Podehl* MMR 2001, 17, 19; Roßnagel-*Spindler* § 5 TDG Rn. 61; Roßnagel-*Ukrow* § 5 MDStV Rn. 39f, 41; *Wimmer*, ZUM 1999, 436, 442; so wohl auch: *Boese*, Verantwortlichkeit für Links, S. 80/81ff.

745 *AG München* CR 1998, 500, 505; *Engels* AfP 2000, 524, 527; *Eichler/Helmers/Schneider* K&R Supplement 12/1999 S. 22, 25; *Koch, Frank* CR 1997, 193, 197.

nach subjektiven Kriterien beurteilen[746], wobei teilweise das Beleidigungsstrafrecht[747] oder die Rechtsprechung zum Presserecht[748] Anhaltspunkte liefern soll; oder es solle darauf ankommen, inwieweit der Diensteanbieter fremdgeschaffene Inhalte bewusst in sein Diensteangebot aufgenommen hat, um seinen Mitgliedern ein größeres und attraktiveres Angebot offerieren zu können[749]. Schließlich wird vertreten, dass ein Zueigenmachen nach dem Empfängerhorizont eines verständigen Nutzers zu beurteilen sei, wobei alle relevanten Tatsachen im Rahmen einer Gesamtschau zu berücksichtigen seien[750], oder dass ein Zueigenmachen dann vorliege, wenn der Anbieter sich die Inhalte objektiv erkennbar zurechnen lassen wolle[751] bzw. sich mit dem konkreten Inhalt identifiziere[752].

Einen urheberrechtlichen Ansatzpunkt wählt *Freytag*. Seiner Ansicht nach kann von einem zu Eigen gemachten Inhalt nur gesprochen werden, wenn der Anbieter selbst maßgeblichen Einfluss auf die Gestaltung des Inhalts hat oder subsidiär dazu, wenn der Anbieter ein bestimmendes wirtschaftliches oder sonstiges Interesse an der Verbreitung eines Inhalts hat[753]. Dies sei anhand objektiver, nach außen tretender Umstände, zu beurteilen. Grundlage dieser Ansicht ist die urheberrechtliche Veranstalterhaftung[754].

Dustmann zieht eine technische, rein funktionale Betrachtungsweise vor[755]. Seiner Auffassung nach ist das maßgebliche Abgrenzungskriterium zwischen eigenen und fremden Inhalten die technische, funktionale Beteiligung des Anbieters an der Bereitstellung eines Inhalts. Einem Anbieter sind danach Inhalte fremd, wenn und solange sich sein Verhalten auf eine passive, technische Verbreiterrolle beschränkt[756].

Indes vermag keine der eben vorgestellten Strömungen vollkommen zu überzeugen. Die Ansichten, die sich auf das Presserecht stützen, werden zumeist gar

---

746 *Bleisteiner*, Rechtliche Verantwortlichkeit, S. 163; *Bonin/Köster* ZUM 1997, 821, 824; *Pelz* ZUM 1998, 530, 532/533; *Vassilaki* MMR 1998, 630, 633.
747 *Bleisteiner*, Rechtliche Verantwortlichkeit, S. 163.
748 *Vassilaki* MMR 1998, 630, 633.
749 *Brauneck* ZUM 2000, 480, 481.
750 *Engel-Flechsig/Maennel/Tettenborn*, Rahmenbedingungen für Multimedia, S.17,18; Hdb. MMR-*Spindler* 29 Rn. 94ff.; *Hoffmann* MMR 2000, 431, 435; *Plaß* WRP 2000, 599, 609; *Spindler* NJW 1997, 3139, 3196
751 *Bleisteiner*, Rechtliche Verantwortlichkeit, S. 163f.
752 *Jäger* RDV 1998, 266, 268; *Schneider* GRUR 2000, 969, 972.
753 *Bettinger/Freytag* CR 1998, 545, 550; *Freytag*, ZUM 1998, 185, 191; *ders.:* Haftung im Netz, S. 173f.
754 Vgl. dazu nur: *BGH,*GRUR 1972, 141; *OLG München,* GRUR 1979, 152.
755 *Dustmann*, Provider, S. 137ff., 145/146.
756 *Dustmann*, Provider, S. 146.

nicht begründet. Sie sind aber auch in der Sache nicht ganz zutreffend. So mögen sie ihre Berechtigung im Bereich der Tatsachenbehauptungen und Werturteile haben, unbrauchbar sind sie hingegen bei den hier untersuchten Urheberrechtsverletzungen. Es ist nicht einzusehen, warum ein Anbieter nicht für die Verbreitung von urheberrechtlich geschützten Werken verantwortlich sein soll, nur weil er erklärt, dafür keine Verantwortung übernehmen zu wollen. Auch führt diese Ansicht sehr leicht zu dem folgenden Zirkelschluss: Der Anbieter ist dann für einen Inhalt verantwortlich, wenn er Verantwortung übernehmen will, und haftet dann nicht, wenn er keine Verantwortung übernehmen will[757]. Schließlich kann diese Ansicht – wie *Sieber* zutreffend feststellt – zu Wertungswidersprüchen führen[758]: Während derjenige, der nach § 11 TDG (§ 5 Abs. 2 TDG a.F.) fremde Inhalte für einen Nutzer speichert, strafrechtlich nur verantwortlich ist, wenn er von diesen Inhalten Kenntnis hat, wäre derjenige, der sich fahrlässig von fremden Inhalten nicht distanziert, nach den allgemeinen Gesetzen gem. § 8 Abs. 1 TDG voll verantwortlich.

Aber auch bei der Übertragung der Grundsätze der urheberrechtlichen Veranstalterhaftung bestehen gewichtige Gegenargumente. Zunächst ist nicht ersichtlich, warum gerade diese Grundsätze hier relevant sein sollen, da sie ja nur für das Urheberrecht entwickelt wurden, aber nun aufgrund des horizontalen Charakters der Vorschrift auch auf Pornographiestrafrecht übertragen würden. Des weiteren würde die Übertragung jener Grundsätze auf das Multimediarecht zu einer Ausuferung der Anwendbarkeit des § 8 Abs. 1 TDG führen, da wirtschaftliche Interessen an der Verbreitung doch sehr weit verstanden werden können und im Bereich des E-Commerce fast immer mit im Spiel sind.

Es sind daher eigene „multimediarechtliche" Kriterien zu entwickeln, anhand derer eine Abgrenzung zwischen eigenen und fremden Inhalten erfolgen kann. Der Gesetzeswortlaut des deutschen TDG selbst gibt für die Abgrenzung aber nichts her. Man könnte lediglich wie *Dustmann* aus dem Erfordernis der Passivität der Diensteanbieter schließen, dass derjenige, der sich nicht rein passiv verhält, sich Inhalte zu Eigen macht. Nun ist nach der hier vertretenen Auffassung entscheidendes Auslegungskriterium nach dem Sinn und Zweck der Privilegierung die Beherrschbarkeit und damit die Beeinflussbarkeit der Inhalte. Insoweit geht der Vorschlag von *Freytag* daher in die richtige Richtung. Würde die Beherrschbarkeit der Inhalte zur Qualifizierung derselben als eigene Inhalte genügen, so gäbe es keinen Regelungsbereich mehr für § 11 TDG, da in jenem die Speicherung von Inhalten vorausgesetzt wird. Wer aber Inhalte speichert beherrscht diese auch. Des Weiteren kann die Kenntnis von Inhalten nicht genü-

757 *Bettinger/Freytag* CR 1998, 545, 550; *Freytag*, Haftung im Netz, S. 171ff.; *Sieber*, Verantwortlichkeit, Rn. 294.

758 *Sieber*, Verantwortlichkeit, Rn. 295.

gen, da diese in § 11 S. 1 Nr. 1 TDG für die Verantwortlichkeit für fremde Inhalte gerade vorausgesetzt wird. § 11 TDG würde leer laufen, wenn man die Kenntnis genügen lassen würde, um einen Inhalt als eigenen zu bewerten. Für das Zueigenmachen ist daher ein „Mehr" erforderlich[759]. Daher kann auch die Ansicht *Dustmanns* nicht überzeugen, da im Falle der Kenntnis von den Inhalten der Provider sich nicht mehr auf eine rein technisch passive Verbreiterrolle beschränkt. Seiner Aufassung zu Folge müssten daher eigene Inhalte des Providers angenommen werden. Dem widerspricht jedoch der Wortlaut von § 11 TDG.

Vor diesem Hintergrund kann ein zu Eigen Machen und damit eine Gleichstellung mit selbst erstellten und eingestellten Inhalten nur erfolgen, wenn der Provider die Inhalte bewusst ausgewählt und in sein Angebot eingestellt hat[760]. Nur in dieser Situation kann der Provider entscheidenden Einfluss auf die Inhalte ausüben, die er nicht selbst hergestellt oder eingestellt hat, und ist nach § 9 TDG verantwortlich, weil er sich mit den Inhalten identifiziert. Auch entspricht diese Auslegung der dem TDG zugrunde liegenden ECRL, in der fremde Inhalte als vom Nutzer eingegebene Inhalte bezeichnet werden. Eigene Inhalte sind daher im Gegenschluss nur solche Inhalte, die der Diensteanbieter selbst in sein Diensteangebot eingestellt hat. Ob die Inhalte vom Diensteanbieter selbst erstellt oder lediglich von ihm ausgewählt wurden, spielt keine Rolle. Entscheidend ist das technische Kriterium des Inhalteeingebens.

2) Verantwortlichkeit für fremde Informationen

Bei der Verantwortlichkeit für fremde Inhalte ist nach dem jeweiligen Verhalten des Diensteanbieters zu differenzieren.

(aa) Durchleitung von Informationen

Bei der reinen Durchleitung von fremden Informationen, die von einem Diensteanbieter in einem Kommunikationsnetz übermittelt werden oder zu denen sie den Zugang zur Nutzung vermitteln, sind diese für die Informationen nicht verantwortlich, sofern sie die Übermittlung nicht veranlasst, die Adressaten nicht ausgewählt und die übermittelten Informationen nicht ausgewählt oder verändert haben, § 9 Abs. 1 TDG. Diese Regelung setzt Art. 12 Abs. 1 ECRL nahezu wörtlich um. Nach der hierzu gefundenen Auslegung[761] geht es also bei

[759] So auch: *Sieber*, Verantwortlichkeit, Rn. 300.
[760] Ähnlich: *Sieber*, Verantwortlichkeit, Rn. 302f.
[761] Vgl. dazu oben S. 196f.

den Voraussetzungen zur Haftungsprivilegierung vor allem darum, dass die Provider sich rein passiv verhalten.

Diensteanbieter sind nicht nicht gem. § 9 TDG privilegiert, wenn sie die Voraussetzungen von § 9 Abs. 1 Nr.1-3 TDG erfüllen. Sie sind dann nach den allgemeinen Gesetzen verantwortlich. Des Verweises von § 8 TDG bedarf es insoweit nicht. § 8 TDG findet auf Diensteanbieter gem. § 9 TDG auch gar keine Anwendung, da die letzteren keine Informationen zur Nutzung bereithalten, was § 8 TDG aber voraussetzt.

Eine Verantwortlichkeit von Access-Providern hinsichtlich strafrechtlich relevanter Urheberrechtsverletzungen scheidet mithin vor allem in folgenden praktisch relevanten Fallgestaltungen aus:

- Der Kunde wählt sich über seinen Access-Provider ins *Internet* und lädt von einem externen Server die Raubkopie eines geschützten Musikwerkes herunter[762].
- Der Kunde des Providers nutzt die Einwahlmöglichkeit, um auf einen externen Server eine Raubkopie einzuspeichern

(bb) Zwischenspeicherung zur beschleunigten Übermittlung von Informationen

Durch § 10 TDG wurde eine komplizierte Regelung für das Caching geschaffen, die Art. 13 ECRL umsetzt. Vom Wortlaut her übernimmt § 10 TDG die Vorgaben von Art. 13 ECRL unverändert.

§ 10 TDG erfasst die Fälle des Caching, die nicht mehr unter § 9 Abs. 2 TDG subsumiert werden können, und privilegiert dieses Verhalten unter den Voraussetzungen des § 10 Nr. 1-5 TDG.

(cc) Speicherung von Informationen

§ 11 TDG setzt Art. 14 ECRL um. Die Regelung entspricht weitestgehend § 5 Abs. 2 TDG a.F. Bei § 5 Abs. 2 TDG a.F. war umstritten, was unter Kenntnis zu verstehen ist. Teilweise wurde Kenntnis aus § 5 Abs. 2 TDG/MDStV a.F.

---

762 In diesem Fall wäre im Übrigen eine strafbare Teilnahme des Access-Providers sowieso von vornherein ausgeschlossen, da das Herunterladen nach der hier vertretenen Auffassung gem. § 53 UrhG grundsätzlich zulässig un es damit an der teilnahmefähigen rechtswidrigen Haupttat fehlt.

mit Vorsatz gleichgesetzt, so dass dolus eventualis genügen sollte[763]. Andere waren der Auffassung, dass der Wortlaut von § 5 Abs. 2 TDG/MDStV a.F. für sich spreche. In diesem wäre aber von Kennenmüssen keine Rede, so dass Kenntnis gem. § 5 Abs. 2 TDG/MDStV a.F. positive Kenntnis meine[764]. *Hoffmann* hingegen befürwortete eine richtlinienkonforme Auslegung des Tatbestandsmerkmals „Kenntnis“ vor dem Hintergrund des Art 14 der ECRL: „Wird bei objektiver Betrachtungsweise beim Internetbenutzer der Eindruck erweckt, die zum Download bereitgehaltenen Inhalte seien auf ihre rechtliche Zulässigkeit hin geprüft, obwohl das nicht der Fall ist, so liege Kenntnis vor[765]. Auf die Kenntnis der Rechtswidrigkeit der Inhalte kam es für § 5 Abs. 2 TDG/MDStV a.F. nach einhelliger Ansicht nicht an[766].

§ 11 TDG unterscheidet nun hinsichtlich des Kenntnisstands zwischen Strafrecht und Zivilrecht (Schadensersatzansprüchen). Während zivilrechtlich die Kenntnis von Tatsachen oder Umständen genügt, aus denen die rechtswidrige Information oder Handlung offensichtlich wird, muss im Strafrecht gem. § 11 Nr. 1 TDG positive Kenntnis von der rechtswidrigen Information oder Handlung vorliegen[767]. Die Regelung ist damit enger als § 5 Abs. 2 TDG a.F. und damit letztlich für den Täter günstiger, was gem. § 2 Abs. 3 StGB gegebenenfalls zu berücksichtigen ist.

Schwierigkeiten bereitet hier die Unterscheidung zwischen den Begriffen „rechtswidriger Tätigkeit“ und der „Information.“ Hier sollen zwei Arten von

---

763 *LG München*, I ZUM 2000, 418; *Barton* Rn. 286, 336 („Kenntnis liegt vor, wenn der Anbieter konkrete Anhaltspunkte für inkriminierende Inhalte hat und es letztlich dem Zufall überlässt ob sie verbreitet werden.“); *Koch* MMR 1999, 705, 707.

764 *Boese*, Verantwortlichkeit für Links, S. 93/94; *Bleisteiner*, Rechtliche Verantwortlichkeit, S. 165,166; *Bremer*, Strafbare Internet-Inhalte, S. 85; *Engel-Flechsig/Maennel/Tettenborn*, Rahmenbedingungen für Multimedia, S.17/18; *Freytag* ZUM 1998, 185, 192; *Gercke*, Rechtswidrige Inhalte, S. 139; *Gounalakis/Rhode* NJW 2000, 2168, 2169; Hdb. MMR-*Spindler* 29 Rn. 161; *Müller-Terpitz* in: *Kröger/Gimmy*, Internetrecht, S. 535, 566; *Pelz* ZUM 1998, 530, 534; *Pichler*, MMR 1998, 79, 87; *Preuße*, Informationsdelikte, S. 199 ; Roßnagel-*Spindler* § 5 TDG Rn. 73f.; Roßnagel-*Ukrow* § 5 MDStV Rn. § 5 MDStV Rn. 47; *Sieber*, Verantwortlichkeit, Rn. 336; *Spindler* NJW 1997, 3139, 3196; ähnlich: *Schreibauer* in: *Kröger/Gimmy*, Internetrecht, S. 591, 619 – dolus directus 1. Grades.

765 *Hoffmann* MMR 2000, 431, 436.

766 *LG München*, I ZUM 2000, 418; *Bettinger/Freytag* CR 1998, 545, 551; *Beucher/Leyendecker/v. Rosenberg* § 5 TDG Rn. 19; *Bonin/Köster* ZUM 1997, 821; *Decker* MMR 1999, 7, 9; *Freytag*, Haftung im Netz, S. 180; *Gounalakis/Rhode* NJW 2000, 2168, 2170; Hdb. MMR-*Spindler* 29 Rn. 115; *Lehmann* CR 2000, 389; *Pichler* MMR 1998, 79, 88; *Sieber*, Verantwortlichkeit, Rn. 341; *Spindler* NJW 1997, 3193, 3197

767 BTDrucks 14/6098 S. 25: „...Dabei bezieht sich die zweite Variante der Nummer 1 nicht auf die strafrechtliche, sondern allein auf die zivilrechtliche Verantwortlichkeit des Anbieters.“

Fällen erfasst werden: Zum einen die Fälle, in denen die Information als solche bereits zu beanstanden ist, insoweit lässt die positive Kenntnis von der Information die Haftungsprivilegierung entfallen. Zum anderen sind die Fälle erfasst, in denen die Information als solche nicht zu beanstanden ist, sondern die Verwendung der Informationen ohne Erlaubnis des Rechtsinhabers. Insoweit muss sich nach dem Wortlaut der Vorschrift die positive Kenntnis auch auf das Fehlen der Erlaubnis beziehen[768]. Gerade bei Urheberrechtsverletzungen wird dies relevant, da es sich bei diesen zumeist um rechtlich neutrale Informationen handelt. Entscheidend für die Verantwortlichkeit des Diensteanbieters ist damit die positive Kenntnis von der fehlenden Erlaubnis zur Verwertung des Werkes. Da hier insbesondere grob fahrlässige Unkenntnis im Strafrecht nicht genügen soll, ist die strafrechtliche Verantwortlichkeit von Host-Providern für Musikpiraterie im *Internet* stark eingeschränkt. Eine Verantwortlichkeit kommt in der Praxis wohl nur noch dann in Betracht, wenn der Provider vom Rechtsinhaber über die fehlende Erlaubnis zur Verwertung des Musikwerkes in Kenntnis gesetzt wurde. Aber auch in dogmatischer Hinsicht bereitet das Merkmal der Kenntnis von der fehlenden Erlaubnis Schwierigkeiten. Nach der hier vertretenen Aufassung handelt es sich bei § 11 TDG um eine Konkretisierung der tatbestandlichen Verhaltensnorm, also um eine Vorschrift auf Tatbestandsebene. Das Fehlen der Erlaubnis zur Verwertung ist nach herrschender Auffassung jedoch im Rahmen des Tatbestandes irrelevant. Auch bei Vorliegen einer Einwilligung handelt der Täter tatbestandsmäßig, aber gerechtfertigt. Die Kenntnis vom Fehlen der Einwilligung spielt keine Rolle. Anderes muß jedoch jetzt in Fällen gelten, in denen § 11 TDG einschlägig ist. In diesen Fällen wird man – ähnlich wie bei offenen Tatbeständen – davon auszugehen haben, dass im Rahmen der Rechtswidrigkeit positiv festzustellen ist, dass eine Einwilligung nicht vorliegt und der Diensteanbieter hiervon positive Kenntnis hatte. Wer hingegen die Einwilligung im Rahmen von § 106 UrhG als tatbestandsausschließendes Einverständnis versteht, hat ein solches Problem nicht.

Die Diensteanbieter müssen weiterhin die Informationen im Auftrag des Nutzers speichern. Der Vorschrift liegt daher ein technisches Verständnis zugrunde. Nach dem oben Gesagten ist Speichern in § 11 TDG so auszulegen wie Bereithalten nach § 5 TDG a.F. Speichern liegt daher vor, wenn Musikwerke auf eigenem oder zurechenbarem Speicherplatz vom Diensteanbieter gespeichert werden. Zurechenbar ist der Speicherplatz dann, wenn der Diensteanbieter die Beherrschungsmöglichkeit über den Speicherplatz im Sinne einer Sperrung und Löschung von Inhalten hat[769].

---

768 BTDrucks. 14/6098 S. 25.

769 So auch *Dustmann*, Provider, S. 159.

Neu ist, dass die Diensteanbieter sich trotz Kenntnis von Inhalten die Privilegierung des § 11 TDG erhalten können, indem sie gem. § 11 S.1 Nr. 2 TDG unverzüglich tätig werden, um Informationen zu entfernen oder zu sperren, sobald sie diese Kenntnis erlangt haben[770]. Der Erfolg des Tätigwerdens ist mithin nicht Voraussetzung von § 11 S. 1 Nr: 2 TDG.[771]

Zur Verdeutlichung der Auswirkungen von § 11 TDG auf das Urheberstrafrecht mögen die folgenden beiden Fälle dienen[772]:

> *Fall 1*: Ein Provider möchte seinen Bekanntheitsgrad steigern und stellt deshalb auf einem Server kostenlos Speicherplatz zur Verfügung. Nutzer haben dadurch die Möglichkeit, nach erfolgter Anmeldung Web-Space zur ihren Zwecken zu nutzen. Eine Identitätsprüfung findet nicht statt. Der Provider ist sich angesichts der leichten, anonymen Zugangsmöglichkeit zu seinem Server bewusst, dass sein Server für rechtswidriges Datenmaterial besonders anfällig ist. Kontrollen des auf dem Server gespeicherten Datenmaterials führt er jedoch nicht durch. In der Folge zeigt sich, dass über seinen Server in großem Umfang Musikpiraterie im Hinblick auf das Musikwerk des X betrieben wird.

> *Fall 2*: Wie *Fall 1*, nachdem jedoch der Provider von X von der Piraterie und der fehlenden Nutzungserlaubnis in Kenntnis gesetzt wird, versucht er, die entsprechenden Dateien von seinem Server zu entfernen. Eine dauerhafte Löschung der Dateien ist jedoch aus technischen Gründen nicht möglich.

In beiden oben genannten Fällen werden durch die Nutzer der Dienste strafrechtlich relevante Urheberrechstverletzungen verwirklicht. Insbesondere handelt es sich um eine strafbare öffentliche Wiedergabe gem. § 106, 15 Abs. 2, 3 UrhG[773]. Der Provider könnte als Teilnehmer dieser Urheberrechtsverletzung strafbar sein. Eine Verantwortlichkeit des Providers kommt jedoch nur unter der Voraussetzung in Betracht, dass er nicht nach den §§ 8-11 TDG privilegiert ist. In Betracht kommt hier § 11 TDG. Der Provider ist unzweifelhaft Diensteanbieter gem. § 3 Nr. 1 TDG und speichert Informationen im Auftrag der Nutzer. Er ist folglich strafrechtlich für die Urheberrechtsverletzung nicht verantwortlich, wenn er keine Kenntnis von der rechtswidrigen Handlung und dem Fehlen der Erlaubnis zur Nutzung hatte. Kenntnis im Sinne von § 11 S. 2 Nr. 1 TDG verlangt im Strafrecht positive Kenntnis. Im Fall 1 fehlte dem Provider diese posi-

---

770 BTDrucks. 14/6098, S. 25.

771 *Dustmann*, Provider, S. 108, 164.

772 In beiden Fällen ist davon auszugehen, dass deutsches Urheberrecht Anwendung findet.

773 S.o. S. 127ff.

tive Kenntnis. Eine strafrechtliche Verantwortlichkeit scheidet mithin schon tatbestandlich aus. Zwar hätte der Provider nach dem Sachverhalt aus den Umständen schließen können, dass über seinen Server Musikpiraterie betrieben wird. Das Kennenmüssen ist jedoch im Strafrecht gem. § 11 S. 2 Nr. 1 TDG nicht ausreichend. Der Urheber hat lediglich zivilrechtliche Schadensersatzansprüche gem. § 97 UrhG gegen den Provider. Diese wiederum sind nicht gem. § 11 TDG ausgeschlossen, da insoweit grob fahrlässige Unkenntnis genügt.

Die Abwandlung unterscheidet sich vom Ausgangsfall dadurch, dass der Provider mittlerweile positive Kenntnis erlangt hat. Jetzt ist eine strafrechtliche Verantwortlichkeit grundsätzlich gegeben. Eine Ausnahme gilt jedoch gem. § 11 S. 2 Nr. 2 TDG, wenn der Provider unverzüglich tätig wird, um die Dateien zu entfernen oder den Zugang zu ihnen zu sperren. Laut Sachverhalt liegen diese Voraussetzungen vor. Insbesondere ist ein Erfolg des Tätigwerdens nicht erforderlich. Insofern können bereits hier Zumutbarkeitserwägungen eine Rolle spielen. Im vorliegenden Fall ist die vollständige Löschung der Daten aus technischen Gründen nicht möglich. Das Gesetz verlangt keinen Erfolg der Löschungshandlungen. Eine strafrechtliche Verantwortlichkeit des Diensteanbieters scheidet aus.

3) Verantwortlichkeit für Hyperlinks

Aufgrund der dezentralen Einrichtung des *Internets* gibt es kein Inhaltsverzeichnis, so dass vor allem durch Links ermöglicht wird, sich von einer Seite zur anderen zu bewegen und damit dem von ihm gesuchten Inhalt näher zu kommen. Links verknüpfen damit das Gesamtangebot aller im WWW zugänglich gemachter Informationen, so dass es theoretisch möglich ist, von jeder Seite im WWW jede andere Seite im WWW zu erreichen.

War unter Geltung des § 5 TDG die Anwendung desselben für Hyperlinks noch heillos umstritten[774], so entspannt sich die Rechtslage durch die §§ 8ff. TDG.

---

[774] Vgl. dazu: *LG Hamburg,* CR 1998, 565; *Altenhain* AfP 1998, 457, 458; *Barton* Rn. 357f*.; Boese*, Verantwortlichkeit für Links, S. 76; *Bonin/Köster* ZUM 1997, 821, 823; *Bortloff* GRUR Int. 1997, 387, 399; *Eichler/Helmers/Schneider* K&R Supplement 12/1999 S. 22, 25; *Engels* AfP 2000, 524, 528; *Ernst* K&R 1998, 536, 538; *Flechsig/Gabel* CR 1998, 351, 354; *Freytag*, Haftung im Netz, S. 233/234; *Gercke*, Rechtswidrige Inhalte, S. 116f.; *ders*.: ZUM 2001, 34, 37f.; *Heghmanns* JA 2001, 71, 73; *Koch* MMR 1999, 705, 707; *Koch, Frank* CR 1997, 193, 198f.; *Kiethe* WRP 2000, 616; *Koch, Frank* CR 1997, 193, 198f.; *ders*.: NJW-CoR 1998, 45, 48; *Marwitz* K&R 1998, 369;*Pelz* ZUM 1998, 530, 533; *Plaß* WRP 2000, 599, 608; *Podehl* MMR 2001, 17, 20; *Schack* MMR 2001, 9, 15; S/S-*Lenckner/Perron* § 184 Rn. 66 g; *Sieber*, Verantwortlichkeit, Rn. 308; Hdb. MMR-*Spindler* 29 Rn. 96; *ders*.: NJW 1997, 3193, 3198; *Strö-*

Nach der oben gefundenen Auslegung besteht für Hyperlinks auf eigene Inhalte eine Regelung, da Hyperlinks unter das Bereithalten gem. § 8 Abs. 1 TDG fallen. Für Hyperlinks auf fremde Inhalte enthält das TDG wie auch die ECRL keine privilegierende Regelung. Eine entsprechende Anwendung der §§ 9-11 TDG kommt aus zwei Gründen beim TDG nicht mehr in Betracht. Zunächst einmal fehlt es an einer planwidrigen Regelungslücke. Das TDG beruht auf der ECRL, welche in Art. 21 Abs. 2 ECRL ausdrücklich bestimmt, dass eine Regelung über Hyperlinks zu einem späteren Zeitpunkt getroffen werden sollte. Dem innerstaatlichen Gesetzgeber blieb es zwar unbenommen, trotzdem eine Regelung für die Hyperlinks zu treffen, dies hat der Gesetzgeber mit dem TDG in Kenntnis der fehlenden Regelung für Hyperlinks jedoch nicht getan. Insbesondere hat der Bundesrat im Gesetzgebungsverfahren zum EGG es für dringend erforderlich gehalten, dass eine sepzifische Regelung zur Verantwortlichkeit bei Vorgängen im Zusammenhang mit Hyperlinks geschaffen wird[775].

Die Bundesregierung hat sich dieser Auffassung des Bundesrates vor dem Hintergrund der ECRL ausdrücklich nicht angeschlossen[776]

Des Weiteren ist der Wortlaut der §§ 8-11 TDG weniger allgemein gehalten als der des TDG a.F. Spricht das TDG a.F. von „Bereithalten zur Nutzung" und „Zugangsvermittlung", so spricht der TDG von „zur Nutzung Bereithalten", „Zugangsvermittlung zur Nutzung", „Zwischenspeicherung" und „Speicherung für einen Nutzer." Hieran wird deutlich, dass konkret spezifizierte Verhaltensweisen bei der Datenübermittlung geregelt werden sollten, während dies zwar im TDG a.F. auch der Fall sein sollte, der Wortlaut des § 5 TDG a.F. jedoch so abstrakt war, dass eine Auslegung zugunsten von Hyperlinks zumindest möglich erschien[777]. In der neuen Fassung des TDG wird jedoch an besondere technische Verhaltensweisen angeknüpft, so dass eine Anwendung der Vorschriften auf Hyperlinks ausgeschlossen erscheint.

Einzig denkbar wäre eine Anwendung des § 9 TDG auf die Hyperlinks, wenn Hyperlinks als Zugangsvermittler verstanden würden. Die Anwendung von §§ 10, 11 TDG scheidet aus, da bei Hyperlinks keine Speicherung des Inhalts, auf den verwiesen wird, durch den Linkenden erfolgt. Sollte man aber § 9 TDG anwenden, so scheitert die Privilegierung an § 9 Abs. 1 Nr. 1 TDG, da der Lin-

---

mer, S. 212/213; *Vassilaki* MMR 1998, 630, 637; *Waldenberger*, MMR 1998, 124, 128ff.; *ders*.: AfP 1998, 373, 374f.

775 BTDrucks. 14/6098 S. 34.

776 BTDrucks. 14/6098 S. 37; *Köster/Jürgens*, MMR 2002, 420, 422.

777 Anders wohl *Säcker* MMR Beilage 9/2001, 2, 4.

kende die Übermittlung des Inhalts an den, der den Link betätigt, durch Setzen des Links veranlasst hat[778].

4) Verantwortlichkeit von P2P-Anbietern

Ähnliche Probleme im Hinblick auf die Verantwortlichkeitsregelungen des TDG wie beim Einsatz von Hyperlinks ergeben sich bei P2P-Anbietern. Wie bereits gesagt differenziert man zwischen zentralen und dezentralen Systemen. In beiden Systemen werden die übermittelten Inhalte aber nicht auf dem Server des P2P-Anbieters gespeichert.

Die Musikdateien werden vielmehr direkt zwischen Anbieter und Nutzer ausgetauscht. Beim dezentralen System werden gar keine eigenen Server unterhalten, und beim zentralen System wird lediglich der Dateiname auf einem zentralen Server gespeichert, was dann ähnlich einer Suchmaschine das Auffinden und Abrufen der Datei von einem anderen Rechner ermöglicht. Das Verhalten ähnelt damit eher dem Zugangsvermitteln gem. § 9 TDG[779]. § 9 Abs. 1 S. 2 TDG bestimmt jedoch, dass bei einem absichtlichen Zusammenwirken mit den Nutzern der Diensteanbieter sich nicht auf § 9 TDG berufen kann. Genau so liegt jedoch der Fall bei P2P-Anbietern[780]. Eine Anwendung von § 11 TDG scheidet aus, da die Musikdateien von den P2P-Anbieter nicht gespeichert werden. Gleiches gilt für § 10 TDG.

P2P-Anbieter sind im Ergebnis daher nach den allgemeinen Gesetzen verantwortlich.

c) Der spanische Entwurf eines Gesetzes über Dienste der Informationsgesellschaft und den elektronischen Geschäftsverkehr[781]

In Spanien findet sich bisher lediglich ein Entwurf zur Umsetzung der ECRL in innerstaatliches Recht.

---

778 So im Ergebnis jetzt auch *Köster/Jürgens*, MMR 2002, 420, 422, die allerdings eine analoge Anwendung von § 9 TDG mangels planwidriger Gesetzeslücke ablehnen.

779 *Reber/Schorr* ZUM 2001, 672, 677.

780 So auch: *Dustmann*, Provider, S. 212; *Frey* ZUM 2001, 466, 476; dies übersehen *Reber/Schorr* ZUM 2001, 672, 680, 681.

781 Anteproyecto de ley de servicios de la sociedad de la información y de comercio electrónico, http://www.setsi.mcyt.es/novedad/antepr_elect_300401.pdf (abgerufen am 24. 01. 02).

aa) Sachlicher Anwendungsbereich

Art. 1 ALSSI bestimmt den Regelungsbereich und den Zweck des Gesetzes. Hiernach regelt das Gesetz bestimmte Bereiche der Anbieter von Diensten in der Informationsgesellschaft und des elektronischen Vertragsabschlusses wie die Pflichten der Provider. Ausgenommen vom Anwendungsbereich sind gem. Art. 5 ALSSI bestimmte Bereiche wie Dienste, die von Notaren angeboten werden etc. Die Regelungen des Art. 5 ALSSI stimmen weitgehend mit Art. 1 Abs. 5 lit. *d)* ECRL überein. Entscheidend ist demnach, was unter Diensten der Informationsgesellschaft zu verstehen ist. Dieser Begriff wird in einem Annex zum Gesetz definiert unter lit. *a)*. Dienste der Informationsgesellschaft sind hiernach solche Dienste, die in der Regel gegen Entgelt elektronisch im Fernabsatz und auf individuellen Abruf eines Empfängers erbracht werden. Hierunter sollen auch solche Dienste fallen, die zwar nicht von ihren Nutzern bezahlt werden, aber von diesen als wirtschaftliche Betätigung angesehen werden. Anexo lit. *a)* führt in der Folge einige Beispiele für Dienste der Informationsgesellschaft an wie den Online-Vertragsschluss über Güter und Dienstleistungen, die Speicherung von Informationen, Anwendungen des Diensten oder des Adressaten des Dienstes, das Angebot von Suchmaschinen, die Übertragung von Daten in einem Telekommunikationsnetz, Video on demand sowie ganz allgemein die Übertragung von Informationen mittels eines Telekommunikationsnetzes. Ausgenommen von den Diensten der Informationsgesellschaft sind E-Mail, Fernsehdienste im Sinne der Fernsehrichtlinie, Teletext und der Rundfunk. Der Anwendungsbereich des Entwurfes stimmt mithin mit dem der ECRL vollends überein. Der Entwurf gilt nur für geschäftliche Tätigkeiten und damit nicht für die Verbraucher. Private Homepages fallen daher nach spanischem Recht im Gegensatz zum deutschen Recht nicht unter den Anwendungsbereich der Privilegierungsvorschriften zugunsten von Diensteanbietern.

bb) Diensteanbieter im ALSSI

Wie auch nach dem deutschen TDG gelten die Verantwortlichkeitsregelungen der Art. 12ff. ALSSI nach ihrem Wortlaut nur für Diensteanbieter. Eine Sonderregel stellt Art. 14 ALSSI dar. Unter einem Diensteanbieter versteht das ALSSI gem. Anexo lit. *b)* ALSSI eine natürliche oder juristische Person, die Dienste der Informationsgesellschaft erbringt. Den Gegensatz zum Diensteanbieter stellt im ALSSI der Begriff des Diensteadressaten dar. Unter einem solchen versteht Anexo lit. *c)* ALSSI eine natürliche oder juristische Person, die Dienste in der Informationsgesellschaft benutzt, sei es zu beruflichen oder privaten Zwecken.

Entscheidende Frage zur Beurteilung der Diensteanbietereigenschaft ist mithin, ob ein Dienst in der Informationsgesellschaft vorliegt. Dies wiederum definiert

Anexo lit. *a)* ALSSI, so dass auf die obigen Ausführungen verwiesen werden kann. Unproblematisch sind hiernach Service-Provider und Content-Provider als Diensteanbieter zu qualifizieren. Zu berücksichtigen ist indes wiederum, dass rein private Web-Sites ohne jeglichen Zusammenhang zu wirtschaftlichen Tätigkeiten nicht als Diensteanbieter im Sinne der ALSSI bewertet werden können.

Schwierigkeiten könnten die Access- und Network-Provider bereiten. Etwaige Probleme werden jedoch – ähnlich wie in Deutschland – durch Art. 14.1 ALSSI aufgelöst, der ausdrücklich davon spricht, dass Access-Provider und Network-Provider, die bestimmte Dienste in der Informationsgesellschaft erbringen, unter den Voraussetzungen von Art. 14.1 ALSSI für fremde Inhalte nicht verantwortlich sind.

Wie auch nach dem deutschen TDG können *Internet*-Café Betreiber und universitäre Rechenzentren nach dem ALSSI daher wohl nicht als Diensteanbieter qualifiziert werden, da sie keinen elektronischen Dienst im Fernabsatz, also auf Distanz, und damit einen Dienst in der Informationsgesellschaft, erbringen.

cc) Verantwortlichkeitsregelungen der Art. 12ff. ALSSI

Die Verantwortlichkeitsregelungen im elektronischen Geschäftsverkehr finden sich in den Art. 12-17 ALSSI. Im Wesentlichen entsprechen diese Regelungen im Wortlaut den Vorschriften der Art. 12-14 ECRL. Bemerkenswert ist die Regelung des Art. 17 ALSSI, der in der ECRL keine Entsprechung hat.

Von der Systematik her sind die Art. 12ff. ALSSI klarer strukturiert als die §§ 8ff. TDG: zuerst bestimmt Art. 12 ALSSI, dass Diensteanbieter den allgemeinen Vorschriften über die zivilrechtliche, strafrechtliche und verwaltungsrechtliche Verantwortlichkeit unterliegen. Diensteanbieter sind daher grundsätzlich nach den allgemeinen Gesetzen verantwortlich. Aus Art. 13.1 ALSSI ergibt sich sodann, dass hinsichtlich der Verantwortlichkeit von Diensteanbietern in Spanien, wie auch in Deutschland, zwischen eigenen und fremden Inhalten differenziert werden soll. Aus Art. 13.1 ALSSI folgt, das Diensteanbieter für eigene Inhalte immer verantwortlich sind. Art. 13.2 ALSSI verweist hinsichtlich der Verantwortlichkeit für fremde Inhalte dann auf die Art. 14ff. ALSSI.

1) Verantwortlichkeit für eigene Informationen

Allgemein bestimmt Art. 13.1 ALSSI, dass Diensteanbieter für Informationen, die sie selbst herstellen oder auf ihre Rechnung herstellen lassen, verantwortlich sind. Hierbei handelt es sich mithin um eigene Inhalte der Provider. Eigene Inhalte sind nach dieser Regelung daher all diejenigen Inhalte, die von den Providern selbst hergestellt werden, aber auch solche, die sie von einem anderen für ihre Rechnung herstellen lassen. Bei den Letzteren handelt es sich um zu Eigen gemachte Inhalte. Die schwierige Abgrenzung zwischen eigenen und zu Eigen gemachten Inhalten aus dem deutschen Recht entfällt damit. Das Herstellen der Inhalte kann aber wohl kaum im Sinne einer schöpferischen Tätigkeit verstanden werden, denn dann wäre es für die Musikpiraterie schlechthin fast ausgeschlossen, dass Diensteanbieter einmal für diese Inhalte als eigene Inhalte verantwortlich sein könnten. Schließlich schöpfen sie keine Werke der Musik, sondern konvertieren diese allerhöchstens in andere Datei-Formate, so dass sie den Inhalt als solchen zwar nicht im Sinne einer schöpferischen Leistung hergestellt, jedoch in eine Form gebracht haben, in der er sich im *Internet* verbreiten lässt. Herstellen ist daher wohl nicht im Sinne von Schöpfen sondern für die Verbreitung im *Internet* Aufbereiten zu verstehen.

Art. 13.1 ALSSI stellt damit eine Legaldefinition für eigene Inhalte dar. Des Weiteren wird in Spanien die Haftung für eigene Inhalte nicht auf bestimmte Verhaltensweisen beschränkt. Die Verantwortlichkeit für eigene Inhalte gilt vielmehr grundsätzlich. Das ergibt sich aus dem Wortlaut von Art. 13.1 TRLPI, der kein dem Bereithalten zur Nutzung oder Zugangsvermitteln vergleichbares Tatbestandsmerkmal enthält. Aus Art. 13.1 i.V.m. Art. 12 ALSSI folgt mithin eine umfassende Verantwortlichkeit von Diensteanbietern für eigene Inhalte.

2) Verantwortlichkeit für fremde Informationen

Wie bereits gesagt bestimmt Art. 13.2 ALSSI, dass Diensteanbieter für fremde Inhalte nicht verantwortlich sind, wenn sie die Art. 14ff. ALSSI beachten. Art. 13.2 ALSSI nennt jedoch in Übereinstimmung mit den Art. 14ff. ALSSI auch die Handlungen der Provider, bei denen eine Privilegierung in Betracht kommt. So bestimmt Art. 13.2 ALSSI, dass eine Privilegierung für Diensteanbieter gem. Art. 14ff. ALSSI nur in Betracht kommt, wenn sie in Ausübung ihrer Vermittlertätigkeit fremde Inhalte übertragen, vervielfältigen, speichern oder auffinden. Auch diese Regelung will daher nur lückenhaft bestimmte Verhaltensweisen in Computernetzen privilegieren. Das ergibt sich auch aus Art. 12 ALSSI, der davon spricht, dass Diensteanbieter grundsätzlich nach den allgemeinen Vorschriften verantwortlich sind.

(aa) Durchleitung von Informationen

Art. 14 ALSSI regelt die Verantwortlichkeit von Diensteanbietern für die reine Durchleitung von fremden Inhalten. Er bezieht sich nach seinem Wortlaut ausdrücklich auf Network-, und Access-Provider. Er entspricht im übrigen genau dem Art. 12 ECRL, so dass auf die hierzu gemachten Ausführungen verwiesen werden kann[782].

(bb) Caching

Die Vorschrift des Art. 15 ALSSI stimmt mit Art. 13 ECRL überein. Es wird auf die zu Art. 13 ECRL gemachten Ausführungen verwiesen[783].

(cc) Hosting

Auch diesbezüglich wird, um Wiederholungen zu vermeiden, auf die zu Art. 14 ECRL gemachten Ausführungen verwiesen, da Art. 14 ECRL mit Art. 16 ALSSI weitgehend übereinstimmt. Tatsächliche Kenntnis im Sinne von Art. 16.1 lit. *a)* ALSSI liegt gem. Art. 16.1 S. 2 ALSSI auch dann vor, wenn die zuständige Behörde die Daten für rechtswidrig erklärt und die Entfernung bzw. die Verhinderung der Zugangsmöglichkeit angeordnet hat. Auch in Spanien kommt es daher bei der Musikpiraterie im *Internet* auf die positive Kenntnis vom Inhalt und der fehlenden Erlaubnis zur Verwertung des Musikwerkes an. Da die fehlende Einwilligung nach in Spanien herrschender Auffassung ein Merkmal des objektiven Tatbestandes ist, stellt das anders als in Deutschland kein weiteres Problem dar, solange auch in Spanien die Art. 12ff. ALSSI als Konkretisierung der tatbestandlichen Verhaltensnorm und damit dem objektiven Tatbestand zugehörig angesehen werden.

3) Hyperlinks

Anders als die ECRL und das TDG in Deutschland enthält der spanische Entwurf zur Umsetzung der ECRL in innerstaatliches Recht eine Vorschrift zur Verantwortlichkeit für Hyperlinks. So bestimmt Art. 17 ALSSI, dass Anbieter von Diensten der Informationsgesellschaft, die Verbindungen zu anderen Inhalten erleichtern oder in ihrem Angebot Instrumente zum Auffinden von Inhalten anbieten, unter bestimmten Voraussetzungen nicht dafür verantwortlich sein sollen, andere zu diesen Inhalten geführt zu haben. Voraussetzung ist jedoch, dass, die Anbieter keine positive Kenntnis („conocimiento efectivo") davon haben, dass die Handlung oder die Information, auf die sie verweisen oder die sie empfehlen, rechtswidrig ist oder – bei Schadensersatzansprüchen – Güter oder Rech-

---

782 Vgl. oben S. 196f.
783 Vgl. oben S. 197f.

te eines Dritten verletzen könnte. Wenn die Diensteanbieter hiervon Kenntnis erlangen, müssen sie den Verweis unterdrücken oder entfernen. Des Weiteren findet sich in Art. 17.1 S.2 ALSSI eine dem Art 16.1 S. 2 ALSSI entsprechende Vorschrift.

Art. 17 ALSSI weist starke Ähnlichkeiten mit Title 17 U.S.C. § 512 (d) auf. Bei dieser Vorschrift handelt es sich um eine Vorschrift aus dem Digital Millennium Copyright Act, die die Verantwortlichkeit für das Setzen eines Hyperlinks in den USA regelt. Auch nach dieser Regelung ist ein Diensteanbieter für das Setzen eines Hyperlinks nur dann verantwortlich, wenn er keine tatsächliche Kenntnis von dem verletzenden Material hat.

4) P2P-Anbieter

Vom Wortlaut des Art. 17 ALSSI macht es in Spanien keine Schwierigkeiten die Vorschrift auch auf P2P-Anbieter anzuwenden. Der Wortlaut verlangt lediglich die Zurverfügungstellung von Verweisen oder Unterhaltung von Instrumenten zur Suche von Inhalten. Hierunter lassen sich auch unschwer P2P-Angebote subsumieren, da jedenfalls Instrumente zur Verfügung gestellt werden, mit denen die gesuchten Musikdateien ausfindig gemacht werden können. Eine Verantwortlichkeit von P2P-Anbieter kommt daher lediglich in Betracht, wenn diese von der Rechtswidrigkeit der Übermittlung positive Kenntnis haben.

d) Zwischenergebnis

Insgesamt wird es nach Umsetzung der ECRL in innerstaatliches spanisches Recht sowohl in Deutschland als auch in Spanien Privilegierungsvorschriften zugunsten von Diensteanbietern in der Informationsgesellschaft geben. Da die innerstaatlichen Vorschriften auf die ECRL zurückgehen, wird dann für den Bereich der Verantwortlichkeitsregelungen innerhalb der EU die Rechtslage weitgehend koordiniert sein. Die enstprechenden Regelungen sind auch auf das Strafrecht und das Urheberrecht anwendbar. Für die Musikpiraterie im *Internet* bedeutet das, dass eine strafrechtliche Verantwortlichkeit für die Mehrheit der im *Internet* derzeit denkbaren Verhaltensweisen eine Strafbarkeit der Diensteanbieter nur noch in Betracht kommt, soweit sie positive Kenntnis von dem konkreten Inhalt und der Rechtswidrigkeit seiner Nutzung haben. Ausnahmen gelten dann, wenn die Diensteanbieter sich nicht nur rein passiv verhalten oder die Musikwerke als eigene Inhalte bzw. zu Eigen gemachte Inhalte zu qualifizieren sind. Besondere Hervorhebung verdient die Regelung des Art. 17 ALSSI. Hiernach existiert in Spanien nach Umsetzung der ECRL eine Regelung zugunsten der Anbieter von Links, die auch auf P2P-Systeme Anwendung finden kann. Die

Anbieter solcher Dienste sind daher nur bei Vorliegen von positiver Kenntnis für die Urheberrechtsverletzungen, die bei der Musikpiraterie begangen werden, verantwortlich. In Deutschland hingegen existiert eine solche Regelung nicht. Ausgeschlossen ist auch eine entsprechende Anwendung des vorliegenden Normenmaterials auf derartige Konstellationen. Es gilt daher ein strengerer Verantwortlichkeitsmaßstab.

Des Weiteren wurde in Spanien die Unterscheidung zwischen eigenen und fremden Inhalten positivrechtlich in Art. 12 und 13 ALSSI festgelegt. Nach dieser Regelung ist die Unterscheidung zwischen eigenen und fremden Inhalten in Spanien weit enger und klarer als die Kriterien, die in Deutschland zur Differenzierung herangezogen werden.

Im Übrigen kann die Systematik der deutschen Regelung nur als verunglückt qualifiziert werden. Das spanische Regelungswerk ist demgegenüber weitaus harmonischer.

2. Strafbarkeit von Providern nach den allgemeinen strafrechtlichen Vorschriften

Kommt aufgrund der obigen Ausführungen eine strafrechtliche Verantwortlichkeit von Providern für die unerlaubte Verwertung von Musikwerken im *Internet* grundsätzlich in Betracht, so sind diese nach den allgemeinen Regeln verantwortlich. Das ergibt sich in Deutschland bei eigenen Inhalten der Provider ausdrücklich aus § 8 Abs. 1 TDG. In Spanien hingegen folgt dies ganz allgemein aus Art. 12 ALSSI.

Insoweit stellt sich dann die Frage, ob sich aus den allgemeinen Vorschriften des Strafrechts eine Verantwortlichkeit der Provider ergeben kann. Nach dem oben Gesagten verwirklichen die Provider Urheberstraftaten zumeist nicht eigenhändig und sind auch nicht Mittäter oder mittelbare Täter von Urheberstraftaten. Die Tatbeiträge der Provider können auf einem aktiven Tun oder einem Unterlassen beruhen. Im letzteren Fall ist eine Garantenstellung erforderlich.

a). Deutschland

aa) Unterlassensverantwortlichkeit von Diensteanbietern

Als menschliche, und damit strafrechtlich relevante Handlungen kommen im Rahmen der Verwertung von Musikwerken bei Providern nur die Zurverfügungstellung der Kommunikationsstruktur und das Nichteinschreiten in die Datenübermittlung in Betracht. Alle dazwischen liegenden Vorgänge können nicht als Anknüpfungspunkt für strafrechtlich relevante Handlungen herangezogen werden, da sie rein mechanisch ablaufen und keinem menschlichen Verhalten mehr zugerechnet werden können[784].

Nach herrschender deutscher Meinung[785] kommt bei Providern daher grundsätzlich nur eine Begehung durch Unterlassen in Betracht, wenn Dritte die von diesen bereitgestellte Infrastruktur nutzen, um urheberrechtlich geschützte Musikwerke in Online-Datenbanken zugänglich zu machen[786]. Die Begündungen für dieses Ergebnis unterscheiden sich jedoch: Die Theorie des Schwerpunktes der Vorwerfbarkeit[787] begründet dies mit dem Argument, dass der Schwerpunkt des strafrechtlich relevanten Verhaltens nicht auf dem Betreiben oder Einrichten eines Kommunikationsnetzes, sondern auf der Nichtverhinderung der Datenübermittlung liege. Die Zugangseröffnung stellt ein rechtlich zulässiges und sozialadäquates Verhalten dar. Erst durch das Einspeisen von urheberrechtsverletzenden Inhalten durch Dritte werde der Provider in die Straftat verwickelt. Dem Provider sei daher allenfalls das Unterlassen geeigneter Kontrollmaßnahmen vorzuwerfen[788].

Nach der Kausalitätstheorie[789] und der Theorie des Energiekriteriums[790] hingegen ist das Aufrechterhalten eines Kommunikationsnetzes als positives Tun zu qualifizieren, jedoch wird diese Kausalkette durch das eigenverantwortliche Dazwischenhandeln der Nutzer, die die Inhalte zugänglich machen, unterbrochen,

784 Ähnlich auch *Heghmanns* ZUM 2000, 463: für den aber auch das Einwählen eine rein mechanische Tätigkeit ist.

785 *LG München,* I ZUM 2000, 347 „Compuserve"; *AG Nagold* CR 1996, 240; *Barton* Rn. 240ff.; *Conradi/Schlömer* NStZ 1996, 366, 472; *Finke,* Strafrechtliche Verantwortung, S. 111; *Flechsig* AfP 1996, 333, 342; Hdb. MMR-*Sieber* 19 Rn. 332; *Heghmanns* ZUM 2000, 463, 464; *Hilgendorf* JuS 1997, 323, 330; *Jäger/Collardin* CR 1996, 236, 238; *Jofer*, Strafverfolgung im Internet, S. 123; *Liesching/Günter* MMR 2000, 260, 262; *Pelz* wistra 99, 53, 54/55; *Popp*, Strafrechtliche Verantwortung, S. 124; *Römer*, Äußerungsdelikte, S. 227; *Sieber* MMR 1998, 438, 444.

786 So i. Erg. auch : *Preuße,* Informationsdelikte, S. 161/162.

787 Vgl. dazu: *BGH*St 6, 46, 59; *BGH,* NJW 1953, 1924; 1995, 204, 205; *OLG Karlsruhe,* GA 1980, 429, 431; S/S-*Stree* Rn. 158 vor § 13; *Wessels/Beulke* Rn. 699ff.

788 *LG München,* I ZUM 2000, 347 „Compuserve"; *AG Nagold* CR 1996, 240; *Barton* Rn. 246ff.; *Conradi/Schlömer* NStZ 1996, 366, 472; *Finke,* Strafrechtliche Verantwortung, S. 111; *Flechsig* AfP 1996, 333, 342; Hdb. MMR-*Sieber* 19 Rn. 332; *Heghmanns* ZUM 2000, 463, 464; *Hilgendorf* JuS 1997, 323, 330; *Jäger/Collardin* CR 1996, 236, 238; *Jofer*, Strafverfolgung im Internet, S. 123; *Liesching/Günter* MMR 2000, 260, 262; *Pelz* wistra 99, 53, 54/55; *Römer*, Äußerungsdelikte, S. 227; *Sieber* MMR 1998, 438, 444.

789 Vgl. dazu: LK-*Jescheck* 90 vor § 13; SK-*Rudolphi* 7 vor § 13 m.w.N.

790 Vgl dazu: *Engisch*, FS-Gallas S. 170ff.; *Kahlo* NJW 1990, 1521; *Otto/Brammsen* Jura 1985 530, 531; *Sieber* JZ 1983, 433ff.

so dass eine Strafbarkeit aus positivem Tun insoweit nicht begründet werden könnte[791]. Auch diesen Ansichten nach bleibt daher letztlich nur der Vorwurf des Nichtverhinderns der Übermittlung der Musikwerke.

Altenhain[792] ist indes anderer Auffassung. Er möchte den Energieeinsatz der Theorie des Energiekriteriums dahingehend erweitern, dass nicht nur der menschliche Energieeinsatz, sondern auch der vom Menschen beherrschte maschinelle Energieeinsatz zu berücksichtigen sei. „Beherrschen" setze seiner Ansicht nach aber lediglich voraus, dass dem Menschen ein Eingriff in den Arbeitsprozess der Maschine möglich sei. Greife ein Mensch in den von ihm ausgelösten maschinellen Prozess nicht ein, so sei dies kein selbständiges Unterlassen, sondern die Kehrseite des Tuns[793]. Demzufolge kommt er in den hier zu beurteilenden Fällen immer zu dem Ergebnis, dass die Provider aufgrund positiven Tuns zu bestrafen seien.

Diese Ansicht ist m.E. abzulehnen. Wenn eine Maschine betrieben wird, dann müssen die Gefahren, die aus dem Betrieb derselben für die Umwelt ausgehen, abgewendet werden. Deshalb trifft den Betreiber von Anlagen grundsätzlich eine besondere Verantwortung. Im Zivilrecht zeigt sich dies in den Verkehrssicherungspflichten, bei deren Verletzung die Verpflichtung zum Schadensersatz gem. § 823 Abs. 1 BGB die Folge ist. Das strafrechtliche Äquivalent hierzu sind die unechten Unterlassungsdelikte mit ihrer Garantenstellung. Besteht durch die automatisierte Fortwirkung des ursprünglichen Energieeinsatzes eine Gefahr für die Umwelt, so wird von dem ursprünglich Handelnden verlangt, dass er wiederum tätig wird, um den von ihm eingeleiteten Automatismus zu beenden. Dieses Nichteinschreiten ist tatsächlich die Kehrseite des Tuns – wie *Altenhain* meint –, die Kehrseite des Tuns ist aber das Gegenteil des Tuns und somit ein Unterlassen. Eine Ausweitung des Energiekriteriums auf menschlich beherrschte maschinelle Energieeinsätze, wie ihn *Altenhain*, vorschlägt führt daher zu unrichtigen Ergebnissen. Auch würde dies zum Zusammenbruch des strafrechtlichen Handlungsbegriffes führen. So umstritten die Bestimmung des strafrechtlichen Verhaltens auch ist, so besteht doch darüber Einigkeit, dass ein strafrechtlich relevantes Verhalten nur dann vorliegt, wenn es sich um ein menschliches Verhalten handelt[794].

Ziel des Strafrechtes ist es, sozialschädliche Erfolge zu vermeiden. Zu diesem Zweck wenden sich seine Strafnormen an menschliche Handlungen. Gegenstand strafrechtlicher Verbots- oder Gebotsnormen ist daher stets die Vornahme einer

---

791 *Barton* Rn. 249; Hdb. MMR-*Sieber* 19 Rn. 332.

792 *Altenhain* CR 1997, 485, 488.

793 *Altenhain* CR 1997, 485, 491.

794 Zu den verschiedenen Handlungstheorien vgl.: LK-*Jescheck* 25 vor §§ 13; *Roxin* AT § 8ff.; S/S-*Lenckner* 23ff. vor §§ 13ff.; *Tröndle/Fischer* 3 vor §§13ff.

sozialschädlichen Handlung oder das Unterlassen einer sozialnützlichen Handlung[795]. Im Mittelpunkt des Rechtsgeschehens steht der Mensch als Rechtssubjekt; auf sein Verhalten beziehen sich die den Strafvorschriften zugrundeliegenden Rechtsnormen[796]. Eine Ausweitung des Handlungsbegriffes, wie ihn *Altenhain* letztlich vorschlägt, ist nicht tragbar. Die Vorgänge, die durch Erweiterung des Handlungsbegriffes zugunsten technisierter Abläufe darunter subsumiert würden, sind nämlich ihrer Natur nach keine Handlungen, sondern mechanische Vorgänge. *Altenhain* versucht diese Folge zu umgehen, indem er verlangt, dass der maschinelle Energieeinsatz vom Menschen beherrscht wird, so dass man diesem jenen Energieeinsatz noch zurechnen könnte. Gleichzeitig lässt er es aber für das „Beherrschen" genügen, dass der Mensch eingreifen kann. Diese Einschränkung ist im Grunde genommen keine Einschränkung, da der Mensch fast immer auf die eine oder andere Weise in einen mechanischen Ablauf eingreifen kann, denn er hat ihn ja in Gang gesetzt. Würde daher das Energiekriterium so weit ausgelegt werden, so wäre für den Bereich der technisierten Vorgänge die Unterscheidung zwischen Begehungs- und Unterlassungsdelikten obsolet.

bb) Handlungsdelikte und Begehen durch Unterlassen

Ähnlich wie bei § 9 StGB ergeben sich hier Probleme mit der Auslegung des Begriffes „zum Tatbestand gehörender Erfolg" aus § 13 StGB. Wie bereits oben erwähnt handelt es sich bei dem hier untersuchten Delikt des § 106 UrhG um ein Handlungsdelikt. Es hat mithin keinen zum Tatbestand gehörenden Erfolg im Sinne der Tatbestandslehre. Fraglich ist daher, ob § 106 UrhG überhaupt durch Unterlassen begangen werden kann. Teilweise wird die Ansicht vertreten, dass der Erfolgsbegriff in § 13 StGB eng auszulegen sei. § 13 StGB sei daher nur bei Erfolgsdelikten anwendbar, d. h. bei Delikten, bei denen der Erfolg in der Verletzung oder in der konkreten Gefährdung des geschützten Handlungsobjektes besteht[797]. Folgt man dieser Ansicht, dann hat das zur Folge, dass grundsätzlich Handlungsdelikte nicht durch Unterlassen begehbar wären. Weitere Folge hiervon wäre auch die Erledigung des Streits um die Abgrenzung zwischen Täterschaft und Teilnahme bei Unterlassungsdelikten im Bereich der Urheberstraftaten, wenn ein Garant nicht gegen einen positiv handelnden Täter einschreitet. In solchen Fällen wäre eine Täterschaft ausgeschlossen, soweit es sich um ein Handlungsdelikt handelt. In Betracht käme nur noch eine Beihilfe zur Urheberstraftat, die dann dieser Ansicht nach wiederum nicht ausgeschlossen sein soll,

---

795 SK-*Rudolphi* 17 vor § 1.

796 Wessels/Beulke Rn. 81.

797 *Güntge*, Begehen durch Unterlassen, S.29; *Koch* JuS 2002, 121, 125; LK-*Jescheck* § 13 Rn. 2.

weil die Haupttat als tatbestandsmäßiger Erfolg der Beihilfe im Sinne von § 13 StGB anzusehen sei[798].

Nach überwiegender Ansicht ist der Erfolgsbegriff in § 13 StGB aber weit auszulegen und als das tatbestandsmäßige Geschehen aufzufassen, das eine Tatvollendung für die Strafbestimmung voraussetzt[799].

In den hier zu untersuchenden Fällen kann diese Frage jedoch unbeantwortet bleiben, da im Ergebnis nur eine Gehilfenschaft der Provider in Betracht kommt[800].

cc) Garantenstellung

1) Einleitung

Kommt demnach bei der Musikpiraterie im *Internet* grundsätzlich nur eine Unterlassenshaftung für Provider in Betracht, dann müssten diese dafür einzustehen haben, dass die zu missbilligenden Handlungen wie Vervielfältigungen und öffentliche Wiedergaben nicht vorgenommen werden. Es stellt sich daher die Frage, ob und unter welchen Bedingungen die Provider eine Handlungspflicht, also eine Garantenstellung[801], zur Verhinderung der Musikpiraterie im *Internet* trifft.

Eine solche Rechtspflicht[802] konnte nach früher herrschender Auffassung aus „Gesetz, Vertrag oder eigenem gefährlichen Tun" entstehen[803]. Die neuere Lehre differenziert hingegen zwischen Beschützergaranten und Überwachergaranten[804]. Bei Beschützergaranten geht die Pflicht dahin, das Rechtsgut gegen Gefahren aus allen Richtungen zu schützen. Der Beschützergarant übernimmt die Obhut für ein Rechtsgut. Im Falle des Überwachergaranten hat der Garant grundsätzlich alle Rechtsgüter gegenüber Gefährdungen zu schützen, die aus einer Gefahrenquelle stammen, für die er verantwortlich ist. Zu den Überwachergarantenstellungen gehören die Verkehrssicherungspflicht, die Pflicht zur Be-

---

798 LK-Jescheck § 13 Rn. 2.

799 *BGH*St 21, 225; 46, 212; *BayOblG*, JR 79, 289; *Lackner/Kühl* § 13 Rn. 6; S/S- *Stree* § 13 Rn. 4; *Tenckhoff*, FS-Spendel, S. 347; *Tröndle/Fischer* § 13 Rn. 4 m.w.N.

800 Vgl. unten S. 245ff.

801 S/S-*Stree* § 13 Rn. 7; *Tröndle/Fischer* § 13 Rn. 5.

802 RGSt 66, 71; *BGH*St 7, 268, 271; 30, 391, 394; *Jakobs*, S. 799; S/S-*Stree* § 13 Rn. 8; *Tröndle/Fischer* § 13 Rn. 5.

803 RGSt 63, 394; so die Rspr. meist noch heute: *BGH*St 2, 153; 5, 190; 7, 269; 13, 162; 19, 168; 37, 119

804 S/S-*Stree* § 13 Rn. 9; *Tröndle/Fischer* § 13 Rn. 5b, 5c; *Wessels/Beulke* Rn. 716, m.w.N.

aufsichtigung Dritter sowie die Garantenstellung aus pflichtwidrigem Vorverhalten (Ingerenz)[805].

Die Ableitung einer Beschützergarantenstellung von Providern aus §§ 8ff. TDG muß hierbei von vornherein ausscheiden. Nach der Gesetzesbegründung zu § 5 Abs. 2 TDG a.F., dem Vorgänger von § 11 TDG, diente die Vorschrift der Klarstellung, dass den Diensteanbieter, der rechtswidrige Inhalte in seinem eigenen Diensteangebot hat oder in seinen eigenen Online-Dienst übernimmt, eine Garantenstellung für die Verhinderung der Übermittlung der Inhalte an Dritte trifft[806]. Der Gesetzgeber ging mithin davon aus, dass schon vor § 5 Abs. 2 TDG a.F. den Diensteanbieter eine Garantenstellung traf. Es handelte sich somit um eine deklaratorische Vorschrift und nicht um eine konstitutive bezüglich der Garantenstellung von Service-Providern. Auch war der Sinn und Zweck der Vorschrift, die Haftung von Providern in bestimmten Fällen einzuschränken, um den Wirtschaftsstandort Deutschland zu stärken[807]. Es ging nicht darum, eine noch nicht bestehende strafrechtliche Verantwortlichkeit zu begründen, sondern eine bereits bestehende zu beschränken[808]. Auch die neuen Vorschriften des TDG können eine Verantwortlichkeit im Strafrecht nicht begründen oder erweitern[809]. Eine solche muss sich vielmehr aus den allgemeinen Vorschriften ergeben. Die Heranziehung des TDG zur Begründung einer Garantenstellung wäre eine Umgehung dieses Grundsatzes. Es würde eine Verantwortlichkeit erweitert, die ohne die Existenz dieser Vorschriften bzw. Wertungen gar nicht existiert hätte. So war bspw. der Bundesrat in seiner Stellungnahme zum Entwurf des EGG davon ausgegangen, dass ein Diensteanbieter in der Regel eine Garantenstellung gem. § 13 StGB bezüglich fremder Informationen innehabe, wenn er für diese nach den §§ 9-11 TDG verantwortlich ist, und hat insofern eine klarstellende Regelung gefordert[810]. Die Bundesregierung ist dem jedoch mit dem Hinweis nicht gefolgt, dass die §§ 9-11 TDG nicht darauf abzielen, Garantenstellungen zu begründen[811].

Auch eine Überwachergarantenstellung von Providern aus Ingerenz muss bereits deshalb ausscheiden, weil Provider mit der Zugangseröffnung zu Kommunikationsnetzen einer erlaubten[812], sozialadäquaten und sogar erwünschten[813] Tätigkeit

---

805 Tröndle/Fischer § 13 Rn. 5c.

806 BTDrucks 13/7385 S. 20.

807 Vgl. § 1 TDG.

808 Vgl. auch: Hdb. MMR-*Sieber* 19 Rn. 340; *Waldenberger* ZUM 1997, 176, 183; a.A.: *Bröhl* CR 1997, 73, 75.

809 BTDrucks. 14/6098, S. 22.

810 BTDrucks. 14/6098 S. 34.

811 BTDrucks. 14/6098 S. 37.

812 Vgl. auch § 4 TDG/MDStV. Anderes gilt für Rundfunkdienste gem. § 20 Abs. 1 RfStV und Dienste die zwischen Rundfunk und Mediendiensten rangieren § 20 Abs. 2 RfStV.

im Rahmen der von Art 5 Abs. 1 GG geschützten Informationsfreiheit nachgehen. Eine Garantenstellung aus Ingerenz (vorangegangenem Tun) beruht nämlich auf dem Gebot, Schäden für fremde Rechtsgüter abzuwenden, die aus selbstgeschaffenen Gefahren stammen. Hierbei reicht jedoch nicht die Verursachung einer beliebigen Gefahr. Erforderlich ist vielmehr nach herrschender Auffassung, dass die Verursachung der Gefahr aus einem gefährdenden Vorverhalten resultiert, das objektiv pflichtwidrig ist und eine adäquate bzw. unmittelbare Gefahr für das Rechtsgut geschaffen hat[814]. Zwar knüpft ein Teil des Schrifttums demgegenüber eine Garantenstellung allein an die in dem Vorverhalten liegende Gefahrschaffung an: Gleichviel ob dieses Vorverhalten sorgfaltsgemäß oder gerechtfertigt gewesen sei, in jedem Fall hafte ihm die Verpflichtung an, vermeidbare Rechtsgutsbeeinträchtigungen, die auch bei der nachfolgenden Nichtaktivität weiterbestehen und sich damit zur Garantenstellung verdichten, zu verhindern[815]. Folgt man dieser Ansicht, so müsste eine Garantenstellung der Provider zur Verhinderung strafrechtlicher Verwertungen von Musikwerken im *Internet* aufgrund von Ingerenz bejaht werden. Diese Ansicht führt jedoch zu einem Ausufern der Garantenstellung aus Ingerenz. Die Straflosigkeit erlaubter Risikoschaffung würde zugunsten der Konstruktion einer garantenpflichtigen Nichthinderung der Gefahrverwirklichung umgangen.

Eine Garantenstellung aus Ingerenz kommt daher nicht in Betracht, wenn das vorhergehende Verhalten – z. B. bei Notwehr – objektiv rechtmäßig[816], - wie hier - sozial üblich ist[817] oder sich im Rahmen eines erlaubten Risikos bewegt[818].
2) Garantenstellung aufgrund der Sachherrschaft über eine Gefahrenquelle

Provider können eine Garantenstellung innehaben, weil sie für ihre Kunden die Herrschaft und die Kontrolle über den Zugang zu einer Gefahrenquelle ausüben. Sie sind letztlich diejenigen, die den Musikpiraten die Möglichkeit geben, die Piraterie im *Internet* zu betreiben.

Sinn und Zweck einer solchen Garantenstellung ist es, eine konkrete Gefahrenquelle einzudämmen und alle Rechtsgüter, denen Verletzungen aus der zu über-

---

Siehe zur Unterscheidung zwischen Rundfunk einerseits und Telediensten und Mediendiensten andererseits: Seite 206f.

813 *Barton* Rn. 263; *Conradi/Schlömer* NStZ 1996, 472; *Derksen* NJW 1997, 1878, 1883; Hdb. MMR-*Sieber* 19 Rn. 342; *Pelz* wistra 99, 53f.

814 *BGH*St 25, 218, 220; 34, 82, 84; 37, 106, 114; *BGH*, NStZ 2000, 583; *BGH*, NStZ 2000, 83, 84; *BGH*, NStZ 2000, 414; *BGH*, NJW 2000, 2754, 2756; LK-*Jescheck* § 13 Rn. 33; S/S-*Stree* § 13 Rn. 35; SK-*Rudolphi* § 13 Rn. 39; *Tröndle/Fischer* § 13 Rn. 11; *Wessels/Beulke* Rn. 725ff.

815 *Herzberg* JZ 1986, 986; *Maurach/Gössel* § 46 Rn. 98f.

816 *BGH*St 23, 372, 328.

817 *BGH*St 19, 152, 154; 26, 35, 37; *OLG Stuttgart*, NJW 1986, 1767, 1768.

818 *BGH*St 25, 218; S/S-*Stree* § 13 Rn. 34, 37.

wachenden Gefahrenquelle drohen, vor diesen Gefahren zu schützen[819]. Die Bejahung einer solchen Garantenstellung setzt daher voraus, dass die Gefährdeten selbst gegenüber der Gefahrenquelle hilflos sind und auf Seiten des Unterlassenden die Herrschaft über jene Gefahrenquelle vorliegt.

Anknüpfungspunkt der tatsächlichen Herrschaft muss hier, da es um die Frage der Weiterleitung von Daten geht, die Einflussnahmemöglichkeit auf den Datenfluss sein. Bezüglich der Access-Provider wird teilweise die Ansicht vertreten, dass diese die Inhalte nur weiterleiten und daher eine solche Einflussnahmemöglichkeit nicht haben[820]. In diesem Zusammenhang werden jedoch zwei Problemkreise vermengt. Zum einen geht es um die Frage der generellen Verantwortlichkeit aufgrund einer Garantenstellung gem. § 13 StGB, und zum anderen geht es um die Frage der Zurechenbarkeit der Handlungen des Nutzers zum Access-Provider. Unbestritten dürfte sein, dass es den Access-Providern rein theoretisch möglich ist, die Verbindungen zu den Nutzern abzubrechen. Zu diesem Zweck stehen ihm verschiedene technische Möglichkeiten zur Verfügung: So können Sperrungen über Eingriffe in die Routingtabellen der Router vorgenommen werden, indem bestimmte IP-Adressen (Server) vom Routing, also der Datenübertragung, ausgeschlossen werden. Die Sperrung nur einzelner Internetadressen (URL's) läßt sich demgegenüber mit Hilfe eines Proxy-Cache-Servers realisieren[821]. Voraussetzung ist natürlich, dass der Access-Provider einen solchen Proxy-Cache-Server betreibt. Das ist jedoch vielfach – wie z. B. bei „Freenet.de" – der Fall. Die Sachherrschaft über den Datenfluss kann demnach meines Erachtens nicht bezweifelt werden. Ob die Access-Provider trotz allem strafrechtlich für das missbräuchliche Verhalten anderer zur Verantwortung gezogen werden könnten, ist eine Frage der strafrechtlichen Haftung für das In-Gang-Setzen eines Kausalverlaufs und damit der Reichweite ihrer Abwendungspflichten, die durch ihre Garantenpflicht beschrieben wird. Eine Frage, die für Access-Provider durch § 9 TDG beantwortet wird[822].
Auch bei Service-Providern liegt hinsichtlich des Datenflusses Sachherrschaft vor[823].

Wenn aber allein die tatsächliche Herrschaft über eine Sache bzw. einen Herrschaftsbereich eine umfassende Garantenstellung begründen würde, so wäre der Kreis der Handlungspflichtigen sehr weit ausgedehnt. So kann beispielsweise

---

819 SK-*Rudolphi* § 13 Rn. 26.

820 Hdb. MMR-*Sieber* 19 Rn. 345; zu den technischen Gegebenheiten insoweit vergleiche: Hdb. MMR-*Sieber* 19 Rn. 161ff; so wohl auch: *Römer*, Äußerungsdelikte, S. 236.

821 Vgl. dazu *Dustmann*, Provider, S. 37f.

822 Vgl. näher zur Einordnung der §§ 8ff. TDG oben Seite 207f.

823 Zur den technischen Gegebenheiten diesbezüglich und den Kontrollmöglichkeiten des *Internet*: *Federrath* ZUM 1999, 177; Hdb. MMR-*Sieber* 19 Rn. 145ff.; so auch: *Römer*, Äußerungsdelikte, S. 236.

die tatsächliche Herrschaftsmacht über eine Wohnung allein nicht zu einer Garantenstellung des Vermieters dahingehend führen, eine Vergewaltigung in jenen Räumen zu verhindern[824]. Eine Garantenstellung aus dem Besitz einer Sache kann nicht soweit gehen, dass sie darauf gerichtet ist, alle Gefahren abzuwehren, die sich irgendwie für Rechtsgüter aus oder in dieser Herrschaftssphäre ergeben[825]. Für erforderlich wird daher ein Korrektiv zur Einschränkung der Garantenstellung aus Sachherrschaft gehalten.

Teilweise wird gefordert, dass ein Vertrauenselement hinzukommen muss[826]: „Der Inhaber eines Herrschaftsbereiches ist als Garant dafür verantwortlich, dass Dritten, die sich auf Grund eines von ihm geschaffenen besonderen Vertrauens in seiner Herrschaftssphäre aufhalten und daher davon ausgehen können, dass er ihnen bei der Abwehr von Gefahren zur Seite steht, kein Schaden aus Gefahren erwächst, die sie nicht bewusst auf sich genommen haben“[827].

Bei der Frage, ob ein solches Vertrauen in die Abwendung von Gefahren vorlag, kommt es darauf an, mit welchem Verhalten des die Gefahr Beherrschenden die Rechtsgemeinschaft in einer konkreten Situation rechnen kann. Dieses Verhalten wird anhand des Ergebnisses einer Betrachtung des Gefahrenbereiches in Verbindung mit der Art des Auftretens des Herrschaftsinhabers in der Außenwelt zu ermitteln sein[828].

Für das *Internet* bedeutet das: Zwar gibt es keine grundsätzliche Vermutung zugunsten der „Sauberkeit“ von Computernetzen – im Gegenteil[829] –, insbesondere bei seriösen Service-Providern ist aber davon auszugehen, dass sie keine urheberrechtsverletzenden Inhalte verbreiten[830]. Ausgehend von dem Gedanken, dass das, was von Service-Providern ihrerseits an Inhalten angeboten wird, oftmals den Vorschriften der § 4 UrhG über den Schutz von Datenbanken bzw. §§ 87a ff. UrhG unterfallen wird oder sonstwie rechtlich geschützt ist, wird grundsätzlich davon ausgegangen werden können, dass von diesen einerseites fremdes geistiges Eigentum geachtet wird als auch andererseits urheberrechtsverletzende fremde Inhalte von ihnen nicht weitergeleitet werden, soweit sie von

824 *BGH*St 30, 394; SK – *Rudolphi* § 13 Rn. 37; *Tröndle/Fischer* § 13 Rn. 12.
825 *Otto* AT § 9 Rn. 89.
826 *BGH*St 27, 10, 13; 37 106, 116 (bei Ingerenz): *Barton* Rn. 266; *Boese*, Verantwortlichkeit für Links, S. 160; Hdb. MMR-*Sieber* 19 Rn. 347; *Heghmanns* ZUM 463, 464; LK-*Jescheck* § 13 Rn. 35; *Liesching/Günther* MMR 2000, 260, 262; *Römer*, Äußerungsdelikte, S. 236; *Otto* AT § 9 Rn. 89; *ders./Brammsen* Jura 1985, 530, 533, 537; *Vassilaki* MMR 1998, 630; 638 *dies.*: CR 1999. 85 89; *Weber, FS-Oehler*, S. 83f.
827 *Otto* AT § 9 Rn. 89.
828 *Vassilaki* CR 1999, 85, 89.
829 So auch: *Hütig* MMR 1998, 49, 51.
830 Ähnlich: *Vassilaki* MMR 1998, 630, 638; *dies.*: CR 1999, 85, 89.

diesen Inhalten Kenntnis haben. Provider sind damit grundsätzlich Garanten zur Nichtverhinderung der Weiterverbreitung rechtswidriger fremder Inhalte[831]. Sie müssen mithin grundsätzlich verhindern, dass Musikpiraterie im *Internet* überhaupt stattfindet.

Nicht in die Wertung miteinfließen können hingegen die die §§ 8ff. TDG[832]. Insbesondere *Sieber* vertrat vor dem Hintergrund von § 5 TDG a.F. die Auffassung, dass die Allgemeinheit davon ausgehen könne, dass Service-Provider, soweit sie von inkriminierten Inhalten Kenntnis erhalten, die Übermittlung dieser Daten verhindern werden. Die Erwartungshaltung der Allgemeinheit sei damit dahingehend zu bestimmen, dass die Betreiber eigener Server das ihnen Mögliche und Zumutbare zur Verhinderung der Verbreitung fremder rechtswidriger Inhalte unternehmen müssen[833]. Meines Erachtens ist eine solche Heranziehung des TDG ein Zirkelschluss, da die Vorschriften des TDG eine Verantwortlichkeit im Strafrecht nicht begründen oder erweitern können[834]. Eine solche muss sich vielmehr aus den allgemeinen Vorschriften ergeben. Die Heranziehung – sei es auch nur der Wertungen – des TDG wäre eine Umgehung dieses Grundsatzes. Es würde eine Verantwortlichkeit erweitert, die ohne die Existenz dieser Vorschriften bzw. Wertungen gar nicht existiert hätte. So war bspw. der Bundesrat in seiner Stellungnahme zum Entwurf des EGG davon ausgegangen, dass ein Diensteanbieter in der Regel eine Garantenstellung gem. § 13 StGB bezüglich fremder Informationen innehabe, wenn er für diese nach den §§ 9-11 TDG verantwortlich ist, und hatte insofern eine klarstellende Regelung gefordert[835]. Die Bundesregierung ist dem jedoch mit dem Hinweis nicht gefolgt, dass die §§ 9-11 TDG nicht darauf abzielen, Garantenstellungen zu begründen[836].

---

831 *Barton* Rn. 266; *Conradi/Schlömer* NStZ 1996, 472; *Derksen* NJW 1997, 1883 – der jedoch eine Garantenstellung nur für Server mit unkontrollierten Up- und Downloadfunktionen oder solchen Diensten, die auf strafbare Informationen hinweisen oder den Zugriff auf solche Unterstützen annimmt [so auch: *Lackner/Kühl* § 184 Rn. 7a] . Er weist weiterhin bei der Garantenstellung aus Sachherrschaft auf die mangelnde begriffliche Substanz und die Probleme im Hinblick auf Art. 103 Abs. 2 GG hin. Zugleich deutet er aber an, dass die Gesetzeslücke durch ein Multimediagesetz geschlossen werden könnte. Dieses Gesetz liegt jetzt vor mit dem TDG; Hdb. MMR-*Sieber* 19 Rn. 346f.; *Jäger/Collardin* CR 1996, 236, 239; *Pelz* wistra 1999, 53, 55; so auch für Internet-Café-Betreiber: *Liesching/Günther* MMR 2000, 260, 263; a.A.: *Bremer*, Strafbare Internet-Inhalte, S. 89; im Zivilrecht: *Leupold/Demisch* ZUM 2000, 379, 386; *Waldenberger* ZUM 1997, 176, 183ff.

832 *Heghmanns* JA 2001, 71,75 zu § 5 TDG a.F a.A.: *Barton* Rn. 267; Hdb. MMR-*Sieber* 19 Rn. 347.

833 Hdb. MMR-*Sieber* 19 Rn. 347.

834 BTDrucks. 14/6098, S. 22.

835 BTDrucks. 14/6098 S. 34.

836 BTDrucks. 14/6098 S.37.

Teilweise wird aber auch vertreten, dass eine Garantenpflicht aus Sachherrschaft zu bejahen sei, wenn aufgrund der Monopolstellung und einer Ausschließlichkeit der Kontrollbefugnis einer bestimmten Person oder Gesellschaft eine alleinige Zuständigkeit zur Kontrolle gegeben ist[837]. Diese könne jedoch nur gegeben sein, wenn ein rechtlich geschützter Herrschaftsbereich vorliege, in dem staatliche Kontrollen nur erschwert möglich sei[838]. Abgesehen davon, dass nach dieser Ansicht im Grunde genommen auch darauf abgestellt wird, dass sich die Allgemeinheit darauf verlassen können muss, durch diese Personen oder Gesellschaften vor den Gefahren der Sachen geschützt zu werden, zu deren alleiniger Kontrolle diese zuständig sind, also auf ein Vertrauenselement[839], würde eine Garantenstellung der Service-Provider verneint werden müssen, da staatliche Kontrollen in Computernetzen nicht „besonders erschwert möglich" sind. Auf jeden Fall nicht schwerer als die von Service-Providern. Die eingeschränkte Kontrollmöglichkeit von Computernetzen durch den Staat begründet sich nicht auf der Sachherrschaft der Service-Provider über den Datenfluss, sondern auf der allgemeinen Struktur von Computernetzen. Der Staat ist daher nicht schwerer betroffen als irgendjemand anderes[840]. Auch hier ändert sich die Situation aber, wenn der Service-Provider Kenntnis von den Inhalten erlangt. Der Fall ist vergleichbar mit der Situation, in der jemand von dem vor seinem Haus lagernden gefährlichen Material Kenntnis erlangt, von welchem eine Gefahr für die Allgemeinheit ausgehen kann. In diesem Moment erwächst für den Hauseigentümer eine Verkehrssicherungspflicht zum Schutz der Allgemeinheit vor der aus jenem Material drohenden Gefahr[841].

3) Einschränkung der Garantenpflicht aufgrund eigenverantwortlichem Verhalten Dritter?

Zu berücksichtigen ist zudem, dass die eigentliche Gefahr nicht von den Providern ausgeht, sondern von denen, die die Inhalte in Computernetze einspeisen. Garantenpflichten bestehen aber grundsätzlich nur für die unmittelbaren Gefahrenquellen, nicht jedoch für das selbständige eigenverantwortliche Handeln Dritter[842]. Es gilt der Grundsatz, dass eine Rechtspflicht zum Handeln nicht besteht, soweit das vorangegangene Tun oder die Gefahrenquelle nur mittelbar zu einer Gefahr beigetragen haben, die von einem anderen verantwortlich Handelnden

837 *Jakobs*, S. 805f.
838 Vgl. Fn. 837.
839 So wohl auch: *Otto/Brammsen* Jura 1985, 648.
840 Anderes mag für nicht öffentliche Kommunikationsnetze gelten – sog. „Intranets."
841 SK-*Rudolphi* § 13 Rn. 26.
842 *BGH*St 3, 203; 30, 391, 394; Hdb. MMR-*Sieber* 19 Rn. 350; *Jakobs*, S. 802; *Otto/Brammsen* Jura 1985, 646, 647; S/S-*Stree* § 13 Rn. 39, 44.

unmittelbar herbeigeführt worden ist[843]. So soll beispielsweise der Eigentümer eines Hauses mangels Garantenstellung nicht wegen eines Unterlassens strafbar sein, wenn er beleidigende Parolen an seinem Haus belässt, die eine andere Person dort angebracht hat[844]. Bei einer solchen mittelbaren Risikoschaffung ist eine Garantenstellung des Hintermannes nach dem Verantwortungsprinzip nur dann möglich, wenn dieser entgegen der Regel aus besonderen Gründen auch für das unmittelbar rechtsgutsgefährdende Verhalten des Vordermannes zuständig ist[845]. Solche besonderen Gründe sollen nach *Jakobs*[846] dann vorliegen, wenn der eigene Organisationskreis mit dem Verhalten einer anderen Person verbunden ist. Eine solche Verbindung kann sich aus eigenen gefährlichen Handlungen, gefährlichen Sachen oder Situationen ergeben sowie der Gewalt über die andere Person und der Rückwirkung des Verhaltens des anderen auf den eigenen Organisationskreis.

Hier ergibt sich eine solche Verbindung aufgrund der Beherrschung der gefährlichen Sache „Datennetz" ergeben. Datennetze ermöglichen die besonders leichte und schwer zu kontrollierende Verbreitung strafbarer Inhalte durch Dritte. Das liegt wiederum an der anonymität des Mediums, seinem grenzüberschreitenden Charakter und seiner äußerst schweren Kontrollierbarkeit. Sie bergen also die große Gefahr einer Begehung von Verbreitungsdelikten durch Dritte und stellen somit die Quelle einer eminenten Rechtsgutsgefährdung dar. Man wird daher von der Gefährlichkeit des *Internets* auszugehen haben[847]

Sieber ist der Ansicht, dass diesbezüglich die Probleme, die im Hinblick auf Provider bestanden haben, als geklärt angesehen werden müssen, da § 11 TDG (§ 5 Abs. 2 TDG a.F.) klarstelle, dass ein Service-Provider eine Garantenstellung innehabe. § 11 TDG (§ 5 Abs. 2 TDG a.F.) zeige, dass das Verhalten der Dritten den Providern in gewissem Umfang zugerechnet werden solle[848].

Im Ergebnis ist *Sieber* zuzustimmen. Er übersieht jedoch, dass die §§ 8-11 TDG (§ 5 TDG a.F.) eigentlich Privilegierungen zugunsten der Anbieter von Telediensten sein solle. Mit dieser Struktur der Vorschriften verträgt es sich nicht, dass sie zur Begründung einer Strafbarkeit herangezogen werden.

---

843 *BGHSt* 3, 203, 205; S/S-*Stree* § 13 Rn. 39; S/S-*Lenckner* vor § 13 Rn. 101a m.w.N.
844 *Weber*, FS-Oehler, S. 83ff.
845 *Jakobs* S. 805; S/S-*Stree* § 13 Rn. 39; S/S-*Lenckner* vor § 13 Rn. 101b.
846 *Jakobs*, S. 805.
847 *Popp*, Strafrechtliche Verantwortung, S. 137.
848 Hdb. MMR-*Sieber* 19 Rn. 350 Fn. 5 (S. 135).

4) Zusammenfassung und Stellungnahme

Provider haften grundsätzlich aufgrund des Nichtverhinderns der Verwertung urheberrechtlich geschützter Musikwerke im *Internet*, also einem Unterlassen.

Hinsichtlich der Garantenstellung und des Umfangs der Garantenpflicht herrscht Konfusion. Es werden im Bereich der Garantenstellung aus der Beherrschung einer Gefahrenquelle zwei Fragen vermengt, deren deutliche Unterscheidung dazu geeignet wäre, die bestehenden Probleme zu lösen: Garantenstellung und Garantenpflicht. Die oben aufgeführten Ansichten ziehen unter bestimmten Voraussetzungen das generelle Bestehen einer Garantenstellung in Zweifel. Weil das Bestehen einer Garantenstellung alleine aufgrund der Herrschaft über eine Sache als zu weitgehend empfunden wird, werden einschränkende Korrektive wie das „Vertrauenselement" ins Feld geführt.

Die Probleme lösen sich jedoch wenn man zwei Fragen streng auseinanderhält: Zum einen die Frage nach dem Bestehen einer Garantenstellung und die nach der Reichweite der daraus erwachsenden Garantenpflicht.

Aus § 13 Abs. 1 StGB ergibt sich, dass der Unterlassende nur dann verantwortlich ist, wenn er rechtlich dafür einzustehen hat, dass ein Erfolg nicht eintritt, und wenn das Unterlassen der Verwirklichung des gesetzlichen Tatbestandes durch ein Tun entspricht. Zwar genügen rein sittliche Pflichten nicht[849]. Erforderlich ist vielmehr eine Rechtspflicht. Diese kann jedoch nicht nur ausdrücklichen Rechtssätzen entnommen werden, sondern auch allgemeinen Rechtsprinzipien[850]. Es geht bei § 13 StGB im Grunde genommen nur um die Frage, ob ein bestimmtes Unterlassen dem positiven Tun gleichgestellt werden kann. Es muß mithin die Frage beantwortet werden, ob im konkret zu beurteilenden Fall eine Sonderstellung des Unterlassenden besteht, die es rechtfertigt, ihn ebenso wie einen aktiv Handelnden zu behandeln. Eine solche Sonderstellung muß auf Seiten des Betreibers einer Gefahrenquelle aber bejaht werden. Die Rechtsordnung ist darauf ausgelegt, eine Beeinträchtigung von Rechtsgütern zu verhindern. Der effektivste Weg hierzu ist alles, wovon Gefahren für Rechtsgüter ausgehen, zu verbieten und zu unterbinden. Oft ist dies jedoch im Interesse der Verwirklichung anderer Rechtsgüter nicht möglich. So ist es auch hier, da der Betrieb eines Datennetzes an sich sozial erwünscht ist. In einem solchen Fall will dann die Rechtsordnung wenigstens die Realisation der von der Gefahrenquelle ausgehenden Gefahren verhindern. Hierfür ist ein aktives Gegensteuern, eine Beherrschung der Gefahrenquelle erforderlich. Wer die Gefahrenquelle beherrschen

849 *RG*St 64, 275; S/S-*Stree* § 13 Rn. 7.
850 S/S-*Stree* § 13 Rn. 7.

kann hat diese daher zu kontrollieren und ist mithin Garant dafür, dass von dieser keine Gefahren für Rechtsgüter anderer ausgehen.

Eine Sonderstellung des Betreibers der Maschine ist mithin zu bejahen, so dass er grundsätzlich für die Folgen des Betreibens der Maschine einzustehen hat. Das grundsätzliche Bestehen einer Sonderstellung sagt jedoch im Einzelfall noch nichts über die daraus erwachsenen konkreten Handlungspflichten des Garanten in einer bestimmten Situation aus. Im Grunde genommen meinen auch diejenigen, die zur Begründung einer Garantenstellung aus der Beherrschung einer Gefahrenquelle ein Korrektiv verlangen, in der Sache nichts anderes.

Wenn aber, wie hier vertreten, differenziert wird, können dadurch einige Probleme gelöst werden. Nach dem hier Gesagten ist nämlich für jede Providerart aufgrund der Beherrschung des Datenstroms von der Beherrschung einer Gefahrenquelle und damit einer Sonderstellung (Garantenstellung) auszugehen. Die Frage der aus der Garantenstellung resultierenden Reichweite der Pflichten des Garanten beantworten hingegen die §§ 8-11 TDG für die unterschiedlichen Providerformen nach einem abgestuften Haftungssystem. Im Ergebnis bereitet damit auch die Einordnung von §§ 11 TDG im strafrechtlichen Deliktsaufbau zumindest bei Unterlassungsdelikten keine weitere Schwierigkeiten: Es handelt sich um eine gesetzliche Normierung der Garantenpflicht von Providern.

Zusammenfassend ergibt sich eine Garantenstellung für Provider aus der Sachherrschaft über die Weiterleitung von Daten. Die Garantenpflicht der Provider normieren die §§ 8-11 TDG.

dd) Täterschaft und Teilnahme

Nun stellt sich die Frage, ob Provider als Täter oder Teilnehmer einer strafrechtlich relevanten Verwertung von urheberrechtlich geschützten Werken der Musik im *Internet* zu qualifizieren sind. Grundsätzlich kommt im Rahmen der Musikpiraterie im *Internet* nur ein Unterlassen des Providers in Betracht, weil der Provider als Garant den Begehungstäter nicht an der Verwirklichung eines Deliktes hindert. Fraglich ist, wie in dieser Situation die Täterschaft von der Teilnahme abzugrenzen ist[851].

Ist man wie *Jescheck* der Ansicht, dass Handlungsdelikte nicht durch Unterlassen begangen werden können[852], so stellt sich das Problem hier nicht, da eine

851 Zum Ganzen vgl.: *Schwab*, Täterschaft und Teilnahme bei Unterlassungen, S. 63ff; *Sowada* Jura 1985, 75ff.
852 LK-*Jescheck* § 13 Rn. 2.

täterschaftliche Begehung von § 106 UrhG durch den unterlassenden Provider von vornherein ausscheidet. In Betracht kommt dann nur eine Beihilfe durch Unterlassen[853].

Ist man aber mit der überwiegenden Ansicht der Auffassung, dass der Erfolgsbegriff aus § 13 StGB weit auszulegen ist, dann kann ein Handlungsdelikt wie § 106 UrhG sowohl durch täterschaftliches Unterlassen, als auch durch Beihilfe durch Unterlassen verwirklicht werden. Erforderlich ist eine Abgrenzung.

Teilweise wird die Ansicht vertreten, dass dem Tatbeitrag eines gegen einen vorsätzlich handelnden Begehungstäter nicht einschreitenden Garanten grundsätzlich nur die Bedeutung einer Beihilfe zukommt. Die Tatherrschaft gehe erst auf den Unterlassenden über, wenn der Handelnde das Geschehen nicht mehr beherrsche[854]. Nach dieser Ansicht wäre hinsichtlich des Zugänglichmachens von Inhalten die Täterschaft der Diensteanbieter zu bejahen, sobald die Inhalte auf dem Speichermedium des Diensteanbieters gespeichert sind, da dann die Tatherrschaft auf die Diensteanbieter übergeht. Hinsichtlich der durch den Heraufladenden erstellten, unerlaubten Vervielfältigung kommt allein eine Beihilfe in Betracht, da eine Tatherrschaft des Providers zu keinem Zeitpunkt besteht.

Teilweise wird auch der Garantenstellung eine täterschaftskonstruierende Wirkung beigemessen und daher stets die Täterschaft des unterlassenden Garanten angenommen[855]. Diensteanbieter wären hiernach also stets als Täter anzusehen, da sie eine Garantenstellung aus Sachherrschaft innehaben.

Nach einer anderen Ansicht ist zu differenzieren: Maßgeblich soll allein die Qualität und der Inhalt der unterlassenen Erfolgsabwendungspflicht sein. Täterschaftsregeln sollen danach gelten, wenn der Unterlassende auf Grund besonderer Beziehungen zu dem geschützten Rechtsgut für dessen Bestand einzustehen hat. Ist der Unterlassende hingegen verpflichtet, deliktische Angriffe von Personen zu verhindern, für die er verantwortlich ist, so soll nur eine Bestrafung nach Beihilferegeln in Betracht kommen, es sei denn, die vom Unterlassenden zu überwachende Person handelt nicht verantwortlich[856]. In der Situation der Verantwortlichkeit für einen räumlichen Herrschaftsbereich bzw. bei Verantwortlichkeit für Sachen soll dieser Ansicht nach ebenfalls nur Beihilfe in Betracht kommen[857]. Hiernach wären Diensteanbieter stets Gehilfen.

---

853 LK-*Jescheck* § 13 Rn. 2.

854 *Gallas* JZ 1952, 371; *Jescheck/Weigend* § 64 III 5, *Lackner/Kühl* § 27 Rn. 5.

855 LK- *Roxin* § 25 Rn. 206; SK – *Rudolphi* 37 vor § 13.

856 S/S-*Cramer/Heine* 102ff. vor §§ 25ff; *Sowada* Jura 1986, 399, 406.

857 S/S-*Cramer/Heine* 108 vor §§ 25ff.

Schließlich erfolgt nach einem Teil der Rspr. und der Literatur die Abgrenzung nach den herkömmlichen Theorien[858]. Nach diesen Ansichten kommt es mithin wieder auf die Tatherrschaft bzw. den Täter- bzw. Teilnehmerwillen an.

Vorzugswürdig erscheint die Ansicht, nach der zwischen Beschützer- und Überwachergaranten zu differenzieren ist. Die Ansicht der Rechtsprechung und die Tatherrschaftslehre vermögen nicht zu überzeugen. Bei einem unterlassenden Täter ist es so gut wie unmöglich festzustellen, ob dieser mit Täter- oder mit Teilnehmerwillen gehandelt hat, da sich aufgrund des vollständigen Untätigbleibens keine tauglichen Anhaltspunkte für die Einordnung eines Täter- oder Teilnehmerwillens ergeben. Wenn der Unterlassende den Handelnden in seinem Tun ermuntert, liegt ja schon ein aktives Tun vor. Auch das Kriterium der Tatherrschaft kann nicht überzeugen. Die Beherrschung eines Geschehensablaufs liegt bei bloßem Untätigbleiben gerade nicht vor. Die Tatherrschaft aus der Kehrseite der Herrschaftsmacht über die Speichermedien oder den Datenfluss herzuleiten, hieße, die Möglichkeit der Erfolgsverhinderung mit der Tatherrschaft gleichzusetzen: Dann aber wäre Tatherrschaft und Unterlassen stets identisch. Auch nicht zugestimmt werden kann der Ansicht *Roxins*[859], der den unterlassenden Garanten immer als Täter begreift. Diese Ansicht führt zu einer Einebnung der Abstufung zwischen Täterschaft und Teilnahme im Bereich der Unterlassungsdelikte. Zu zutreffenden Ergebnissen führt daher die Ansicht, nach der Beschützergaranten stets als Täter anzusehen sind und Überwachergaranten als Teilnehmer. Nur durch diese an der besonderen Beziehung des Unterlassenden zum geschützten Rechtsgut orientierten Auslegung lassen sich die oben genannten Widersprüche vermeiden und sachgerechte Lösungen erreichen. Folge hiervon ist im Bereich Musikpiraterie im *Internet*, dass für Provider grundsätzlich nur eine Strafbarkeit wegen Beihilfe durch Unterlassen in Betracht kommt.

ee) Zumutbarkeit der erwarteten Handlung

Die strafrechtliche Verantwortlichkeit für ein Unterlassen ist nach überwiegend vertretener Ansicht in Rechtsprechung und Literatur ausgeschlossen, wenn dem

---

858 Vgl. zur subj. Theorie: *RG*St 58, 247; 64, 275; 66, 74; *BGH*St 2, 151; 4, 21; 13, 166; 27, 12; 28, 346, 348; *BGH,* NStZ 1984, 413; 1987, 233; 1995, 285; StV 1990, 203; NJW 1992, 1247; NJW 1995, 1013; zustimmend auch: *Baumann/Weber/Mitsch* § 29 Rn. 59; *Ranft* JZ 87, 908; zur Tatherrschaftslehre: *Roxin*, Täterschaft und Tatherrschaft, S. 107f.; *ders*. in: LK- *Roxin* § 25 Rn. 7ff; *Lackner/Kühl* vor § 25 Rn. 4; S/S-*Crame/Heiner* 51, 62 vor. §§ 25ff.; *Tröndle/Fischer* 1b vor § 25; *Wessels/Beulke* Rn. 512f., 734 m.w.N.

859 Vgl. oben Fn. 855.

Unterlassenden die erwartete Handlung unzumutbar ist[860]. Anerkannt ist insoweit zwar, dass die Unzumutbarkeit normgemäßen Verhaltens lediglich das Grundprinzip des entschuldigenden Notstandes darstellt und keinen allgemeinen und übergesetzlichen Entschuldigungsgrund[861]. Allerdings gilt dies nur für die Strafbarkeit aufgrund positiven Tuns. Bei unechten Unterlassungsdelikten hingegen soll der Vorbehalt der Zumutbarkeit auch über § 35 StGB hinaus Berücksichtigung finden, da das Unterlassen vielfach weniger schwer wiege als die Vornahme einer verbotenen Handlung[862].

Umstritten ist hierbei zunächst die dogmatische Einordnung des Merkmals der Zumutbarkeit. Teilweise wird die Ansicht vertreten, dass es sich bei den unechten Unterlassungsdelikten bereits um ein objektives Tatbestandsmerkmal handele[863]. Andere gehen davon aus, dass die Unzumutbarkeit rechtfertigend wirke, während eine andere Ansicht die Frage der Zumutbarkeit erst im Rahmen der Schuld aufwerfen möchte[864]. Bedeutung hat die dogmatische Einordnung des Merkmals vor allem für die Teilnahmemöglichkeit. Besonderheiten ergeben sich diesbezüglich bei *Internet*-Providern nicht, so dass der Streit hier nicht weiter vertieft wird.

Für die hier interessierenden Konstellationen muss, bevor die Frage beantwortet wird, ob ein bestimmtes Verhalten zumutbar ist, danach gefragt werden, welches Verhalten vom Provider erwartet werden konnte. Nach dem oben Gesagten ist das erwartete Verhalten das Gegenstück zu dem Verhalten, an das der strafrechtliche Vorwurf anknüpft. Erwartet wird also vom Provider, dass er keine urheberrechtlich geschützten Musikwerke, von denen er Kenntnis hat, ohne Einwilligung des Berechtigten weiterleitet. Die Frage, die sich jetzt stellt, ist, ob die Sperrung bzw. Nicht-Weiterleitung und die diesbezüglich erforderlichen Maßnahmen dem Provider zumutbar sind. Eine entsprechende Regelung enthielt § 5 Abs. 2 TDG a.F., wonach der Diensteanbieter nur dann verantwortlich war, wenn es ihm zumutbar war, die Nutzung der Inhalte zu verhindern. Hier hatte eine Abwägung der Rechtsgüter zu erfolgen. Zu berücksichtigen war jedoch, dass es bei § 5 Abs. 2 TDG a.F. darum ging, ob es dem Diensteanbieter zumutbar war, die Nutzung des konkreten Inhalts zu verhindern, während es im allgemeinen Kontext der Unterlassungsdelikte darum geht, ob es dem Diensteanbieter zumutbar ist, dafür zu sorgen, dass er keine inkriminierten Inhalte weiterleitet[865]. Letzteres läuft darauf hinaus, ob es den Diensteanbietern zuzumuten ist,

860 *BGHSt* 6, 57; 7, 271; *BGH*,NJW 1964, 732; NStZ 1994, 29; S/S-*Stree* vor § 13 Rn. 155f.; *Tröndle/Fischer* § 13 Rn. 15; a.A.: LK-*Jescheck* vor § 13 Rn. 98; *Jakobs* S. 842f.

861 S/S-*Lenckner* vor § 13 Rn. 116.

862 S/S-*Stree* vor § 13 Rn. 155f.

863 *BGH*, NStZ 1994, 29; *Hamburg*, StV 1996, 437

864 Nachweise dazu vgl.: S/S-*Stree* vor § 13 Rn. 155.

865 Ähnlich auch: *Boese*, Verantwortlichkeit für Links, S. 98 Fn. 240.

Kontrollen für Inhalte vorzunehmen. Eine individuelle Kontrolle aller Inhalte ist dabei aufgrund des großen Datenaufkommens offensichtlich unzumutbar[866]. Anders kann es aber sein, wenn objektiv konkrete Anhaltspunkte für das Vorhandensein von inkriminierten Inhalten vorliegen. Die Zumutbarkeitserwägungen sind demnach weiter als die, die bei § 5 Abs. 2 TDG a.F. angestellt wurden. Hinsichtlich der Entfernung oder Sperrung von Informationen stellt das TDG im Gegensatz zu § 5 TDG/MDStV a.F. jetzt ausdrücklich nicht mehr auf technische Möglichkeit oder Zumutbarkeit ab. Das bedeutet aber nicht, dass das Gesetz jetzt technisch Unmögliches oder Unzumutbares verlangen würde. Diese Anforderungen ergeben sich vielmehr aus allgemeinen übergeordneten Grundsätzen. Technisch Unmögliches darf das Gesetz ebenso wenig verlangen wie Unzumutbares. Dabei ist allerdings zu beachten, dass die Zumutbarkeitsgrenze in jedem Einzelfall zu bestimmen ist und auch von der Wertigkeit des gefährdeten Rechtsgutes abhängt. Je höherwertiger das geschützte Rechtsgut ist, umso mehr kann dem betroffenen Diensteanbieter zugemutet werden[867].

Im Ergebnis ist daher im Einzelfall aufgrund einer Güterabwägung zu fragen, ob das erforderliche Verhalten dem Provider im Einzelfall zugemutet werden kann. Hierbei sind die oben genannten Grundsätze zu beachten.

ff) Subjektiver Tatbestand

Nach dem eben Gezeigten kommt für Provider in den meisten Fällen eine strafrechtliche Verantwortlichkeit als Gehilfen durch Unterlassen in Betracht.

Üblicherweise wird der Vorsatz als das Wissen und Wollen der zum gesetzlichen Tatbestand objektiv gehörenden Merkmale definiert. Der Vorsatz enthält damit ein voluntatives und ein intellektuelles Element[868]. Das gilt sowohl für die täterschaftliche Begehung als auch die Teilnahme. Bei der täterschaftlichen Begehung muss sich der Vorsatz auf die Verwirklichung des konkreten Tatbestandes beziehen, also die Merkmale des objektiven Tatbestandes. Bei der Teilnahme muss der Teilnehmende Vorsatz im Hinblick auf eine bestimmte fremde Haupttat haben und den Willen, diese Tat durch einen eigenen Beitrag zu fördern.

Gemeinsam ist beiden Begehungsformen jedoch das Erfordernis der Kenntnis des Sachverhaltes. Erforderlich ist mithin, dass der Täter oder Teilnehmer weiß, dass urheberrechtlich geschützte Inhalte vervielfältigt, verbreitet etc. werden.

866 Vgl. dazu nur: *Sieber*, Verantwortlichkeit, Rn. 88, 110.
867 BTDrucks. 14/6098, S. 23.
868 S/S-*Cramer/Sternberg-Lieben* § 15 Rn. 9 m.w.N.

Fehlende Kenntnis lässt sich im Vorsatzbereich nicht dadurch ersetzen, dass der Täter zu der entsprechenden Vorstellung hätte gelangen können[869]. Erforderlich ist vielmehr die positive Kenntnis des die Tatbestandsmerkmale erfüllenden Sachverhalts[870].

Es genügt also nicht, wenn die Provider wissen können, dass von ihnen ganz allgemein auch inkriminierte oder urheberrechtlich geschützte Inhalte weitergeleitet werden. Sie müssen vielmehr tatsächliche Kenntnis von derartigen Taten haben.

Hinsichtlich der Gehilfenschaft braucht der Gehilfe aber nur die wesentlichen Merkmale, nämlich Unrechts- und Angriffsrichtung der Tat, zu kennen. Dagegen muss er keine bestimmten Vorstellungen von ihren Einzelheiten haben. Beihilfe kann damit schon begehen, wer dem Täter ein entscheidendes Tatmittel an die Hand gibt und damit das Risiko erhöht, dass durch dessen Einsatz die typischerweise geförderte Haupttat auch im konkreten Fall erleichtert wird[871]. Erforderlich ist jedoch, dass er die entsprechenden Umstände in seine Vorstellung aufgenommen hat. Hierfür wird man das verbreitete Bewusstsein, dass im *Internet* auch kriminelle Inhalte verbreitet werden, noch nicht genügen lassen können[872]. Es wird daher darauf ankommen, ob der Diensteanbieter konkrete Anhaltspunkte dafür hat, dass auf seinem Speicherplatz – oder ihm zurechenbaren – Straftaten begangen werden. Zu berücksichtigen ist jedoch, dass gem. § 11 Nr. 1 TDG im Rahmen des Strafrechts jetzt positive Kenntnis von den Inhalten oder der Rechtswidrigkeit der Tätigkeit ausdrücklich erforderlich ist. Der Service-Provider als Teilnehmer eines Deliktes der Verwertung von Musikwerken im *Internet* kann daher strafrechtlich nur bei Vorliegen positiver Kenntnis von der unerlaubten Verwertung des Musikwerkes verantwortlich sein.

gg) Zusammenfassung

Eine strafrechtliche Verantwortlichkeit der Provider für von anderen eigenhändig begangene Urheberrechtsverletzungen kann sich grundsätzlich allein aus einem Unterlassen ergeben. Die Diensteanbieter haben aufgrund ihrer Sachherrschaft über den Datenfluss eine Garantenstellung inne und daher grundsätzlich dafür zu sorgen, dass über ihre Medien keine Musikpiraterie verwirklicht wird. Der Inhalt der Garantenstellung (Garantenpflicht) hängt von der konkreten Funktion des Diensteanbieters ab und wird über die Verantwortlichkeitsregelun-

869 Wessels/*Beulke* Rn. 240.

870 *Boese*, Verantwortlichkeit für Links, S. 191.

871 *BGH*St 42, 135; *S/S-Cramer/Heine* § 27 Rn. 19 m. w. N.

872 *Altenhain* CR 1997, 494.

gen der §§ 8ff. TDG konkretisiert. In dieser Situation, in der der Provider als Garant einen aktiv handelnden Täter nicht an der Verwirklichung einer Urheberstraftat hindert, kommt allein eine Strafbarkeit aus Gehilfenschaft in Betracht. Vor dem Hintergrund der §§ 8ff. TDG ist die Verantwortlichkeit von Diensteanbietern aber weitgehend ausgeschlossen, da Access-Provider grundsätzlich nicht verantwortlich sind und Service-Provider gem. § 11 TDG bei Urheberrechtsdelikten positive Kenntnis vom konkreten Inhalt und der Rechtswidrigkeit seiner Nutzung besitzen müssen. Selbst wenn sie diese jedoch haben, genügt es für die Privilegierung des § 11 TDG, wenn sie unverzüglich tätig werden, um die Inhalte zu entfernen oder den Zugang zu ihnen zu sperren. Ein Erfolg der Handlungen ist nach dem Gesetzeswortlaut nicht erforderlich. Strafrechtlich verantwortlich sind daher nur noch Diensteanbieter, die Musikwerke im Auftrag des Nutzers speichern und positiv wissen, dass es sich bei diesen um urheberrechtlich geschützte Musikwerke handelt und die Verwertung dieses Werke rechtswidrig ist, bzw. nach Erlangung dieser Kenntnis nichts unternehmen, um die Musikwerke von ihren Servern zu entfernen; Diensteanbieter, die sich die Verwertung der Musikwerke zu Eigen machen; Anbieter von P2P-Systemen und unter Umständen Anbieter von Hyperlinks[873]. Ein Provider macht sich darüber hinaus wegen Unterlassens eines Verhaltens aber nur strafbar, wenn ihm das von ihm erwartete Verhalten möglich und zumutbar ist.

b) Spanien

Wie in Deutschland stellt sich in Spanien das Problem der Verantwortlichkeit der Provider für von Dritten zur Verfügung gestellte urheberrechtlich geschützte Werke der Musik im *Internet.*

Auch in Spanien geht es dabei vor allem darum, ob diese aus positivem Tun oder pflichtwidrigem Unterlassen verantwortlich sein können. Sollte eine Verantwortlichkeit aufgrund von Unterlassen bejaht werden, so muss danach gefragt werden, ob sie Täter oder Gehilfen sind und weiterhin, ob sie eine Garantenstellung zur Abwendung des Erfolges innehaben.

aa) Abgrenzung zwischen positivem Tun und Unterlassen

Auch das spanische Strafrecht kennt eine Täterschaft durch Unterlassen. Das ergibt sich bereits aus Art. 10 CP, nach dessen Wortlaut ein Vergehen oder Verbrechen ein solches vorsätzliches oder fahrlässiges Tun oder Unterlassen ist, welches nach dem CP unter Strafe steht. Man unterscheidet sodann zwischen

---

[873] Vgl. dazu sogleich unten S. 260f.

gesetzlich ausdrücklich normierten Unterlassungstatbeständen, den sog.: „delitos de omisión pura ó propia", und den nicht ausdrücklich geregelten Unterlassungsdelikten, die sich aus Art. 11 CP i. V. m. dem einschlägigen Tatbestand des CP ergeben. Jene letzteren sind die sog.: „delitos de omisión impura ó de comision por omisión".

Im Bereich der Art. 270ff. CP finden sich keine ausdrücklichen Unterlassungsdelikte, so dass in den hier untersuchten Fällen allenfalls Begehung durch Unterlassen gem. Art. 11 CP in Betracht kommt. Erforderlich ist aber zunächst, dass das untersuchte Verhalten als ein Unterlassen zu qualifizieren ist.

Für die Definition der jeweiligen Tathandlungen ist auch nach spanischem Strafrecht zu prüfen, an welches Verhalten für die Tatbestandsverwirklichung anzuknüpfen ist. Nach dem oben Gesagten[874] kommt als Anknüpfungspunkt sinnvollerweise nur das Nichtverhindern der Durchleitung bzw. Weiterleitung der Daten und das Aufrechterhalten des Einwahlknotens in Betracht.

Für die Abgrenzung zwischen aktivem Tun und Unterlassen wird in Spanien ganz herrschend auf die Kausalitätstheorie abgestellt[875]. Man lehnte sich hierbei an die deutsche Doktrin an[876]. Für die Beurteilung der Frage, ob das Aufrechterhalten eines Einwahlknotens oder das Nichtverhindern der Datenübermittlung ein positives Tun oder ein Unterlassen darstellen, kann mithin auf die oben gemachten Ausführungen verwiesen werden[877]. Im Ergebnis kommt daher auch nach spanischem Recht für die Strafbarkeit der Provider grundsätzlich nur ein Unterlassen in Betracht[878].

bb) Handlungsdelikte und Begehen durch Unterlassen

Steht demnach fest, dass eine Strafbarkeit von Providern zumeist nur aufgrund eines Unterlassens in Betracht kommt, so ist damit noch nicht allzu viel gewonnen. Zu beachten ist nämlich der Wortlaut von Art. 11 CP, aus welchem in Spanien geschlossen wird, dass nur Erfolgsdelikte durch ein Unterlassen gem.

874 Vgl. S. 232ff.

875 Vgl. nur: *Mir Puig*, Derecho Penal, Parte General, Lección 12 Rn. 7ff.

876 *Mir Puig*, Derecho Penal, Parte General Lección 12 Rn. 8; *Silva Sánchez*, El delito de omision, S. 189.

877 Vgl. oben S. 233.

878 Eine Ausnahme sind die moderierten Newsgroups, bei denen eine vorherige Überprüfung der inkriminierten Inhalte durch die Moderatoren stattfindet. Diese sind jedoch unproblematisch und werden daher hier nicht weiter vertieft; *Morales García*, Atribución de responsabilidad, www.uoc.es (abgerufen am 27. 04. 01), S. 32.

Art. 11 CP i. V. m. der einschlägigen Vorschrift realisierbar sind[879]. Wenn also neben der Handlung kein davon abgrenzbarer und über einen Kausalzusammenhang mit ihr verbundener Erfolg mehr hinzutritt, so ist nach dem Wortlaut von Art. 11 CP das Delikt nicht durch Unterlassen begehbar. Das ergibt sich daraus, dass Art. 11 CP in seinem Wortlaut von Verbrechen und Vergehen spricht, bei denen ein Erfolg hervorgerufen – produziert – wird. Bei den hier untersuchten Tatbeständen handelt es sich nach in Spanien herrschender Ansicht aber um bloße Handlungsdelikte[880], so dass eine Begehung durch Unterlassen ausscheidet. Provider können nach spanischer Rechtslage bei Delikten gegen das geistige Eigentum gem. Art. 270ff. CP daher allenfalls als Gehilfen bestraft werden, da eine Pflicht, gegen die Verwirklichung des Deliktes einzuschreiten, möglicherweise bleibt[881]. Die in Deutschland schwierige Frage der Abgrenzung zwischen Täterschaft und Teilnahme bei Unterlassungsdelikten stellt sich für Tätigkeitsdelikte daher nicht.

cc) Beihilfe durch Unterlassen ?

Wenn nun aber nur eine Teilnahme an einem von einem anderen durch positives Tun begangenem Delikt möglich ist, so bleibt es dennoch dabei, dass die Teilnahmehandlung – also hier die Beihilfehandlung – in einem Unterlassen liegt. Fraglich ist daher, ob eine Beihilfe durch Unterlassen nach spanischem Strafrecht möglich ist. Die Rspr. bejaht dies seit langem[882]. In der Literatur ist dies jedoch umstritten. So wird teilweise die Ansicht vertreten[883], dass der Garant, der die Verletzung des Rechtsgutes, welches er schützen sollte, nicht verhindert, immer als Täter zu qualifizieren sei. Die Garantenstellung als solche wird mithin zum täterqualifizierenden Merkmal. Folge dieser Ansicht ist, dass bei Unterlassungsdelikten eine Unterscheidung zwischen Täterschaft und Teilnahme nicht stattfindet. Letztlich wäre dieser Ansicht nach eine Beihilfe durch Unterlassen

---

879 *Cobo del Rosal/Vives Antón*, Derecho Penal, parte general, S. 363; *Landecho Velasco/Molina Blásquez*, Derecho Penal Español, Parte General, S. 255; *Mir Puig*, Derecho Penal, Parte General, Lección 12 Rn. 74; Quintero Olivares/Morales Prats-*Morales Prats* Art. 11 S. 89; Vives-*Vives Antón* Art. 10 S. 85.

880 Bercovitz-*García Rivas* Art. 270 S. 2374/2375; Cobo del Rosal-*González Rus* S. 779; *Quintero Olivares/Benítez*, Protección penal, S. 30; *Robledo Villar*, Delitos contra el patrimonio, S. 334; *Latorre*, Protección Penal, S. 112; *Serrano Gómez*, Derecho Penal, Parte especial, S.442.

881 *Morales García*, Atribución de responsabilidad, www.uoc.es (abgerufen am 27. 04. 01), S. 32/33.

882 STS v. 10.04. 1981 (ARJ 1981/1622); 31.01.1986 (ARJ 1986/211); 03.12.1990 (ARJ 1990/9863); 26.12.1994 (ARJ 1994/10375); 25.03.1996 (ARJ 1996/2192); 12.01.1998 (ARJ 1998/45); 11.05.99 (ARJ 1999/4973); 13.10.1999 (ARJ 1999/7611).

883 *Bustos Ramirez*, Manual de derecho penal, Parte General, S. 452; *Quintero Olivares*, Manual de derecho penal, S. 498.

nicht möglich, da nach Art. 11 CP das Unterlassen dem positiven Tun nur gleichgestellt werden kann, wenn den Unterlassenden eine Rechtspflicht zum Handeln trifft. Eine solche kann sich nur aus einer Garantenstellung ergeben. Hat der Unterlassende eine solche Garantenposition, ist er dieser Ansicht nach aber Täter. Bei den hier vorliegendenen Delikten zeigt sich die Lückenhaftigkeit dieser Ansicht, da der Unterlassende Garant bei Handlungsdelikten, selbst wenn er Garant für die „Erfolgs"-Abwendung ist, wiederum nicht wegen eines unechten Unterlassungsdeliktes bestraft werden kann, da dies nach spanischem Recht nur bei Erfolgsdelikten möglich ist.

Überwiegend wird daher die Ansicht vertreten, dass sich aus der Garantenstellung als solcher noch keine Täterschaft herleiten lässt[884]. Nicht jeder Garant ist mithin Täter des verwirklichten Deliktes. Fraglich ist dann aber, ob ein Garant, der nicht Täter ist, als Gehilfe bestraft werden kann oder ob er straflos ist. Für die letztere Ansicht spricht der Wortlaut von Art. 29 CP. Hier ist die Rede von „actos" was ein Unterlassen als Beihilfehandlung auszuschließen scheint[885]. Des Weiteren wendet sich Art. 11 CP seinem Wortlaut nach an den Täter, was gegen eine Anwendung der Vorschrift auf den Gehilfen spricht. Andererseits sind viele Vorschriften des allgemeinen Teils de CP an den Täter gerichtet und trotzdem über Art. 29 CP auf den Gehilfen anwendbar. Herrschend ist daher im Ergebnis in Spanien die Ansicht, dass eine Beihilfe auch durch Unterlassen möglich ist[886].

Eine andere, hiervon zu unterscheidende Frage ist die, ob ein Delikt, das durch täterschaftliches Unterlassen selbst nicht verwirklicht werden kann, durch Beihilfe durch Unterlassen verwirklicht werden kann. Immerhin ist die Beihilfe akzessorisch zur Haupttat, so dass es zunächst zweifelhaft erscheint, ob derjenige, der aufgrund des Deliktscharakters die Tat nicht eigenhändig durch Unterlassen verwirklichen kann, wegen Beihilfe durch Unterlassen bestraft werden kann. Höchstrichterliche Entscheidungen ergingen zu dieser Fage in Spanien bislang nicht. Soweit das Problem in der spanischen Literatur überhaupt erörtert wird, wird aber – wenn auch ohne nähere Begründung – davon ausgegangen, dass eine Beihilfe durch Unterlassen auch bei schlichten Handlungsdelikten möglich ist[887].

---

884 *Lopez Peregrin*, Complicidad, S. 331/332 m.w.N.

885 Quintero Olivares/Morales Prats-*Quintero Olivares* Art. 29 S. 311; *ders.*: Manual de derecho penal, S. 634.

886 *Cobo del Rosal/Vives Antón*, Derecho Penal, parte general, S. 689; *Lopez Peregrin*, Complicidad, S. 336; *Quintero Olivares*, Manual de derecho penal, S. 498; Rodríguez Mourullo/Jorge Barreiro- *Rodríguez Mourullo* Art. 11 S.173; Vives-*Vives Antón* Art. 11, S. 287.

887 *Cerezo Mir*, Parte General III, S. 231/232 m.w.N.

Provider, die die Zugänglichmachung urheberrechtlich geschützter Werke im *Internet* nicht verhindern und damit nicht gegen einen aktiv handelnden Täter einschreiten, können sich mithin wegen Beihilfe[888] durch Unterlassen zu Art. 270 S. 1 CP strafbar machen.

dd) Garantenstellung

Weitestgehende Einigkeit besteht in Spanien dahingehend, dass eine Strafbarkeit wegen Beihilfe durch Unterlassen nur in Betracht kommt, wenn den Unterlassenden eine Rechtspflicht zum Handeln trifft. Voraussetzung ist mithin das Vorliegen einer Garantenstellung[889]. Eine solche kann sich gem. Art. 11 CP aus Gesetz, Vertrag oder vorangegangenem Tun ergeben. In Art. 11 CP wurde die zum CPA vertretene Ansicht Gesetz, nach der nur die formelle Rechtspflicht zum Handeln eine Garantenstellung auslösen kann[890]. Anerkannt ist jedoch, dass die Formulierungen des Art. 11 CP zu weit sind. So kann nicht jede Rechtspflicht zur Bejahung einer Garantenstellung führen, die ja letztlich nur verdeutlichen soll, dass das Unterlassen dem Handeln gleichsteht. Auch kann nicht jedes Vorverhalten gem. Art. 11 lit. *b)* zur Bejahung einer Garantenstellung führen. Worauf es nach dem Wortlaut von Art. 11 CP also eigentlich ankommt ist die Gleichstellung von Tun und Unterlassen. Diese kann aber nicht allein nach formellen Kriterien beurteilt werden. Hier sind auch materielle Gesichtspunkte zu berücksichtigen[891]. Zur Ermittlung der Garantenstellungen im spanischen Recht wird daher auf die in Deutschland verbreitete Lehre zurückgegriffen[892]. Letztlich wird daher ebenso wie in Deutschland zwischen Beschützer- und Überwachergaranten unterschieden[893]. In Betracht kommt hier eine Garantenstellung der Provider aufgrund vorangegangenem Tun und der Beherrschung einer Gefahrenquelle.

---

888 Zur Frage der Abgrenzung zwischen Art. 29 CP und Art. 28 S. 2 lit. *b)* CP vgl.: *Cerezo Mir*, Parte General III, S. 244ff. m.w.N.; *Pérez Alonso*, Coautoría y complicidad (necesaria), S.1ff.

889 Vgl nur (jeweils m.w.N.): STS v. 11.05.1999 (ARJ 1999/4973); 13.10.1999 (ARJ 1999/7611); *Cerezo Mir*, Parte General III, S. 232; *Lopez Peregrin*, Complicidad, S. 338; *Mir Puig*, Derecho Penal, Parte General, Lección 12 Rn. 73; a.A.: Vives-*Vives Antón* Art. 27, 28, 29, S. 287, der das Unterlassen für sich schon genügen lassen möchte.

890 Vgl. dazu: *Mir Puig*, Derecho Penal, Parte General, Lección 12 Rn. 35.

891 *Cerezo Mir*, Parte General I S. 228; *ders.*: Parte General III, S. 262; *Lopez Peregrin*, Complicidad, S. 341; *Mir Puig*, Derecho Penal, Parte General, Lección 12 Rn. 34ff.; Muñoz Conde, Derecho Penal, Parte Especial 81, S. 261; ähnlich: Serrano Butragueño-*Serrano Butragueño* Art. 11 S. 174.

892 *Mir Puig*, Derecho Penal, Parte General, Lección 12 Rn. 35.

893 *Mir Puig*, Derecho Penal, Parte General, Lección 12 Rn. 44.

Eine Garantenpflicht aus Ingerenz ergibt sich nach spanischer Auffassung daraus, dass derjenige, der eine Gefahrenlage für ein Rechtsgut schafft, verpflichtet ist, sicherzustellen, dass diese Gefahrenlage nicht in einen Schaden umschlägt[894]. Voraussetzung ist nach spanischem Recht jedoch ein rechtswidriges Vorverhalten[895]. Das Vorverhalten des Providers, an das hier angeknüpft werden muss, ist das Verschaffen des Zugangs zum Datennetz. Diese Handlung ist aber nicht rechtswidrig sondern vielmehr sozialadäquat[896]. Eine Garantenstellung der Provider aufgrund von Ingerenz kommt daher nach spanischem Recht nicht in Betracht.

Wer in seinem Herrschaftsbereich eine Gefahrenquelle für andere Rechtsgüter betreibt, der ist auch nach spanischem Recht verantwortlich dafür, dass sich jene Gefahr nicht realisiert[897]. So weit ersichtlich wird in der spanischen Literatur nicht diskutiert, ob sich eine Garantenstellung aus der Beherrschung einer „Gefahrenquelle" für Provider ergeben kann. Die Rechtslage entspricht aber der deutschen, so dass sich hier keine Unterschiede ergeben. Es kann daher auf die Ausführungen zum deutschen Recht verwiesen werden[898]. Provider wären danach grundsätzlich als Garanten aufgrund der Beherrschung einer Gefahrenquelle für die Nichtverwirklichung von Delikten im *Internet* anzusehen.

ee) Einschränkung der Verantwortlichkeit gem. Art. 30.1 CP

Nach dem oben Gesagten kommen Provider als Gehilfen durch Unterlassen der Verhinderung einer durch einen anderen begangenen vorsätzlichen rechtswidrigen Haupttat in Betracht. Nach Art. 30 CP sind jedoch für die durch Massenmedien begangenen Delikte weder die Gehilfen, noch die Begünstiger oder Hehler strafrechtlich verantwortlich. Unabhängig von dem Problem, ob sich Art. 30.1 CP nur auf Teilnehmer gem. Art. 28.2 CP oder auch auf solche gem. Art. 29 CP bezieht, stellt sich die Frage, ob Art. 270 CP überhaupt in den Anwendungsbereich des Art. 30 CP fällt. Im Prinzip bestünden keine weiteren Bedenken, Art. 30.1 CP auch auf die Delikte gegen das geistige Eigentum anzuwenden. Es handelt sich um eine Vorschrift aus dem allgemeinen Teil des CP, so dass die Anwendbarkeit der allgemeinen Vorschriften auf die Tatbestände des besonderen Teils die Regel ist. Auch existieren im TRLPI keine Sonderregelun-

---

894 *Mir Puig*, Derecho Penal, Parte General, Lección 12 Rn. 55.

895 Vgl. nur: *Cerezo Mir*, Parte General III, S. 263; *Mir Puig*, Derecho Penal, Parte General, Lección 12 Rn. 63.

896 *Morales García*, Atribución de responsabilidad, www.uoc.es (abgerufen am 27. 04. 01), S. 34.

897 *Cerezo Mir*, Parte General III, S. 263 m.w.N.; *Mir Puig*, Derecho Penal, Parte General, Lección 12 Rn. 68.

898 S.o. S. 238f.

gen für Teilnehmer an einer strafrechtlich relevanten Urheberrechtsverletzung, die die allgemeinen Regeln des CP modifizieren oder verdrängen könnten. Einigkeit besteht in Spanien trotz allem dahingehend, dass die Vorschriften des Art. 30 CP auf die Art. 270ff. CP keine Anwendung finden. Differenzen bestehen bei der Begründung: so wird teilweise aufgrund einer historischen Auslegung[899] davon ausgegangen, dass Art. 30 CP voraussetzt, dass ein Urheber-Täter existiert, der das Tatobjekt geschaffen hat, jedoch strafrechtlich nicht verfolgbar ist. Denkbar sei die Anwendbarkeit des Art. 30 CP – unabhängig von der Frage, ob es sich um technische Mittel im Sinne von Art. 30 CP handelt, – daher lediglich im Falle des Plagiats[900]. Im Übrigen erscheine es nur auf den ersten Blick so, als ob die Art. 270ff. CP keine Sonderregelungen für die Beteiligung enthielten. Tatsächlich enthielten diese nämlich entsprechende Vorschriften: so seien nicht nur diejenigen zu bestrafen, die Vervielfältigungen vornehmen oder Exemplare verbreiten, ohne dazu berechtigt zu sein, sondern auch diejenigen, die solche Exemplare importieren, exportieren oder lagern, Art. 270 S. 2 CP. Die Vorschrift des Art. 30 CP sei daher auf die Art. 270 CP nicht anwendbar, sondern nur die Art. 28, 29 CP. Andere begründen die Unanwendbarkeit von Art. 30 CP bei den Delikten gegen das geistige Eigentum damit, dass Art. 30 CP dem Schutz der Meinungsfreiheit diene, so dass die Vorschrift auch nur auf Delikte Anwendung finden kann, die die Meinungsäußerungsfreiheit beschränken. Die Art. 270ff. CP haben demgegenüber eine gänzlich andere Schutzrichtung indem sie nicht die Meinungsfreiheit schützen wollen, sondern das Eigentumsrecht des Urhebers an seinem Werk[901].

---

899 So fanden sich dem heutigen Art. 30 CP entsprechende Regelungen in den Art. 13 CPA und Art. 15 CPA

Art. 13. Se exceptúan de lo dispuesto en el articulo anterior los delitos y faltas que se cometan por medio de la imprenta, el grabado u otra forma de difusión, radiodifusión u otro procedimento que facilite la publicidad. De dichas infracciones responderán criminalmente sólo los autores.

Art. 15. Sin embargo de lo dispuesto en el artículo anterior, solamente se reputarán autores de las infracciónes mencionadas en el artículo 13 los que realmente lo hayan sido del texto, escrito o estampa publicados o difundidos. Si aquéllos no fueren conocidos o no estuvieren domiciliados en España o estuviere exentos de responsabilidad criminal, con arreglo al artículo 8.º de este Código, se reputará autores los directores de la publicación que tampoco se hallen en ninguno de los tres casos mencionados.

900 *González Gómez*, El tipo básico, S. 134.

901 *Latorre*, Protección Penal, S. 333.

ff) Subjektiver Tatbestand

Für die Strafbarkeit der Teilnahme an einem durch einen Anderen begangenen Delikt ist in Spanien die Theorie der limitierten Akzessorietät vorherrschend[902]. Voraussetzung für die Strafbarkeit eines Teilnehmers ist daher wie auch nach deutschem Strafrecht in objektiver Hinsicht das Vorliegen einer vorsätzlich rechtswidrigen Haupttat. Hinzukommen muss die Teilnahmehandlung, welche bei der Gehilfenschaft in der Förderung einer fremden Haupttat liegt[903]. Wie bereits gezeigt wird in der hier untersuchten Situation die fremde Haupttat durch das Unterlassen eines Garanten gefördert. Die fremde Haupttat liegt in der unerlaubten Vervielfältigung oder öffentlichen Zugänglichmachung von durch das TRLPI geschützten Werken. Die gebotene Handlung liegt in dieser Situation in dem Unterlassen der weiteren Übermittlung bzw. der Unterbrechung der Datenübermittlungswege. Diese ist den Providern zumindest in objektiver Hinsicht technisch möglich. Ob ihnen dies auch zumutbar ist, ist eine andere Frage. Eine Garantenstellung von Providern ist in objektiver Hinsicht gegeben. Diese ergibt sich aus der Obhutspflicht für eine Gefahrenquelle. Für die Bejahung des Tatbestandes einer Beihilfe durch Unterlassen der Verhinderung der Übermittlung inkriminierter Daten genügt diese objektive Komponente jedoch nicht. Es muss viel mehr noch Vorsatz zur Verwirklichung des Deliktes hinzukommen. Dieser Vorsatz muss sich aber nicht nur auf den eigenen Beitrag zur Haupttat richten, sondern auch auf die Haupttat selbst[904]. Teilweise wird auch die überseinstimmende Willensrichtung des Täter und des Gehilfen verlangt[905].

Vorsätzlich handelt auch nach spanischem Recht, wer den objektiven Tatbestand eines Deliktes mit Wissen und Wollen verwirklicht[906]. Unabhängig davon wie stark dieses voluntative Element ausgebildet ist, ist somit zunächst einmal die Kenntnis von den Merkmalen des objektiven Tatbestandes erforderlich. Hier bedeutet das, dass die Provider Kenntnis von der Verwirklichung des Grunddeliktes, der Förderung desselben durch ihr Unterlassen und der Umstände, aus denen sich ihre Garantenstellung ergibt, haben müssen. Unter Kenntnis genügt insoweit nicht die potentielle Kenntnis oder das Kennenmüssen. Erforderlich ist vielmehr eine aktuelle Kenntnis der Umstände des Tatbestandes zum Zeitpunkt der Tatbegehung. Gerade das unterscheidet das Vorsatzdelikt vom Fahrlässig-

---

902 *Cerezo Mir*, Parte General III, S. 230; *Cobo del Rosal/Vives Antón*, Derecho Penal, parte general, S. 683.

903 *Cerezo Mir*, Parte General III, S. 231f.; *Cobo del Rosal/Vives Antón*, Derecho Penal, parte general, S.684; zum Erfordernis der Kausalität bei der Beihilfe durch Unterlassen vgl. *Lopez Peregrin*, Complicidad, S. 343.

904 *Cobo del Rosal/Vives Antón*, Derecho Penal, parte general, S. 684.

905 *Cerezo Mir*, Parte General III, S. 233.

906 *Cerezo Mir*, Parte General II, S. 123, 130f.; *Cobo del Rosal/Vives Antón*, Derecho Penal, parte general, S. 557.

keitsdelikt, da bei jenem auch das Kennenmüssen genügt[907]. Für die hier untersuchten Deliktsbegehungen im *Internet* sind aber auch die Art. 12ff. ALSSI zu berücksichtigen. Im Hinblick auf Fälle, in denen die öffentlich wiedergegebenen Musikwerke als eigene Informationen im Sinne von Art. 13.1 ALSSI zu qualifizieren sind, wird auch tatsächliche Kenntnis von den Inhalten und der Deliktsverwirklichung vorliegen. Für fremde Informationen scheidet gem. Art. 13.2, 14ff. ALSSI die Verantwortlichkeit der Diensteanbieter grundsätzlich aus. Von Bedeutung kann die Frage des subjektiven Tatbestandes bei Art. 270, 29, 11 CP bei der Verwirklichung im *Internet* daher nur noch in den Fällen der Speicherung fremder Inhalte gem. Art. 16 ALSSI, der in Art. 17 ALSSI beschriebenen Fälle und der Fälle, die nicht unter die Art. 14ff ALSSI fallen, obwohl es sich um fremde Inhalte handelt, sein. Die technischen Möglichkeiten der Musikpiraterie im *Internet* lassen sich für das spanische Recht jedoch unter die Art. 12ff. ALSSI subsumieren. So werden P2P-Systeme unter Art. 17 ALSSI subsumiert werden können. Anbieter von Speicherplatz, der für die Musikpiraterie genutzt wird sind nach Art. 14 ALSSI verantwortlich. In beiden Fällen ist nach dem Gesetzeswortlaut positive Kenntnis von den Inhalten erforderlich, so dass das Kennenmüssen der Verwirklichung von Urheberrechtsverletuzngen nicht genügt, um eine Strafbarkeit aufgrund von Beihilfe durch Unterlassen zu begründen.

gg) Zumutbarkeit normgemäßen Verhaltens

Ergebnis wäre somit, dass Provider wegen der durch Dritte begangenen vorsätzlich rechtswidrigen Urheberrechtsverletzungen im *Internet* sich wegen Beihilfe durch Unterlassen strafbar machen, sofern sie positive Kenntnis im Sinne von Art. 16 und 17 ALSSI haben. Wie oben festgestellt besteht in objektiver Hinsicht immer die Möglichkeit, den Datenstrom zu unterbinden. Fraglich ist jedoch, ob das auch immer zumutbar ist. Schließlich sind Fälle denkbar, in denen es den Providern nicht möglich ist, einzelne Inhalte herauszufiltern und diese zu sperren. Ihre einzige Möglichkeit, dem Normbefehl gerecht zu werden, wäre mithin, ihren gesamten Geschäftsbetrieb einzufrieren. Ein solches Ergebnis ist kaum wünschenswert. Im Rahmen der Schuld sind daher Zumutbarkeitserwägungen anzustellen[908]. Ein solcher Rechtsgedanke ergibt sich auch aus dem Wortlaut des echten Unterlassungsdeliktes von Art. 195.1 CP[909]. Die durch den Provider begangene Tat bleibt mithin tatbestandsmäßig und rechtswidrig, jedoch kann sein Verhalten im Einzelfall entschuldigt sein.

907 *Cobo del Rosal/Vives Antón*, Derecho Penal, parte general, S. 558 Fn. 15.

908 Vgl. zum Streit über die Existenz eines Entschuldigungsgrund der Unzumutbarkeit normgemäßen Verhalten („No exigibilidad"): *Cerezo Mir*, Parte General III, S. 271, 138/139; *Mir Puig*, Derecho Penal, Parte General, Lección 24.

909 So auch *Cerezo Mir*, Parte General III, S. 138 Fn. 10.

hh) Zusammenfassung

Im spanischen Strafrecht können Provider wegen der öffentlichen Zugänglichmachung von urheberrechtlich geschützten Werken im *Internet* durch Dritte wegen Unterlassens bestraft werden. Da es sich bei Art. 270 S. 1 CP um ein Handlungsdelikt handelt, kommt nach spanischem Recht eine Täterschaft des Unterlassenden von vornherein nicht in Betracht. Wer ein Handlungsdelikt unterlässt, kann nach spanischem Strafrecht vielmehr nur wegen Beihilfe durch Unterlassen strafrechtlich verantwortlich sein, sofern er eine Garantenstellung innehat. Eine solche Garantenstellung ergibt sich für Provider aus der Beherrschung einer Gefahrenquelle. Ebenso wie auch in Deutschland kommt daher bei Urheberrechtsverletzungen durch Dritte im Hinblick auf die Provider grundsätzlich alleine eine Strafbarkeit wegen Beihilfe durch unechtes Unterlassen in Betracht. Wie auch in Deutschland ist in der Praxis die Verantwortlichkeit der Diensteanbieter bei Urheberrechtsverletzungen im *Internet* weitgehend ausgeschlossen. Aufgrund der in Spanien existierenden Privilegierung zugunsten von Anbietern von Hyperlinks und P2P-Systemen geht der Ausschluss der Verantwortlichkeit in Spanien sogar noch viel weiter als in Deutschland[910].

3. Ergebnis zur Strafbarkeit der Provider

Provider sind hiernach in Deutschland und in Spanien strafbar wegen Beihilfe durch Unterlassen, wenn sie Musikpiraterie im *Internet* von Dritten, die sich ihrer Einrichtungen bedienen, nicht verhindern. Aufgrund der Privilegierungen, die sich aus der ECRL ergeben, ist die Verantwortlichkeit von Diensteanbietern für Urheberrechtsverletzungen, die eigenhändig von Dritten begangen werden, auf einen weitestgehenden Ausschluss der Verantwortlichkeit harmonisiert. In Spanien gehen die Vorschriften des ALSSI sogar über die Vorgaben der ECRL hinaus und führen Vorschriften zur Privilegierung von Linksetzern ein, die auch zugunsten der Anbieter von P2P-System Anwendung finden können. In Spanien kommt nach derzeitigem Stand der Technik mithin eine Verantwortlichkeit von Diensteanbietern für durch Dritte begangene Musikpiraterie zumeist gar nicht mehr in Betracht.

4. Strafbarkeit beim Einsatz von Hyperlinks

Auch durch den Einsatz von Hyperlinks kann sich eine strafrechtliche Verantwortlichkeit ergeben. Wie bereits oben gesagt sind Hyperlinks im WWW ein zentrales Medium, um Inhalte aufzufinden und weiterzuverbreiten. Der Nutzer

---

910 Vgl. hierzu oben S. 230f.

hat durch die Verlinkung verschiedener Seiten die Möglichkeit, den von ihm eigentlich gesuchten Inhalt einfacher aufzufinden. Im Bereich der Musikpiraterie ist insbesondere denkbar, dass mit einem Link auf eine Seite verwiesen wird, auf der Musikdateien zum Abruf angeboten werden. Der Nutzer, der dem Link folgt, kann sich auf diese Art und Weise Musikdateien herunterladen, die er sonst möglicherweise gar nicht aufgefunden hätte. Das gilt umso mehr, wenn der Link im Gegensatz zur Zieldatei an prominenter Stelle liegt. Der Link-Provider ermöglicht damit Urheberrechtsverletzungen, indem er einer größeren Personenzahl Zugang zu den urheberrechtsverletzenden Inhalten verschafft und die Urheberrechtsverletzung damit verstärkt[911].

Beim Einsatz von Hyperlinks zur „Verbreitung" urheberrechtlich geschützter Musikwerke sind nun aber aufgrund der tatsächlichen Verhältnisse verschiedene Differenzierungen vorzunehmen. Zum einen ist zu unterscheiden zwischen der Situation, dass der Setzer eines Links mit diesem auf eine Seite verweist, auf der urheberrechtlich geschützte Werke der Musik zum Abruf angeboten werden, einerseits und der, in der auf eine Seite verwiesen wird, auf der ursprünglich solche Inhalte nicht angeboten, jedoch nachträglich eingefügt wurden, andererseits[912]. Im ersten Fall kommt eine Verantwortlichkeit des Setzers des Links aus positivem Tun in Betracht, während im zweiten Fall sich eine solche nur aufgrund Unterlassens ergeben kann[913]. Erforderlich ist im letzten Fall daher eine Garantenstellung des Setzers des Hyperlinks. Außerdem ist dann zu fragen, ob der Setzer des Hyperlinks als Täter oder Teilnehmer gehandelt hat.

Zum anderen ist zwischen den verschiedenen Arten von Links zu unterscheiden. Nach dem oben Gesagten unterscheidet man herkömmlich zwischen einfachen Hyperlinks, Inline-Links und Deep-Links. Bei der hier untersuchten Musikpiraterie spielen die Inline-Links eine ganz untergeordnete Rolle, so dass sie bei der weiteren Erörterung ausser Betracht bleiben. Schließlich müsste man streng genommen auch noch zwischen den verschiedenen Verweisungsebenen unterscheiden, da theoretisch im *Internet* jeder Inhalt über eine gewisse Anzahl von Links erreicht werden kann. Dies soll jedoch nicht Gegenstand der vorliegenden Arbeit sein, da sonst der Rahmen der Untersuchung gesprengt würde[914].
In Spanien fehlen bis dato Erörterungen zu diesem Problemkreis. Aufgrund der weitgehend übereinstimmenden Gesetzeslage wird die Rechtslage hier jedoch für beide Länder gemeinsam dargestellt.

---

911 *Dustmann*, Provider, S. 194.
912 Ebenso differenzierend: *Boese*, Verantwortlichkeit für Links, S. 120.
913 *Barton* Rn. 310; *Boese*, Verantwortlichkeit für Links, S. 120; *Hütig* MMR 1998, 49, 51; *v. Lackum* MMR 1999, 697, 700; *Vassilaki* CR 1999, 85.
914 Vgl. dazu: *Boese*, Verantwortlichkeit für Links, S. 138ff.

a) Verweis auf Seiten mit inkriminierten Inhalten

Nach dem oben Gesagten kommt sowohl in Deutschland als auch in Spanien bei einem Verweis auf eine Seite, die Musikwerke ohne Einwilligung des Urhebers zum Abruf anbietet, eine Strafbarkeit aufgrund positiven Tuns in Betracht. Dabei stellt sich die Frage, ob der Setzer des Links selbst Täter einer Urheberrechtsverletzung oder nur Teilnehmer einer durch einen anderen begangenen Tat ist.

In diesem Zusammenhang wird in Deutschland oftmals darauf hingewiesen, dass Linksetzer keine Herrschaft über den Inhalt und damit die Verbreitung bzw. Zugänglichmachung desselben haben. Sie hielten das Geschehen nicht planvoll lenkend in den Händen. Werden die Inhalte vom Inhaber des Speicherplatzes, auf dem diese gespeichert sind, entfernt, so geht der Link ins Leere. Eine Herrschaft über die Inhalte übe nur derjenige aus, der sie auch löschen könne. Insoweit habe man davon auszugehen, dass derjenige, der einen Link setzt, nur eine fremde Tat fördert und daher Gehilfe gem. § 27 StGB sei[915]. Mag diese Ansicht im Allgemeinen richtig sein, so muss jedenfalls bei den Urheberrechtsverletzungen nach der jeweiligen Handlungform differenziert werden.

aa) Vervielfältigung

Im Setzen eines Links liegt noch keine Vervielfältigung. Das gilt für alle denkbaren Formen des Hyperlinking. Eine Vervielfältigung kann nur derjenige begehen, der den Link aufgrund seiner eigenen freien Willensentscheidung aufruft und dadurch den dahinter stehenden Inhalt zumindest in seinen RAM lädt – abgesehen davon, dass nach der hier vertretenen Ansicht das bloße Laden eines Inhalts in den RAM für sich allein noch keine Vervielfältigung im Sinne des § 16 UrhG[916] oder Art. 270 S.1 CP darstellt. Der Setzer des Links hat in dieser Situation weder Einfluss auf den Inhalt, auf den verwiesen wird, noch kann er das Verhalten des Nutzers beeinflussen. Er bietet ihm letztlich nur ein Tatwerkzeug an. Eine Tatherrschaft lässt sich dadurch nicht begründen. Zu beachten ist

---

915 *Dieselhorst* CR 2001, 706; *Flechsig/Gabel* CR 1998, 351, 355; *Sosnitza* CR 2001, 693, 698; *Vassilaki* CR 1999, 85, 86; so i. Erg. auch: *OLG München*, K&R 1999, 335 (Haftung für Markenrechtsverletzungen gem. § 14 MarkenG durch Links); *OLG Hamburg* CR 2001, 704, 705; *LG Bremen*, MMR 2000, 375; a.A: *Boese*, Verantwortlichkeit für Links, S. 121ff, der zwischen Verbreitungsdelikten und Äußerungsdelikten unterscheiden will. Während seiner Ansicht nach bei den Verbreitungsdelikten allein eine Täterschaftliche Begehung in Betracht komm, soll es bei den Äußerungsdelikten darauf ankommen ob der Setzer des Links sich die Inhalte zu Eigen mache.

916 Anders ausdrücklich *OLG Hamburg* CR 2001, 704 (Urheberrechtsverletuzng durch Framing).

auch, dass sich die Teilnahmehandlung hier auf die Handlung desjenigen bezieht, der den Link aufruft, und nicht auf die vorhergehende Speicherung des Inhalts durch den Haupttäter auf dem Server, auf den verwiesen wird. Die letztgenannte Tat ist zum Zeitpunkt des Setzens des Hyperlinks bereits beendet, so dass eine sukzessive Beihilfe ausscheidet[917]. Besonders deutlich wird das auch im Wortlaut des spanischen CP, der für eine strafbare Beilhilfe gem. Art. 29 CP verlangt, dass der Gehilfe seinen Beitrag zur Haupttat vor oder gleichzeitig mit dem Beitrag des Haupttäters erbringt.

Schließlich wird es bei den meisten Fällen des Links auf einen urheberrechtlich geschützten Inhalt im Bereich der Musikpiraterie an der vorsätzlich rechtswidrigen Haupttat fehlen, da die Vervielfältigung des Inhalts oftmals von § 53 UrhG gedeckt sein wird[918]. Eine Beihilfe zum Herunterladen wird daher zumeist auch in Spanien daran scheitern, dass das Herunterladen eines urheberrechtlich geschützten Werkes von der Privilegierung des Art. 31.2 TRLPI erfasst wird und daher objektiv tatbestandslos ist. Es fehlt daher an einer vorsätzlich rechtswidrigen Haupttat.

bb) öffentliche Wiedergabe

Anders ist es hingegen bei der öffentlichen Wiedergabe in der Form der öffentlichen Zugänglichmachung gem. § 15 Abs. 2 UrhG (Art. 8 WCT) bzw. Art. 20.2 lit. *i), j)* TRLPI. Auch hier fehlt zwar die Einflussnahmemöglichkeit auf den hinter dem Link stehenden Inhalt. Jedoch ist zu berücksichtigen, dass die Tatherrschaft in den Formen der Handlungsherrschaft, der Willensherrschaft oder der funktionalen Tatherrschaft auftreten kann[919]. Beim Verweis auf einen Inhalt durch einen Link, bei dem sich der Setzer des Hyperlinks und der Haupttäter nicht kennen, kann sich Tatherrschaft nur aus der Handlungsherrschaft ergeben. Diese ist bereits dann zu bejahen, wenn der Beteiligte eines Geschehens alle Tatbestandsmerkmale des einschlägigen Delikts in seiner Person verwirklicht[920]. Hierbei ist nach der Art des gesetzten Links zu unterscheiden.

1) Deep-Links

Bei den Deep-Links setzt der Handelnde einen direkten Link auf einen ausgesuchten Inhalt. Der Täter kann zwar den Inhalt als solchen nicht beherrschen, da

917 S/S-*Cramer/Heine* § 27 Rn. 17.
918 So auch: *Sosnitza* CR 2001, 693, 699.
919 Vgl. nur *Roxin*, Täterschaft und Tatherrschaft, S. 127.
920 *Roxin*, Täterschaft und Tatherrschaft, S. 127.

er keine Einwirkungsmöglichkeit in Form der Lösch- oder Sperrmöglichkeit hat. Jedoch führt er den Nutzer nicht nur pauschal auf eine Web-Site, auf der sich neben anderen Inhalten auch abrufbare Musikwerke befinden, sondern er stößt den Nutzer quasi mit der Nase direkt darauf. Insoweit unterscheiden sich Deep-Links daher auch von den einfachen Hyperlinks, bei denen der pauschale Verweis auf ein Gesamtangebot erfolgt. Im Bereich der Deep-Links verletzt der Linksetzer nach der hier vertretenen Auffassung durch den Link selbst das Ausschließlichkeitsrecht zur „öffentlichen Wiedergabe" des Urhebers aus § 15 Abs. 2 UrhG bzw. Art. 20.2 lit. *i) j)* TRLPI, so dass er Täter ist. Der Fall ist vergleichbar mit der Zweitverwertung von urheberrechtlich geschützten Musikwerken, wenn beispielsweise gem. § 22 UrhG bzw. Art. 20.2 lit. *g)* TRLPI eine Funksendung mit technischen Einrichtungen öffentlich wahrnehmbar gemacht wird. Dies entspricht auch dem Grundsatz, dass die Verwerungsrechte dazu dienen, den Urheber an jeder Verwertung seines Werkes teilhaben zu lassen, und das System der Exklusivrechte mittelbar der Erfassung des Endverbrauchers dient. Würde die öffentliche Wiedergabe von Musikwerken durch den Haupttäter im *Internet* als Sendung beurteilt, so wäre die Warnehmbarmachung dieser Verwertungshandlung unter § 22 UrhG bzw. Art. 20.2 lit. *g)* TRLPI zu subsumieren. Im Hinblick auf Hyperlinks könnte diesem Vergleich lediglich entgegengehalten werden, dass es sich nicht um eine „Warnehmbarmachung", sondern um eine „Zugänglichmachung" handelt. Diejenigen, die einen Hyperlink aktivieren, unterscheiden sich mithin von der Öffentlichkeit, der etwas warnehmbar gemacht wird, dadurch, dass sie nicht rein passiv etwas akustisch vernehmen, sondern es aktiv abrufen müssen. Andererseits handelt es sich umdieselbe Problematik, die auch im Hinblick auf den Haupt- oder Ersttäter zu Streitigkeiten führt. Letztlich ergibt sich aber aus der Existenz der Zweitverwertungsrechte, dass auch solche sekundären Verwertungshandlungen, die das Werk der Öffentlichkeit nahe bringen, zu den Ausschließlichkeitsrechten des Urhebers gehören sollen. Auch bei diesen Zweitverwertungsrechten hat der Zweitverwerter keine Beherrschungsmöglichkeit im Hinblick auf den Inhalt. Das Gesetz sieht ihn nichts desto trotz als Täter einer öffentlichen Wiedergabe gem. §§ 106 Abs. 1, 15 Abs. 2 Nr. 4, 22 UrhG bzw. Art. 270 CP an.

In dieser Situation wird der Linksetzer auch täterschaftsbegündenden Vorsatz haben. Schließlich hat er den Inhalt, auf den er verweisen wollte, konkret ausgesucht. Hätte er kein eigenes Interesse an der „Verbreitung" des Musikwerkes via Internet, auch unter Zuhilfenahme des von ihm gesetzten Links, so hätte er den Link nicht direkt auf den in Bezug genommenen Inhalt gesetzt. In Spanien werden sind daher auch die Voraussetzungen von Art. 17 ALSSI erfüllt, da der Setzer des Links positive Kenntnis von den Inhalten hat und als Täter der öffentlichen Zugänglichmachung auch um die Rechtswidrigkeit der Tätigkeit weiss, wenn ihm keine Erlaubnis zur Nutzung erteilt wurde.

2) Einfache Hyperlinks

Anders ist die Lage bei einfachen Hyperlinks. Nach dem zu den Deep-Links Gesagtem könnte man der Auffassung sein, dass auch bei einfachen Hyperlinks eine Zweitverwertung vorliegt und damit eine strafbare öffentliche Wiedergabe. Einfache Hyperlinks unterscheiden sich jedoch von Deep-Links dadurch, dass nur ein pauschaler Verweis auf das Portal einer Web-Site erfolgt. Der Setzer eines einfachen Hyperlinks setzt diesen nicht zielgerichtet auf einen konkreten Inhalt, sondern er bezieht sich auf das Gesamtangbot des Internet-Auftritts, auf den verwiesen wird. Es handelt sich weniger um ein Schmarotzen an einer fremden Leistung als vielmehr um ein im *Internet* übliches Instrument der Verknüpfung von Seiten, um trotz mangelnden Inhaltsverzeichnisses und dezentraler Organisation das Auffinden von Inhalten möglich zu machen[921]. Bei einfachen Hyperlinks kann mithin auch im Hinblick auf die öffentliche Wiedergabe von Musikwerken im *Internet* lediglich von einer Gehilfenschaft des Linkenden ausgegangen werden.

In subjektiver Hinsicht ist dann Vorsatz des Gehilfen erforderlich. Dabei braucht der Gehilfe nur die wesentlichen Merkmale der Tat, nämlich Unrechts- und Angriffsrichtung, zu kennen. Dagegen muss er keine bestimmten Vorstellungen von ihren Einzelheiten haben. Beihilfe kann damit schon begehen, wer dem Täter ein entscheidendes Tatmittel an die Hand gibt und damit das Risiko erhöht, dass durch dessen Einsatz die typischerweise geförderte Haupttat auch im konkreten Fall erleichtert wird[922]. Erforderlich ist jedoch, dass er die entsprechenden Umstände in seine Vorstellung aufgenommen hat. Hierfür wird man das Bewusstsein, dass im *Internet* auch kriminelle Inhalte verbreitet werden, noch nicht genügen lassen können[923]. Es wird daher darauf ankommen müssen, ob der Linksetzer konkrete Anhaltspunkte dafür hat, dass auf der Zielseite Musikwerke zum Abruf bereitgehalten werden. In Spanien ist anders als in Deutschland nun aber Art. 17 ALSSI zu berücksichtigen, der eine Privilegierung zugunsten von Providern von Links vorsieht. In Spanien genügt daher nicht die Kenntnis von konkreten Anhaltspunkten davon, dass auf den Zielseiten urheberrechtlich geschützte Werke zum Abruf bereitgehalten werden. Erforderlich ist vielmehr die tatsächliche Kenntnis vom Vorhandensein der abrufbaren Musikwerke und der Rechtswidrigkeit der Zugänglichmachung.

---

921 Zur Frage der Kausalität und der objektiven Zurechnung für die verwiesenen Inhalte bei Hyperlinks im Hinblick auf unmittelbare und mittelbare Verweisungsebenen vgl. ausführlich: *Boese*, Verantwortlichkeit für Links, S. 138ff.

922 *BGH*St 42, 135; S/S-*Cramer/Heine* § 27 Rn. 19 m. w. N.

923 *Altenhain* CR 1997, 494.

b) Nachträgliche Änderung des Inhalts, auf den ursprünglich verwiesen wurde

Der Fall der Unterlassenshaftung wegen eines Verweises auf eine Seite, die sich nachträglich ändert, ist praktisch nur bei einfachen Hyperlinks denkbar, da nur in diesen Fällen ein pauschaler Verweis stattfindet. In allen anderen Fällen wird der Inhalt, auf den verwiesen wird, bewusst und konkret ausgewählt, so dass der strafrechtliche Vorwurf schon an das Setzen des Links anknüpft und nicht erst an das Unterlassen der Überwachung des Inhalts der Seite, auf die der Verweis erfolgte.

Ähnlich wie wenn ein Link auf einen bereits vorhandenen rechtswidrigen Inhalt verweist, ist auch in dieser Situation bei Urheberrechtsverletzungen grundsätzlich zwischen den verschiedenen Tathandlungen zu unterscheiden. Eine unerlaubte Vervielfältigung des in Bezug genommenen Inhalts liegt in dem Verweis durch den Hyperlink auch hier nicht.

In Betracht kommt lediglich eine Teilnahme an der Vervielfältigung, die durch den Nutzer begangen wird, der durch den Link auf die Seite mit den Musikwerken gelangt. Eine solche wird aber auch hier zumeist daran scheitern, dass der Download der Musikwerke objektiv tatbestandslos ist, so dass es an einer vorsätzlich rechtswidrigen Haupttat mangelt. In Betracht kommt daher allenfalls eine Strafbarkeit des Linksetzers wegen der öffentlichen Wiedergabe der Musikwerke durch das Einrichten eines Links. Nach der hier vertretenen Auffassung kommt in diesem Fall nach deutschem Recht allein eine Beihilfe des Teilnehmers in Betracht. In dem Fall einer solchen Unterlassungshaftung kann sich nach deutschem Recht der Strafbarkeitsvorwurf daher aus einer Beihilfe durch Unterlassen, §§ 13, 27 StGB[924] ergeben.

Auch in Spanien kann lediglich eine Beihilfe durch Unterlassen vorliegen, da es sich bei Art. 270 CP um ein Handlungsdelikt handelt, bei dem eine Begehung durch Unterlassen nach spanischem Recht gem. Art. 11 CP ausgeschlossen ist. Voraussetzung hierfür ist eine Garantenstellung des Linkenden.

aa) Garantenstellung aus Ingerenz

Die Begründung einer solchen Garantenstellung setzt ein wie auch immer geartetes vorwerfbares Vorverhalten voraus, wobei in beiden Rechtsordnungen überwiegend ein objektiv pflichtwidriges Verhalten gefordert wird[925]. Ein solches pflichtwidriges Vorverhalten liegt aber in der hier untersuchten Fallkonstellation

924 I. Erg ebenso: *Boese*, Verantwortlichkeit für Links, S. 172.
925 Vgl. oben Fn. 814 und Fn. 895.

nicht vor. Das Installieren eines Hyperlinks ist weder objektiv pflichtwidrig noch grundsätzlich verwerflich. Im Gegenteil: Das WWW wird mangels Inhaltsverzeichnis erst durch die Verlinkung zu einem weltumfassenden Informationsnetz. Ohne Hyperlinks ist das WWW in seiner jetzigen Form daher gar nicht denkbar, so dass es als völlig sozialadäquat und sozialüblich angesehen werden muss, verschiedene Inhalte miteinander zu verlinken. Eine Garantenstellung aus Ingerenz scheidet daher grundsätzlich aus[926].

bb) Garantenstellung aus der Beherrschung einer Gefahrenquelle

Zwar hat der Setzer des Links die tatsächliche Herrschaft über die Gefahrenquelle „Hyperlink", denn er kann ihn löschen und bearbeiten[927]. Wie bereits oben dargestellt[928] genügt dies nach herrschender Ansicht allein jedoch nicht zur Begründung einer Garantenstellung. Erforderlich ist auch hier ein Vertrauenselement. Richtig ist zwar, dass sich diesbezüglich kein allgemeiner Vertrauensgrundsatz hinsichtlich der „Sauberkeit" des WWW herausgebildet hat[929]. Meines Erachtens muß aber auch hier allein aufgrund der Beherrschung der Gefahrenquelle „Hyperlink" vom Vorliegen einer Garantenstellung ausgegangen werden. Die Reichweite der Garantenpflicht konnte in Deutschland früher mittels einer entsprechenden Anwendung des § 5 TDG a.F. ermittelt werden. Heute, da in Deutschland keine Regelung hinsichtlich der Verantwortlichkeit für Hyperlinks mehr existiert, ist dies hingegen problematischer. Hier ist nun die Garantenpflicht im Einzelfall anhand wertender Betrachtungsweise zu bestimmen: Der Setzer eines Hyperlinks kann aufgrund der tatsächlichen Gegebenheiten grundsätzlich nicht davon ausgehen, dass sein Link stabil bleibt, d.h., dass der Inhalt auf den er verweist, nachträglich nicht ausgewechselt wird. Allein hieraus schon ergibt sich, dass der Setzer des Links von Zeit zu Zeit die Links, die er gesetzt hat, kontrollieren muss. Schließlich hat er die Gefahr durch Setzen des Links ja auch geschaffen. Andererseits muss auch die Qualität des Angebots berücksichtig werden, auf das verwiesen wird. So kann der Setzer eines Hyperlinks auf das Internet-Angebot einer Plattenfirma wohl davon ausgehen, dass von dieser Seite nicht unerlaubt Musikwerke im *Internet* zugänglich gemacht werden. Anderes

926 *Boese*, Verantwortlichkeit für Links, S. 156f.; *Hütig* MMR 1998, 49, 51; *Vassilaki* CR 1999, 85, 88.

927 *Boese*, Verantwortlichkeit für Links, S. 159.

928 Vgl. oben Seite 239f.

929 *Hütig* MMR 1998, 49, 51; *Vassilaki* CR 1999, 85, 88 – sie stellt jedoch nicht auf die Sauberkeit des WWW insgesamt ab, sondern auf das jeweils betroffene Hauptangebot des Linkanbieters. So sei von einem Lernprogramm für Kinder nicht zu erwarten, dass es auf pornographische Inhalte verweise oder von einem Professor für Strafrecht sei nicht zu erwarten, dass er auf gewaltverherrlichende Inhalte verweise. Ihr zustimmend: *Boese*, Verantwortlichkeit für Links, S. 161.

muß jedoch für die Web-Site eines privaten Anbieters gelten. Hier ist schon eher damit zu rechnen, dass Urheberrechtsverletzungen begangen werden, so dass den Setzer eines Hyperlinks eine erhöhte Kontrollpflicht trifft.

In Spanien hingegen existiert mit Art. 17 ALSSI eine Regelung zugunsten von Linkprovidern, die grundsätzlich der Regelung für Service-Provider aus Art. 16 ALSSI bzw. in Deutschland aus § 11 TDG entspricht. Auch in Spanien wird man aufgrund der Beherrschung der Gefahrenquelle „Hyperlink" von einer Garantenstellung des Linkproviders auszugehen haben. Jedoch beschränkt sich die Garantenplicht des Linkproviders in Spanien – anders als in Deutschland – darauf, nach Kenntniserlangung unverzüglich tätig zu werden, um den Link zu entfernen.

In beiden Ländern stellt sich nun aber die Frage, wie es zu berücksichtigen ist, dass die Gefahr nicht unmittelbar vom Linksetzer verursacht wurde, sondern von demjenigen, der den strafbaren Inhalt ins *Internet* gestellt hat. Wie bereits erwähnt wird der Garantenpflicht durch das eigenverantwortliche Verhalten Dritter eine Grenze gesetzt. Es gilt der Grundsatz, dass eine Rechtspflicht zum Handeln nicht besteht, soweit das vorangegangene Tun oder die Gefahrenquelle nur mittelbar zu einer Gefahr beigetragen haben, die von einem anderen verantwortlich Handelnden unmittelbar herbeigeführt worden ist[930].

Bei einer solchen mittelbaren Risikoschaffung ist eine Garantenstellung des Hintermannes nach dem Verantwortungsprinzip nur dann möglich, wenn dieser entgegen der Regel aus besonderen Gründen auch für das unmittelbar rechtsgutsgefährdende Verhalten des Vordermannes zuständig ist[931]. Solche besonderen Gründe sollen nach *Jakobs*[932] dann vorliegen, wenn der eigene Organisationskreis mit dem Verhalten einer anderen Person verbunden ist. Eine solche Verbindung kann sich aus eigenen gefährlichen Handlungen, gefährlichen Sachen oder Situationen ergeben sowie der Gewalt über die andere Person und der Rückwirkung des Verhaltens des anderen auf den eigenen Organisationskreis. Da der Linksetzer weder eine gefährliche Sache weitergibt noch irgendeine Gewalt über das Verhalten des Anbieters der Zielseiten, zu dem normalerweise kein Kontakt besteht, ausüben kann, kommt demnach nur eine Zurechnung der Zugänglichmachung der urheberrechtsverletzenden Inhalte durch den Dritten aufgrund einer eigenen gefährlichen Handlung des Linksetzers in Betracht.

---

930 *BGH*St 3, 203; 30, 391, 394; Hdb. MMR-*Sieber* 19 Rn. 350; *Jakobs*, S. 802; *Otto/Brammsen* Jura 1985, 646, 647; S/S-*Stree* § 13 Rn. 39, 44; S/S-*Lenckner* vor § 13 Rn. 101, 101d; vgl. dazu auch oben S. 242f.

931 *Jakobs* S. 805; S/S-*Stree* § 13 Rn. 39; S/S-*Lenckner* vor § 13 Rn. 101b.

932 *Jakobs*, S. 805.

Eine solche gefährdende Handlung soll nach *Jakobs* insbesondere bei der Beteiligung am Verhalten der anderen Person, insbesondere durch Beihilfe, Anstiftung oder Mittäterschaft vorliegen[933]. Es geht also um eine Haftung für unechtes Unterlassen, das zeitlich nach einer Beteiligung durch Handeln wirksam wird[934]. Für den Linksetzer bedeutet dies, dass das Einrichten des Link nicht nur die Eröffnung einer Gefahrenquelle mit sich bringen, sondern zusätzlich eine Beteiligung am deliktischen Verhalten des Anbieters der Zielseiten darstellen müsste. Das kann aber in der hier untersuchten Konstellation nicht angenommen werden, da zu dem Zeitpunkt des Einrichtens des Links noch keine urheberrechtsverletzenden Inhalte auf den Zielseiten vorhanden waren und mithin keine Urheberrechtsstraftaten begangen wurden, an denen sich der Linksetzer durch Setzen des Links hätte beteiligen können. Es fehlt zu diesem Zeitpunkt an einer vorsätzlich rechtswidrigen Haupttat des Anbieters der Zielseiten.

Entscheidende Frage bei der Begründung von Garantenpflichten des Linkenden ist daher, ob auch die nicht deliktische Beteiligung am Verhalten eines Dritten ausreicht, um Sicherungspflichten wegen eines späteren kriminellen Verhaltens des Dritten zu begründen[935]. Diese Frage wird im deutschen und im spanischen Schrifttum bislang so gut wie gar nicht erörtert[936].

Boese[937] ist der Ansicht, dass im Hinblick auf Hyperlinks davon auszugehen sei, dass trotz eigenverantwortlichem Verhalten des aktiv Handelnden eine Garantenpflicht des Linksetzers gegeben ist. Das Setzen des Links müsse als gefährliches, pflichtenbegründendes Verhalten qualifiziert werden. Dieser Auffassung möchte ich mich anschließen: Es kann nicht unberücksichtigt bleiben, dass der Setzer eines Hyperlinks sich regelmäßig bewusst und zielgerichtet ein Angebot aussucht, auf welches er die Nutzer seines eigenen Angebots führen möchte. Er erweitert dadurch gleichermaßen seinen eigenen Verantwortungsbereich um das Angebot des Dritten und ist daher auch für die aus diesem herrührenden Gefahren verantwortlich. Er kann sich mithin insoweit nicht darauf berufen, dass der missbilligte Inhalt erst durch den Dritten eigenverantwortlich dem Zielangebot hinzugefügt wurde. Der Linkanbieter als Verantwortlicher für eine Gefahrenquelle nutzt den Herrschaftsbereich eines anderen aus, um sein eigenes Angebot zu erweitern. Diese Beteiligung muß auch zur Ausweitung der Garantenpflicht des Linksetzers bezüglich des Angebots führen.

---

933 *Jakobs*, S. 805.

934 *Jakobs*, S. 805.

935 So auch: *Boese*, Verantwortlichkeit für Links, S. 167.

936 Ausn.: *Boese*, Verantwortlichkeit für Links, S. 167.

937 *Boese*, Verantwortlichkeit für Links, S. 168.

cc) Zumutbarkeit normgemäßen Verhaltens

Soweit dem Setzer eines Hyperlinks ein Unterlassen vorgeworfen wird, muss das von ihm erwartete Verhalten zumutbar sein. Bei Hyperlinks betrifft die Frage der Zumutbarkeit insoweit in Deutschland vor allem die Überwachung des verwiesenen Inhalts[938]. In Spanien hingegen kommt es darauf an, ob es dem Provider zuzumuten ist, unverzüglich den Link zu entfernen. Eine Überwachungspflicht des Providers gibt es im Hinblick auf Links in Spanien nicht. Das ergibt sich aus Art. 17 ALSSI, der positive Kenntnis verlangt und in Art. 17.1 lit. *b)* ALSSI genau die Konstellation der Unterlassung erfasst.

dd) subjektiver Tatbestand

Hier kann auf das zur Providerverantwortlichkeit Gesagte verwiesen werden[939].

[938] Vgl. ausführlich zur Zumutbarkeit bei Hyperlinks: *Boese*, Verantwortlichkeit für Links, S. 175, 177ff.

[939] S.o. S. 249; insb. zum Vorsatz bei Hyperlinks vgl.: *Boese*, Verantwortlichkeit für Links, S. 190f.

3. Teil - Europäisches Recht

Das Urheberrecht ist ein Rechtsgebiet, das von europäischen und internationalen Regelungen stark beeinflusst wird. Vor kurzer Zeit wurde dementsprechend auf europäischer Ebene eine Richtlinie des Europäischen Parlaments und des Rates zur Harmonisierung bestimmter Aspekte des Urheberrechts und der verwandten Schutzrechte in der Informationsgesellschaft verabschiedet. Diese ist am 22. Juni 2001 mit ihrer Veröffentlichung im Amtsblatt in Kraft getreten[940]. Gem. Art. 13 UrhRL muss diese bis zum 22. Dezember 2002 in innerstaatliches Recht umgesetzt werden.

Die Richtlinie berührt an einigen Punkten die hier untersuchten Fallkonstellationen. Von besonderer Bedeutung sind insoweit das Recht der öffentlichen Zugänglichmachung aus Art. 3 UrhRL und das weite Vervielfältigungsrecht des Art. 2 mit seinen ebenso umfangreichen Einschränkungen in Art. 5.

A. Vervielfältigungen

Gem. Art. 2 UrhRL umfasst das Vervielfältigungsrecht das Recht, die unmittelbare oder mittelbare, vorübergehende oder dauerhafte Vervielfältigung auf jede Art und Weise und in jeder Form ganz oder teilweise zu erlauben oder zu verbieten. Mit dieser weiten Definition des Begriffes der Vervielfältigung sollen alle relevanten Handlungen erfasst werden[941]. Insbesondere das Merkmal der vorübergehenden Vervielfältigung deutet darauf hin, dass sämtliche in der Netzwerkumgebung stattfindenden Vervielfältigungen solche im Sinne von Art. 2 UrhRL darstellen[942]. Dies ergibt sich zum einen aus dem Wortlaut von Art. 2 der Richtlinie und dem systematischen Zusammenhang mit Art. 5 Abs. 1 UrhRL sowie aus dem Erwägungsgrund Nr. 33 zur UrhRL, wonach das Browsen gem. Art. 5 Abs. 1 lit. *b)* UrhRL nicht unter den Vervielfältigungsbegriff zu subsumieren ist. Wenn das Browsen aber gem. Art. 5 Abs. 1 lit. *b)* UrhRL aus dem Exklusivrecht des Urhebers hinausfällt, dann muss es zunächst unter Art. 2 UrhRL zu subsumieren sein[943]. Damit erfasst

---

940 Richtlinie 2001/29/EG des Europäischen Parlamentes und des Rates vom 22. Mai 2001 zur Harmonisierung bestimmter Aspekte des Urheberrechts und der verwandten Schutzrechte in der Informationsgesellschaft, ABl. EG L 167 vom 22.06.2001, S. 10.

941 Erwägungsgründe 21-23.

942 *Garrote Fernández-Díez*; Derecho de autor en internet, S. 318; *Kröger* in *Kröger/Gimmy*, Internetrecht, S. 381, 386, 387.

943 *Dreier*, ZUM 2002, 28, 29; *Hoeren* MMR 2000, 515, 516; *Kröger* CR 2001, 316, 317; *Nippe*, Urheber und Datenbank, S. 127/128; *Plaza Penadés* RdP 2000, 87, 93, 94.

die Richtlinie sämtliche digitalen Kopierformate inklusive der nur ephemeren Zwischenspeicherung im RAM und dem Browsen[944].

B. Recht der öffentlichen Wiedergabe

Art. 3 Abs. 1 UrhRL umfasst das ausschließliche Recht des Urhebers an der drahtgebundenen oder drahtlosen öffentlichen Wiedergabe seines Werkes einschließlich der öffentlichen Zugänglichmachung des Werkes in der Weise, dass es Mitgliedern der Öffentlichkeit an Orten und zu Zeiten ihrer Wahl zugänglich ist. Eine Erschöpfung dieses Rechtes tritt gem. Art. 3 Abs. 3 UrhRL nicht ein.

Art. 3 UrhRL beruht auf Art. 8 WCT. Die Regelung erstreckt das herkömmliche ausschließliche Urheberrecht hinsichtlich der interaktiven drahtgebundenen und drahtlosen Wiedergabe auf alle Werkkategorien. Es beinhaltet zwei verschiedene Rechte des Urhebers: zunächst das der ausschließlichen drahtgebundenen oder drahtlosen Wiedergabe, gefolgt vom Recht an der Zugänglichmachung des Werkes[945]. Während beim ersten der Schwerpunkt auf der Wahrnehmbarmachung des Werkes unter Anwesenden liegt, wird in das zweite bereits durch die Möglichkeit des Abrufs eingegriffen[946]. Allein entscheidend ist bei der zweiten Alternative mithin das Angebot, ohne dass es darauf ankäme, ob das Werk tatsächlich abgerufen wird.

C. Schrankenregelung von Art. 5 UrhRL

Art. 5 UrhRL nimmt bestimmte Handlungen aus dem Vervielfältigungsbegriff des Art. 2 UrhRL heraus[947]. Hierbei ist zu unterscheiden zwischen den für die Mitgliedsstaaten obligatorischen Schranken des Art. 5 Abs. 1 UrhRL und den fakultativen Schranken des Art. 5 Abs. 2 und Abs. 3 UrhRL. Insgesamt sind die Bestimmungen des Art. 5 UrhRL abschließend[948], so dass andere als die enume-

---

[944] So auch: *Dustmann*, Provider, S. 79; *Garrote Fernández-Díez*, Derecho de autor en internet, S. 331; *Spindler*, GRUR 2002, 105, 107; ders.: JZ 2002, 60, 62.

[945] *Garrote Fernández-Díez*, Derecho de autor en internet, S. 229/230.

[946] *Dreier*, ZUM 2002, 28, 29; der darauf hinweist, dass Art. 3 UrhRL nur die „public communication" im Gegensatz zur „public performance" betrifft.

[947] Erwägungsgrund 23 des Richtlinienentwurfs; *Garrote Fernández-Díez*, Derecho de autor en internet, S. 320; *Gómez Segade* in: *Rogel Vide*, Nuevas tecnologías, S. 29, 30 ; *ders.* RGLJ 1999, 309, 319; *Hoeren* MMR 2000, 515, 516; *Kröger* CR 2001, 316, 317; *Nippe*, Urheber und Datenbank, S. 127/128 ; *Plaza Penadés* RdP 2000, 87, 103; *Spindler*, GRUR 2002, 105, 111.

[948] Erwägungsgrund (22); *Dietz* ZUM 1998, 438, 446; *Garrote Fernández-Díez*, Derecho de autor en internet, S. 419; *Hoeren* MMR 2000, 515, 517; *Reinbothe*, ZUM 1998, 429, 434; *ders.* GRUR Int. 2001, 733, 737.

rativ aufgeführten Schranken nicht in das nationale Recht aufgenommen werden können. Innerhalb der fakultativen Schranken aus Art. 5 UrhRL muss unterschieden werden zwischen denen, die sich allein auf das Vervielfältigungsrecht aus Art. 2 UrhRL beziehen, und denen, die auch das Recht der öffentlichen Wiedergabe aus Art. 3 UrhRL betreffen.

Art. 5 Abs. 4 UrhRL überlässt es den Mitgliedsstaaten, die Schrankenregelungen der Absätze 2 und 3 auch auf das Verbreitungsrecht des Art. 4 UrhRL anzuwenden, wenn diese Ausnahme auch für das Vervielfältigungsrecht gilt. Damit wird noch einmal deutlich, dass die Mitgliedsstaaten sich die Schrankenregelungen aus den Art. 5 Abs. 2 und Abs. 3 UrhRL auswählen dürfen. Die Harmonisierungsrichtlinie wird ihren Namen damit nur eingeschränkt gerecht, da nur eine teilweise Harmonisierung der nationalen Rechtsordnungen innerhalb des Binnenmarktes erreicht werden kann.

Hinsichtlich der Auslegung der einzelnen Schrankenregelungen ist Art. 5 Abs. 5 UrhRL zu berücksichtigen, der den sog. Drei-Stufen-Test aus Art. 9 Abs. 2 RBÜ übernommen hat. Die wesentlichen Merkmale des Drei-Stufen-Tests lauten: Erstens ist eine Regelung nur in gewissen Sonderfällen gestattet, zweitens darf die normale Verwertung des Werkes nicht beeinträchtigt werden und drittens dürfen die berechtigten Interessen des Urhebers nicht unzumutbar verletzt werden. Aufgrund des Vorbehaltes des Art. 5 Abs. 5 UrhRL erhält der Test den Charakter einer generellen Schranke und ist als allgemeingültige Interpretationshilfe heranzuziehen.

I. Schranken gem. Art. 5 Abs. 1 UrhRL

Art. 5 Abs. 1 UrhRL ist das Gegenstück zum weiten Vervielfältigungsbegriff aus Art. 2 UrhRL[949]. Nach dieser Regelung sollen vorübergehende Vervielfältigungshandlungen, die vergänglich oder begleitend sind und einen integralen Teil eines technischen Verfahrens darstellen, deren alleiniger Zweck es ist, a) eine Übertragung in einem Netz zwischen Dritten durch einen Vermittler oder b) eine rechtmäßige Nutzung eines Werks oder sonstigen Schutzgegenstandes zu ermöglichen, und die keine eigenständige wirtschaftliche Bedeutung haben, vom Vervielfältigungsrecht des Art. 2 UrhRL ausgenommen werden. Gem. Art. 5 Abs. 1 lit. *a)* UrhRL sind damit Vervielfältigungen, die beim Caching entstehen, grundsätzlich nicht als Vervielfältigungshandlungen gem. Art. 2 UrhRL zu werten[950]. Voraussetzung ist jedoch, dass es sich um vorübergehende, begleitende Kopien handelt, die keine eigenständige wirtschaftliche Bedeutung haben,

---

949 *Kröger* in *Kröger/Gimmy*, Internetrecht, S. 381, 395/396.
950 Erwägungsgrund (23).

und dass die Kopie zu dem alleinigen Zweck hergestellt wird, eine Übertragung in einem Netz zwischen Dritten durch einen Vermittler zu ermöglichen. Es handelt sich mithin um Fälle, die von Art. 12 Abs. 2 ECRL erfasst werden[951]. Haben die Vervielfältigungen einen eigenständigen wirtschaftlichen Wert oder sind nicht vorübergehender Natur, so kommt eine Anwendung von Art. 5 Abs. 1 UrhRL insgesamt nicht in Betracht. In diesen Fällen ist dann Art. 13 ECRL[952] zu beachten.

Ist die Zweckbestimmung der Vervielfältigung eine andere als die in Art. 5 Abs. 1 lit. *a)* UrhRL bezeichnete, so kann diese gem. Art. 5 Abs. 1 lit. *b)* UrhRL privilegiert sein, wenn sie die rechtmäßige Nutzung eines Werkes ermöglichen sollen. Insgesamt wurde bei Art. 5 Abs. 1 UrhRL vor allem an Vervielfältigungen bei der Online-Übermittlung von Werken gedacht[953]. Eine Einschränkung des Vervielfältigungsbegriffes für Speicherungen im RAM eines PC ist hingegen nicht vorgesehen. Nach Art. 2 UrhRL i. V. m. Art. 5 Abs. 1 UrhRL hat der Urheber mithin grundsätzlich das exklusive Recht der Zwischenspeichern seines Werkes im RAM eines PC. In Betracht kommt lediglich eine Anwendung von Art. 5 Abs. 1 lit. *b)* UrhRL auf Fälle, in denen ein urheberrechtlich geschütztes Werk in den RAM des PC geladen werden muss, um eine erlaubte Nutzungshandlung zu ermöglichen[954]. In diesen Fällen bedarf die nur vorübergehende Zwischenspeicherung nicht der Zustimmung des Urhebers, sofern diese keine eigenständige wirtschaftliche Bedeutung hat[955].

II. Schranken gem. Art. 5 Abs. 2 UrhRL

Im Hinblick auf die fakultativen Schranken des Urheberrechtes aus Art. 5 Abs. 2 UrhRL ist das Augenmerk auf Art. 5 Abs. 2 lit. *b)* UrhRL zu richten. Diese Vorschrift kodifiziert eine Ausnahme zum Vervielfältigungsrecht des Art. 2 UrhRL in Bezug auf Vervielfältigungen auf beliebigen Trägern zur privaten Verwendung. Die Vervielfältigung muss durch eine natürliche Person für nicht gewerbliche Zwecke vorgenommen worden sein und die Rechtsinhaber müssen hierfür einen gerechten Ausgleich erhalten. Bei der Bemessung der Höhe der Vergütung ist zu berücksichtigen, ob die technischen Maßnahmen gemäß Art. 6 UrhRL auf das betreffende Werk oder den betreffenden Schutzgegenstand angewendet wurden.

---

951 Siehe auch § 9 Abs. 2 TDG; Art. 14.2 ALSSI.

952 Siehe auch § 10 TDG; Art. 15 ALSSI.

953 Erwägungsgrund (23); *Plaza Penadés* RdP 2000, 87, 103.

954 So auch: *Dustmann*, Provider, S. 80f.; *Garrote Fernández-Díez*, Derecho de autor en internet, S. 332/333.

955 Kritisch dazu: *Garrote Fernández-Díez*, Derecho de autor en internet, S. 333ff.

Diese Vorschrift muss auf den ersten Blick verwundern, da eine Differenzierung zwischen digitalen Vervielfältigungen und analogen Vervielfältigungshandlungen nicht vorgenommen wird[956], obwohl doch gerade diesem Unterschied und den Gefahren der digitalen Reprographie gebührend Rechnung getragen werden sollte. Andererseits muss bei der Verwendung von technischen Schutzmechanismen gem. Art. 6 Abs. 3 UrhRL[957] dies bei der Bestimmung der angemessenen Vergütung des Urhebers berücksichtigt werden. Mit dem Verweis auf Art. 6 UrhRL wird den Urhebern eine Möglichkeit an die Hand gegeben, ihre Werke gegen unerlaubten Zugriff zu schützen, da sie bei Benutzen von Schutzmechanismen höhere Vergütungen für digitale private Vervielfältigungen zu erwarten haben[958]. Problematisch erscheint hier jedoch, dass das Recht der privaten Vervielfältigung ausgehöhlt werden könnte. Wenn nämlich urheberrechtlich geschützte Werke der Musik generell mit Kopierschutzsystemen versehen werden, hat der Verbraucher letztlich keine Möglichkeit mehr, von seinem Recht der privaten Vervielfältigung Gebrauch zu machen. Das ist auch deshalb bedeutsam, weil an die Umgehung von Schutzmechanismen nach Art. 6 Abs. 1, 8 UrhRL Sanktionen zu knüpfen sind. Das gilt nach Art. 6 Abs. 2 UrhRL sogar für Vorbereitungshandlungen.

Dieses Spannungsverhältnis soll Art. 6 Abs. 4 UrhRL[959] lösen. Zu beachten ist jedoch, dass Art. 6 Abs. 4 UrhRL nur auf Art. 6 Abs. 1 UrhRL Anwendung findet[960]. Unterabschnitt 1 von Art. 6 Abs. 4 UrhRL sieht vor, dass die Mitgliedstaaten bei 7 der insgesamt 21 Schrankenbestimmungen des Art. 5 UrhRL geeignete Maßnahmen treffen müssen, damit sichergestellt ist, dass die Rechtsinhaber dem Begünstigten einer Schrankenbestimmung Mittel zur Verfügung stellen, die ihm ermöglichen, in den Genuss der entsprechenden Schranken zu gelangen. Zum einen gelten diese Mittel aber erst dann, wenn die Rechtsinhaber nicht innerhalb angemessener Frist freiwillige Maßnahmen treffen oder unter den Parteien keine diesbezügliche Einigung zustande kommt[961], die die Mitgliedsstaaten verpflichtet, sich darum zu bemühen, dass die im nationalen Recht vorgesehenen Beschränkungen erreicht werden. Zum anderen ist die wichtigste Schranke im Bereich der Musikpratierie im *Internet*, Art. 5 Abs. 2 lit. *b)* UrhRL,

---

956 Vgl. dazu: *Bayreuther* ZUM 2001, 828, 831; *Garrote Fernández-Díez*, Derecho de autor en internet, S. 430ff.; *Schippan* ZUM 2001, 116, 119f., 126.

957 Vgl. dazu: *Dreier*, ZUM 2002, 28; *Flechsig*, ZUM 2002, 1, 14; *Garrote Fernández-Díez*, Derecho de autor en internet, S. 493ff; *Hädicke*, FS-Dietz S. 349ff.; *Reinbothe*, GRUR 2001, 733, ders.: ZUM 2002, 43; *Spindler*, GRUR 2002, 105, 115.

958 *Flechsig*, ZUM 2002, 1, 9; *Reinbothe*, GRUR 2001, 733, 739; ders.: ZUM 2002, 43, 50.

959 Zu Umsetzungsmöglichkeiten in innerdeutsches Recht vgl.: *Metzger/Kreutzer* MMR 2002, 139.

960 *Reinbothe*, GRUR 2001, 733, 741; *Spindler*, GRUR 2002, 105, 117.

961 Nach Unterabsatz 3 von Art. 6 Abs. 4 UrhRL genießen derartige freiwillige Maßnahmen wiederum Umgehungsschutz nach Art. 6 Abs. 1 UrhRL.

keine der 7 Schrankenbestimmungen. Für diese Schranke steht es gem. Unterabschnitt 2 des Art. 6 Abs. 4 UrhRL den Mitgliedsstaaten frei, ähnlich dem Unterabschnitt 1 zu verfahren, vorausgesetzt die Vervielfältigung ist nicht bereits durch die Rechtsinhaber in dem für die Nutzung erforderlichen Maße gem. Art. 5 Abs. 2 lit. *b)* UrhRL und Art. 5 Abs. 5 UrhRL ermöglicht worden; den Rechtsinhabern muss es dabei freistehen, die Zahl der Vervielfältigungsstücke, die angefertigt werden können, zu beschränken. Bei interaktiver Zugänglichmachung von urheberrechtlich geschützten Werken können durch den Mitgliedsstaat jedoch keine Maßnahmen gegen den Anbieter gem. Art. 6 Abs. 4 Unterabschnitt 4 UrhRL erlassen werden. Der Rechtsinhaber kann sich also auf vertraglicher Grundlage urheberrechtlicher Schranken entledigen, wenn er sein durch technische Schutzmechanismen geschütztes Werk im *Internet* zum Abruf anbietet[962]. Vertragliche Vereinbarungen haben daher Vorrang vor Art. 6 Abs. 4 UrhRL[963].

Der Download eines urheberrechtlich geschützten Werkes der Musik ist damit weiterhin nicht als Vervielfältigung anzusehen, wenn er zum privaten Gebrauch geschieht.

III. Schranken gem. Art. 5 Abs. 3 UrhRL

Auch der Katalog des Art. 5 Abs. 3 UrhRL ist einerseits fakultativ, andererseits aber auch abschließend. In diesem Katalog finden sich verschiedene Privilegierungen zugunsten der Forschung, Behinderter, der Presse etc. Jene Ausnahmen können sowohl für das Vervielfältigungsrecht aus Art. 2 UrhRL als auch für das Recht der öffentlichen Wiedergabe aus Art. 3 UrhRL eingeführt werden[964]. Keine der dort aufgezählten Schranken ist jedoch in den hier untersuchten Fallkonstellationen einschlägig. Insbesondere bestimmt Art. 5 Abs. 3 lit. *o)* UrhRL, dass die Rechte aus Art. 2 UrhRL und Art. 3 UrhRL zugunsten von Nutzungshandlungen in anderen Fällen als den aufgeführten eingeschränkt werden können. Voraussetzung hierfür ist jedoch, dass es sich um Fälle von geringer Bedeutung handelt, solche Ausnahmen bereits in den einzelstaatlichen Rechtsvorschriften vorgesehen sind und nur analoge Verwendungen betreffen. Im Gegenschluss ergibt sich hieraus, dass weitergehende Einschränkungen für digitale Verwendungen in keinem Fall zulässig sein sollen.

---

962 *Bayreuther* ZUM 2001, 828, 838; *Dreier*, ZUM 2002, 28, 37; *Flechsig*, ZUM 2002, 1, 16; *Kröger*, CR 2001, 316, 323; *Reinbothe*, GRUR 2001, 733, 742; ders.: ZUM 2002, 43, 47.

963 *Flechsig*, ZUM 2002, 1, 16; *Reinbothe*, GRUR 2001, 733, 742; *Spindler*, GRUR 2002, 105, 118.

964 *Spindler*, GRUR 2002, 105, 113.

D. Auswirkungen der Regelungen auf die nationalen Rechtsordnungen Deutschlands und Spaniens

Im Ergebnis stellt sich die Rechtslage für Vervielfältigungen bei der Online-Nutzung von urheberrechtlich geschützten Werken nach der Richtlinie wie folgt dar: Das Heraufladen eines Werkes auf einen Server ist nach Art. 2 UrhRL als Vervielfältigung zu qualifizieren. Das gilt sowohl für die dauerhafte Festlegung auf der Festplatte des Servers als auch für die nur vorübergehende Speicherung im RAM[965], soweit diese nicht Durchgangsstadium einer rechtmäßigen Nutzung ist. Die technisch erforderlichen und nur vorübergehenden Vervielfältigungshandlungen bei der Online-Übermittlung stellen gem. Art. 5 Abs. 1 lit. *a)* UrhRL grundsätzlich keine Vervielfältigungshandlungen i.S.d. Art. 2 UrhRL dar. Das Zugänglichmachen von urheberrechtlich geschützten Werken der Musik ist eine öffentliche Wiedergabe in Form der öffentlichen Zugänglichmachung gem. Art. 3 UrhRL. Eine Einschränkung des Rechts der öffentlichen Wiedergabe kommt nur unter den Voraussetzungen von Art. 5 Abs. 3 UrhRL in Betracht. Im Bereich der Musikpiraterie ist jedoch keine der in Art. 5 Abs. 3 UrhRL genannten Schranken des Rechts der öffentlichen Wiedergabe einschlägig.

I. Deutschland

Im Bezug auf das Recht der Vervielfältigung aus §§ 15 Abs. 1 Nr. 1, 16 Abs. 1 UrhG kann den Veränderungen durch eine richtlinienkonforme Auslegung Rechnung getragen werden. Man wird vor dem Hintergrund des weiten Vervielfältigungsbegriffes aus Art. 2 UrhRL nicht mehr umhin können, auch die Speicherung im RAM als relevante Vervielfältigungshandlung zu betrachten. Um eine Klarstellung diesbezüglich zu erreichen, sollte jedoch in den Gesetzestext des § 16 UrhG eine Formulierung eingefügt werden, nach der auch vorübergehende, vergängliche und begleitende Vervielfältigungen als Vervielfältigungen im Sinne des Gesetzes zu betrachten sind[966].

Das Recht der öffentlichen Zugänglichmachung ist nach dem oben Gesagten bereits jetzt in § 15 Abs. 2 UrhG enthalten, jedoch sollte auch hier eine klarstellende Regelung insbesondere zum Begriff der Öffentlichkeit aus § 15 Abs. 3 UrhG erfolgen[967]. Entsprechende Regelungen sind bereits im Diskussionsentwurf eines Fünften Gesetzes zur Änderung des Urheberrechtsgesetzes in den §§ 15, 19a enthalten.

[965] A.A. wohl *Spindler*, GRUR 2002, 105, 111.
[966] So jetzt auch: *Dreier*, ZUM 2002, 28, 30.
[967] So auch: *Dreier*, ZUM 2002, 28, 31.

Im Hinblick auf die Schrankenregelungen zum Urheberrecht sind insgesamt weitreichende Änderungen des sechsten Abschnittes (§§ 45ff. UrhG) erforderlich. Erforderlich wird zunächst eine Umsetzung von Art. 5 Abs. 1 UrhRL sein. Vor dem Hintergrund der detaillierten Regelung in Art. 5 Abs. 1 UrhRL bietet sich hier an, eine wortgleiche Regelung in das deutsche Recht zu übernehmen[968].

Die hier interessierenden Regelungen sind vor allem § 53 UrhG und § 52 UrhG. Fraglich erscheint insbesondere, ob § 53 Abs. 1 S. 2 UrhG, der die Herstellung von Vervielfältigungsstücken durch Hilfspersonen für den privaten Gebrauch anderer zulässt, aufrechterhalten werden kann[969]. Art. 52 UrhG wird zumindest im Hinblick auf das zukünftige Recht der öffentlichen Wiedergabe in Form der interaktiven öffentlichen Zugänglichmachung nicht mehr angewendet werden können. Eine entsprechende Regelung ist in Art. 5 Abs. 3 UrhRL nicht enthalten[970].

Schließlich bestimmt Art. 8 Abs. 1 UrhRL, dass die Mitgliedsstaaten bei Zuwiderhandlung gegen die in der Richtlinie festgelegten Rechte und Pflichten angemessene Sanktionen vorzusehen haben. Die Sanktionen müssen wirksam und verhältnismäßig sein und als Abschreckung gegen weitere Zuwiderhandlung dienen. Vor dem Hintergrund von Art. 6 Abs. 1 UrhRL wird es daher erforderlich sein, in § 106 UrhG eine Formulierung einzubauen, nach der die Umgehung technischer Maßnahmen zum Schutz des Urhebers und seines Werkes unter Strafe steht[971].

Insgesamt wird sich durch die erforderlichen Änderungen die Rechtslage in strafrechtlicher Hinsicht so darstellen, dass jede noch so kurze und vorübergehende Speicherung im RAM als unerlaubte Vervielfältigung strafbar ist, es sei denn, sie ist Durchgangsstadium einer erlaubten Werknutzung, hat nur vorübergehenden Charakter und keine eigenständige wirtschaftliche Bedeutung. Im Hinblick auf die private Vervielfältigung beim Herunterladen urheberrechtlich geschützter Werke werden keine Änderungen zur derzeit gültigen Rechtslage eintreten.

---

968 *Reinbothe,* ZUM 2002, 43, 48.

969 Vgl. dazu: *Bayreuther* ZUM 2001, 828, 832; a.A.: *Reinbothe*, GRUR 2001, 733, 739; *Spindler*, GRUR 2002, 105, 112.

970 So auch *Bayreuther*, der § 52 UrhG auf analoge Verwertungsformen beschränkt wissen will, *Bayreuther* ZUM 2001, 828, 835; *Spindler* JZ 2002, 60, 68; wohl auch: *Flechsig*, ZUM 2002, 1, 12.

971 Anders wohl: *Flechsig*, ZUM 2002, 1, 17.

II. Spanien

Auch in Spanien kann dem weiten Vervielfältigungsbegriff aus Art. 2 UrhRL durch eine entsprechend weite Auslegung des Art. 18 TRLPI Rechnung getragen werden. Auch hier wird jedoch eine klarstellende Formulierung eingefügt werden müssen. Das Recht der öffentlichen Zugänglichmachung aus Art. 3 UrhRL ist bereits in Art. 20 TRLPI enthalten, so dass es einer Umsetzung nicht bedarf.

Bei den Schrankenregelungen verhält es sich ebenso. Art. 31.2 TRLPI entspricht weitestgehend schon heute Art. 5 Abs. 2 lit. *b)* UrhRL. Vor dem Hintergrund von Art. 8 UrhRL wird auch eine Änderung von Art. 270 S. 3 CP erforderlich sein, so dass nicht nur die Umgehung von technischen Schutzmechanismen zugunsten Computerprogrammen, sondern aller Werkarten unter Strafe steht.

E. Ergebnis

Insgesamt wird die Richtlinie vor dem Hintergrund der fakultativen Regelungen aus den Art. 5 Abs. 2 und 3 UrhRL ihrem Harmonisierungsanspruch nicht gerecht, da zu erwarten ist, dass nationale Unterschiede bestehen bleiben werden[972]. In Deutschland wird die Umsetzung dazu führen, dass aufgrund der strengen Akzessorietät des Urheberstrafrechtes zum Urheberrecht auch vorübergehende Vervielfältigungen zur Strafbarkeit gem. § 106 UrhG führen können, soweit nicht die in Art. 5 Abs. 1 UrhRL bezeichnete Einschränkung des Vervielfältigungsrechtes aus Art. 2 UrhRL eingreift. In Spanien hingegen wird eine solche Änderung voraussichtlich nicht eintreten, da die Regelung aus Art. 270 S. 1 CP nicht so streng akzessorisch wie in § 106 UrhG ausgebildet ist.

---

[972] Einschränkend: *Reinbothe* GRUR Int. 2001, 733, 737.

4. Teil - Ergebnis und Schlussbemerkung

A. Ergebnis

Aus der vorhergehenden Darstellung wird deutlich, dass sich der Rechtsvergleich auf einige Problemschwerpunkte bezieht: Zum einen untersucht er als Vorfrage die Grundkonzeption des Zentralstraftatbestandes zum Schutze des Urhebers und seines Werkes. Weiterhin wird die Anwendbarkeit des nationalen Urheberstrafrechts in beiden Rechtsordnungen untersucht. Daran schließt sich die Untersuchung der Tathandlungen an, die bei der Verwertung von Musikwerken Online in beiden Rechtsordnungen verwirklicht werden. Zum anderen wird die strafrechtliche Verantwortlichkeit der Provider für die genannten Tathandlungen untersucht.

Der Vergleich ist insoweit funktional. Er setzt nicht an der äußeren Ähnlichkeit der Erscheinung von Rechtsfiguren oder Instituten an, sondern am sozialen Konflikt, und bezieht daher alle Rechtsinstrumente in den Vergleich ein, die die Funktion haben, den Konflikt zu lösen[973].

I. Rechtscharakter der Strafvorschriften zum Schutze des Urhebers

Wie oben gezeigt handelt es sich bei den Delikten zum Schutze des Urhebers nach deutschem Recht, anders als in Spanien, um Blankettvorschriften. § 106 UrhG ist im Gegensatz zu Art. 270 S. 1 CP streng zivilrechtsakzessorisch. Folge hiervon ist, dass in Deutschland alle zivilrechtlich unerlaubten Verwertungshandlungen[974] auch strafrechtlich relevante Verwertungshandlungen darstellen. Diese sind nur auf Antrag des Verletzten zu verfolgen, es sei denn, es besteht ein öffentliches Interesse an der Strafverfolgung. In Spanien hingegen sind die Vorschriften zum strafrechtlichen Schutz des Urhebers weitgehend autonom. Es handelt sich nicht um Blankettvorschriften. Sie stehen vielmehr nur in einem Interpretationszusammenhang mit den zivilrechtlichen Vorschriften des spanischen Urheberrechts, die die obere Grenze der Strafbarkeit beschreiben. Eine strafbare Verwertungshandlung liegt deshalb nicht notwendigerweise immer dann vor, wenn eine zivilrechtlich zum Schadensersatz verpflichtende Verwertungshandlung zu bejahen ist. Strafrechtlich relevant ist ein Verhalten viel-

---

973 *Koch/Magnus/Winkler von Mohrenfels*, IPR und Rechtsvergleichung, S. 237; *Zweigert/Kötz* I 34ff.

974 Mit Ausnahme der Ausstellung gem. § 18 UrhG.

mehr erst dann, wenn eindeutig[975] von einem Verstoß ausgegangen werden kann. Dieses Verständnis von der strafrechtlichen Vorschrift wirkt sich gerade bei den hier zu untersuchenden Tathandlungen aus, da vielfach nur durch eine intensive juristische Untersuchung festgestellt werden kann, ob ein bestimmtes Verhalten überhaupt zu einer Verletzung der Exklusivrechte des Urhebers führt. Insbesondere bei nur vorübergehenden Speicherungen im RAM des PC ist das der Fall. Hier führt das in Spanien vorherrschende Verständnis der strafrechtlichen Vorschrift zu einem Abweichen von der zivilrechtlichen Interpretation des Vervielfältigungsbegriffes. Während zivilrechtlich die Ansicht vorherrschend ist, dass eine nur vorübergehende Zwischenspeicherung im RAM des PC vom Exklusivrecht des Urhebers erfasst wird, will man im Strafrecht das bloße Laden eines Werkes, um es für sich zu „benutzen", nicht von der Einwilligung des Urhebers abhängig machen.

Dieses Verständnis des Grundtatbestandes gewinnt auch deshalb an Bedeutung, weil durch die UrhRL in Art. 2 eine Definition des Vervielfältigungsbegriffes gegeben wird, die auch die kurze Zwischenspeicherungen als Vervielfältigung im Sinne des Vervielfältigungsbegriffes ansieht. In Deutschland wird aufgrund der Akzessorietät von § 106 UrhG das Strafrecht der Änderung der zivilrechtlichen Rechtslage folgen. In Spanien hingegen wird es wohl bei der derzeit geltenden Rechtslage bleiben, nach der eine bloß vorübergehende Zwischenspeicherung grundsätzlich nicht strafbar ist.

Die Gefahr, dass sich die strafrechtliche Rechtslage von der zivilrechtlichen Rechtslage in Spanien im Laufe der Zeit durch das Fortschreiten der Technik immer weiter abkoppeln wird, ist wohl nicht von der Hand zu weisen. Gerade im Urheberrecht, das ständigen Wandlungen durch die technische Entwicklung unterliegt, ist diese Gefahr besonders groß. Die spanische Doktrin und Rechtsprechung hingegen begründen ihre Ansicht mit dem ultima-ratio-Prinzip des Strafrechtes, dessen einschneidende Maßnahmen fehl am Platz seien, wenn eine Verletzung der strafbewehrten Exklusivrechte des Urhebers nicht in klarer und präziser – also eindeutiger – Art und Weise festgestellt werden kann. Die in Spanien vorherrschende Rechtslage bezüglich des Rechtscharakters von Art. 270.1 CP kann wohl nur historisch erklärt werden. Bei den Regelungen zum strafrechtlichen Schutz des Urhebers handelte es sich bis 1987 um Blankettvorschriften. Die Vorschriften stammten noch aus der Zeit des Diktators Franco und waren mit den Anforderungen, die die demokratische Verfassung von 1978 in Art. 25.1 CE an strafrechtliche Vorschriften stellt, nicht vereinbar. Des Weiteren wurden die gesetzgeberische Form der Blankettvorschrift in der spanischen Lite-

975 Vgl. zu diesem Erfordernis: SAP de Valencia v. 29.03.2000 (ARP 2000/1384), ähnlich: SAP de Barcelona v. 26.10.1999 (ARP 1999/546); so auch: *Busch*, Protección Penal en España y Alemania, S. 176; *Soto Nieto*, La Ley 1989-3, 962, 967.

ratur vor dem Hintergrund des Art. 25.1 CE weitgehend als verfassungswidrig angesehen. Folge hiervon war die Abkehr von der Technik der Blankettvorschrift. Vor diesem Hintergrund hielt man es auch nicht mehr für notwendig, auf außerstrafrechtliche Vorschriften zurückzugreifen. Andererseits setzte sich langsam die Auffassung durch, dass die strafrechtlichen Vorschriften zum Schutz des Urhebers nicht völlig unabhängig vom zivilen Urheberrecht existieren könnten. Ergebnis dieser Entwicklung ist die heutige Rechtslage.

Diese Rechtslage sieht sich aber folgenden kritischen Anmerkungen ausgesetzt: Auch in Spanien wird davon ausgegangen, dass das Urheberstrafrecht neben das zivile Urheberrecht tritt. Der Gedanke der Generalprävention steht im Vordergrund[976]. Diesem Gedanken muss das Strafrecht im Wirtschaftsstrafrecht Rechnung tragen. Jeder Verzicht auf dieses Erfordernis würde das Nebenstrafrecht nach *Tiedemann* unausweichlich in Vermischung mit bloßer Zwangsgewalt bringen[977]. Es müssen daher von vornherein alle Verhaltensweisen strafbewehrt sein, die zivilrechtlich eine Verletzung der Vermögensrechte des Urhebers darstellen, da sonst keine Abschreckung erreicht wird. Wird in diesem Bereich einer Strafvorschrift Schutzcharakter zuerkannt, so sollte die Auslegung des Strafrechtssatzes den Vorschriften, auf die Bezug genommen wird, entsprechen. Zu berücksichtigen ist auch die zukünftige Entwicklung der außerstrafrechtlichen Materie, um auch in Zukunft einen wirksamen Schutz des Rechtsgutes zu gewährleisten. Sollten sich also bei einer geregelten Rechtsmaterie wie dem Urheberrecht, welches einem ständigen Wandel unterliegt, die Gegebenheiten und damit die Rechtslage ändern, so müssen die Strafvorschriften flexibel genug sein, um diesen Wandel mitzuvollziehen. Dem im Strafrecht geltenden ultima-ratio-Prinzip[978] kann hierbei auf andere Art und Weise Geltung verschafft werden. Beispielsweise in der Form, dass, wie in Spanien, ein strafrechtlicher Vorwurf nur an Handlungen anknüpft, die mit Bereicherungsabsicht durchgeführt werden[979]. Die deutschen Regelungen gehen insoweit zu weit, als jedes vorsätzliche Verhalten genügt, um eine Strafbarkeit zu begründen. So zeigt auch die Praxis, dass Urheberrechtsdelikte in Deutschland nur selten zu Verurteilungen führen. Es fehlt auch insoweit an einem Unrechtsbewusstsein in der Bevölkerung, was wohl nicht zuletzt damit zusammenhängt, dass der strafrechtliche Vorwurf bereits an bloßes vorsätzliches Verhalten anknüpft.

---

976 *Tiedemann*, Tatbestandsfunktion im Nebenstrafrecht, S. 47

977 *Tiedemann*, Tatbestandsfunktion im Nebenstrafrecht, S. 47.

978 Vgl. dazu: *Franzheim* CR 1993, 101, 102; *Roxin* § 2 Rn. 38ff; *Sternberg-Lieben*, Musikdiebstahl, S. 125 u. 140.

979 Ähnlich: *Hildebrandt*, Strafvorschriften des Urheberrechts, S. 521 („Erwerbsabsicht").

II. Anwendbarkeit von nationalem Urheberstrafrecht

Übereinstimmung besteht in beiden Rechtsordnungen, dass für die Anwendbarkeit nationalen Strafrechtes grundsätzlich das Territorialitätsprinzip gilt. Vom Grundsatz her ist daher in beiden Rechtsordnungen nationales Strafrecht anwendbar, wenn die Tat im jeweiligen Inland begangen wurde. Die Frage nach dem Tatort beantworten beide Rechtsordnungen übereinstimmend nach dem Ubiquitätsprinzip. Ein Tatort liegt demnach im Inland, wenn der Handlungsort oder der Erfolgsort im Inland liegen. Im Bereich des *Internets* hat man daher in beiden Ländern grundsätzlich zwischen Delikten mit Handlungs- und Erfolgsort und solchen zu unterscheiden, die bereits durch die Handlung verwirklicht sind und daher keinen daneben stehenden Erfolgsort haben. Handlungsdelikte sind demnach an dem Ort begangen, an dem die strafbare Handlung vorgenommen wurde. Bei Erfolgsdelikten ist daneben das Recht des Landes anwendbar, an dem der tatbestandsmäßige Erfolg eingetreten ist. Im Einzelnen ist die Anwendbarkeit nationalen Strafrechtes im *Internet* jedoch in Deutschland sehr umstritten, während in Spanien hierüber bisher gar nicht diskutiert wurde. Angesichts der den deutschen entsprechenden allgemeinen Grundsätze zur Anwendbarkeit nationalen Rechts stimmt die Rechtslage zwischen beiden Ländern wohl auch insoweit weitgehend überein.

Für den Bereich des Urheberstrafrechtes sind die Grundsätze des allgemeinen internationalen Strafrechtes in beiden Rechtsordnungen nur modifiziert durch das internationalprivatrechtliche System zum Schutz von Urhebern und deren Werken anwendbar. Hieraus ergibt sich übereinstimmend für Spanien und Deutschland, dass das nationale Urheberstrafrecht nur dann zur Anwendung kommen kann, wenn der Urheber für sein Werk im Inland Schutz beanspruchen kann und die Verletzungshandlung in Inland stattfand. Sowohl in Spanien als auch in Deutschland wird davon ausgegangen, dass die Delikte zum Schutze des Urhebers Handlungsdelikte sind.

Ob für eine bestimmte Verwertungshandlung das nationale Urheberstrafrecht Anwendung findet, richtet sich in beiden Ländern nach dem Handlungsort. Die Frage, ob ein bestimmter Handlungsort im Inland ist, richtet sich in beiden Ländern nach dem Schutzlandprinzip. Der Handlungsort ist folglich im Inland, wenn die betreffende Verwertungshandlung im Inland vorgenommen wurde. Es ist demnach zwischen den verschiedenen Verwertungshandlungen zu differenzieren. Übereinstimmend geht man in beiden Ländern davon aus, dass der Handlungsort einer Vervielfältigung an dem Ort liegt, an dem die körperliche Festlegung des Werkes erfolgt. Bei der Online-Verwertung von Musikwerken ist daher nach beiden Rechtsordnungen der Tatort im jeweiligen Inland, wenn der Computer, auf den das Werk heraufgeladen wird, sich im jeweiligen Inland befindet. Hinsichtlich des Rechtes der öffentlichen Wiedergabe ist in beiden Ländern und auch auf internationaler Ebene umstritten, wo die entsprechende Verwertungshandlung im *Internet* verwirklicht wird. Eine herrschende Auffassung existiert insoweit nicht. Die Rechtsprechung hatte sich in beiden Ländern bislang nicht mit der Anwendbarkeit nationalen Strafrechtes bei Urheberstraftaten zu befassen. Eine endgültige Klärung dieses Problembereichs kann wohl nur durch eine internationale Übereinkunft erreicht werden. Nach der hier vertretenen Auffassung ist jedoch für den Akt der öffentlichen Wiedergabe in Form der öffentlichen Zugänglichmachung das Recht des Landes anwendbar, in dem der Täter körperlich handelt, und auch das Recht des Serverstandortes, auf den das urheberrechtlich geschützte Werk heraufgeladen wird. Für die Musikpiraterie bedeutet das, dass der Täter das Recht des Landes, in dem er körperlich anwesend ist, als auch das Recht des Landes, in dem sich der Standort des Servers befindet, beachten muß. Deutsches oder spanisches Strafrecht finden daher Anwendung, wenn der Musikpirat von Deutschland oder Spanien aus tätig wird oder wenn der Server, auf dem die Musikdateien zum Abruf bereitgehalten werden, sich innerhalb Deutschlands oder Spaniens befindet.

Über die Frage der sachlichen Anwendbarkeit des nationalen Urheberrechtes hinaus ist aufgrund der in beiden Ländern bestehenden Abhängigkeit des Urheberstrafrechtes vom zivilen Urheberrecht das Urheberstrafrecht nur dann anwendbar, wenn der persönliche Anwendungsbereich des Urheberrechtes eröffnet ist. Insoweit schützen beide Länder grundsätzlich nur die Urheber, die die Staatsangehörigkeit des jeweiligen Landes besitzen oder EU-Bürger sind. Ausländische Staatsangehörige genießen im jeweiligen Inland nur Schutz, wenn sich dies aus den internationalen Verträgen ergibt. Maßgeblich sind insoweit die RBÜ, das WUA und das TRIPS-Abkommen.

III. Strafbewehrte Tathandlungen

Die Auslegung der Tathandlungen orientiert sich in beiden Ländern weitgehend an den zivilrechtlichen Begriffen des Urheberrechts. Vor diesem Hintergrund ist nicht verwunderlich, dass die rechtlichen Bewertungen der Tathandlungen im *Internet* in Deutschland und Spanien keine wesentlichen Unterschiede aufweisen, denn wie bereits erwähnt sind beide Länder Verbandsländer der Berner Union (RBÜ). Für beide gilt die RBÜ in ihrer Pariser Fassung, so dass im Hinblick auf das Urheberrecht eine weitgehende Rechtsangleichung erreicht ist. Die Probleme bei der Ermittlung der relevanten Tathandlungen im *Internet* bei der Verwertung von urheberrechtlich geschützten Werken online sind daher zum großen Teil dieselben

In beiden Ländern existieren Schrankenregelungen zur Begrenzung der Rechte des Urhebers. Diese zivilrechtlichen Vorschriften stellen im Bereich des Strafrechtes Regelungen auf Tatbestandsebene dar. Bei Eingreifen einer solchen Urheberrechtsschranke stellt die Verwertungshandlung von vornherein keinen Eingriff in das Urheberrecht dar und ist als tatbestandslos zu bewerten.

Einigkeit besteht in beiden Ländern, dass das Herauf- und Herunterladen eines urheberrechtlich geschützten Werkes der Musik auf bzw. von einen Server im *Internet* als Vervielfältigung zu bewerten ist, soweit die Festlegung im permanenten Speicher (Festplatte) des Servers erfolgt. Bei dieser Verwertung ist jedoch die Urheberrechtsschranke der privaten Vervielfältigung in Spanien und in Deutschland zu berücksichtigen. Die Details der entsprechenden Regelungen in Deutschland und Spanien unterscheiden sich zum Teil erheblich. Auffallend ist insbesondere der Regelungsumfang von § 53 UrhG im Vergleich zu Art. 31.2 TRLPI. Im Ergebnis besteht aber auch diesbezüglich in beiden Ländern Einigkeit, dass das Heraufladen auf einen Server im Gegensatz zum Herunterladen nicht von der Urheberrechtsschranke gedeckt ist. Im Ergebnis stellt daher in beiden Rechtsordnungen das Heraufladen eines Werkes der Musik auf einen Server im *Internet* eine objektiv tatbestandsmäßige Vervielfältigungshandlung dar. Im Hinblick auf das Herunterladen urheberrechtlich geschützter Musikwerke ist davon auszugehen, dass beide Rechtsordnungen diese als von der Schranke der privaten Vervielfältigung gedeckt ansehen. Eine Änderung dieser Rechtslage wird mit der Richtlinie zum Schutz des Urheberrechts in der Informationsgesellschaft nicht eintreten.

Sowohl in Deutschland als auch in Spanien herrscht im Zivilrecht weitgehend Einigkeit, dass jede auch noch so kurze Zwischenspeicherung eines urheberrechtlich geschützten Werkes als Vervielfältigung zu bewerten ist. Angesichts des beschriebenen Verständnisses von Art. 270 S. 1 CP wird das bloße Laden eines urheberrechtlich geschützten Werkes in den RAM eines PC in Spanien zwar zivilrechtlich als Vervielfältigung angesehen, nicht jedoch strafrechtlich.

Hinsichtlich der Verwertung des urheberrechtlich geschützten Werkes der Musik durch die Online-Zugänglichmachung herrscht Einigkeit dahingehend, dass dieses Recht dem Urheber zuzuordnen ist. Während in Deutschland die dogmatische Begründung eines solchen Rechtes als Recht der öffentlichen Wiedergabe umstritten ist, ist in Spanien das Recht der Online-Zugänglichmachung von urheberrechtlich geschützten Werken bereits ausdrücklich als Recht der öffentlichen Wiedergabe aufgeführt. Auf internationaler Ebene werden jedoch die UrhRL der EU und der WCT Vertrag dazu führen, dass auch in Deutschland der Streit über die dogmatische Einordnung des Rechtes beendet wird. Eine Schranke dieses Rechtes besteht in Übereinstimmung mit den Regelungen der Art. 11ff. RBÜ in Spanien nicht. Anders ist dies in Deutschland mit § 52 UrhG. Unabhängig davon, dass diese Regelung mit dem Wortlaut von Art. 11 und

Art. 11ter RBÜ[980] nicht vereinbar ist, wirkt sie sich in der hier untersuchten Konstellation nicht aus und führt daher nicht zum Abweichen der deutschen von der spanischen Rechtslage bei der öffentlichen Wiedergabe.

IV. Subjektive Tatbestandsvoraussetzungen

Im Unterschied zum deutschen Recht genügt nach spanischem Strafrecht das bloße vorsätzliche Verhalten nicht, um eine Strafbarkeit aufgrund unerlaubter Verwertung urheberrechtlich geschützter Werke zu begründen. Erforderlich ist im Gegensatz zum deutschen Recht die Bereicherungsabsicht und damit das Streben nach einem rechtswidrigen wirtschaftlichen Vermögensvorteil. Dieser wird in Spanien bei Vorliegen einer Verhandlungsinfrastruktur angenommen, die im Zusammenhang mit der vorgenommenen Verwertungshandlung steht.

Das Erfordernis der Bereicherungsabsicht aus Art. 270 S. 1 CP bringt den spanischen Grundtatbestand damit in die Nähe des deutschen Qualifikationstatbestandes von § 108a UrhG, der bei gewerbsmäßigem Verhalten eingreift. Ein solches liegt dann vor, wenn der Täter den Tatbestand des § 106 UrhG in der Absicht verwirklicht, sich durch wiederholte Begehung derartiger Taten eine fortlaufende Einnahmequelle von einiger Dauer und einigem Umfang zu verschaffen. In den meisten Fällen, in denen der Täter handelt, um sich gem. Art. 270 S. 1 CP zu bereichern, wird er auch in einer solchen Absicht handeln. Anders wird dies bei nur geringen Schadenssummen sein, bei denen nach deutschem Recht noch nicht von einer Einnahmequelle von einigem Umfang gesprochen werden kann, und in Fällen, in denen der Täter zwar handelt, um sich zu bereichern, jedoch nicht beabsichtigt, solche Taten zu wiederholen, so dass das deutsche Recht mangels fortlaufender Einnahmequelle die Gewerbsmäßigkeit verneinen müsste.

Noch deutlicher wird dieser Unterschied in den beiden Rechtsordnungen und damit die unterschiedliche Bewertung der Verwerflichkeit im Strafmaß. Obwohl Art. 270 S. 1 CP als Grundtatbestand vom Unwertgehalt dem deutschen Qualifikationstatbestand von § 108a UrhG angenähert ist, bleibt das Strafmaß von Art. 270 S. 1 CP an der Obergrenze sogar hinter dem des deutschen Grundtatbestandes § 106 UrhG zurück: In Spanien wird der Täter eines Deliktes gem. Art. 270 S. 1 CP mit Freiheitsstrafe von 6 Monaten bis zu 2 Jahren oder Geldstrafe bestraft, während in Deutschland bei Verwirklichung von § 106 UrhG Freiheitsstrafe bis zu 3 Jahren oder Geldstrafe droht. Hinzu kommt, dass der Strafrahmen des Qualifikationstatbestandes von Art. 271 CP auch an dem Erfordernis des Antrages zur Strafverfolgung gem. Art. 287 CP nichts ändert. In Deutschland ist bei Vorliegen des Qualifikationstatbestandes von § 108a UrhG

980 Schricker-*Melichar* § 52 Rn. 6.

ein Strafantrag gem. § 109 UrhG nicht mehr erforderlich. Des Weiteren wandelt sich das Delikt vom Privatklagedelikt gem. § 374 Abs. 1 Nr. 8 StPO zum Offizialdelikt. Insgesamt wird auch hieraus wieder der ultima-ratio-Charakter des Urheberstraferechtes in Spanien deutlich. Das Urheberstrafrecht soll in Spanien nur in Ausnahmefällen bemüht werden, und selbst wenn das Strafrecht eingreift, sind die drohenden Strafen im Vergleich zur deutschen Rechtslage und dem Unwert der verwirklichten Handlungen eher gering.

V. Strafbarkeit von Providern

Nach Umsetzung der ECRL wird es sowohl in Spanien als auch in Deutschland Vorschriften zur Verantwortlichkeit von Anbietern von Diensten in der Informationsgesellschaft geben. Die Vorschriften finden sowohl für das Urheberrecht als auch für das Strafrecht Anwendung. Sie begründen keine neue Verantwortlichkeit, sondern schränken eine bereits vorhandene ein. Insgesamt handelt es sich um Regeln auf Tatbestandsebene, die bei Unterlassungsdelikten die Garantenpflicht normieren. Zu beachten ist hierbei, dass die Privilegierungen des spanischen ALSSI auf private Internetanbieter – also private Web-Sites – keine Anwedung finden. Ob dies mit dem Gleichheitsgrundsatz vereinbar ist, erscheint zweifelhaft. Dementsprechend gelten die Privilegierungen in Deutschland sowohl für private wie für gewerbliche Anbieter von Diensten in der Informationsgesellschaft.

Die Privilegierungsvorschriften differenzieren in beiden Ländern zwischen der Verantwortlichkeit für eigene und für fremde Inhalte. Während Diensteanbieter für eigene Inhalte voll verantwortlich sind, sind sie für fremde Inhalte nur dann verantwortlich, wenn keine Privielgierungvorschrift zu ihren Gunsten eingreift. Im Hinblick auf die Systematik des Regelungswerkes können die deutschen Vorschriften jedoch nur als verunglückt bezeichnet werden. Das spanische Regelunsgwerk ist insoweit harmonischer ausgestaltet. Inhaltlich sind die Privilegierungen weitgehend gleich. Hervorhebung verdienen jedoch zwei Unterschiede: Während in Deutschland Streit darüber herrscht, wie eigene Inhalte von fremden Inhalten abzugrenzen sind, insbesondere wie zu Eigen gemachte Inhalte zu definieren sind, hat der spanische Gesetzesgeber in Art. 13.1 ALSSI den Begriff der eigenen Inhalte ausdrücklich definiert. Als zweiter Untschied zur deutschen Rechtslage existiert in Spanien im Gegensatz zum deutschen Recht eine Privilegierungsvorschrift zugunsten der Anbieter von Hyperlinks und P2P-Systemen. Im Ergebnis gilt daher für den Bereich der Online-Piraterie von urheberrechtlich geschützten Werken der Musik, dass aufgrund der Privilegierungsvorschriften, die die ECRL umsetzen, eine Verantwortlichkeit von Diensteanbietern für die derzeit bekannten Piraterieformen im *Internet* in Spanien so gut wie ausgeschlossen ist. In Deutschland hingegen existieren für

P2P-Anbieter und Anbieter von Hyperlinks keine Privilegierungen. Vor dem Hintergrund des rasanten technischen Fortschritts werden die neuen Privilegierungsvorschriften des TDG und des ALSSI aufgrund ihres abschließenden Charakters und ihrer technischen Ausgestaltung schnell überholt sein[981].

Im Bereich des allgemeinen Strafrechtes existieren in beiden Ländern keine Spezialregelungen für *Internet*-Provider. Es ist auf die allgemeinen Regelungen zurückzugreifen und anhand dieser zu ermitteln, ob eine Strafbarkeit von Providern vorliegen kann. Da das spanische Strafrecht dem deutschen in vielfacher Hinsicht ähnlich ist, waren große Unterschiede hier auch nicht zu erwarten. Beide Strafrechte stammen aus der europäischen Kodifikationsbewegung des 19. Jhds. und standen unter starkem Einfluss durch den französischen Code Pénal von 1810. Im 20 Jhd. ist das spanische Strafrecht von der deutschen Dogmatik „derart angezogen worden, dass man im Bereich der Strafrechtswissenschaft geradezu von einer Rezeption sprechen kann“[982].

Die Untersuchung hat insoweit ergeben, dass nach beiden Rechtsordnungen in der Regel eine Strafbarkeit von Providern nur durch Unterlassen in Betracht kommt. Im Bereich der Unterlassungsdelikte wird zwischen „echten“ und „unechten“ Unterlassungsdelikten unterschieden. Erstgenannte führen nur dann zu einer Strafbarkeit, wenn das Gesetz es ausdrücklich normiert. Letztere Unterlassungsdelikte hingegen führen in beiden Ländern zu einer Strafbarkeit aufgrund von Begehung durch Unterlassen, wenn den Täter eine Rechtspflicht zur Erfolgsabwendung trifft – die sog. Garantenstellung.

In Spanien wird das Unterlassen vom positiven Tun nach der Kausalitätstheorie abgegrenzt, während in Deutschland die Theorie vom Schwerpunkt der Vorwerfbarkeit herrschend ist. Die dogmatischen Begründungen sind daher unterschiedlich. Letztlich kommt man jedoch in beiden Ländern grundsätzlich zu dem Ergebnis, dass für den Strafbarkeitsvorwurf im *Internet* nur das Nichtverhindern der Übermittlung der inkriminierten Inhalte in Betracht kommt und damit ein Unterlassen.

Da in beiden Ländern ein eigener Straftatbestand zu Lasten von Providern nicht existiert, kann der Strafbarkeitsvorwurf nur an die Verantwortlichkeit für fremdes Verhalten anknüpfen. Da dieser Vorwurf in beiden Ländern an ein Unterlassen anknüpft, kann sich eine Strafbarkeit nur ergeben, wenn die Provider Garanten für die Abwendung des eingetretenen Erfolges sind. In den hier untersuchten Konstellationen ergibt sich für Provider in beiden Ländern eine Garantenstellung aufgrund der Beherrschung einer Gefahrenquelle.

---

981 So auch: *Dustmann*, Provider S. 19.

982 So *Perron*, Rechtfertigung und Entschuldigung, S. 18.

In beiden Ländern besteht im wesentlichen Einigkeit dahingehend, dass Provider grundsätzlich nur in der Beteiligungsform der Beihilfe verantwortlich sind. Die dogmatischen Begründungen hierzu sind unterschiedlich. Insbesondere in Spanien kommt eine Täterschaft von Providern bei den hier untersuchten Delikten nicht in Betracht, da nach spanischer Rechtslage Handlungsdelikte wie Art. 270 S. 1 CP nicht täterschaftlich durch Unterlassen begangen werden können. In Deutschland hingegen ist umstritten, ob bei Handlungsdelikten eine Begehung durch Unterlassen möglich ist und wenn ja, wie in diesen Fällen die Täterschaft von der Teilnahme abzugrenzen ist. Im Ergebnis ist jedoch auch hier grundsätzlich von einer Beihilfe durch Unterlassen auszugehen.

In objektiver Hinsicht ist in beiden Länder bei den hier in Betracht kommenden Teilnahmehandlungen das Vorliegen einer vorsätzlich rechtswidrigen Haupttat und eine Förderungstat erforderlich. In subjektiver Hinsicht verlangen beide Länder für die Bejahung einer Strafbarkeit das Vorliegen von Vorsatz hinsichtlich der Haupttat und der Teilnahmehandlung. Eine Strafbarkeit der Provider kommt daher nach beiden Rechtsordnungen nur in Betracht, wenn die Provider Kenntnis von den Haupttaten haben. Hier sind insbesondere die Regelungen von § 11 TDG und Art. 17, 18 ALSSI zu berücksichtigen, die ausdrücklich positive Kenntnis von den Inhalten und, bei rechtlich neutralen Inhalten, positive Kenntnis von der Rechtswidrigkeit der Verwertung der Inhalte voraussetzen.

Übereinstimmung herrscht in beiden Rechtsordnungen, dass nicht jedes Verhalten von Providern zu einer Strafbarkeit führt, sondern das von ihnen verlangte Verhalten auch zumutbar sein muß. Hier hat eine Abwägung der widerstreitenden Interessen zu erfolgen

B. Schlussbemerkung

Die rechtsvergleichende Bestandsaufnahme hat gezeigt, dass sowohl in Deutschland als auch in Spanien das *Internet* im Bereich des Urheberstrafrechts kein rechtsfreier Raum ist. Beide Rechtsordnungen sind mit dem zur Verfügung stehenden Normenmaterial in der Lage, wirksam gegen die Verwertung von urheberrechtlich geschützten Werken der Musik in digitalen Netzen vorzugehen. Es kann daher gesagt werden, dass das Strafrecht für den Bereich des Urheberrechts schon jetzt den Anforderungen des Informationszeitalters genügt. Das liegt jedoch vor allem daran, dass durch internationale Verträge insoweit eine weitgehende Harmonisierung in den Ländern des jeweiligen Vertragsverbandes erreicht wurde. Probleme, die bei der Anwendung dieser Normen entstehen, stellen sich daher in allen Ländern gleichermaßen. Es soll jedoch nicht verheimlicht werden, dass Spanien und Deutschland als Mitglieder der Berner Union (RBÜ) ohnehin einen hohen Schutzstandard von Urhebern gewährleisten. Im digitalen

Zeitalter bestehen daher bei der Anwendung einer dieser beider Rechtsordnungen für den Urheber weniger große Unwägbarkeiten als bei der Anwendung der Rechtsordnung eines Landes, das nicht Mitglied der Berner Union ist.

Anders ist dies grundsätzlich im Bereich des Strafrechtes. Unterschiedlich ist zum einen das Grundverständnis der strafrechtlichen Vorschriften zum Schutz der Urheber und ihrer Werke. Die deutsche Akzessorietät der strafrechtlichen Vorschriften zum Schutze des Urheberrechts gewährleistet einen gleichförmigen Schutz des Urhebers auf strafrechtlicher und zivilrechtlicher Ebene. In Spanien besteht aufgrund der limitierten Autonomie von Art. 270 S. 1 CP die Gefahr, dass sich der strafrechtliche Schutz von dem zivilrechtlichen mit dem technischen Fortschritt entfernen könnte. Man sollte sich in Spanien vor dem Hintergrund der generalpräventiven Wirkung des Urheberstrafrechts daher rückorientieren hin zu einer Akzessorietät von Art. 270 S. 1 CP zum TRLPI. In Deutschland geht hingegen die Anknüpfung des strafrechtlichen Vorwurfs an lediglich vorsätzliches Verhalten zu weit. Hier ist man über das Ziel hinausgeschossen und sollte sich an den Lösungen Spaniens orientieren, die die überschießende Innentendenz der Bereicherungsabsicht verlangen. Eine andere Möglichkeit wäre, sich an dem US-Amerikanischen Modell mit Title 17 USC. Sec. 506(a) zu orientieren. Art. 61 TRIPS verlangt eine Strafbarkeit bei lediglich vorsätzlichem Verhalten jedenfalls nicht.

Hinsichtlich der Providerverantwortlichkeit wird mit der Umsetzung der Art. 12-15 ECRL ein weitgehend einheitliches Regelungswerk in Deutschland und Spanien geschaffen werden. Andererseits kann dies nicht darüber hinwegtäuschen, dass diese jungen Regelungen schon vor ihrer Umsetzung überholt sind. Die obigen Ausführungen zum TDG und den Art. 12-15 ECRL haben die Probleme bei der Anwendung der Vorschriften aufgezeigt. Es wird deutlich, dass eine Differenzierung im Hinblick auf die Verantwortlichkeit in digitalen Netzen, deren Grundlage technische Merkmale sind, der Realität keine Rechnung trägt: Es werden ständig neue Methoden erfunden, auf die dann die Regelungen nicht mehr passen. Sind schon relativ normale Fälle wie Hyperlinking heillos umstritten, versagen die deutschen Vorschriften bei neuen Erscheinungsformen wie Napster oder anderen P2P-Systemen. Es ist daher festzustellen, dass eine Regelung zur Haftungsfreistellung ungeeignet ist, in der je nach technischer Rolle des Diensteanbieters im Datenübermittlungsprozess differenziert wird. Eine solche Regelung läuft Gefahr, durch künftige technische Entwicklungen überholt zu werden. *Hilgendorf* nennt das den „Grundsatz der Technikdistanz“[983]. Es spricht daher vieles dafür, zu den allgemeinen Regelungen zurückzukehren. Für Fälle, in denen die Haftung von *Internet*-Service-Providern in Frage steht, muss dann in jedem Einzelfall unter dem Gesichtspunkt der Garan-

---

[983] *Hilgendorf* ZStW 113 (2001) 651, 653.

tenpflicht geprüft werden, ob der Provider konkret die ihm zumutbare Prüfungspflicht verletzt hat. Hier spricht jedoch nichts dagegen, jene Garantenpflichten in eine Norm zu fassen. Es wäre denkbar, nach einer Regelbeispielmethode zu verfahren, die tatbestandlich für künftige Entwicklungen offen ist. Ein starres Abstellen auf technische Gegebenheiten führt hingegen zu Unflexibilität.

Gravierende Unterschiede bestehen zwischen beiden Ländern im Bereich der gesetzlichen Strafrahmen für Urheberstraftaten. Insbesondere die Diskrepanz der Strafrahmen zwischen Diebstahl beweglicher Sachen und Diebstahl geistigen Eigentums ist eklatant und nicht gerechtfertigt. Verwundern muss in diesem Zusammenhang insbesondere, dass der Strafrahmen bei Diebstahl von Sachen mit Bedeutung für die Kunst sowohl in Spanien als auch in Deutschland erhöht ist, Art. 235.1 CP bzw. § 242 Abs. 1 S. 2 Nr. 5 StGB.

Diese Diskrepanz widerspricht der Lehre vom geistigen Eigentum. *John Locke* (1632-1704) sah die Rechtfertigung des Eigentums in der auf seinen Gegenstand verwendeten Arbeit. Hieran knüpfte *Stephan Pütter* (1725-1807) an[984]. Seiner Ansicht nach sind Werke wahres Eigentum ihrer Verfasser, „so wie jeder das, was seiner Geschicklichkeit und seinem Fleiß sein Dasein zu verdanken hat, als sein Eigentum ansehen kann."[985] *Immanuel Kant*[986] und *Gottlieb Fichte*[987] trennten dann deutlich den körperlichen vom geistigen Aspekt, das Sacheigentum an Manuskript und Büchern von den geformten Gedanken des Verfassers. An ihnen besitze der Verfasser ein natürliches, angeborenes, unveräußerliches Eigentumsrecht. Das geistige Eigentum muss daher auch in strafrechtlicher Hinsicht, soweit es seine vermögensrechtliche Komponente betrifft, dem körperlichen Eigentum gleichgestellt werden. Solange das nicht geschehen ist, kann nicht von wirksamem Schutz geistigen Eigentums gesprochen werden, weder in der realen noch in der virtuellen Welt.

---

984 *Pütter*, Büchernachdruck, S. 21ff.
985 *Pütter*, Büchernachdruck, S. 25, 27.
986 *Kant* UFITA 106 (1987) 137ff., m. Anm.: *Hubmann* UFITA 106 (1987) 145ff.
987 *Fichte* UFITA 106 (1987) 155ff.

Anhang: Gesetzestexte

Die Übersetzung der Art. 25 CE und Art. 33 CE sind übernommen von *Sommermann*, Der Schutz der Grundrechte in Spanien nach der Verfassung von 1978, Berlin 1984, S 371ff. Die Übersetzungen des spanischen TRLPI stammen von *Müller*, GRUR Int. 1997, 337, soweit die betreffenden Vorschriften inzwischen nicht geändert wurden.

I. Constitución española (CE)

Art. 25 CE: 1. Nadie puede ser condenado o sancionado por acciones u omisiones que en el momento de producirse no constituyan delito, falta o infracción administrativa, según la legislación vigente en aquel momento.
2. Las penas privativas de libertad y las medidas de seguridad estarán orientadas hacia la reeducación y reinserción social y no podrán consistir en trabajos forzados. El condenado a pena de prisión que estuviere cumpliendo la misma gozará de los derechos fundamentales de este Capítulo, a excepción de los que se vean expresamente limitados por el contenido del fallo condenatorio, el sentido de la pena y la ley penitenciaria. En todo caso, tendrá derecho a un trabajo remunerado y a los beneficios correspondientes de la Seguridad Social, así como al acceso a la cultura y al desarrollo integral de su personalidad.
3. La Administración civil no podrá imponer sanciones que, directa o subsidiariamente, impliquen privación de libertad
1. Niemand darf für Handlungen oder Unterlassungen verurteilt oder bestraft werden, die zu dem Zeitpunkt zu dem sie erfolgten, keine Straftat, Übertretung oder Ordnungswidrigkeit darstellten.
2. Die freiheitsentziehenden Strafen und die Maßnahmen der Sicherung sind auf Umerziehung und soziale Wiedereingliederung zu richten und dürfen nicht aus Zwangsarbeiten bestehen. Ein zu Gefängnisstrafe Verurteilter genießt bei ihrer Verbüßung die Grundrechte dieses Kapitels, mit der Ausnahme derjenigen, die durch den Inhalt des Strafurteils, den Sinn der Strafe und das Strafvollzugsgesetz ausdrücklich eingeschränkt sind. In jedem Fall hat er das Recht auf eine entlohnte Arbeit und auf die entsprechenden Leistungen der Sozialen Sicherheit, sowie auf Zugang zur Kultur und auf vollständige Entfaltung seiner Persönlichkeit.
3. Die zivile Verwaltung darf keine Sanktionen verhängen, die direkt oder subsidiär eine Freiheitsentziehung beinhalten.

Art. 33 CE: 1. Se reconoce el derecho a la propiedad privada y a la herencia.
2. La función social de estos derechos delimitará su contenido, de acuerdo con las leyes.
3. Nadie podrá ser privado de sus bienes y derechos sino por causa justificada de utilidad pública o interés social, mediante la correspondiente indemnización y de conformidad con lo dispuesto por las leyes.
1. Das Recht auf Privateigentum und das Erbrecht werden anerkannt.
2. Die soziale Funktion dieser Rechte begrenzt in Übereinstimmung mit den Gesetzen ihren Inhalt
3. Niemand darf seiner Güter oder Rechte beraubt werden, es sei denn aus berechtigten Gründen des öffentlichen Nutzens oder gesellschaftlichen Interesses bei entsprechender Entschädigung und in Übereinstimmung mit den gesetzlichen Bestimmungen.

II. Código penal (CP)

Art. 11 CP: Los delitos o faltas que consistan en la producción de un resultado sólo se entenderán cometidos por omisión cuando la no evitación del mismo, al infringir un especial deber jurídico del autor, equivalga, según el sentido del texto de la Ley, a su causación. A tal efecto se equiparará la omisión a la acción:
a) Cuando exista una específica obligación legal o contractual de actuar.
b) Cuando el omitente haya creado una ocasión de riesgo para el bien jurídicamente protegido mediante una acción u omisión precedente.
Die Delikte oder Übertretungen bei denen ein Erfolg hervorgerufen wird, sind nur dann durch Unterlassen begangen, wenn die Nichtverhinderung desselben, bei Verletzung einer speziellen Rechtspflicht des Täters, nach dem Wortlaut des Gesetzes der Verursachung entspricht. Eine solche Entsprechung von Unterlassen und Handlung liegt vor,
a) wenn eine ausdrückliche gesetzliche oder vertragliche Pflicht zum Handeln vorliegt
b) wenn der Unterlassende für das geschützte Rechtsgut durch ein vorheriges Tun oder Unterlassen ein Risiko geschaffen hat.

Art. 14 CP: 1. El error invencible sobre un hecho constitutivo de la infracción penal excluye la responsabilidad criminal. Si el error, atendidas las circunstancias del hecho y las personales del autor, fuera vencible, la infracción será castigada, en su caso, como imprudente.
2. El error sobre un hecho que cualifique la infracción o sobre una circunstancia agravante, impedirá su apreciación.
3. El error invencible sobre la ilicitud del hecho constitutivo de la infracción penal excluye la responsabilidad criminal. Si el error fuera vencible, se aplicará la pena inferior en uno o dos grados.
1. Der unvermeidbare Irrtum über ein die Strafbarkeit begründendes Merkmal des Tatbestandes schließt die strafrechtliche Verantwortlichkeit aus. War der Irrtum, unter Berücksichtigung der Umstände der Tatbegehung und der persönlichen Umstände des Täters, vermeidbar, wird die Tat gegebenenfalls wegen Fahrlässigeit bestraft.
2. Der Irrtum über ein qualifizierendes Merkmal der Tat oder über einen erschwerenden Umstand verbietet seine Berücksichtigung.
3. Der unvermeidbare Irrtum über die Rechtswidrigkeit der Tat schließt die strafrechtliche Verantwortlichkeit aus. War der Irrtum vermeidbar ist die um ein oder zwei Grade geringere Strafe anzuwenden.

Art. 28 CP: Son autores quienes realizan el hecho por sí solos, conjuntamente o por medio de otro del que se sirven como instrumento.
También serán considerados autores:
a) Los que inducen directamente a otro u otros a ejecutarlo.
b) Los que cooperan a su ejecución con un acto sin el cual no se habría efectuado.
Täter ist wer die Tat selbst, gemeinschaftlich oder mittels eines anderen dessen er sich als Werkzeug bedient, begeht.
Täter ist auch wer,
a) einen anderen oder andere direkt zur Ausführung bestimmt.
b) zur Ausführung einen Beitrag leistet, ohne den diese nicht hätte verwirklicht werden können.

Art. 29 CP: Son cómplices los que, no hallándose comprendidos en el artículo anterior, cooperan a la ejecución del hecho con actos anteriores o simultáneos.

Gehilfe ist wer ohne vom vorherigen Artikel erfasst zu werden, an der Ausführung mit vorherigen oder gleichzeitigen Handlungen mitwirkt.

Art. 30 CP: 1. En los delitos y faltas que se cometan utilizando medios o soportes de difusión mecánicos no responderán criminalmente ni los cómplices ni quienes los hubieren favorecido personal o realmente.
2. ...
3. ...
1. Bei Delikten oder Übertretungen, die unter Benutzung von technischen Mitteln oder Hilfen zur Verbreitung begangen werden haften weder die Gehilfen strafrechtlich noch wer sie tatsächlich oder persönlich begünstigt hat.

Art. 270 CP: Será castigado con la pena de prisión de seis meses a dos años o de multa de seis a veinticuatro meses quien, con ánimo de lucro y en perjuicio de tercero, reproduzca, plagie, distribuya o comunique públicamente, en todo o en parte, una obra literaria, artística o científica, o su transformación, interpretación o ejecución artística fijada en cualquier tipo de soporte o comunicada a través de cualquier medio, sin la autorización de los titulares de los correspondientes derechos de propiedad intelectual o de sus cesionarios.
La misma pena se impondrá a quien intencionadamente importe, exporte o almacene ejemplares de dichas obras o producciones o ejecuciones sin la referida autorización.
Será castigada también con la misma pena la fabricación, puesta en circulación y tenencia de cualquier medio específicamente destinada a facilitar la supresión no autorizada o la neutralización de cualquier dispositivo técnico que se haya utilizado para proteger programas de ordenador.
Mit Gefängnisstrafe von 6 Monaten bis 2 Jahren oder Geldstrafe von 6 bis 24 Monaten wird betraft wer mit Bereicherungsabsicht und Schädigung eines Dritten, ganz oder teilweise ein Werk der Literatur, Kunst oder Wissenschaft, dessen Umgestaltung, Interpretation oder eine auf irgendeinem Träger festgelegte oder in irgendeiner Weise wiedergegebene künstlerische Darbietung, ohne Einwilligung der Rechtsinhaber oder deren Zessionare vervielfältigt, plagiiert, verbreitet oder öffentlich wiedergibt.
Mit derselben Strafe wird bestraft, wer absichtlich jene Werke, Produktionen oder Darbietungen ohne Einwilligung importiert, exportiert oder lagert.
Ebenso wird bestraft, die Herstellung, das Inverkehrbringen und der Besitz von Mitteln, die speziell dazu bestimmt sind die unberechtigte Unterdrückung oder Aufhebung von technischen Einrichtungen zum Schutz von Computerprogrammen, zu erleichtern.

Art. 271 CP: Se impondrá la pena de prisión de un año a cuatro años, multa de ocho a veinticuatro meses, e inhabilitación especial para el ejercicio de la profesión relacionada con el delito cometido, por un período de dos a cinco años, cuando concurra alguna de las siguientes circunstancias:
a) Que el beneficio obtenido posea especial trascendencia económica.
b) Que el daño causado revista especial gravedad.
En tales casos, el Juez o Tribunal podrá, asímismo, decretar el cierre temporal o definitivo de la industria o establecimiento del condenado. El cierre temporal no podrá exceder de cinco años.
Mit Gefängnisstrafe von einem bis zu vier Jahren, Geldstrafe von acht bis 24 Monaten und besonderem Berufsverbot für die Tätigkeit, die im Zusammenhang mit dem begangenen Delikt ausgeübt wurde, für einen Zeitraum von fünf Jahren wird bestraft, wenn einer der folgenden Umstände eintritt:
a) Der erlangte Vorteil hat besondere wirtschaftliche Folgen

b) Der verursachte Schaden ist besonders schwer.
In jenen Fällen kann der Richter oder das Gericht auch bestimmen, dass der Gewerbebetrieb des Verurteilten befristet oder endgültig geschlossen wird. Die befristete Schließung kann nicht für länger als fünf Jahre bestimmt werden.

Art. 287 CP: 1. Para proceder por los delitos previstos en los Artículos anteriores del presente capítulo será necesaria denuncia de la persona agraviada o de sus representantes legales. Cuando aquélla sea menor de edad, incapaz o una persona desvalida, también podrá denunciar el Ministerio Fiscal.
2. No será precisa la denuncia exigida en el apartado anterior cuando la comisión del delito afecte a los intereses generales o a una pluralidad de personas.
1. Zur Verfolgung der in den vorherigen Artikeln genannten Delikte dieses Kapitels ist eine Anzeige der beschwerten Person oder seiner gesetzlichen Vertreter erforderlich.
2. Einer solchen Anzeige bedarf es nicht, wenn die Begehung des Deliktes die allgemeinen Interessen einer Personenmehrheit berührt.

III. Texto refundido de la ley de propiedad intelectual (TRLPI)

Art. 2 TRLPI: La propiedad intelectual está integrada por derechos de carácter personal y patrimonial, que atribuyen al autor la plena disposición y el derecho exclusivo a la explotación de la obra, sin más limitaciones que las establecidas en la Ley.
Das geistige Eigentum umfasst Persönlichkeitsrechte und Vermögensrechte, die dem Urheber die gesamte Verfügung und das ausschließliche Recht zur Verwertung des Werkes ohne weitere als die im vorliegenden Gesetz bestimmten Beschränkungen zuweisen.

Art. 4 TRLPI: A efectos de lo dispuesto en la presente Ley, se entiende por divulgación de una obra toda expresión de la misma que, con el consentimiento del autor, la haga accesible por primera vez al público en cualquier forma; y por publicación, la divulgación que se realice mediante la puesta a disposición del público de un número de ejemplares de la obra que satisfaga razonablemente sus necesidades estimadas de acuerdo con la naturaleza y finalidad de la misma.
Für die Zwecke des vorliegenden Gesetzes ist unter „Veröffentlichung" jede Darstellung des Werkes zu verstehen, die dieses der Öffentlichkeit mit Zustimmung des Urhebers erstmalig in irgendeiner Form zugänglich macht, und unter „Erscheinen" ist die Veröffentlichung zu verstehen, die durch Zurverfügungstellen einer Anzahl von Vervielfältigungsstücken des Werkes an die Öffentlichkeit erfolgt, die den nach Art und Zweck des Werkes geschätzten Bedarf angemessen befriedigt.

Art. 5 TRLPI: 1. Se considera autor a la persona natural que crea alguna obra literaria, artística o científica.
2. No obstante de la protección que esta Ley concede al autor se podrán beneficiar personas jurídicas en los casos expresamente previstos en ella.
1. Als Urheber gilt die natürliche Person, die ein Werk der Kunst, Literatur oder Wissenschaft schöpft.
2. Dessenungeachtet können auch juristische Personen den Schutz, den das vorliegende Gesetz dem Urheber gewährt, in den hier ausdrücklich vorgesehenen Fällen genießen.

Art. 9 TRLPI: 1. Se considerará obra compuesta la obra nueva que incorpore una obra preexistente sin la colaboración del autor de esta última, sin perjuicio de los derechos que a éste correspondan y de su necesaria autorización.
2. La obra que constituya creación autónoma se considerará independiente, aunque se publique conjuntamente con otras.
1. Als zusammengesetzes Werk gilt ein neues Werk, das ein vorbestehendes Werk ohne die Mitwirkung von dessen Urheber mit einschließt; dies gilt vorbehaltlich der Rechte, die diesem zustehen, und seiner erforderlichen Zustimmung.
2. Ein Werk, das eine autonome Schöpfung darstellt, gilt auch dann als selbständiges Werk, wenn es zusammen mit anderen Werken erscheint.

Art. 10 TRLPI: 1. Son objeto de propiedad intelectual todas las creaciones originales literarias, artísticas o científicas expresadas por cualquier medio o soporte, tangible o intangible, actualmente conocido o que se invente en el futuro, comprendiéndose entre ellas:
a) Los libros, folletos, impresos, epistolarios, escritos, discursos y alocuciones, conferencias, informes forenses, explicaciones de cátedra y cualesquiera otras obras de la misma naturaleza.
b) Las composiciones musicales, con o sin letra.
c) Las obras dramáticas y dramático-musicales, las coreografías, las pantomimas y, en general, las obras teatrales.
d) Las obras cinematográficas y cualesquiera otras obras audiovisuales.
e) Las esculturas y las obras de pintura, dibujo, grabado, litografía y las historietas gráficas, tebeos o comics, así como sus ensayos o bocetos y las demás obras plásticas, sean o no aplicadas.
f) Los proyectos, planos, maquetas y diseños de obras arquitectónicas y de ingeniería.
g) Los gráficos, mapas y diseños relativos a la topografía, la geografía y, en general, a la ciencia.
h) Las obras fotográficas y las expresadas por procedimiento análogo a la fotografía.
i) Los programas de ordenador.
2. El título de una obra, cuando sea original, quedará protegido como parte de ella.
1. Gegenstand des geistigen Eigentums sind sämtliche originalen Schöpfungen der Literatur, Kunst und Wissenschaft, die in jeglichem, derzeit bekannten oder in der Zukunft erfundenen Mittel oder Träger materieller oder inmaterieller Art darsgestellt sind; hierzu gehören:
a) Bücher, Broschüren, Drucksachen, Kooresppondenzen, Schriftstücke, Reden und Ansprachen, Vorträge, gerichtliche Gutachten, akademische Abhandlungen und jegliche anderen Werke der gleichen Art.
b) Musikalische Kompositionen mit oder ohne Text.
c) Dramatische oder dramatisch-musikalische Werke, Choreographien, Pantomimen und Bühnenwerke im allgemeinen.
d) Filmwerke und jegliche sonstigen audiovisuellen Werke.
e) Skulpturen und Werke der Malerei, Zeichen- und Gravierkunst, Lithographien, Bildgeschichten oder Comics, ebenso wie ihre Entwürfe oder Skizzen und sonstige Werke der angewandten und nicht angewandten plastischen Kunst.
f) Projekte, Pläne, Modelle und Zeichnungen von Werken der Baukunst und der Technik.
g) Graphische Darstellungen, Karten und Abbildungen auf dem Gebiet der Topographie, Geographie und der Wissenschaft im allgemeinen.
h) Fotografische Werke und Werke, die in einem der Fotografie ähnlichen Verfahren hergestellt werden
2. Der Titel eines Werkes wird als dessen Teil geschützt, wenn er original ist.

Art. 11 TRLPI: Sin perjuicio de los derechos de autor sobre la obra original, también son objeto de propiedad intelectual:
1. Las traducciones y adaptaciones.
2. Las revisiones, actualizaciones y anotaciones.
3. Los compendios, resúmenes y extractos.
4. Los arreglos musicales.
5. Cualesquiera transformaciones de una obra literaria, artística o científica.
Unbeschadet der Urheberrechte am Originalwerk sind ebenfalls Gegenstand des geistigen Eigentums:
1. Übersetzungen und Bearbeitungen.
2. Überarbeitungen, Aktualisierungen und Kommentare.
3. Kompendien, Zusammenfassungen und Auszüge.
4. Musikalische Arrangements.
5. Jegliche Umgestaltungen eines Werkes der Literatur, Kunst oder Wissenschaft.

Art. 12 TRLPI: 1. También son objeto de propiedad intelectual, en los términos del Libro I de la presente Ley, las colecciones de obras ajenas, de datos o de otros elementos independientes como las antologías y las bases de datos que por la selección o disposición de sus contenidos constituyan creaciones intelectuales, sin perjuicio, en su caso, de los derechos que pudieran subsistir sobre dichos contenidos.
La protección reconocida en el presente artículo a estas colecciones se refiere únicamente a su estructura en cuanto forma de expresión de la selección o disposición de sus contenidos, no siendo extensiva a éstos.
2. A efectos de la presente Ley, y sin perjuicio de lo dispuesto en el apartado anterior, se consideran bases de datos las colecciones de obras, de datos, o de otros elementos independientes dispuestos de manera sistemática o metódica y accesibles individualmente por medios electrónicos o de otra forma.
3. La protección reconocida a las bases de datos en virtud del presente artículo no se aplicará a los programas de ordenador utilizados en la fabricación o en el funcionamiento de bases de datos accesibles por medios electrónicos.
1. Sammlungen von Werken anderer, wie Anthologien und Sammlungen von sonstigen Elementen oder Daten, die durch Auswahl oder Anordnung des des Materials geistige Schöpfungen darstellen, sind vorbehaltlich etwaiger Urheberrechte an den Originalwerken ebenfalls Gegenstand des geistigen Eigentums. Der Schutz dieses Artikels für Sammlungen bezieht sich allein auf ihre Struktur im Bezug auf Ausdruck der Auswahl und Darstellung ihrer Inhalte, ohne darüber hinausgehen zu können.
2. Unbeschadet des vorherigen Artikles versteht dieses Gesetz unter Datenbanken Sammlungen von Werken, Daten oder anderen unabhängigen Elementen, die systematisch oder methodisch angeordnet sind und einzeln mit hilfe elektronischer Mittel oder auf andere Weise zugänglich sind.
3. Der Schutz von Datenbanken nach diesem Artikel, bezieht sich nicht auf Computerprogramme, die zur Schaffung der Datenbank oder zum Funktionieren von mit Hilfe elektronischer Mittel zugänglicher Datenbanken verwendet werden.

Art. 13 TRLPI: No son objeto de propiedad intelectual las disposiciones legales o reglamentarias y sus correspondientes proyectos, las resoluciones de los órganos jurisdiccionales y los actos, acuerdos, deliberaciones y dictámenes de los organismos públicos, así como las traducciones oficiales de todos los textos anteriores.

Nicht Gegenstand des geistigen Eigentums sind Gesetz und Verordnungen sowie deren Entwürfe, Entscheidungen von Rechtsprechungsorganen, Urkunden, Abkommen, Protokolle und Bescheide öffentlicher Einrichtungen sowie amtliche Übersetzungen solcher Texte.

Art. 14 TRLPI: Corresponden al autor los siguientes derechos irrenunciables e inalienables:
1. ...
2. ...
3. Exigir el reconocimiento de su condición de autor de la obra.
4. Exigir el respeto a la integridad de la obra e impedir cualquier deformación, modificación, alteración o atentado contra ella que suponga perjuicio a sus legítimos intereses o menoscabo a su reputación.
...
Dem Urheber stehen die folgenden unverzichtbaren und unveräußerlichen Rechte zu:
1. ...
2. ...
3. Das Recht, die Anerkennung seiner Urheberschaft zu verlangen.
4. Das Recht, die Achtung der Werkintegruität zu verlangen und jegliche Entstellung, Aänderung, Verfälschung oder Angriff auf das Werk, die die berechtigten Interessen des Urhebers beeinträchtigen oder seinen Ruf gefährden, zu verbieten.
...

Art. 17 TRLPI: Corresponde al autor el ejercicio exclusivo de los derechos de explotación de su obra en cualquier forma y, en especial, los derechos de reproducción, distribución, comunicación pública y transformación, que no podrán ser realizadas sin su autorización, salvo en los casos previstos en la presente Ley.
Dem Urheber steht die ausschließliche Ausübung der Verwertungsrechte an seinem Werk in jeglicher Form zu, und zwar insbesondere die Rechte der Vervielfältigung, Verbreitung, öffentlichen Wiedergabe und Umgestaltung, die außer in den gesetzlich vorgesehenen Fällen nicht ohne seine Einwilligung durchgeführt werden können.

Art. 18 TRLPI : Se entiende por reproducción la fijación de la obra en un medio que permita su comunicación y la obtención de copias de toda o parte de ella.
Unter der Vervielfältigung ist die Festlegung des Werkes auf ein Medium zu verstehen, das seine Kommunikation und den Erhalt von Vervielfältigungsstücken des ganzen Werkes oder von Teilen desselben ermöglicht.

Art. 19 TRLPI: 1. Se entiende por distribución la puesta a disposición del público del original o copias de la obra mediante su venta, alquiler, préstamo o de cualquier otra forma.
2. Cuando la distribución se efectúe mediante venta, en el ámbito de la Unión Europea, este derecho se extingue con la primera y, únicamente, respecto a las ventas sucesivas que se realicen en dicho ámbito por el titular del mismo o con su consentimiento.
3. ...
4. ...
5. ...
1. Unter Verbreitung ist die Zurverfügungstellung des Originals oder von Vervielfältigungsstücken des Werkes an die Öffentlichkeit mittels Verkauf, Vermietung, Verleihen oder in sonstiger Weise zu verstehen
2. Erfolgt die Verbreitung mittels Verkauf im Gebiet der Europäischen Union, so erlischt dieses Recht mit dem ersten Verkauf nur hinsichtlich aller weiteren Verkäufe, die in diesem Gebiet durch den Rechtsinhaber oder mit seiner Zustimmung erfolgen.

3. …
4. …
5. …

Art. 20 TRLPI: 1. Se entenderá por comunicación pública todo acto por el cual una pluralidad de personas pueda tener acceso a la obra sin previa distribución de ejemplares a cada una de ellas.
No se considerará pública la comunicación cuando se celebre dentro de un ámbito estrictamente doméstico que no esté integrado o conectado a una red de difusión de cualquier tipo.
2. Especialmente, son actos de comunicación pública:
…
e) La transmisión de cualesquiera obras al público por hilo, cable, fibra óptica u otro procedimiento análogo, sea o no mediante abono.
…
i) El acceso público en cualquier forma a las obras incorporadas a una base de datos, aunque dicha base de datos no esté protegida por las disposiciones del Libro I de la presente Ley.
j) La realización de cualquiera de los actos anteriores, respecto a una base de datos protegida por el Libro I de la presente Ley.
…
1. Unter öffentlicher Wiedergabe ist jegliche Handlung zu verstehen, durch die eine Mehrzahl von Personen jeweils ohne vorherigen Erhalt von Vervielfältigungsstücken Zugang zu einem Werk erlangt.
Als nicht öffentlich ist eine Wiedergabe anzusehen, wenn sie in einer strikt häuslichen Umgebung stettfindet, die weder Bestandteil eines Verbreitungsnetzes gleich welcher Art ist, noch mit einem solchen Netz verbunden ist.
2. Als öffentliche Wiedergabe gelten insbesondere:
…
e) Die entgeltliche oder unentgeltliche Übertragung jeglicher Werke durch Drahtfunk, Kabel, Fiberglas oder vergleichbare Verfahren an die Öffentlcihkeit.
…
i) Der öffentliche Zugang zu Werken die in einer Datenbank enthalten sind in jeglicher Form, auch wenn die Datenbank nicht durch die Vorschriften des ersten Buches dieses Gestezes geschützt ist.
j) Die Verwirklichung einer der vorgenannten Handlungen im Bezug auf eine Datenbank, die nach den Vorschriften des ersten Buches dieses Gestezes geschützt ist.
…
Art. 21 TRLPI: 1. La transformación de una obra comprende su traducción, adaptación y cualquier otra modificación en su forma de la que se derive una obra diferente.
2. Los derechos de propiedad intelectual de la obra resultado de la transformación corresponderán al autor de esta última, sin perjuicio del derecho del autor de la obra preexistente de autorizar, durante todo el plazo de protección de sus derechos sobre ésta, la explotación de esos resultados en cualquier forma y en especial mediante su reproducción, distribución, comunicación pública o nueva transformación.
1. Als Umgestaltung eines Werkes geltendie Übersetzungen und Bearbeitungen eines Werkes, sowie jede sonstige Änderung seiner Form, aus der ein andersartiges Werk abgeleitet wird.
2. Die Rechte des geistigen Eigentums an dem aus der Umgestaltung resultierenden Werk stehen dem Urheber des letzteren zu, unbeschadet der Urheberrechte am vorbestehenden Werk.

Art. 23 TRLPI: Los derechos de explotación regulados en esta sección son independientes entre sí.
Die im vorliegenden Abschnitt vorgesehenen Verwertungsrechte sind voneinander unabhängig.

Art. 25 TRLPI: 1. La reproducción realizada exclusivamente para uso privadó, conforme a lo autorizado en el apartado 2 del artículo 31 de esta Ley, mediante aparatos o instrumentos técnicos no tipográficos, de obras divulgadas en forma de libros o publicaciones que a estos efectos se asimilen reglamentariamente, así como de fonogramas videogramas o de otros soportes sonoros, visuales o audiovisuales, originará una remuneración equitativa y única por cada una de las tres modalidades de reproducción mencionadas, en favor de las personas que se expresan en el párrafo b) del apartado 4 del presente artículo, dirigida a compensar los derechos de propiedad intelectual que se dejaren de percibir por razón de la expresada reproducción. Este derecho será irrenunciable para los autores y los artistas, intérpretes o ejecutantes.
2. ...
1. Für die gemäß Art. 31 Abs. 2 dieses Gesetzes erlaubte Vervielfältigung zum ausschließlichen privaten Gebrauch von veröffentlichten Werken in Form von Büchern oder regelmäßig erscheinenden Publikationen, sowie von Phonogrammen, Videogrammen und anderen Bild- und Tonträgern durch nichttypographische technische Gerätesteht den in Abs. 4b) des vorliegenden Artikels genannten Personen für die drei erwähnten Arten der Vervielfältigung eine einzige angemessene Vergütung zu, die als Ausgleich für die Rechte des geistigen Eigentums erfolgt, auf deren Geltendmachung aufgrund dieser Vervielfältigung verzichtet wird. Dieses rRecht ist für die Urheber und ausübenden Künstler unverzichtbar.
2. ...

Art. 26 TRLPI: Los derechos de explotación de la obra durarán toda la vida del autor y setenta años después de su muerte o declaración de fallecimiento.
Die Verwertungsrechte an einem Werk bestehen zu Lebzeiten des Urhebers und 70 Jahre nach seinem natürlichen oder erklärten Tod.

Art. 30 TRLPI: Los plazos de protección establecidos en esta Ley se computarán desde el día 1 de enero del año siguiente al de la muerte o declaración de fallecimiento del autor o al de la divulgación lícita de la obra, según proceda.
Die in diesem Gesetz genannten Fristen weerden je nach Sachlage ab dem ersten Januar des Jahres nach dem erklärten oder natürlichen Tod des Urhebers oder nach der rechtmäßigen Veröffentlichung errechnet.

Art. 31 TRLPI: 1. Las obras ya divulgadas podrán reproducirse sin autorización del autor y sin perjuicio en lo pertinente, de lo dispuesto en el artículo 34 de esta Ley, en los siguientes casos:
2.º Para uso privado del copista, sin perjuicio de lo dispuesto en los artículos 25 y 99.a) de esta Ley, y siempre que la copia no sea objeto de utilización colectiva ni lucrativa.
3. ...
1. Bereits veröffentlichte Werke können, unbeschadet der Bestimmung des Artikels 34 dieses Gesetzes, in den folgenden Fällen ohne Zustimmung des Urhebers vervielfältigt werden
2. Für den privaten Gebrauch des Vervielfältigers, vorbehaltlich der Bestimmungen von Artikel 25 und 99 a) dieses Gesetzes und vorausgesetzt, dass das Vervielfältigungsstück nicht Gegenstand kollektiver oder lukativer Benutzung ist.
3. ...

Art. 40 bis TRLPI: Los artículos del presente capítulo no podrán interpretarse de manera tal que permitan su aplicación de forma que causen un perjuicio injustificado a los intereses legítimos del autor o que vayan en detrimento de la explotación normal de las obras a que se refieran.
Die Artikel dieses Kapitels können nicht in einer Weise ausgelegt werden, die ihre Anwendung in einer Form zur Folge hätte, die einen ungerechtfertigten Schaden für die berechtigten Interessen des Urhebers verursachen oder sich nachteilig für die normale Verwertung der entsprechenden Werke auswirken würde.

Art. 41 TRLPI: La extinción de los derechos de explotación de las obras determinará su paso al dominio público.
Las obras de dominio público podrán ser utilizadas por cualquiera, siempre que se respete la autoría y la integridad de la obra, en los términos previstos en los apartados 3. y 4. del artículo 14.
Mit dem Erlöschen der Verwertungsrechte an den Werken werden diese gemeinfrei.
Gemeinfreie Werke können von jedermann unter der Voraussetzung genutzt werden, dass die Urheberschaft und Integrität des Werkes in der in Art. 14 Abs. 3 und 4 angegebenen Weise berücksichtigt wird.

Art. 95 TRLPI: El derecho de autor sobre los programas de ordenador se regirá por los preceptos del presente Título y, en lo que no esté específicamente previsto en el mismo, por las disposiciones que resulten aplicables de la presente Ley.
Die Urheberrechte an Computerprogrammen richten sich nach den Bestimmungen des vorliegenden Titels und, soweit nichts Spezielles vorgesehen ist, nach den anwendbaren Bestimmungen des vorliegenden Gesetzes.

Art. 99 TRLPI: 1. Sin perjuicio de lo dispuesto en el artículo 100 de esta Ley los derechos exclusivos de la explotación de un programa de ordenador por parte de quien sea su titular con arreglo al artículo 97, incluirán el derecho de realizar o de autorizar:
a) La reproducción total o parcial, incluso para uso personal, de un programa de ordenador, por cualquier medio y bajo cualquier forma, ya fuere permanente o transitoria. Cuando la carga, presentación, ejecución, transmisión o almacenamiento de un programa necesiten tal reproducción deberá disponerse de autorización para ello, que otorgará el titular del derecho.
...
Vorbehaltlich der Bestimmungen in Art. 100 dieses Gesetzes umfassen die ausschließlichen Verwertunsgrechte des nach Art. 97 zu bestimmenden Rechtsinhabers das Recht, folgende Handlungen vorzunehmen oder zu gestatten:
a) Die dauerhafte oder vorübergehenden, auch zum persönlichen Gebrauch vorgenommene Vervielfältigung, ganz oder teilweise, eines Computerprogrammes mit jedem Mittel und in jeder Form. Soweit das Laden, Anzeigen, Ablaufen, Übertragen oder Speichern eines Programms eine solche Vervielfältigung erforderlich macht, bedürfen solche Handlungen der vom Rechtsinhaber zu erteilenden Zustimmung.
...

Art. 100 TRLPI: 1. No necesitarán autorización del titular, salvo disposición contractual en contrario, la reproducción o transformación de un programa de ordenador incluida la corrección de errores, cuando dichos actos sean necesarios para la utilización del mismo por parte del usuario legítimo, con arreglo a su finalidad propuesta.
...

1. Mangels anderlautender vertraglicher Bestimmungen bedürfen die Vervielfältigung oder Umgestaltung eines Computerprogrammes einschließlich der Fehlerberichtigung nicht der Zustimmung des Rechtsinhabers, wenn diese Handlung für den bestimmungsmäßigen Gebrauch durch den berechtigten Benutzer notwendig sind.
...

Art. 160 TRLPI: 1. Se protegerán, con arreglo a esta Ley, los derechos de propiedad intelectual de los autores españoles, así como de los autores nacionales de otros Estados miembros de la Unión Europea.
Gozarán, asimismo, de estos derechos:
a) Los nacionales de terceros países con residencia habitual en España.
b) Los nacionales de terceros países que no tengan su residencia habitual en España, respecto de sus obras publicadas por primera vez en territorio español o dentro de los treinta días siguientes a que lo hayan sido en otro país. No obstante, el Gobierno podrá restringir el alcance de este principio en el caso de extranjeros que sean nacionales de Estados que no protejan suficientemente las obras de autores españoles en supuestos análogos.
2. Todos los autores de obras audiovisuales, cualquiera que sea su nacionalidad, tienen derecho a percibir una remuneración proporcional por la proyección de sus obras en los términos del artículo 90, apartados 3 y 4.
No obstante, cuando se trate de nacionales de Estados que no garanticen un derecho equivalente a los autores españoles, el Gobierno podrá determinar que las cantidades satisfechas por los exhibidores a las entidades de gestión por este concepto sean destinadas a los fines de interés cultural que se establezcan reglamentariamente.
3. En todo caso, los nacionales de terceros países gozarán de la protección que les corresponda en virtud de los Convenios y Tratados internacionales en los que España sea parte y, en su defecto, estarán equiparados a los autores españoles cuando éstos, a su vez, lo estén a los nacionales en el país respectivo.
4. Para las obras cuyo país de origen sea con arreglo al Convenio de Berna un país tercero y cuyo autor no sea nacional de un Estado miembro de la Unión Europea, el plazo de protección será el mismo que el otorgado en el país de origen de la obra sin que en ningún caso pueda exceder del previsto en esta Ley para las obras de los autores.
5. Se reconoce el derecho moral del autor, cualquiera que sea su nacionalidad.
1. Durch dieses Gesetz werden die Rechte am geistigen Eigentum der spanischen Urheber sowie der nationalen Urheber von anderen Mitgliedstaaten der Europäischen union geschützt.
Weiterhin genießen dieselben Rechte:
a) Staatsangehörige von Drittländern mit gewöhnlichem Aufenthalt in Spanien.
b) Staatsangehörige von Drittländern ohne gewöhnlichen Aufenthalt in Spanien für ihre im spanischen Staatsgebiet erstmalig oder innerhalb von 30 Tagen nach Erscheinen in einem andern Land erschienen Werke. Dessenungeachtet kann die Regierung bei ausländischen Anghörigen solcher Staaten einschränken, die den Werken spanischer Urheber in ähnlichen Fällen keinen ausreichenden Schutz gewähren.
2. Alle Urheber audiovisueller Werke haben unabhängig von ihrer Staatsangehörigkeit Ansprich auf die in den Art. 90 Abs. 3 und 4 festgelegte proportionale Vergütung für die Vorführung ihrer Werke. Dessenungeachtet kann die Regierung bei Staatsangehörigen solcher Staaten, die den spanischen Urhebern kein entsprechendes Recht gewährleisten, anordnen, dass die von den Vorführern an die Verwertungsgesellschaften hiernach abgeführten Beträge für auf dem Versorgungswege festzulegende kulturelle Zwecke bestimmt sein sollen.
3. In jedem Fall genießen Staatsangehörige von Drittländern den Schutz, der ihnen aufgrund derjenigen internationalen Verträge und Abkommen zukommt, denen Spanien angehört; und

sie werden bei Fehlen solcher wie spanische Urheber behandelt, wenn letztere ihrerseits in dem jeweiligen Land dessen eigenen Staatsangehörigen gleichbehandelt werden.
4. Für Werke, deren Ursprungsland nach den Bestimmungen der Berner Übereinkunft ein Drittland ist und deren Urheber nicht Angehörige eines Mitgliedstaates der Europäischen Union sind, ist die Schutzfrist die gleiche, die dem Werk, in dessen Ursprungsland gewährt wird; keinesfalls darf sie die in diesem Gesetz vorgesehene Schutzfrist für die Werke von Urhebern überschreiten.
5. Das Urheberpersönlichkeistrecht wird unabhängig von der Staatsangehörigkeit gewährt.

IV. Codigo Civil (CC)

Art. 8 CC: 1. Las leyes penales, las de policía y las de seguridad pública obligan a todos los que se hallen en territorio español.
Die Strafgesetze, Polizeigesetze und der öffentlichen Sicherheit verpflichten jeden, der sich auf spanischem Territorium aufhält.

Art. 10 CC: 1. ...
2. ...
3. ...
4. Los derechos de propiedad intelectual e industrial se protegerán dentro del territorio español de acuerdo con la ley española, sin perjuicio de los establecido por los convenios y tratados internacionales en los que España sea parte.
5. ...
1. ...
2. ...
3. ...
4. Die Rechte am geistigen und gewerblichen Eigentum werden innherhalb Spaniens, unbeschadet der Vorschriften internationaler Übereinkünfte und Verträge denen Spanien beigetreten ist, im Einklang mit den spanischen Gesetzen geschützt.
5. ...

V. Anteproyecto de ley de servicios de la sociedad de la información y de comercio eletrónico (ALSSI)

Art. 1 ALSSI: 1.Es objeto de la presente Ley la regulación del régimen jurídico de los servicios de la sociedad de la información y de la contratación por vía electrónica, en lo referente a las obligaciones de los prestadores de servicios que actúan como intermediarios en la transmisión de contenidos por las redes de telecomunicaciones, las comunicaciones comerciales por vía electrónica, la información previa y posterior a la celebración de contratos electrónicos, las condiciones relativas a su validez y eficacia y el régimen sancionador aplicable a los prestadores de servicios de la sociedad de la información.
2. Las disposiciones contenidas en esta Ley se entenderán sin perjuicio del régimen jurídico aplicable a la protección de la salud pública, a los datos personales y a los derechos de los consumidores y usuarios, del régimen tributario aplicable a los servicios de la sociedad de la información y de la normativa reguladora de Defensa de la competencia.
1. Gegenstand dieses Gesetzes ist die Herstellung eines rechtlichen Rahmens für Dienste in der Informationsgesellschaft und den elektronischen Vertragsschluß in Bezug auf die Pflich-

ten der Anbieter von Diensten in der Informationsgesellschaft, die bei Übermittlungen von Inhalten über Telekommunikationsnetze als Vermittler handeln, die kommerzielle elektronische Kommunikation, dem elektronischen Vertragsschluß vorhergehende oder nachfolgende Informationspflichten sowie die Voraussetzungen für deren Wirksamkeit und den haftungsrechtlichen Rahmen für Anbieter von Diensten in der Informationsgesellschaft.
2. Die Bestimmungen dieses Gesetzes gelten unbeschadet der Rechtsvorschriften zum Schutz der öffentlichen Gesundheit, des Datenschutzes und der Rechte von Verbrauchern und Nutzern, der steuerrechtlichen Vorschriften, die auf Anbieter von Diensten in der Informationsgesellschaft Anwendung finden und der Regelungen über den Schutz des Wettbewerbs.

Art. 12 ALSSI: Los prestadores de servicios de la sociedad de la información están sometidos a las normas generales del Ordenamiento jurídico sobre responsabilidad civil, penal y administrativa, con las particularidades que deriven de la aplicación de la legislación sobre derechos de los consumidores y usuarios, sin perjuicio de lo establecido en esta Sección.
Die Anbieter von Diensten in der Informationsgesellschaft unterliegen, unbeschadet der Vorschriften dieser Sektion, den allgemeinen Vorschriften der Rechtsordnung über die zivil-, straf- und verwaltungsrechtliche Verantwortlichkeit mit den Besonderheiten, die sich aus der Anwendung der Gesetze über die Rechte von Verbrauchern und Nutzern ergeben.

Art. 13 ALSSI: 1.Con carácter general, los prestadores de servicios de la sociedad de la información sólo serán responsables por los contenidos que ellos mismos elaboren o que se hayan elaborado por cuenta suya.
2. Los prestadores de servicios no serán responsables por los contenidos ajenos que, en el ejercicio de actividades de intermediación, transmitan, copien, almacenen, o localicen, siempre que respeten las normas recogidas en los artículos que siguen.
1. Anbieter von Diensten in der Informationsgesellschaft sind grundsätzlich nur für Inhalte verantwortlich, die sie selbst hergestellt haben oder die auf ihre Rechnung hergestellt wurden.
2. Anbieter von Diensten in der Informationsgesellschaft sind für fremde Inhalte, die sie bei ihren Vermittlertätigkeiten übermitteln, vervielfältigen, speichern oder ausfindig machen, nicht verantwortlich, wenn sie die folgenden Artikel beachten.

Art. 14 ALSSI: 1. Los operadores de redes de telecomunicaciones y proveedores de acceso a una red de telecomunicaciones que presten un servicio de la sociedad de la información que consista en transmitir por una red de telecomunicaciones datos facilitados por el destinatario del servicio o en facilitar acceso a ésta no serán responsables por la información transmitida, salvo que ellos mismos hayan originado la transmisión, modificado los datos o seleccionado éstos o a sus destinatarios.
No se entenderá por modificación la manipulación estrictamente técnica de los archivos que alberguen los datos, que tiene lugar durante su transmisión.
2.Las actividades de transmisión y provisión de acceso a que se refiere el apartado anterior incluyen el almacenamiento automático, provisional y transitorio de los datos, siempre que sirva exclusivamente para permitir su transmisión por la red de telecomunicaciones y su duración no supere el tiempo razonablemente necesario para ello.
1. Die Betreiber von Telekommunikationsnetzen und Anbieter von Zugang zu Telekommunikationsnetzen, die einen Dienst in der Informationsgesellschaft anbieten, der darin besteht, von einem Adressaten des Dienstes eingegebene Informationen in einem Telekommunikationsnetz zu übermitteln oder Zugang zu einem solchen zu ermöglichen, sind für die übermittelte Information nicht verantwortlich, es sei denn sie haben die Übermittlung selbst veranlasst, die Daten verändert oder ausgewählt oder die Adressaten ausgewählt.

Die bloße technische Manipulation der Speicherarchive, die während der Übermittlung stattfindet, gilt nicht als Veränderung.
2. Die Übermittlung von Informationen und die Vermittlung des Zugangs im Sinne des vorherigen Absatzes umfassen auch die automatische, provisorische Zwischenspeicherung der Daten, soweit dies ausschließlich zur Durchführung der Übermittlung im Telekommunikationsnetz geschieht und ihre Dauer die üblicherweise dafür erforderliche Zeit nicht überschreitet.

Art. 15 ALSSI: Los prestadores de un servicio de la sociedad de la información que transmitan por una red de telecomunicaciones datos facilitados por un destinatario del servicio y, con la única finalidad de hacer más eficaz su transmisión ulterior a otros destinatarios que los soliciten, los almacenen en sus sistemas de forma automática, provisional y temporal, no serán responsables por el contenido de esos datos ni por la reproducción temporal de los mismos, si:
a) no modifican la información,
b) permiten el acceso a ella sólo a los destinatarios que cumplan las condiciones impuestas a tal fin, por el destinatario cuya información se solicita,
c) respetan las normas generalmente aceptadas y aplicadas por el sector para la actualización de la información,
d) no interfieren en la utilización lícita de tecnología generalmente aceptada y empleada por el sector, con el fin de obtener y devolver al destinatario origen de la información datos sobre la utilización de ésta, y
e) retiran la información que hayan almacenado o hacen imposible el acceso a ella, en cuanto tengan conocimiento de:
- que ha sido retirada del lugar de la red en que se encontraba inicialmente,
- que se ha imposibilitado el acceso a ella, o
- que un tribunal o autoridad administrativa competente ha ordenado retirarla o impedir que se acceda a ella.

Anbieter von Diensten in der Informationsgesellschaft, die von einem Adressaten dieses Dienstes eingegebene Daten über ein Telekommunikationsnetz übermitteln und diese alleine zum Zweck, die nachfolgende Übermittlung der Informationen an andere Adressaten, die jene abfragen, effizienter zu gestalten, in ihren Systemen automatisch, provisorisch und zeitlich begrenzt speichern, sind weder für den Inhalt der Daten noch für die Vervielfältigung derselben verantwortlich, wenn:
a) sie die Informationen nicht verändern,
b) der Zugang zu den Infomationen nur den Nutzern erlaubt wird, die die Bedingungen des Nutzers, dessen Informationen nachgefragt werden, für den Zugang erfüllen,
c) sie die Regeln für die Aktualisierung der Informationen berücksichtigen, die von diesem Sektor allgemein anerkannt und angewandt werden,
d) sie die erlaubte Anwendung von Technologien zu dem Zweck, Daten über die Nutzung der Informationen zu erhalten oder an den urspünglichen Adressaten der Information zurückzugeben, nicht beeinträchtigen, wie sie von diesem Sektor allgemein anerkannt und festgelegt sind,
e) sie die von ihnen gespeicherte Information entfernen oder den Zugang zu ihr sperren, sobald sie Kenntnis davon erhalten, dass
- *die Information am ursprünglichen Ausgangsort aus dem Netz entfernt wurde*
- *der Zugang zu ihr gesperrt wurde, oder*
- *ein zuständiges Gericht oder Verwaltungsbehörde die Entfernung oder Sperrung angeordnet hat.*

Art. 16 ALSSI: 1. Los prestadores de un servicio de la sociedad de la información consistente en albergar datos, aplicaciones o servicios proporcionados por el destinatario de este servicio no serán responsables por la información almacenada a petición del destinatario, siempre que:
a) no tengan conocimiento efectivo de que la actividad o la información almacenada es ilícita o de que puede lesionar bienes o derechos de un tercero susceptibles de indemnización, o
b) si lo tienen, actúen con diligencia para retirar los datos o hacer imposible el acceso a ellos.
Se entenderá que el prestador tiene conocimiento efectivo de las circunstancias señaladas en la letra a) cuando una autoridad competente haya declarado la ilicitud de los datos y ordenado su retirada o que se imposibilite el acceso a los mismos, sin perjuicio de los procedimientos de detección y retirada de contenidos que los prestadores apliquen en virtud de acuerdos voluntarios.
2. La exención de responsabilidad establecida en el apartado primero no operará en el supuesto de que el destinatario del servicio actúe bajo la dirección, autoridad o control de su prestador.
1. Anbieter von Diensten in der Informationsgesellschaft, die darin bestehen, Daten, Anwendungen oder vom Adressaten dieses Dienstes gewährte Dienste zu speichern, sind für die im Auftrag des Adressaten gespeicherten Informationen nicht verantwortlich, wenn sie
a) keine tatsächliche Kenntnis davon haben, dass die Handlung oder die gespeicherte Information rechtswidrig ist oder Güter oder Rechte eines Dritten verletzen können, die durch Schadensersatzansprüche geschützt werden, oder
b) falls sie diese haben, unverzüglich tätig werden, um die Daten zu entfernen oder den Zugang zu ihnen zu sperren.
Der Anbieter hat, unbeschadet der Verfahren zum Auffinden und Entfernen von Inhalten, die die Anbieter auf freiwilliger Basis anwenden, tatsächliche Kenntnis der Umstände, die in Buchstabe a) beschrieben werden, wenn eine zuständige Behörde die Daten für rechtswidrig erklärt und die Entfernung oder Sperrung derselben angeordnet hat.
2. Die Befreiung von der Verantwortlichkeit aus Abs. 1 gilt nicht für den Fall, dass der Adressat des Dienstes der Kontrolle, Autorität oder den Weisungen seines Anbieters untersteht.

Art. 17 ALSSI: Los prestadores de servicios de la sociedad de la información que faciliten enlaces a otros contenidos o incluyan en los suyos directorios o instrumentos de búsqueda de contenidos no serán responsables por la información a la que dirijan a los destinatarios de sus servicios, siempre que:
a) no tengan conocimiento efectivo de que la actividad o la información a la que remiten o recomiendan es ilícita o de que puede lesionar bienes o derechos de un tercero susceptibles de indemnización, o
b) si lo tienen, actúen con diligencia para suprimir o inutilizar el enlace correspondiente.
Se entenderá que el prestador tiene conocimiento efectivo de las circunstancias señaladas en la letra a) cuando una autoridad competente haya declarado la ilicitud de los datos y ordenado su retirada o que se imposibilite el acceso a los mismos, sin perjuicio de los procedimientos de detección y retirada de contenidos que los prestadores apliquen en virtud de acuerdos voluntarios.
2. La exención de responsabilidad establecida en el apartado primero no operará en el supuesto de que el destinatario del servicio actúe bajo la dirección, autoridad o control del prestador que facilite la localización de esos contenidos.
1. Anbieter von Diensten in der Informationsgesellschaft, die Verknüpfungen zu anderen Inhalte oder in ihren Inhalten Direktorien oder Instrumente zur Suche von Inhalten zur Verfügung stellen, sind für die Inhalte auf die sie die Adressaten ihrer Dienste dirigieren nicht verantwortlich, wenn sie

a) keine tatsächliche Kenntnis davon haben, dass die Handlung oder die Information auf die sie verweisen oder empfehlen rechtswidrig ist oder Güter oder Rechte eines Dritten verletzen können, die durch Schadensersatzansprüche geschützt werden, oder
b) falls sie diese haben, unverzüglich tätig werden, um die Daten zu entfernen oder den Zugang zu ihnen zu sperren
Der Anbieter hat, unbeschadet der Verfahren zum Auffinden und Entfernen von Inhalten, die die Anbieter auf freiwilliger Basis anwenden, tatsächliche Kenntnis der Umstände, die in Buchstabe a) beschrieben werden, wenn eine zuständige Behörde die Daten für rechtswidrig erklärt und die Entfernung oder Sperrung derselben angeordnet hat.
2. Die Befreiung von der Verantwortlichkeit aus Abs. 1 hat gilt nicht für den Fall, dass der Adressat des Dienstes der die Auffindung dieser Inhalte erleichtert, der Kontrolle, Autorität oder den Weisungen seines Anbieters untersteht.

Definiciones

A los efectos de esta Ley, se entenderá por:

a) "Servicios de la sociedad de la información" o "servicios": todo servicio prestado normalmente a título oneroso, a distancia, por vía electrónica y a petición individual del destinatario. El concepto de servicio de la sociedad de la información comprende también los servicios no remunerados por sus destinatarios, en la medida en que constituyan una actividad económica para el prestador de servicios.

Son servicios de la sociedad de la información, entre otras, las siguientes actividades económicas:

-la contratación de bienes o servicios por vía electrónica,
...
-el alojamiento de información, aplicaciones o servicios, facilitados por el destinatario del servicio de alojamiento,
-el ofrecimiento de instrumentos de búsqueda, acceso y recopilación de datos, la transmisión de información a través de una red de telecomunicaciones, o
...
No tendrán la consideración de servicios de la sociedad de la información los que no reúnan las características señaladas en el primer párrafo de este apartado, y, en particular, los siguientes:

-los servicios prestados por medio de telefonía vocal, fax o télex.
...

b) "Prestador de servicios" o "prestador": persona física o jurídica que proporciona un servicio de la sociedad de la información.
c) "Destinatario del servicio" o "destinatario": persona física o jurídica que utiliza, sea o no por motivos profesionales, un servicio de la sociedad de la información.
...

Definitionen

Dieses Gesetz versteht unter:
a) „Diensten in der Informationsgesellschaft" oder „Diensten": jeden Dienst, der normalerweise gegen Entgelt, im Fernabsatz, auf elektronischem Wege und auf individuelle Anfrage des Adressaten, erbracht wird

Der Begriff des Dienstes in der Informationsgesellschaft umfasst auch Dienste, die ohne Entgelt des Adressaten erbracht werden, solange sie für den Diensteanbieter eine wirtschaftliche Tätigkeit darstellen.

Dienste in der Informationsgesellschaft sind unter anderem die folgenden wirtschaftlichen Tätigkeiten:

- *der Vertragsschluß über Güter oder Dienste auf elektronischem Wege*

...
- *die Speicherung von Informationen, Anwendungen oder Diensten, die vom Adressaten des Speicherungsdienstes zur Verfügung gestellt werden*
- *das Anbieten von Suchinstrumenten, der Zugang und die Sammlung von Daten, die Übermittlung von Daten über ein Telekommunikationsnetz*

...
Keine Dienste in der Informationsgesellschaft sind, die die Charakteristiken, welche im ersten Absatz dieses Abschnittes genannt werden, nicht erfüllen, und insbesondere die
- *Dienste die mittels Telefon, Fax oder Telex erbracht werden.*

...

b) „Diensteanbieter" oder „Anbieter": natürliche oder juristische Person, die einen Dienst in der Informationsgesellschaft gewährt
c) „Adressat des Dienstes" oder „Adressat": natürliche oder juristische Person, die aus beruflichen Gründen oder nicht, einen Dienst in der Informationsgesellschaft nutzt.
...

VI. Berner Übereinkommen zum Schutz von Werken der Literatur und Kunst (RBÜ)[988]

Art. 2 RBÜ: (1) Die Bezeichnung "Werke der Literatur und Kunst" umfaßt alle Erzeugnisse auf dem Gebiet der Literatur, Wissenschaft und Kunst, ohne Rücksicht auf die Art und Form des Ausdrucks, wie: Bücher, Broschüren und andere Schriftwerke; Vorträge, Ansprachen, Predigten und andere Werke gleicher Art; dramatische oder dramatisch-musikalische Werke; choreographische Werke und Pantomimen; musikalische Kompositionen mit oder ohne Text, Filmwerke einschließlich der Werke, die durch ein ähnliches Verfahren wie Filmwerke hervorgebracht sind; Werke der zeichnenden Kunst, der Malerei, der Baukunst, der Bildhauerei, Stiche und Lithographien; fotografische Werke, denen Werke gleichgestellt sind, die durch ein der Photographie ähnliches Verfahren hervorgebracht sind; Werke der angewandten Kunst; Illustrationen, geographische Karten; Pläne, Skizzen und Darstellungen plastischer Art auf den Gebieten der Geographie, Topographie, Architektur oder Wissenschaft.
(2) Der Gesetzgebung der Verbandsländer bleibt jedoch vorbehalten, die Werke der Literatur und Kunst oder eine oder mehrere Arten davon nur zu schützen, wenn sie auf einem materiellen Träger festgelegt sind.

---

[988] BGBl 1973 II S. 1071, 1985 II S. 81.

(3) Den gleichen Schutz wie Originalwerke genießen, unbeschadet der Rechte des Urhebers des Originalwerks, die Übersetzungen, Bearbeitungen, musikalischen Arrangements und andere Umarbeitungen eines Werkes der Literatur oder Kunst.
(4) Der Gesetzgebung der Verbandsländer bleibt vorbehalten, den Schutz amtlicher Texte auf dem Gebiet der Gesetzgebung, Verwaltung und Rechtsprechung sowie der amtlichen Übersetzungen dieser Texte zu bestimmen.
(5) Sammlungen von Werken der Literatur oder Kunst, wie zum Beispiel Enzyklopädien und Anthologien, die wegen der Auswahl oder der Anordnung des Stoffes geistige Schöpfungen darstellen, sind als solche geschützt, unbeschadet der Rechte der Urheber an jedem einzelnen der Werke, die Bestandteile dieser Sammlungen sind.
(6) Die oben genannten Werke genießen Schutz in allen Verbandsländern. Dieser Schutz besteht zugunsten des Urhebers und seiner Rechtsnachfolger oder sonstiger Inhaber ausschließlicher Werknutzungsrechte.
(7) Unbeschadet des Artikels 7 Absatz 4 bleibt der Gesetzgebung der Verbandsländer vorbehalten, den Anwendungsbereich der Gesetze, die die Werke der angewandten Kunst und die gewerblichen Muster und Modelle betreffen, sowie die Voraussetzungen des Schutzes dieser Werke, Muster und Modelle festzulegen. Für Werke, die im Ursprungsland nur als Muster und Modelle geschützt werden, kann in einem anderen Verbandsland nur der besondere Schutz beansprucht werden, der in diesem Land den Mustern und Modellen gewährt wird; wird jedoch in diesem Land kein solcher besonderer Schutz gewährt, so sind diese Werke als Werke der Kunst zu schützen.
(8) Der Schutz dieser Übereinkunft besteht nicht für Tagesneuigkeiten oder vermischte Nachrichten, die einfache Zeitungsmitteilungen darstellen.

Art. 3 RBÜ: (1) Aufgrund dieser Übereinkunft sind geschützt:
a) die einem Verbandsland angehörenden Urheber für ihre veröffentlichten und unveröffentlichten Werke;
b) die keinem Verbandsland angehörenden Urheber für die Werke, die sie zum ersten Mal in einem Verbandsland oder gleichzeitig in einem verbandsfremden und in einem Verbandsland veröffentlichen.
(2) Die Urheber, die keinem Verbandsland angehören, jedoch ihren gewöhnlichen Aufenthalt in einem Verbandsland haben, sind für die Anwendung dieser Übereinkunft den Urhebern gleichgestellt, die diesem Land angehören.
(3) Unter "veröffentlichten Werken" sind die mit Zustimmung ihrer Urheber erschienenen Werke zu verstehen, ohne Rücksicht auf die Art der Herstellung der Werkstücke, die je nach der Natur des Werkes in einer Weise zur Verfügung der Öffentlichkeit gestellt sein müssen, die deren normalen Bedarf befriedigt. Eine Veröffentlichung stellen nicht dar: die Aufführung eines dramatischen, dramatisch-musikalischen oder musikalischen Werkes, die Vorführung eines Filmwerks, der öffentliche Vortrag eines literarischen Werkes, die Übertragung oder die Rundfunksendung von Werken der Literatur oder Kunst, die Ausstellung eines Werkes der bildenden Künste und die Errichtung eines Werkes der Baukunst.
(4) Als gleichzeitig in mehreren Ländern veröffentlicht gilt jedes Werk, das innerhalb von dreißig Tagen seit der ersten Veröffentlichung in zwei oder mehr Ländern erschienen ist.

Art. 5 RBÜ: (1) Die Urheber genießen für die Werke, für die sie durch diese Übereinkunft geschützt sind, in allen Verbandsländern mit Ausnahme des Ursprungslandes des Werkes die Rechte, die die einschlägigen Gesetze den inländischen Urhebern gegenwärtig gewähren oder in Zukunft gewähren werden, sowie die in dieser Übereinkunft besonders gewährten Rechte.
(2) Der Genuß und die Ausübung dieser Rechte sind nicht an die Erfüllung irgendwelcher Förmlichkeiten gebunden; dieser Genuß und diese Ausübung sind unabhängig vom Bestehen

des Schutzes im Ursprungsland des Werkes. Infolgedessen richten sich der Umfang des Schutzes sowie die dem Urheber zur Wahrung seiner Rechte zustehenden Rechtsbehelfe ausschließlich nach den Rechtsvorschriften des Landes, in dem der Schutz beansprucht wird, soweit diese Übereinkunft nichts anderes bestimmt.
(3) Der Schutz im Ursprungsland richtet sich nach den innerstaatlichen Rechtsvorschriften. Gehört der Urheber eines aufgrund dieser Übereinkunft geschützten Werkes nicht dem Ursprungsland des Werkes an, so hat er in diesem Land die gleichen Rechte wie die inländischen Urheber.
(4) Als Ursprungsland gilt:
a) für die zum ersten Mal in einem Verbandsland veröffentlichten Werke dieses Landes; handelt es sich jedoch um Werke, die gleichzeitig in mehreren Verbandsländern mit verschiedener Schutzdauer veröffentlicht wurden, das Land, dessen innerstaatliche Rechtsvorschriften die kürzeste Schutzdauer gewähren,
b) für die gleichzeitig in einem verbandsfremden Land und in einem Verbandsland veröffentlichten Werke dieses letzte Land,
c) für die nichtveröffentlichten oder die zum ersten Mal in einem verbandsfremden Land veröffentlichten Werke, die nicht gleichzeitig in einem Verbandsland veröffentlicht wurden, das Verbandsland, dem der Urheber angehört; jedoch ist Ursprungsland,
i) wenn es sich um Filmwerke handelt, deren Hersteller seinen Sitz oder seinen gewöhnlichen Aufenthalt in einem Verbandsland hat, dieses Land und,
ii) wenn es sich um Werke der Baukunst, die in einem Verbandsland errichtet sind, oder um Werke der graphischen und plastischen Künste handelt, die Bestandteile eines in einem Verbandsland gelegenen Grundstücks sind, dieses Land.

Art. 6bis RBÜ: (1) Unabhängig von seinen vermögensrechtlichen Befugnissen und selbst nach deren Abtretung behält der Urheber das Recht, die Urheberschaft am Werk für sich in Anspruch zu nehmen und sich jeder Entstellung, Verstümmelung, sonstigen Änderung oder Beeinträchtigung des Werkes zu widersetzen, die seiner Ehre oder seinem Ruf nachteilig sein könnten.
(2) Die dem Urheber nach Absatz 1 gewährten Rechte bleiben nach seinem Tod wenigstens bis zum Erlöschen der vermögensrechtlichen Befugnisse in Kraft und werden von den Personen oder Institutionen ausgeübt, die nach den Rechtsvorschriften des Landes, in dem der Schutz beansprucht wird, hierzu berufen sind. Die Länder, deren Rechtsvorschriften im Zeitpunkt der Ratifikation dieser Fassung der Übereinkunft oder des Beitritts zu ihr keine Bestimmungen zum Schutz aller nach Absatz 1 gewährten Rechte nach dem Tod des Urhebers enthalten, sind jedoch befugt vorzusehen, daß einzelne dieser Rechte nach dem Tod des Urhebers nicht aufrechterhalten bleiben.
(3) Die zur Wahrung der in diesem Artikel gewährten Rechte erforderlichen Rechtsbehelfe richten sich nach den Rechtsvorschriften des Landes, in dem der Schutz beansprucht wird.

Art. 7 RBÜ: (1) Die Dauer des durch diese Übereinkunft gewährten Schutzes umfaßt das Leben des Urhebers und fünfzig Jahre nach seinem Tod.
(2) Für Filmwerke sind die Verbandsländer jedoch befugt vorzusehen, daß die Schutzdauer fünfzig Jahre nach dem Zeitpunkt endet, in dem das Werk mit Zustimmung des Urhebers der Öffentlichkeit zugänglich gemacht worden ist, oder, wenn ein solches Ereignis nicht innerhalb von fünfzig Jahren nach der Herstellung eines solchen Werkes eintritt, fünfzig Jahre nach der Herstellung.
(3) Für anonyme und pseudonyme Werke endet die durch diese Übereinkunft gewährte Schutzdauer fünfzig Jahre, nachdem das Werk erlaubterweise der Öffentlichkeit zugänglich gemacht worden ist Wenn jedoch das vom Urheber angenommene Pseudonym keinerlei

Zweifel über die Identität des Urhebers zuläßt, richtet sich die Schutzdauer nach Absatz 1. Wenn der Urheber eines anonymen oder pseudonymen Werkes während der oben angegebenen Frist seine Identität offenbart, richtet sich die Schutzdauer gleichfalls nach Absatz 1. Die Verbandsländer sind nicht gehalten, anonyme oder pseudonyme Werke zu schützen, bei denen aller Grund zu der Annahme besteht, daß ihr Urheber seit fünfzig Jahren tot ist.
(4) Der Gesetzgebung der Verbandsländer bleibt vorbehalten, die Schutzdauer für Werke der Photographie und für als Kunstwerke geschützte Werke der angewandten Kunst festzusetzen; diese Dauer darf jedoch nicht weniger als fünfundzwanzig Jahre seit der Herstellung eines solchen Werkes betragen.
(5) Die sich an den Tod des Urhebers anschließende Schutzfrist und die in den Absätzen 2, 3 und 4 vorgesehenen Fristen beginnen mit dem Tod oder dem in diesen Absätzen angegebenen Ereignis zu laufen, doch wird die Dauer dieser Fristen erst vom 1. Januar des Jahres an gerechnet, das auf den Tod oder das genannte Ereignis folgt.
(6) Die Verbandsländer sind befugt, eine längere als die in den vorhergehenden Absätzen vorgesehene Schutzdauer zu gewähren.
(7) Die Verbandsländer, die durch die Fassung von Rom dieser Übereinkunft gebunden sind und die in ihren bei der Unterzeichnung der vorliegenden Fassung der Übereinkunft geltenden Rechtsvorschriften kürzere Schutzfristen gewähren, als in den vorhergehenden Absätzen vorgesehen sind, sind befugt, sie beim Beitritt zu dieser Fassung oder bei deren Ratifikation beizubehalten.
(8) In allen Fällen richtet sich die Dauer nach dem Gesetz des Landes, in dem der Schutz beansprucht wird; jedoch überschreitet sie, sofern die Rechtsvorschriften dieses Landes nichts anderes bestimmen, nicht die im Ursprungsland des Werkes festgesetzte Dauer.

Art. 9 RBÜ: (1) Die Urheber von Werken der Literatur und Kunst, die durch diese Übereinkunft geschützt sind, genießen das ausschließliche Recht, die Vervielfältigung dieser Werke zu erlauben, gleichviel, auf welche Art und in welcher Form sie vorgenommen wird.
(2) Der Gesetzgebung der Verbandsländer bleibt vorbehalten, die Vervielfältigung in gewissen Sonderfällen unter der Voraussetzung zu gestatten, daß eine solche Vervielfältigung weder die normale Auswertung des Werkes beeinträchtigt noch die berechtigten Interessen des Urhebers unzumutbar verletzt.
(3) Jede Aufnahme auf einen Bild- oder Tonträger gilt als Vervielfältigung im Sinne dieser Übereinkunft.

Art. 11 RBÜ: (1) Die Urheber von dramatischen, dramatisch-musikalischen und musikalischen Werken genießen das ausschließliche Recht, zu erlauben:
1. die öffentliche Aufführung ihrer Werke einschließlich der öffentlichen Aufführung durch irgendein Mittel oder Verfahren,
2. die öffentliche Übertragung der Aufführung ihrer Werke durch irgendein Mittel.
(2) Die gleichen Rechte werden den Urhebern dramatischer oder dramatisch-musikalischer Werke während der ganzen Dauer ihrer Rechte am Originalwerk hinsichtlich der Übersetzung ihrer Werke gewährt.

Art. 11ter RBÜ: (1) Die Urheber von Werken der Literatur genießen das ausschließliche Recht, zu erlauben:
1. den öffentlichen Vortrag ihrer Werke einschließlich des öffentlichen Vortrags durch irgendein Mittel oder Verfahren,
2. die öffentliche Übertragung des Vortrags ihrer Werke durch irgendein Mittel.
(2) Die gleichen Rechte werden den Urhebern von Werken der Literatur während der ganzen Dauer ihrer Rechte am Originalwerk hinsichtlich der Übersetzung ihrer Werke gewährt.

Art. 20 RBÜ: Die Regierungen der Verbandsländer behalten sich das Recht vor, Sonderabkommen miteinander insoweit zu treffen, als diese den Urhebern Rechte verleihen, die über die ihnen durch diese Übereinkunft gewährten Rechte hinausgehen, oder andere Bestimmungen enthalten, die dieser Übereinkunft nicht zuwiderlaufen. Die Bestimmungen bestehender Abkommen, die den angegebenen Voraussetzungen entsprechen, bleiben anwendbar.

VII. Welturheberrechtsabkommen (WUA)[989]

Art. II WUA: 1. Veröffentlichte Werke der Angehörigen eines Vertragsstaats und die zum ersten Mal im Hoheitsgebiet eines Vertragsstaats veröffentlichten Werke genießen in jedem anderen Vertragsstaat den gleichen Schutz, den dieser andere Staat den zum ersten Mal in seinem eigenen Hoheitsgebiet veröffentlichten Werken seiner Staatsangehörigen gewährt, sowie den durch dieses Abkommen besonders gewährten Schutz.
2. Unveröffentlichte Werke der Angehörigen eines Vertragsstaats genießen in jedem anderen Vertragsstaat den gleichen Schutz, den dieser andere Staat den unveröffentlichten Werken seiner Staatsangehörigen gewährt, sowie den durch dieses Abkommen besonders gewährten Schutz.
3. Für die Anwendung dieses Abkommens kann jeder Vertragsstaat durch seine innerstaatliche Gesetzgebung seinen Staatsangehörigen die Personen gleichstellen, die ihren Wohnsitz in seinem Hoheitsgebiet haben

Art. IV WUA: 1. Die Schutzdauer des Werkes wird durch das Recht des Vertragsstaats, in dem der Schutz beansprucht wird, gemäß diesem Artikel und Artikel II geregelt.
2. a) Bei den durch dieses Abkommen geschützten Werken umfaßt die Schutzdauer mindestens die Lebenszeit des Urhebers und fünfundzwanzig Jahre nach seinem Tod. Jedoch kann ein Vertragsstaat, der in dem Zeitpunkt, in dem dieses Abkommen für ihn in Kraft tritt, für bestimmte Arten von Werken die Schutzdauer auf eine von der ersten Veröffentlichung an berechnete Frist beschränkt, diese Ausnahmen aufrechterhalten und sie auf andere Arten von Werken erstrecken. Für alle diese Arten von Werken darf die Schutzdauer nicht weniger als fünfundzwanzig Jahre seit der ersten Veröffentlichung betragen.
b) Ein Vertragsstaat, der in dem Zeitpunkt, in dem dieses Abkommen für ihn in Kraft tritt, die Schutzdauer nicht auf der Grundlage der Lebenszeit des Urhebers berechnet, ist befugt, sie von der ersten Veröffentlichung des Werkes oder gegebenenfalls von der der Veröffentlichung vorausgegangenen Registrierung an zu berechnen; die Schutzdauer darf nicht weniger als fünfundzwanzig Jahre seit der ersten Veröffentlichung oder gegebenenfalls seit der ihr vorausgegangenen Registrierung betragen.
c) Sehen die innerstaatlichen Rechtsvorschriften eines Vertragsstaats zwei oder mehr aufeinanderfolgende Schutzfristen vor, so darf die Dauer der ersten Frist nicht weniger als eine der in Buchstaben a und b bezeichneten Mindestzeiten betragen.
3. Absatz 2 ist auf Werke der Fotografie und der angewandten Kunst nicht anzuwenden. Jedoch darf in den Vertragsstaaten, die Werke der Fotografie schützen oder Werken der angewandten Kunst als Kunstwerken Schutz gewähren, die Schutzdauer für diese Werke nicht weniger als zehn Jahre betragen.
4. a) Kein Vertragsstaat ist verpflichtet, einem Werk einen längeren Schutz als den zu gewähren, der für Werke dieser Art in dem Vertragsstaat, in dem das Werk zum ersten Mal veröffentlicht worden ist, oder, sofern es sich um ein unveröffentlichtes Werk handelt, in dem Vertragsstaat, dem der Urheber angehört, festgelegt ist.

---

[989] BGBl. 1973 II S. 1111.

b) Sehen die Rechtsvorschriften eines Vertragsstaats zwei oder mehr aufeinanderfolgende Schutzfristen vor, so wird für die Anwendung des Buchstaben a die Summe dieser Schutzfristen als die von diesem Staat gewährte Schutzdauer angesehen. Wird jedoch in diesem Staat ein bestimmtes Werk, gleichviel aus welchem Grund, während der zweiten oder einer der folgenden Fristen nicht geschützt, so sind die anderen Vertragsstaaten nicht verpflichtet, dieses Werk während der zweiten Frist oder der folgenden Fristen zu schützen.
5. Für die Anwendung des Absatzes 4 wird das Werk des Angehörigen eines Vertragsstaats, das zum ersten Mal in einem vertragsfremden Staat veröffentlicht worden ist, so angesehen, als sei es zum ersten Mal in dem Vertragsstaat veröffentlicht worden, dem der Urheber angehört.
6. Bei gleichzeitiger Veröffentlichung in zwei oder mehr Vertragsstaaten gilt das Werk für die Anwendung des Absatzes 4 als zum ersten Mal in dem Staat veröffentlicht, der die kürzeste Schutzdauer gewährt. Jedes Werk, das innerhalb von dreißig Tagen seit seiner ersten Veröffentlichung in zwei oder mehr Vertragsstaaten erschienen ist, gilt als in diesen Staaten gleichzeitig veröffentlicht.

Art. XVII WUA: 1. Dieses Abkommen berührt in keiner Weise die Bestimmungen der Berner Übereinkunft zum Schutz von Werken der Literatur und Kunst noch die Mitgliedschaft in dem durch diese Übereinkunft geschaffenen Verband.
2. Zur Ausführung des Absatzes 1 wird diesem Artikel eine Erklärung beigefügt. Diese Erklärung ist ein integrierender Bestandteil dieses Abkommens für die am 1. Januar 1951 durch die Berner Übereinkunft gebundenen und für die ihr später beigetretenen oder beitretenden Staaten. Die Unterzeichnung dieses Abkommens durch solche Staaten gilt auch als Unterzeichnung der Erklärung; die Ratifikation oder Annahme dieses Abkommens oder der Beitritt hierzu durch solche Staaten gilt auch als Ratifikation oder Annahme dieser Erklärung oder Beitritt zu ihr.

VIII. Abkommen über Handelsbezogene Aspekte der Rechte des Geistigen Eigentums (TRIPS)

Art. 1 TRIPS: 1. Die Mitglieder wenden die Bestimmungen dieses Abkommens an. Die Mitglieder dürfen in ihr Recht einen umfassenden Schutz als den durch dieses Abkommen geforderten aufnehmen, vorausgesetzt, dieser Schutz läuft diesem Abkommen nicht zuwider, sie sind dazu aber nicht verpflichtet. Es steht den Mitgliedern frei, die für die Umsetzung der Bestimmungen dieses Abkommens in ihr eigenes Rechtssystem und in ihre Rechtspraxis geeignete Methode festzulegen.
2. Der Begriff "geistiges Eigentum" im Sinne dieses Abkommens umfaßt alle Arten des geistigen Eigentums, die Gegenstand der Abschnitte 1 bis 7 des Teils II sind.
3. Die Mitglieder gewähren die in diesem Abkommen festgelegte Behandlung den Angehörigen der anderen Mitglieder. In bezug auf das einschlägige Recht des geistigen Eigentums sind unter den Angehörigen anderer Mitglieder diejenigen natürlichen oder juristischen Personen zu verstehen, die den Kriterien für den Zugang zum Schutz nach der Pariser Verbandsübereinkunft (1967), der Berner Übereinkunft (1971), dem Rom-Abkommens und dem Vertrag über den Schutz des geistigen Eigentums im Hinblick auf integrierte Schaltkreise entsprächen, wenn alle Mitglieder der Welthandelsorganisation Vertragsparteien dieser Übereinkünfte wären. Ein Mitglied, das von den in Artikel 5 Absatz 3 oder Artikel 6 Absatz 2 des Rom-Abkommens vorgesehenen Möglichkeiten Gebrauch macht, führt eine Notifikation gemäß den genannten Bestimmungen an den Rat für handelsbezogene Aspekte der Rechte des geistigen Eigentums (den "Rat für TRIPS") vorzunehmen.

Art. 3 TRIPS: 1. Die Mitglieder gewähren den Angehörigen der anderen Mitglieder eine Behandlung, die nicht weniger günstig als diejenige ist, die sie ihren eigenen Angehörigen in bezug auf den Schutz des geistigen Eigentums gewähren, vorbehaltlich der jeweils bereits in der Pariser Verbandsübereinkunft (1967), der Berner Übereinkunft (1971), dem Rom-Abkommen oder dem Vertrag über den Schutz des geistigen Eigentums im Hinblick auf integrierte Schaltkreise vorgesehenen Ausnahmen. In bezug auf ausübende Künstler, Hersteller von Tonträgern und Sendeunternehmen gilt diese Verpflichtung nur in bezug auf die durch dieses Abkommen vorgesehenen Rechte. Ein Mitglied, das von den im Artikel 6 der Berner Übereinkunft (1971) oder im Artikel 16 Absatz 1 Buchstabe b des Rom-Abkommens vorgesehenen Möglichkeiten Gebrauch macht, führt eine Notifikation gemäß den genannten Bestimmungen an den Rat für TRIPS vorzunehmen.
2. Die Mitglieder dürfen in bezug auf Gerichts- und Verwaltungsverfahren, einschließlich der Bestimmung einer Anschrift für die Zustellung oder der Ernennung eines Vertreters innerhalb des Hoheitsgebietes eines Mitglieds, von den im Absatz 1 vorgesehenen Ausnahmen nur Gebrauch machen, wenn diese Ausnahmen notwendig sind, um die Einhaltung von Gesetzen und sonstigen Vorschriften sicherzustellen, die mit den Bestimmungen dieses Abkommens nicht unvereinbar sind, und wenn diese Praktiken nicht in einer Weise angewendet werden, die eine verschleierte Handelsbeschränkung bilden würde.

Art. 4 TRIPS: 1. In bezug auf den Schutz des geistigen Eigentums werden Vorteile, Begünstigungen, Vorrechte und Befreiungen, die von einem Mitglied den Angehörigen eines anderen Landes gewährt werden, sofort und bedingungslos den Angehörigen aller anderen Mitglieder gewährt. Von dieser Verpflichtung ausgenommen sind von einem Mitglied gewährte Vorteile, Begünstigungen, Sonderrechte und Befreiungen,
a) die sich aus internationalen Übereinkünften über Rechtshilfe oder Vollstreckung ableiten, die allgemeiner Art sind und sich nicht speziell auf den Schutz des geistigen Eigentums beschränken;
b) die gemäß den Bestimmungen der Berner Übereinkunft (1971) oder des Rom-Abkommens gewährt werden, in denen gestattet wird, daß die gewährte Behandlung nicht von der Inländerbehandlung, sondern von der in einem anderen Land gewährten Behandlung abhängig gemacht wird;
c) die sich auf die in diesem Übereinkommen nicht geregelten Rechte von ausübenden Künstlern, Herstellern von Tonträgern und Sendeunternehmen beziehen;
d) die sich aus internationalen Übereinkommmen betreffend den Schutz des geistigen Eigentums ableiten, die vor dem Inkrafttreten des WTO-Übereinkommens in Kraft getreten sind, vorausgesetzt, dass diese Übereinkünfte dem Rat für TRIPS notifiziert werden und keine willkürliche oder ungerechtfertigte Diskriminierung von Staatsangehörigen anderer Mitglieder darstellen.

Art. 9 TRIPS: 1. Die Mitglieder befolgen die Artikel 1 bis 21 der Berner Übereinkunft (1971) und den Anhang dazu. Die Mitglieder haben jedoch aufgrund dieses Übereinkommens keine Rechte und Pflichten in bezug auf die im Artikel 6bis der Übereinkunft gewährten oder die daraus abgeleiteten Rechte.
2. Der urheberrechtliche Schutz erstreckt sich auf Ausdrucksformen und nicht auf Ideen, Verfahren, Arbeitsweisen oder mathematische Konzepte als solche.

Art. 45 TRIPS: 1. Die Gerichte sind befugt anzuordnen, dass der Verletzer dem Rechtsinhaber zum Ausgleich des von diesem wegen einer Verletzung seines Rechts des geistigen Eigentums durch einen Verletzer, der wußte oder vernünftigerweise hätte wissen müssen, daß er

eine Verletzungshandlung vornahm, erlitten Schadens angemessenen Schadensersatz zu leisten hat.
2. Die Gerichte sind ferner befugt anzuordnen, dass der Verletzer dem Rechtsinhaber die Kosten zu erstatten, zu denen auch angemessene Anwaltshonorare gehören können. In geeigneten Fällen können die Mitglieder die Gerichte ermächtigen, die Herausgabe der Gewinne und/oder die Zahlung eines festgelegten Schadensersatzbetrages selbst dann anzuordnen, wenn der Verletzer nicht wußte oder nicht vernünftigerweise hätte wissen müssen, daß er eine Verletzungshandlung vornahm.

Art. 61 TRIPS: Die Mitglieder sehen Strafverfahren und Strafen vor, die zumindest bei vorsätzlicher Nachahmung von Markenerzeugnissen oder vorsätzlicher unerlaubter Herstellung urheberrechtlich geschützter Waren in gewerbsmäßigem Umfang Anwendung finden. Die vorgesehenen Sanktionen umfassen zur Abschreckung ausreichende Haft- und/oder Geldstrafen, entsprechend dem Strafmaß, das auf entsprechend schwere Straftaten anwendbar ist. In geeigneten Fällen umfassen die vorzusehenden Sanktionen auch die Beschlagnahme, die Einziehung und die Vernichtung der rechtsverletzenden Waren und allen Materials und aller Werkzeuge, die überwiegend dazu verwendet wurden, die Straftat zu begehen. Die Mitglieder können Strafverfahren und Strafen für andere Fälle der Verletzung von Rechten des geistigen Eigentums vorsehen, insbesondere wenn die Handlungen vorsätzlich und in gewerbsmäßigem Umfang begangen werden.

IX. WIPO-Urheberrechtsvertrag (WCT)

Art. 8 WCT: Unbeschadet der Bestimmungen in von Artikel 11 Absatz 1 Ziffer 2, Artikel 11bis Absatz 1 Ziffern 1 und 2, Artikel 11ter Absatz 1 Ziffer 2, Artikel 14 Absatz 1 Ziffer 2 und Artikel 14bis Absatz 1 der Berner Übereinkunft haben die Urheber von Werken der Literatur und Kunst das ausschließliche Recht, die öffentliche drahtlose oder drahrgebundene Wiedergabe ihrer Werke zu erlauben, einschließlich der Zugänglichmachung ihrer Werke in der Weise, dass sie Mitgliedern der Öffentlichkeit an Orten und zu Zeiten ihrer Wahl zugänglich sind.

Literaturverzeichnis

Ahrens, Claus: Napster, Gnutella; FreeNet & Co. – die immaterialgüterrechtliche Beurteilung von Internet-Musiktauschbörsen, ZUM 2000, 1029

Altenhain, Karsten: Die gebilligte Verbreitung missbilligter Inhalte – Auslegung und Kritik des § 5 Teledienstgesetz, AfP 1998, 457

- Die strafrechtliche Verantwortung für die Verbreitung missbilligter Inhalte in Computernetzen, CR 1997, 485

Band, Jonathan: The digital Millennium Copyright Act: A Balanced Result, E.I.P.R. 1999, 92

Barton, Dirk M.: Multimediastrafrecht, Neuwied und Kriftel 1999

Bartsch, Michael/Lutterbeck, Bernd: Neues Recht für neue Medien (Hrsg.), Köln 1998

Baumann, Jürgen/Weber, Ulrich/ Mitsch, Wolfgang: Strafrecht – Allgemeiner Teil, 10. Auflage, Bielefeld 1995 (zitiert: *Baumann/Weber/Mitsch*)

Baylos Corroza, Hermenegildo: Tratado de derecho industrial. 2. Auflage, Madrid 1993

Bayreuther, Frank: Beschränkungen des Urheberrechts nach der neuen EU-Urheberrechtsrichtlinie, ZUM 2001, 828

Bechtold, Stefan: Der Schutz des Anbieters von Informationen – Urheberrecht und gewerblicher Rechtsschutz im Internet, ZUM 1997, 427

- Multimedia und Urheberrecht – eine grundsätzliche Anmerkung, GRUR 1998, 18

Becker, Jürgen/Dreier, Thomas: Urheberrecht und digitale Technologie (Hrsg.), Baden-Baden 1994

Becker, Jürgen: Die digitale Verwertung von Musikwerken aus der Sicht der Musikurheber, in: *Becker/Dreier*, Digitale Technologie (s. dort), S. 45ff.

- Neue Übertragungstechniken und Urheberrechtsschutz, ZUM 1995, 231

- Rechtsprobleme internationaler Datennetze (Hrsg.), Baden-Baden 1996

Beckmann, Kirsten: Verantwortlichkeit von Online-Diensteanbietern in Europa und den Vereinigten Staaten von Amerika, Münster etc. 2000 (Diss.)

Bercovitz Álvarez, Germán: Obra plástica y derechos patrimoniales de su autor, Madrid 1997

Bercovitz Rodríguez-Cano, Rodrigo (Hrsg.): Comentarios a la ley de propiedad intelectual, 2. A., Madrid 1997 (zitiert: Bercovitz-*Bearbeiter*)

Bercovitz Rodríguez-Cano, Rodrigo: Comentario de la Sentencia del Tribunal Supremo de 29 de diciembre de 1993, CCJC 1994, 407

- Introducción a la regulación de los derechos de autor; *in*: Cuadernos de derecho judicial: Propiedad intelectual: Consejo general del poder judicial, Madrid 1995, S. 12

Berger, Christian: Urheberrechtliche Erschöofungslehre und digitale Informationstechnologie, GRUR 2002, 198

Bettinger, Thorsten/Freytag, Stefan: Privatrechtliche Verantwortlichkeit für Links, CR 1998, 545

Bettinger, Torsten: Der Werkbegriff im spanischen und deutschen Urheberrecht, München 2001 (Diss.)

- Kennzeichenrecht im Cyberspace: Der Kampf um die Domainnamen, GRUR Int. 1997, 402

Beucher, Klaus/Leyendecker, Ludwig/Rosenberg, Oliver v.: Mediengesetze, Kommentar zum Rundfunkstaatsvertrag, Mediendienste-Staatsvertrag, Teledienstegesetz und Teledienstedatenschutzgesetz, München 1999 (zitiert: *Beucher/Leyendecker/v. Rosenberg*)

Binding, Karl: Die Normen und ihre Übertretung; Eine Untersuchung über die rechtmäßige Handlung und die Arten des Delikts; Bd. I: Normen und Strafgesetze, Neudruck der 4. Auflage Leipzig 1922, Aalen 1965 (zitiert: *Binding*, Normen I)

Bleisteiner, Stephan: Rechtliche Verantwortlichkeit im Internet – unter besonderer Berücksichtigung des Teledienstgesetzes und des Mediendienstestaatsvertrages, Köln Berlin Bonn München 1999 (Diss.)

Boese, Oliver: Strafrechtliche Verantwortlichkeit für Verweisungen durch Links im Internet (Diss.); Frankfurt am Main 2000

Boman, Mats/Lindblom, Frederik: Hyper-linking may be a criminal offence, E.I.P.R. 2001, 55

Bondía Román, F.: Propiedad intelectual. Su significado en la sociedad de la información, Madrid 1988

Bonin, Andreas v./Köster, Oliver: Internet im Lichte neuer Gesetze, ZUM 1997, 821

Bortloff, Nils: Die Verantwortlichkeit von Online-Diensten, GRUR Int. 1997, 387

- Erfahrungen mit der Bekämpfung der elektronischen Musikpiraterie im Internet, GRUR Int. 2000, 665

Braun, Thorsten: Kopieren von Audio CDs und Urheberrecht, http://www.ifpi.de/recht/re-7.htm (abgerufen am 06.September 00)

- „Filesharing"-Netze und deutsches Urheberrecht, GRUR 2001, 1106

Brauneck, Anja: Zur Verantwortlichkeit des Telediensteanbieters für illegal ins Netz gestellte Musikdateien nach § 5 TDG, ZUM 2000, 480

Bremer, Karsten: Strafbare Internet-Inhalte in internationaler Hinsicht (Diss.), Frankfurt am Main 2001

Bröhl, Georg M.: Rechtliche Rahmenbedingungen für neue Informations- und Kommunikationsdienste, CR 1997, 73

- EGG-Gesetz über rechtliche Rahmenbedingungen des elektronischen Geschäftsverkehrs, MMR 2001, 67

Bücking, Jens : Namen und Kennzeichenrecht im Internet (Domainrecht), Stuttgart usw. 1997

Buder, Marianne/Rehfeld, Werner/Seeger, Thomas/Strauch, Dietmar: Grundlagen der praktischen Information und Dokumentation (Hrsg.), 4. Auflage, München 1997

Busch, Cristina: La Protección Penal de los Derechos de Autor en España y Alemania, Barcelona 1995

Bustos Ramirez, Juan: Manual de derecho penal, Parte general, 4. Auflage, Barcelona 1994

Caemmerer, Ernst v.: Vorschläge und Gutachten zur Reform des deutschen internationalen Privatrechts der außervertraglichen Schuldverhältnisse (Hrsg.), Tübingen 1983

Cámara Lapuente, Sergio: El nuevo derecho sui generis sobre las bases de datos, AC 1999 núm. 3, S. 1ff

Carbajo González, Julio: La nueva regulación española en materia de propriedad intelectual I AC 1989-3, 2965

Carmona Salgado, Concepción: La nueva ley de propiedad intelectual, Madrid 1988 (Diss.)

Cerezo Mir, José: Curso de derecho penal español, Parte general I, Introducción, Madrid 1996

- Curso de derecho penal español, Parte General II, Teoría jurídica del delito, 6. A., Madrid 1998

- Curso de derecho penal español, Parte General III, Teoría jurídica del delito/2, Madrid 2001

Cichon, Caroline: Internetverträge (Diss.), Köln 2000

- Musikpiraterie im Internet, K&R 1999, 547

Clauß, Felix: Anmerkung zu *BGH* 1 StR 184/00, MMR 2001, 232

Cobo del Rosal, Manuel (Hrsg.): Curso de derecho penal español, Parte especial I, Madrid 1996 (zitiert: Cobo del Rosal-*Bearbeiter*)

- Curso de derecho penal, Parte general, Madrid 1996 (zitiert: Cobo del Rosal-*Bearbeiter*)

Cobo del Rosal, Manuel/Vives Antón, Tomás S.: Derecho penal, parte general, 4. A., Valencia 1996

Conradi; Ulrich/Schlömer, Uwe: Die Strafbarkeit der Internet Provider I, II, NStZ 1996, 366; 472

Consejo general del poder judicial: Cuadernos de derecho judicial: Propiedad intelectual; Aspectos civiles y penales, Madrid 1995

Cornils, Karin: Der Begehungsort von Äußerungsdelikten im Internet JZ 1999, 394

- Harmonisierungsbedarf zur grenzüberschreitenden Tatbeteiligung, in: Eser, Einzelverantwortlichkeit (s. dort), S. 320ff.

Däubler-Gmelin, Herta: Private Vervielfältigung unter dem Vorzeichen digitaler Technik; ZUM 1999, 769

Decker, Ute: Haftung für Urheberrechtsverletzungen im Internet – Anforderungen an die Kenntnis des Host Providers, MMR 1999, 7

Delgado Porras, Antonio: Panorámica de la protección Civil y Penal en materia de Propriedad Intelectual, Madrid 1988

Derksen, Roland: Strafrechtliche Verantwortung für in internationalen Computernetzen verbreitete Daten mit strafbarem Inhalt, NJW 1997, 1878

Diaz Roca, Rafael: Derecho penal general, Madrid 1996

Diaz y Garcia Conlledo, Miguel: Autoria y Participación, La Ley 1996-2

- Los derechos de autor y conexos. Su protección penal: cuestiones generales y naturaleza patrimonial, personal o mixta del bien jurídico protegido, ADPCP 1990, 803

Dieselhorst, Jochen: Anmerkung zu OLG Hamburg, Urteil vom 22. Februar 2001-3 U 247/00, CR 2001, 706

- Anwendbares Recht bei internationalen Online-Diensten, ZUM 1998, 293

Dietz, Adolf: Das Urheberrecht in Spanien und Portugal, Baden-Baden, 1990

- Die EU-Richtlinie zum Urheberrecht und zu den Leistungsschutzrechten in der Informationsgesellschaft, ZUM 1998, 438

Dreier, Thomas: Rechtsschutz von Computerprogrammen, CR 1991, 577

- Urheberrecht auf dem Weg zur Informationsgesellschaft, GRUR 1997, 859
- Die Umsetzung der Urheberrechtsrichtlinie 2001/29/EG in deutsches Recht, ZUM 2002, 28

Dustmann, Andreas: Die privilegierten Provider, Baden-Baden 2001

Ehmann, Horst/Thon, Karsten: Erfolgsort bei grenzüberschreitenden Persönlichkeitsverletzungen, AfP 1996, 22

Eichler, Alexandra/Helmers, Sabine/Schneider, Thorsten: Link(s)-Recht(s); Technische Grundlagen und Haftungsfragen bei Hyperlinks, Beilage zu, K&R 12/1999, 22

Enderle, Bettina: Blankettstrafgesetze (Diss.), Frankfurt am Main, 2000

Engel-Flechsig, Stefan/Männel, Fritjof A./Tettenborn, Alexander: Neue gesetzliche Rahmenbedingungen für Multimedia, Sonderveröffentlichung des BB, Heidelberg 1997

Engel-Flechsig, Stefan: Das Informations- und Kommunikationsdienstegesetz des Bundes und der Mediendienstestaatsvertrag, ZUM 1997, 231

Engels, Stefan: Zivilrechtliche Haftung für Inhalte im World Wide Web, AfP 2000, 524

Engisch, Karl: Tun und Unterlassen, Festschrift für Wilhelm Gallas, Berlin New York, 1973, S 163ff. (zitiert: FS-Gallas)

Erbs, Georg/Kohlhaas, Max: Strafrechtliche Nebengesetze, Loseblatt, Stand: August 2000 (zitiert: Erbs/Kohlhaas-*Bearbeiter*)

Erdmann, Willi: Möglichkeiten und Grenzen des Urheberrechts, CR 1986, 249

Ernst, Stefan: Rechtliche Fragen bei der Verwendung von Hyperlinks im Internet, NJW-CoR 1997, 224

- Rechtsprobleme im Internet: urheber-, wettbewerbs- und markenrechtliche Sicht, K&R 1998, 536
- Urheberrechtliche Haftung bei der Veranstaltung von On-Demand Diensten, GRUR 1997, 592

Eser, Albin: Einzelverantwortung und Mitverantwortung im Strafrecht (Hrsg.); Beiträge und Materialien aus dem Max-Plack-Institut für ausländisches und internationales Strafrechtr Freiburg, Band S 71, Freiburg i. Br. 1998

Esteve Pardo, Asunción: La obra Multimedia en el derecho español, La Ley 1998-3 = GRUR Int. 1998, 858

Etter, Eberhard: Softwareschutz durch Strafanzeige ?, CR 1989, 115

Federrath, Hannes: Multimediale Inhalte und technischer Urheberrechtsschutz im Internet, ZUM 2000, 804

- Zur Kontrollierbarkeit des Internet, ZUM 1999, 177

Fichte, Johann Gottlieb: Beweis der Unrechtmäßigkeit des Büchernachdrucks UFITA 106 (1987) 155ff. (Nachdruck aus: Berlinische Monatsschrift 21 (1793) 443-483

Finke, Thorsten: Die Strafrechtliche Verantwortung von Internet Providern, Tübingen 1998 (Diss.)

Flechsig, Norbert P. /Fischer, Martin: Speicherung von Printmedien in betriebseigenen Datenbankarchiven und die Grenze ihrer betrieblichen Nutzung, ZUM 1996, 833

Flechsig, Norbert P./Gabel, Detlev: Strafrechtliche Verantwortlichkeit im Netz durch Einrichten und Vorhalten von Hyperlinks, CR 1998, 351

Flechsig, Norbert P.: EU-Harmonisierung des Urheberrechtes und der verwandten Schutzrechte in der Informationsgesellschaft, ZUM 1998, 139

- Rechtmäßige private Vervielfältigung und gesetzliche Nutzungsgrenzen, GRUR 1993, 532

- Grundlagen des Europäischen Urheberrechts, ZUM 2002, 1

Franzheim, Horst: Überkriminalisierung durch Urheberrechtsnovelle, CR 1993, 101

Freitag, Andreas: Urheberrecht und verwandte Schutzrechte im Internet, in: *Kröger/Gimmy*, Internetrecht (s.dort), S. 331ff.

Frey, Dieter: Peer-to-Peer File-Sharing, das Urheberrecht und die Verantwortlichkeit von Diensteanbietern am Beispiel Napster, Inc. Im Lichte des US-amerikanischen und des EG-Rechts, ZUM 2001, 466

Freytag, Stefan: Haftung im Netz – Verantwortlichkeit für Urheber-, Marken- und Wettbewerbsverletzungen nach § 5 TDG und § 5 MDStV, München 1999 (Diss.)

- Providerhaftung im Binnenmarkt, CR 2000, 600

- Urheberrechtliche Haftung im Netz, ZUM 1999, 185

Friedrich, Matthias: Strafbarkeit des Endabnehmers von Raubkopien ?, MDR 1985, 366

Fromm, Friedrich Karl/Nordemann, Wilhelm: Urheberrecht-Kommentar zum Urheberrechtsgesetz und zum Urheberrechtswahrnehmungsgesetz, Stuttgart Berlin Köln 1998 9. Auflage (zitiert: Fromm/Nordemann-*Bearbeiter*)

Gallas, W.: Anmerkung zum Urteil des *BGH* vom 11.2.1952, JZ 1952, 371

Gamm, Otto Friedrich Frhr. v.: Urheberrechtsgesetz, Kommentar, München 1968 (zitiert: *v. Gamm*)

Ganter, Alexander: Strafrechtliche Probleme im Urheberrecht, NJW 1986, 1479

García Rivas, Nicolás: Los delitos contra la propiedad intelectual en el Código Penal de 1995; in: *Consejo general del poder judicial*, Cuadernos (s.dort), S. 203

*Garrote Fernández-Díez, Ignacio:*El derecho de autor en internet, Granada 2001

Gaster, Jens: Die Erschöpfungsproblematik aus der Sicht des Gemeinschaftsrechts, GRUR Int. 2000, 571

- Urheberrecht und verwandte Schutzrechte in der Informationsgesellschaft, ZUM 1995, 740

- Zur anstehenden Umsetzung der EG-Datenbankrichtlinie (I), CR 1997, 669

Gercke, Marco: „Virtuelles" Bereithalten i.S.d. § 5 TDG – Die straf- und zivilrechtliche Verantwortlichkeit bei der Einrichtung von Hyperlinks, ZUM 2001, 34

- Rechtswidrige Inhalte im Internet (Diss.); Köln, 2000

Gerlach, Tilo: Lizenzrecht und Internet – Statement aus der Sicht der GVL, ZUM 2000, 856

Gómez Pomar, Fernando: La función de la propiedad intelectual y el régimen jurídico de la fotocopia, RCDI 1993, 165

Gómez Segade, José A.: El derecho de autor en el entorno digital, RGLJ núm. 3 1999, 309

- Propuesta de directiva sobre determinados aspectos de los derechos de autor y los derechos afines en la sociedad de la información, in: *Rogel Vide*, Nuevas tecnologías (s. dort), S. 17ff.

Gounalakis, Georgios/Rhode, Lars: Haftung des Host Provider: ein neues Fehlurteil aus München ? NJW 2000, 2168

Gravenreuth, Günther Freiherr v.: Das Plagiat aus strafrechtlicher Sicht, Köln Berlin Bonn München 1986

- Kritische Anmerkungen zur Novelle des Urheberstrafrechtes, GRUR 1985, 111

- Die Praxis der strafrechtlichen Verfolgung der Software-Piraterie, ZUM 1985, 539

Gribbohm, Günter: Strafrechtsgeltung und Teilnahme, JR 1998, 177

Güntge, Georg-Friedrich: Begehen durch Unterlassen, Baden-Baden 1995 (Diss,)

Haedicke, Maximilian: „Lex informatica“ oder allgemeines Deliktsrecht? CR 1999, 309

- Die Umgehung technischer Schutzmaßnahmen durch Dritte als mittelbare Urheberrechtsverletzung, in: Festschrift für Adolf Dietz; Zum 65. Geburtstag; München 2001, S. 349ff. (zitiert: FS-Dietz)

Häberlin: Ueber den Gerichtsstand der begangenen That, GA 25 (1877) 432

Härting, Niko: Gesetzentwurf zur Umsetzung der E-Commerce-Richtlinie, CR 2001, 271

Heermann, Peter W.: Urheberrechtliche Probleme bei der Nutzung von Email, MMR 1999, 3

Hefendehl, Roland: Strafrechtliche Probleme beim Herstellen, beim Vertrieb und bei der Verwendung von wiederaufladbaren Telefonkartensimulatoren, NStZ 2000, 348

Heghmanns, Michael: Anm. zum Urteil des LG München I vom 17. November 1999 20 NS 465 Js 1731 58/95-Compuserve, ZUM 2000, 463

- Besprechung und Anmerkung zum Urteil des *BGH* vom 12.12.2000-1 StR 184/00, JA 2001, 276
- Öffentliches und besonderes öffentliches Interesse an der Verfolgung von Softwarepiraterie, NStZ 1991, 112
- Strafrechtliche Verantwortlichkeit für illegale Inhalte im Internet, JA 2001, 71
- Die Neuen Medien und das Strafrecht, ZStW 113 (2001), 651

Heinrich, Bernd: Die Strafbarkeit der unbefugten Vervielfältigung und Verbreitung von Standardsoftware (Diss.), Berlin 1993

Herberger, Maximilian: Internet-Rechtsprechung 1999/2000 – Inhalte und Trends in der Rechtsprechung, NJW 2000, 2082

Herzberg, Rolf D.: Zur Garantenstellung aus vorangegangenem Tun, JZ 1986, 986

Heyl, Cornelius v.: Teledienste und Mediendienste nach dem Teledienstegesetz und dem Mediendienstestaatsvertrag, ZUM 1998, 115

Hildebrandt, Ulrich: Die Strafvorschriften des Urheberrechts, Berlin 2001 (Diss.)

Hilgendorf, Eric: Grundfälle zum Computerstrafrecht, JuS 1997, 323

- Überlegungen zur Strafrechtlichen Interpretation des Ubiquitätsprinzips im Zeitalter des Internet, NJW 1997, 1873

Hochstein, Reiner: Teledienste, Mediendienste und Rundfunkbegriff – Anmerkungen zur praktischen Abgrenzung multimedialer Erscheinungsformen, NJW 1997, 2977

Hoeren, Thomas/ Sieber, Ulrich: Handbuch des Multimediarechtes (Hrsg.), Loseblatt Stand Dezember 2000 (2. Ergänzungslieferung), München 1998 (zitiert: Hdb.MMR-*Bearbeiter*)

Hoeren, Thomas/Schumacher, Dirk: Verwendungsbeschränkungen im Softwarevertrag, CR 2000, 137

Hoeren, Thomas: Anmerkung zum Urteil des OLG München vom 08.03 2001-29 U 3282/00 MMR 2001, 379

- Der Softwareüberlassungsvertrag als Sachkauf. Ansätze zu einer neuen Vertragstypologie im Bereich der Standardsoftware, CR 1988, 908
- Entwurf einer EU-Richtlinie zum Urheberrecht in der Informationsgesellschaft, MMR 2000, 515
- Softwareüberlassung an der Schnittstelle von Urheber- und Verlagsrecht – zugleich eine kritische Auseinandersetzung mit Heussen, GRUR 1987, 779ff., GRUR 1988, 340
- Sounds von der Datenbank – Zur urheber und wettbewerbsrechtlichen Beurteilung des Sampling in der Popmusik, GRUR 1989, 11
- Überlegungen zur urheberrechtlichen Qualifizierung des elektronischen Abrufs, CR 1996, 516
- Das Problem des Multimediäntwicklers: der Schutz vorbestehender Werke, in: *Lehmann*, Cyberlaw (s. dort), S. 79ff.

Hoffmann, Helmut: Anmerkung zu LG München I-Einstellen von MIDI Dateien im AOL Musikforum MMR 2000, 431, 435

- Zivilrechtliche Haftung im Internet MMR, 2002, 284

Holznagel, Bernd: Möglichkeiten und Risiken bei der Bekämpfung rechtsradikaler Inhalte im Internet, MMR 2001, 347

Horn, Eckhard: Das „Inverkehrbringen" als Zentralbegriff des Nebenstrafrechts, NJW 1977, 2329

Hörnig, Andreas: Das Bearbeitungsrecht und die Bearbeitung im Urheberrecht unter besonderer Berücksichtigung von Werken der Literatur, UFITA 99 (1985) 13

Hubmann, Heinrich/Götting, Horst-Peter: Gewerblicher Rechtsschutz, 6. Auflage, München 1998

Hubmann, Heinrich: Immanuel Kants Urheberrechtstheorie UFITA 106 (1987) 145ff.

Hütig, Stefan: Anmerkung zum AG Tiergarten: Link auf eine Homepage mit rechtswidrigem Inhalt, MMR 1998, 49

Jäger, Andrea: Neue Entwicklungen im Kommunikationsrecht, NJW 1995, 3273

Jäger, Stefan: Anmerkungen zum Urteil des AG München vom 28. Mai 1998-8340 Ds 465 Js 173158/95, RDV 1998, 266

Jäger, Ulrike/Collardin, Marcus: Die Inhaltsverantwortlichkeit von Online-Diensten, CR 1996, 236

Jakobs, Günther: Strafrecht-Allgemeiner Teil, 2. Auflage, Berlin New York 1993

Jescheck, Hans-Heinrich /Weigend, Thomas: Lehrbuch des Strafrechts, Allgemeiner Teil, 5. Auflage, Berlin 1996

Jofer, Robert: Strafverfolgung im Internet, Frankfurt am Main etc., 1999 (Diss.)

Juanes Peces, Angel: La autoría y la participación a la luz de la doctrina de la teoría del dominio del hecho. La Ley 1997-2

Julià-Barceló, Rosa: On-Line Intermediary Liability Issues: Comparing E.U. and U.S. legal frameworks, E.I.P.R., 2000, 105

Jung, Heike: Die Inlandsteilnahme an ausländischer strafloser Haupttat, JZ 1979, 325

Kahlo, Michael: Zur strafrechtlichen Verantwortlichkeit des Arztes im Zusammenhang mit der Ausstellung einer Todesbescheinigung, NJW 1990, 1521

Kant Immanuel: Von der Unrechtmäßigkeit des Büchernachdrucks UFITA 106 (1987) 137ff. (Nachdruck aus: Berlinische Monatsschrift 5 (1785) 403-417

Katzenberger, Paul: Elektronische Printmedien im Urheberrecht, AfP 1997, 434

- Urheberrecht und Datenbanken, GRUR 1990, 94

Kienle, Michael: Internationales Strafrecht und Straftaten im Internet, Konstanz 1998 (Diss.)

Kiethe, Kurt: Werbung im Internet, WRP 2000, 616

Kircher, Karl-Heinz: Tatbestandsirrtum und Verbotsirrtum im Urheberrecht, Erlangen 1973 (Diss.)

Klengel, Jürgen Detlef W./Heckler, Andreas: Geltung des deutschen Strafrechtes für vom Ausland aus im Internet angebotenes Glücksspiel, CR 2001, 243

Klett, Alexander: Urheberrecht im Internet aus deutscher und aus amerikanischer Sicht (Diss.), Baden-Baden 1998

Klöck, Oliver: Bundeskompetenz für ein Multimediarecht, CR 1999, 456

Knörzer, Thomas: Das Urheberrecht im deutschen internationalen Privatrecht (Diss.), Mannheim 1992

Koch, Alexander: Strafrechtliche Verantwortlichkeit beim Setzen von Hyperlinks auf mißbilligte Inhalte, MMR 1999, 704

Koch, Arnd: Zur Strafbarkeit der „Auschwitzlüge“ im Internet – BGHSt 46, 212, JuS 2002, 123

Koch, Frank A.: Grundlagen des Urheberrechtsschutzes im Internet und in Online-Diensten, GRUR 1997, 417

- Neue Rechtsprobleme der Internet-Nutzung, NJW-CoR 1998, 45

- Zivilrechtliche Anbieterhaftung für Inhalte in Kommunikationsnetzen, CR 1997, 193

Koch, Harald/Magnus, Ulrich/Winkler v. Mohrenfels, Peter: IPR und Rechtsvergleichung, 2. Auflage, München 1996

Kochinke, Clemens/Tröndle, Rüdiger: Links, Frames und Meta-Tags, CR 1999, 190

Koenig, Christian: Regelungsoptionen für die neuen Medien in Deutschland, Beilage zu MMR 12/98, 1

Köhn, Tina: Die Technisierung der Popmusikproduktion – Probleme der „kleinen Münze“ in der Musik, ZUM 1994, 278

Köster, Oliver/Jürgens, Uwe: Haftung professioneller Informationsvermittler im Internet, MMR 2002, 420

Kotthoff, Jost: Zum Schutz von Datenbanken beim Einsatz von CD-ROMs in Netzwerken, GRUR 1997, 597

Kreile, Reinhold: Vervielfältigung zum privaten Gebrauch, eine Herausforderungen den Kulturstaat und seine Urheberrechtsgesetzgebung, ZUM 1991, 101

Kreutzer, Till: Napster, Gnutella & Co.: Rechtsfragen zu Filesharing-Netzen aus der Sicht des deutschen Urheberrechts de lege lata und de lege ferenda-Teil 1 GRUR 2001, 193; Teil 2 GRUR 2001, 307

Kröber, Christian: Vergütungspflicht für digitales Kopieren bestätigt, ZUM 2000, 545

Kröger, Detlef/Gimmy, Marc A.: Handbuch zum Internetrecht, 2. Auflage, Berlin 2002

Kröger, Detlef/Moos, Flemming: Mediendienst oder Teledienst ?, AfP 1997, 675

- Regelungsansätze für Multimediadienste, ZUM 1997, 462

Kröger, Detlef: Die Urheberrechtsrichtlinie für die Informationsgesellschaft – Bestandsaufnahme und kritische Bewertung, CR 2001, 316

Urheberrechtsrichtlinie der EG für die Informationsgesellschaft, in *Kröger/Gimmy*, Internetrecht (s. dort), S. 381ff.

Krol, Ed: Die Welt des Internet, Bonn 1995

Kuch, Hansjörg: Der Staatsvertrag über Mediendienste, ZUM 1997, 225

- Lizenzrecht und Internet, ZUM 2000, 801

Kunig, Phillip/Uerpmann, Robert: Der Fall des Postschiffes Lotus, Jura 1994, 186

Lackner, Karl/Kühl, Kristian: Strafgesetzbuch mit Erläuterungen, 24. Auflage, München 2001 (zitiert: *Lackner/Kühl*)

Lackum, Jens v.: Verantwortlichkeit der Betreiber von Suchmaschinen, MMR 1999, 697

Laga, Gerhard: Neue Techniken im World Wide Web – Eine Spielwiese für Juristen, JurPC Web-Dok. 25/1998 Abs. 1 – 50

Lagodny, Otto: Anmerkung zu *BGH* 1 StR 184/00, JZ 2001, 1198

Landecho Velasco, Carlos María/Molina Blázquez, Concepción: Derecho penal español, Parte general, 5. A., Madrid 1996

Lauer, Eva: Der Irrtum über Blankettgesetze am Beispiel des § 106 UrhG (Diss.), Bonn 1997

Lehmann, Michael: Anmerkung zu LG München I: Host-Haftung bei Tatsachenkenntnis, CR 2000, 389

- Internet – und Multimediarecht (Cyberlaw) (Hrsg.), Stuttgart 1997
- Digitalisierung und Urhebervertragsrecht, in: *Lehmann*, Cyberlaw (s.dort), S. 57ff.
- Rechtsgeschäfte und Verantwortlichkeit im Netz – Der Richtlinienvorschlag der EU-Kommission, ZUM 1999, 181
- Unvereinbarkeit des § 5 Teledienstgesetz mit Völkerrecht und Europarecht, CR 1998, 232

Leipziger Kommentar zum StGB, 11. Auflage, herausgegeben von Burckhard Jähnke, Heinrich Wilhelm Laufhütte, Walter Odersky: Berlin New York 1997 (zitiert: LK-*Bearbeiter*)

Leupold, Andreas /Demisch, Dominik: Bereithalten von Musikwerken zum Abruf in digitalen Netzen, ZUM 2000, 379

Leupold, Andreas/Bachmann, Peter/Pelz, Christian: Russisches Roulette im Internet ?, MMR 2000, 648

Leupold, Andreas: „Push“ und „Narrowcasting“ im Lichte des Medien und Urheberrechts, ZUM 1998, 99

- Auswirkungen der Multimediagesetzgebung auf das Urheberrecht, CR 1998, 234

Lewinski, Silke v. /Gaster, Jens L.: Die Diplomatische Konferenz der WIPO 1996 zum Urheberrecht und zu verwandten Schutzrechen, ZUM 1997, 607

Lewinski, Silke v.: Die diplomatische Konferenz der WIPO 1996 zum Urheberrecht und zu verwandten Schutzrechen, GRUR Int. 1997, 667

- Von der Werkvermittlung zur Werknutzung – Urheberrechtliche Fragen des Informationszuganges, in: *Bartsch/Lutterbeck*, Neues Recht (s.dort), S. 205

- Musik und Multimedia, in: *Lehmann*, Cyberlaw (s. dort), S. 149

Liesching, Marc/Günter, Thomas: Verantwortlichkeit von Internet-Café Betreibern, ZUM 2000, 260

Loewenheim, Ulrich: Urheberrechtliche Probleme bei Multimediaanwendungen, GRUR 1996, 830

- Vervielfältigung zum eigenen Gebrauch von urheberrechtswidrig hergestellten Werkstücken, in: Festschrift für Adolf Dietz; Zum 65. Geburtstag; München 2001, S. 415f. (zitiert: FS-Dietz)

Lopez Peregrin, Maria Carmen: La complicidad en el delito, Valencia 1997 (Diss.)

Lubitz, Markus: Die Haftung der Internet Service Provider für Urheberrechtsverletzungen: Ein Vergleich von US-amerikanischem und europäischem Recht, GRUR Int. 2001, 283

Maaßen, Wolfgang: Urheberrechtliche Probleme der elektronischen Bildverarbeitung, ZUM 1992, 338

Mäger, Stefan: Der urheberrechtliche Erschöpfungsgrundsatz bei der Veräußerung von Software, CR 1996, 522

Malpricht, Marc M.: Über die rechtlichen Probleme beim Kopieren von Musik-CD´s und beim Download von MP3-Dateien aus dem Internet, NJW-CoR 2000, 233

Mann, Roger: Zur äußerungsrechtlichen Verantwortlichkeit für Hyperlinks in Online-Angeboten, AfP 1998, 129

Marco Molina, Juana: La propiedad intelectual en la legislación española, Madrid 1995 (Diss.)

Martenczuk, Bernd: Die Haftung von Mediendiensten zwischen Bundes- und Landesrecht, ZUM 1999, 104

Martin, Jörg: Grenzüberschreitende Umweltbeeinträchtigungen im deutschen Strafrecht, ZRP 1992, 19

Martin, Jörg: Strafbarkeit grenzüberschreitender Umweltbeeinträchtigungen (Diss.), Freiburg i. Br. 1989

Marwitz, Petra: Haftung für Hyperlinks, K&R 1998, 369

Massaguer, José/Sallelles, Jose R.: El derecho de la propiedad intelectual ante los desafíos del entorno digital, RGD núm. 636 (sept. 1997), 10927

Maurach, Reinhart/Gössel, Karl-Heinz/Zipf, Heiner: Strafrecht-Allgemeiner Teil (Teilband 2), 7. Auflage, Heidelberg 1989 (zitiert: *Maurach/Gössel*)

Mezger, Axel: Anmerkung zu LG Hamburg 308 O 205/00, CR 2000, 778

Metzger, Axel/Kreutzer, Till: Richtlinie zum Urheberrecht in der „Informationsgesellschaft“, MMR 2002, 139

Miaja de la Muela, Adolfo: Derecho internacional privado, Parte Especial, 10. A., Madrid 1987

Michel, Eva-Maria: Rechtsfragen von Rundfunk und Printmedien im Internet, ZUM 2000, 425

Michinel Álvarez, Miguel Ángel: La propiedad intelectual en el plano internacional: Ley aplicable al derecho de autor; in: *VV. AA.*, Sociedad de la información (s.dort), S. 163

Mielke, Thomas: Urheberrechtsfragen des Hotelvideos, ZUM 1987, 501

Mir Puig, Santiago: Derecho penal, Parte General, 5.A., Barcelona 1998

Möhring, Philipp/Nicolini, Käte: Urheberrechtsgesetz, München 2000 (zitiert: Möhring/Nicolini-*Bearbeiter*)

Mönkemöller; Lutz: Moderne Freibeuter unter uns ? – Internet, MP3 und CD-R als GAU für die Musikbranche !, GRUR 2000, 663

Moos, Flemming: Unterscheidung der Diensformen Teledienste, Mediendienste und Rundfunk, in: Kröger/Gimmy, Internetrecht (s.dort), S. 267ff.

Morales García, Oscar: Criterios de atribución de responsabilidad penal a los prestadores de servicios e intermediarios de la sociadad de la información, www.uoc.es (abgerufen am 27. April 2001)

Möschel, Wernhard / Bechtold, Stefan: Copyright – Management im Netz, MMR 1998, 571

Müller–Hengstberg, Claus D.: Nationale und internationale Rechtsprobleme im Internet, NJW 1996, 1777

Müller-Terpitz, Ralf: Regelungsreichweite des § 5 MDStV, MMR 1998, 478

- Verantwortlichkeit und Haftung im Internet, in: *Kröger/Gimmy,* Internetrecht (s.dort), S. 535ff.

Muñoz Conde, Francisco: Derecho penal, Parte general, 11. A. Valencia 1996

- Derecho Penal-Parte Especial, 12. A., Valencia, 1999

Muth, Susanne: Die Bestimmung des anwendbaren Rechts bei Urheberrechtsverletzungen im Internet, Frankfurt am Main 2000 (Diss.)

Navarro Fernández, José Antonio: La copia privada y las metamorfosis del derecho de autor, AC 99-1 X

Nippe, Wolfgang: Urheber und Datenbank (Diss.), München, 2000

Nordemann, Axel/Goddar, Heinz/Tönhardt, Marion/Czychowski, Christian: Gewerblicher Rechtsschutz und Urheberrecht im Internet, CR 1996, 645

Ohly, Ansgar: Herkunftslandprinzip und Kollisionsrecht, GRUR Int. 2001, 899

Orts Berenguer, Enrique: Propiedad intelectual, nuevas tecnologías y derecho penal; in: Los derechos de autor en la nueva sociedad de la información, VV.AA., Granada 1998, S. 149

Ostendorf, Heribert: Grundzüge der konkreten Gefährdungsdelikte, JuS 1982, 426

Otto, Harro/Brammsen, Joerg: Die Grundlagen der strafrechlichen Haftung wegen Unterlassens, Jura 1985, 530, 592, 646

Otto, Harro: Grundkurs Strafrecht-Allgemeine Strafrechtslehre, 5. Auflage, Berlin New York 1996

Palandt: Kommentar zum Bürgerlichen Gesetzbuch, 59.Auflage, München 2000

Pankoke, Stefan L.: Von der Presse zur Providerhaftung, München 2000

Pelz, Christian: Die Strafbarkeit von Online-Anbietern, wistra 1999, 53

- Die strafrechtliche Verantwortlichkeit von Internet-Providern, ZUM 1998, 530

Pérez Alonso, Esteban Juan: La coautoría y la complicidad (necesaria) en derecho penal, Granada 1998

Perron, Walter: Rechtfertigung und Entschuldigung im deutschen und spanischen Recht, Baden-Baden, 1987 (Diss.)

Pichler, Rufus: Haftung des Host-Providers für Persönlichkeitsrechtsverletzungen vor und nach dem TDG, MMR 1998, 79

Plaß, Gunda: Hyperlinks im Spannungsfeld von Urheber-, Wettbewerbs- und Haftungsrecht, WRP 2000, 599

Plaza Penadés, Javier: El derecho de autor y su protección en el art. 20.1.b) de la Constitución, Valencia 1997

- La directiva de comercio electrónico, RdP 2000, 357

- La propuesta de directiva de derecho de autor y derechos afines en la sociedad de la información, RdP 2000, 87

Podehl, Jörg: Internetportale mit journalistisch-redaktionellen Inhalten, MMR 2001, 17

Polaino Navarrete, Miguel: Derecho penal, Parte general, Tomo II, Teoría jurídica del delito, Volumen I, Barcelona 2000

Popp, Martin: Die Strafrechtliche Verantwortung von Internet-Providern (Diss.), Berlin 2002

Preuße, Thomas: Informationsdelikte im Internet (Diss.), Hamburg 2001

Pütter, Johann Stephan: Der Büchernachdruck nach ächten Grundsätzen des Rechts geprüft, Göttingen 1774 (Nachdruck: München 1981)

Queralt Jímenez, Joan J.: Derecho penal español, Parte especial, 3. A., Barcelona 1996

Quinter Olivares, Gonzalo: Comentarios al nuevo código penal, Pamplona 1996 (zitiert: Quintero Olivares/*Bearbeiter*)

Quintero Olivares, Gonzalo/Benítez, Gómez: Protección penal de los derechos de autor y conexos, Madrid 1988 (zitiert: *Quintero Olivares/Benítez*)

Quintero Olivares, Gonzalo/Morales Prats, Fermín: Comentarios a la parte especial del derecho penal, Elcano (Navarra) 1999 (zitiert: Quintero Olivares/Morales Prats-*Bearbeiter*)

Quintero Olivares, Gonzalo: Manual de derecho penal, Parte general, Elcano (Navarra) 2000

Quoy, Nicolas: Urheberrechtliche Probleme der digitalen Datenübermittlung – Die ersten französischen Entscheidungen, GRUR Int. 1998, 273

Reber, Ulrich/Schorr, Mirjam: Peer-to-Peer-Kommunikationsplattformen und deren Freistellung von der urheberrechtlichen Verantwortlichkeit, ZUM 2001, 672

Rehbinder, Manfred: Urheberrecht, 11. Auflage, München 2001 (zitiert: *Rehbinder*)

Reimer, Dietrich: Der Erschöpfungsgrundsatz im Urheberrecht und gewerblichen Rechtsschutz unter Berücksichtigung der Rechtsprechung des Europäischen Gerichtshofes, GRUR Int. 1972, 221

Reinbothe, Jörg: Der EU-Richtlinienentwurf zum Urheberrecht und zu den Leistungsschutzrechten in der Informationsgesellschaft, ZUM 1998, 429

- Die EG-Richtlinie zum Urheberrecht in der Informationsgesellschaft, GRUR Int. 2001, 733
- Die Umsetzung der EU-Urheberrechtsrichtlinie in deutsches Recht, ZUM 2002, 43

Rikus, Jens/Rösler, Hannes/Zagouras, Georgios: Transnationale zivil-,straf- und verfassungsrechtliche Problemlagen im Internet, AfP 1999, 473

Ringel, Kurt: Rechtsextremistische Propaganda aus dem Internet, CR 1997, 302

Ritz, Dorothee: Inhalteverantwortlichkeit von Online Diensten; Frankfurt am Main 1998 (Diss.)

Robledo Villar, Antonio: Delitos contra el patrimonio y el orden socioeconomico, Comentarios a los artículos 234 a 289 del nuevo Código Penal, Barcelona 1997

Rochlitz, Burkhard: Der strafrechtliche Schutz der ausübenden Künstler, des Tonträger- und Filmherstellers und des Sendeunternehmens, Frankfurt am Main etc., 1987 (Diss.)

Rodriguez Devesa, Jose Maria/Serrano Gomez, Alfonso: Derecho penal español, Parte general 18. A., Madrid 1995

Rodríguez Mourullo, Gonzalo/Jorge Barreiro, Augustín: Comentarios al Código Penal, Madrid 1997 (zit: Rodríguez Mourullo/Jorge Barreiro-*Bearbeiter*)

Rodríguez Ramos, Luis: El "resultado" en la teoría jurídica del delito, CPC 1 (1977), 49ff.

Rodriguez Tapia, Jose Miguel/Bondia Román, Fernando: Comentarios a la ley de propiedad intelectual, Madrid 1997 (zitiert: Tapia/Román-*Bearbeiter*)

Roeber, Georg: Die Urheberschaft am Filmwerk, UFITA 21 (1956), 150

Rogel Vide, Carlos (Hrsg.): Nuevas tecnologías y propiedad intelectual, Madrid 1999

- Autores, coautores y propiedad intelectual, Madrid 1984
- De los límites a las infracciónes del derecho de autor eun España, La Ley 1989, 943
- La copia privada de obras literarias y su regimen jurídico, RdPr Feb. 1997, 83

Röger, Ralf: Internet und Verfassungsrecht, ZRP 1997, 203

Römer, Nicole: Verbreitungs- und Äußerungsdelikte im Internet (Diss.); Frankfurt am Main, 2000

Roßnagel, Alexander: Neues Recht für Multimediadienste, NVwZ 1998, 1

- Recht der Multimediadienste (Hrsg.) – Kommentar zum IuKDG und zum MDStV, München 2000, Loseblatt, Stand 25.08.00 (zitiert: Rossnagel-*Bearbeiter*)

Roxin, Claus: Strafrecht AT, Grundlagen – Der Aufbau der Verbrechenslehre, 3. Auflage München 1997

- Täterschaft und Tatherrschaft, 7. Auflage, Berlin New York 2000

Sack, Rolf: Das internationale Wettbewerbsrecht nach der E-Commerce Richtlinie (ECRL) und dem EGG-/TDG-Entwurf, WRP 2001, 1408

Säcker, Christoph: Die Haftung von Diensteanbietern nach dem Entwurf des EGG, MMR Beilage 9/2001, 2

Saíz García, Concepción: Objeto y sujeto del derecho de autor, Valencia 2000 (Diss.)

Sánchez Aristi, Rafäl: La propiedad intelectual sobre las obras musicales, Granada 1999 (Diss.)

Sandrock, Otto: Die kollisionsrechliche Beehandlung der Deliktshaftung bei der Verletzung von gewerblichen Schutzrechten und Urheberrechten, in: *E. v. Caemmerer*, Reform des deutschen IPR (s. dort), S. 380ff.

Sasse, Helge/Waldhausen, Hans: Musikverwertung im Internet und deren vertragliche Gestaltung – MP3, Streaming, Webcast, On-Demand-Service etc., ZUM 2000, 837

Satzger, Helmut: Die Anwendung deutschen Strafrechts auf grenzüberschreitende Gefährdungsdelikte, NStZ 1998, 112

Sax, Walter: „Tatbestand" und Rechtsgutsverletzung, JZ 1976, 9

Schack, Haimo: Urheber- und Urhebervertragsrecht, Tübingen 2001 (zitiert: *Schack*)

- Urheberrechtliche Gestaltung von Webseiten unter Einsatz von Links und Frames, MMR 2001, 9

- Schutz digitaler Werke vor privater Vervielfältigung – zu den Auswirkungen der Digitalisierung auf § 53 UrhG, ZUM 2002, 497

Schäfer, Martin/Rasch, Clemens/ Braun, Thorsten: Zur Verantwortlichkeit von Online-Diensten und Zugangsvermittlern für fremde urheberrechtsverletzende Inhalte, ZUM 1998, 451

Schäfer, Martin: Welche Rolle spielt das Vervielfältigungsrecht auf der Bühne der Informationsgesellschaft? -Neue Herausforderungen an eine bewährte Rechtsfigur, in: Festschrift für Wilhelm Nordemann; Zum 65. Geburtstag; Baden-Baden 1999, S. 191f. (zitiert: FS-Nordemann)

Schippan, Martin: Harmonisierung oder Wahrung der Kulturhoheit? – Die wundersame Vermehrung der Schrankenbestimmungen in Art. 5 der „Multimedia-Richtlinie“, ZUM 2001, 116

Schmieder, Hans-Heinrich: Freiheit der Kunst und freie Benutzung urheberrechtliche geschützter Werke, UFITA 93 (1982) 63

Schneider, Jürgen: Urheberrechtsverletzungen im Internet bei Anwendung des § 5 TDG, GRUR 2000, 969

Scholz, Dieter: Der strafrechtliche Schutz veröffentlichter elektronischer Datenbanken (Diss.), Frankfurt am Main 2000

Schönke, Adolf/Schröder, Horst: Strafgesetzbuch, Kommentar, 26. Auflage, München 2001 (zitiert: S/S-*Bearbeiter*)

Schønning, Peter: Internet and the applicable copyright law: A Scandinavian perspective, E.I.P.R. 1999, 45

Schreibauer, Marcus: Strafrechtliche Verantwortlichkeit für Delikte im Internet, in: *Kröger/Gimmy*, Internetrecht (s. dort), S. 591ff.

Schricker, Gerhard: Urheberrecht auf dem Weg zur Informationsgesellschaft (Hrsg.), Baden–Baden 1997

- Urheberrecht, Kommentar, 2. Auflage, München 1999 (zitiert: Schricker-*Bearbeiter*)

Schüler, Johannes: Anmerkung zum Urteil des BayObLG vom 12. Mai 1992, NStZ 1993, 496

Schulz, Gernot: Rechtsfragen von Printmedien im Internet, ZUM 2000, 432

Schulz, Wolfgang: Jenseits der „Meinungsrelevanz“ – Verfassungsrechtliche Überlegungen zu Ausgestaltung und Gesetzgebungskompetenzen bei neuen Kommunikationsformen, ZUM 1996, 487

Schwab, Hans-Jörg: Täterschaft und Teilnahme bei Unterlassungen, Frankfurt am Main etc., 1996 (Diss.)

Schwarz, Mathias: Urheberrecht und unkörperliche Verbreitung multimedialer Werke, GRUR 1996, 836

- Der Schutz audiovisueller Werke im Zeitalter der digitalen Medien, in: *Becker/Dreier*, Digitale Technologie (s.dort), S. 105ff.
- Urheberrecht im Internet, in: *Becker*, Internationale Datennetze (s. dort), S. 13ff.

Schwenzer, Oliver: Werden Träume wahr in der CD-Kopier-Bar ?ZUM 1996, 584

Serrano Butragueño, Ignacio: Código Penal de 1995, Comentarios y jurisprudencia, Granada 1999 (zitiert: Serrano Butragueño-*Bearbeiter*)

Serrano Gómez, Alfonso: Derecho penal, Parte especial, 5. A., Madrid 2000

Serrano Gómez, Eduardo: La propiedad intelectual y las nuevas tecnologías, Madrid 2000

Sick, Ulrich/Richter, Heike: Rechtsschutz im Zusammenhang mit Domain-Grabbing, K&R 2000, 339

Sieber, Ulrich: Anmerkungen zu AG München vom 28. Mai 1998 8340 Ds 465 Js 173158/95, MMR 1998, 429

- Die Abgrenzung zwischen Tun und Unterlassen bei der „passiven" Gesprächsteilnahme, JZ 1983, 431
- Internationales Strafrecht im Internet, NJW 1999, 2065
- Strafrechtliche Verantwortlichkeit für den Datenverkehr in internationalen Netzen (1), JZ 1996, 429
- Verantwortlichkeit im Internet, München 1999

Silva Sánchez, Jesus-Maria: El delito de omision, Barcelona 1986

Soergel, Th. Hs: Kommentar zum Bürgerlichen Gesetzbuch, 13. Auflage, Stuttgart, Berlin, Köln, 1996 (zitiert: Soergel-*Bearbeiter*)

Sosnitza, Olaf: Das Internet im Gravitationsfeld des Rechts: Zur rechtlichen Beurteilung so genannter Deep Links, CR 2001, 693

Soto Nieto, Francisco: Delitos contra los derechos de los titulares de la propiedad intelectual, La Ley 1989-3, 962

Sowada, Christoph: Strafbare Unterlassung des behandelnden Arztes, der seinen Patienten nach einem Selbstmordversuch bewußtlos auffindet ?, Jura 1985, 75

- Täterschaft und Teilnahme beim Unterlassungsdelikt, Jura 1986, 399

Spindler, Gerald: Deliktsrechtliche Haftung im Internet – nationale und internationale Rechtsprobleme, ZUM 1996, 533

- E-Commerce in Europa, MMR-Beilage 7/2000, 4
- Haftungsrechtliche Grundprobleme der neuen Medien, NJW 1997, 3193
- Urheberrecht und Haftung der Provider – ein Drama ohne Ende? CR 2001, 324
- Verantwortlichkeit von Diensteanbietern nach dem Vorschlag einer E-Commerce Richtlinie, MMR 1999, 199
- Europäisches Urheberrecht in der Informationsgesellschaft, GRUR 2002, 105

- Urheberrecht und Tauschplattformen im Internet, JZ 2002, 60

Sternberg-Lieben, Detlev: Internationaler Musikdiebstahl und deutsches Strafanwendungsrecht, NJW 1985, 2121

- Musikdiebstahl, Köln 1985 (Diss.)

Stim, Rich: Linking, Framing and Inlining, http://www.nolo.com/encyclopedia /articles/pct/linking.htm (abgerufen am 20. Juli 2000)

Stintzing, Heike: Moderne Informationsdienste als Herausforderung an das Urheber- und Wettbewerbsrecht – Erörterung aus Anlaß des Urteils des LG Köln vom 1.12.1992 Az 31 O 283/92, GRUR 1994, 871

Strömer, Tobias H.: Online-Recht, 2. Auflage, Heidelberg 1999 (zitiert: *Strömer*)

Suárez Rodríguez, Carlos: Delitos relativos al derecho de autor: Algunas consideraciones criticas, ADI Tomo XIV 1991-92, 119

Systematischer Kommentar zum StGB: herausgegeben von: Hans-Joachim Rudolphi, Eckhard Horn, Erich Samson, Hans-Ludwig Günther, Loseblatt, Stand April 2001 (36. Ergänzungslieferung), (zitiert: SK-*Bearbeiter*)

Tenckhoff, Jörg: Zur Anwendbarkeit des § 13 StGB auf schlichte Tätigkeitsdelikte, Festschrift für Spendel, Berlin New York 1992, S. 346ff. (zitiert: FS-Spendel)

Thum, Dorothee: Internationalprivatrechtliche Aspekte der Verwertung urheberrechtlich geschützter Werke im Internet, GRUR Int. 2001, 9

- Das Territorialitätsprinzip im Zeitalter des Internet – Zur Frage des auf Urheberrechtsverletzungen im Internet anwendbaren Rechts, in: *Bartsch/Lutterbeck*, Neue Medien (s. dort), S. 117

Tiedemann, Klaus/Kindhäuser, Urs: Umweltstrafrecht – Bewährung oder Reform, NStZ 1988, 337

Tröndle, Herbert/Fischer, Thomas: Strafgesetzbuch und Nebengesetze, 50. Auflage, München 2001 (zitiert: *Tröndle/Fischer*)

Ubber, Thomas: Rechtsschutz bei Mißbrauch von Internet-Domains, WRP 1997, 497

Ulmer, Eugen: Die Entscheidung zur Kabelübertragung von Rundfunksendungen im Lichte urheberrechtlicher Grundsätze, GRUR Int. 1981, 372

- Urheberrecht und Verlagsrecht, Berlin Heidelberg New York 1980 (zitiert: *Ulmer*)

Vassilaki, Irini E.: Anmerkung zu *BGH* 1 StR 184/00, CR 2001, 262

- Strafrechtliche Verantwortlichkeit der Diensteanbieter nach dem TDG, MMR 1998, 630
- Strafrechtliche Verantwortlichkeit durch Einrichten und Aufrechterhalten und elektronischen Verweisen (Hyperlinks), CR 1999, 85

Vec, Miloš: Internet, Internationalisierung und nationalstaatlicher Rechtsgüterschutz, NJW 2002, 1535

Vega Vega, José Antonio: Derecho de autor, Madrid 1990 (Diss.)
- Nuevas tecnologías y protección de la propiedad intelectual, in: *Rogel Vide*, Nuevas tecnologías (s.dort), S. 179ff.

Vinje, Thomas C.: El Nuevo Tratado de la OMPI sobre derecho de autor: Un final feliz en Ginebra, RGD Núm. 642 (marzo 1998), 2339

Vives Antón, Tomás S. (Hrsg.): Comentario al Código Penal de 1995, Volumen I (Arts. 1 a 233), Valencia 1996 (zitiert: Vives-*Bearbeiter*)
- Comentario al Código Penal de 1995, Volumen II (Arts. 234 a Disposiciones finales), Valencia 1996 (zitiert: Vives-*Bearbeiter*)
- Derecho penal, Parte especial, 3. A., Valencia 1999 (zitiert: Vives, Parte Especial/*Bearbeiter*)

Völker, Stefan/Lührig, Nicolas: Abwehr unerwünschter Inline-Links, K&R 2000, 20

VV.AA.: Los derechos de propiedad intelectual en la nueva sociedad de la información, Granada 1998

Wabnitz, Heinz-Bernd/Janovsky, Thomas (Hrsg.): Handbuch des Wirtschafts- und Steuerstrafrechts, München 2000 (zitiert: Hdb.WiSt- *Bearbeiter*)

Waldenberger, Arthur: Anmerkung zum Urteil des OLG München vom 08.03 2001-29 U 3282/00 MMR 2001, 378
- Der juristische Dauerbrenner: Haftung für Hyperlinks im Internet – Ein Fall des LG Hamburg, AfP 1998, 373
- Teledienste, Mediendienste und die „Verantwortlichkeit" ihrer Anbieter, MMR 1998, 124
- Zur Zivilrechtlichen Verantwortlichkeit für Urheberrechtsverletzungen im Internet, ZUM 1997, 176

Wand, Peter: Dreifach genäht hält besser – Technische Identifizierungs- und Schutzsysteme, GRUR Int. 1996, 897

Wandtke, Arthur: Zur kulturellen und sozialen Dimension des Urheberrechtes, UFITA 123 (1993) 5ff.

Wandtke, Artur/Schäfer, Oliver: Music on Demand – Neue Nutzungsart im Internet ? GRUR Int. 2000, 187

Warda, Heinz-Günter: Die Abgrenzung von Tatbestands- und Verbotsirrtum bei Blankettstrafgesetzen (Diss.), Berlin 1955

Weber, Ulrich: Der strafrechtliche Schutz des Urhebers, Tübingen 1976

- Garantenstellung durch Sachherrschaft ?, Festschrift für Dietrich Oehler, Köln etc.,1985 (zitiert: FS-Oehler)
- Sind die Urheberdelikte (§§ 106ff. UrhG) für die Hehlerei (§ 259 StGB) geeignete Vortaten ?, in: Festschrift für Horst Locher zum 65. Geburtstag, Düsseldorf, 1990
- Zur Anwendbarkeit deutschen Urheberstrafrechts auf Rechtsverletzungen mit Auslandsberührung, Festschrift für Stree und Wessels, 1993, S. 613

Weinknecht, Jürgen: Rechtslage bei MP3 Dateien, http://www.weinknecht.de /mp3.htm

Welp, Jürgen: Strafrechtliche Aspekte der digitalen Bildbearbeitung, CR 1992, 291

Welzel, Hans: Die Abgrenzung des Tatbestandsirrtums vom Verbotsirrtum, MDR 1952, 584

Wessels, Johannes/Beulke, Werner: Strafrecht-Allgemeiner Teil, 31. Auflage, Heidelberg 2001 (zitiert: *Wessels/Beulke*)

Wimmer, Norbert: Die Verantwortlichkeit des Online-Providers nach dem neuen Multimediarecht – zugleich ein Überblick über die Entwicklung der Rspr. seit dem 01.08.1977, ZUM 1999, 436

Zahrnt, Christoph: Überlassung von Softwareprodukten nach neuem Recht, CR 1994, 455

Zscherpe, Kerstin: Urheberrechtsschutz digitalisierter Werke im Internet, MMR 1998, 404

Zweigert, Konrad/Kötz, Hein: Einführung in die Rechtsvergleichung, 3. Auflage, Tübingen 1996

Sonja Haug / Karsten Weber

Kaufen, Tauschen, Teilen

Musik im Internet

Frankfurt/M., Berlin, Bern, Bruxelles, New York, Oxford, Wien, 2002.
IV, 130 S., 29 Abb., 12 Tab.
ISBN 3-631-38974-4 · br. € 17.90*

Musik im Internet stellt ein brisantes Thema dar. Während die Musikindustrie versucht, die Verbreitung von Raubkopien einzudämmen, berufen sich Internet-Enthusiasten auf hehre Gemeinschaftsideale. Wie verhalten sich Musikkonsumenten, welche Motive, welche Normen und Werte bewegen sie? Wie ist der überwältigende Erfolg von Tauschbörsen und anderen nichtkommerziellen Quellen für Musik im Internet zu erklären? Die Ergebnisse einer Online-Umfrage werden dargelegt, in der über 4000 Befragte Auskunft gegeben haben über das Ausmaß, in dem sie Musik kaufen, aus dem Internet „saugen", mit Freunden tauschen und via Internettauschbörse mit der Netz-Community teilen. Tauschbörsen werden in ihrer Funktionsweise erläutert und auf der Basis soziologischer und philosophischer Theorien untersucht.

Aus dem Inhalt: Situationsbeschreibung · Technik von Internettauschbörsen · Rechtslage · Aktueller Stand · Soziologischer und philosophischer Hintergrund · Grundlagen der Rational-Choice-Theorie · Kollektivgutproblematik · Merkmale von Internet-Tauschbörsen · Moderne Tauschringe · Das Prinzip der Reziprozität beim Tausch · Generalisierter Tausch als soziales Dilemma · Internettauschbörsen als kollektives Gut · Internettauschbörsen als Kollektivübel · Internettauschbörsen als virtuelle Gruppe · Moral und Normen im Internet · Hackerethik · Free Speech-Bewegung · Open Source-Bewegung · Die empirische Untersuchung des Online-Musikkonsums · Musikmarkt und Marktforschung · Methoden und Ergebnisse der Online-Umfrage · Merkmale der Befragten · Verhalten, Einstellungen, Ängste, Normen · Einstellungen und Verhalten · Zukunftsausblick und Marktentwicklung · Information als handelbares Gut

Kolibri 360 GmbH
Ferdinand-Jühlke-Straße 7
99095 Erfurt, Deutschland
produktsicherheit@kolibri360.de

Druck:
CPI Druckdienstleistungen GmbH
im Auftrag der
Kolibri 360 GmbH
Ferdinand-Jühlke-Str. 7
99095 Erfurt